神仙、动物与人类社会

谷种神话概述

李鹏 著

人民东方出版传媒
東方出版社

图书在版编目（CIP）数据

神仙、动物与人类社会 ： 谷种神话概述 / 李鹏著 .-- 北京 ：
东方出版社，2021.10
ISBN 978-7-5207-1969-8

Ⅰ.①神… Ⅱ.①李… Ⅲ.①神话—研究—中国
Ⅳ.①B932.2

中国版本图书馆CIP数据核字（2021）第162668号

神仙、动物与人类社会：谷种神话概述
（SHENXIAN DONGWU YU RENLEI SHEHUI：GUZHONG SHENHUA GAISHU）

责任编辑： 张晓雪　韩封三祝
出　　版： 东方出版社
发　　行： 人民东方出版传媒有限公司
地　　址： 北京市西城区北三环中路6号
邮　　编： 100120
印　　刷： 北京欣睿虹彩印刷有限公司
版　　次： 2021年10月第1版
印　　次： 2021年10月北京第1次印刷
开　　本： 787毫米×1092毫米　1/16
印　　张： 22
字　　数： 325千字
书　　号： ISBN 978-7-5207-1969-8
定　　价： 78.00元
发行电话：（010）85924738

目　录

前　言

“落其实者思其树”，当我们看到每日三餐，是否会思考粮食的起源问题呢？古今学者通过考古学、农学等科学实证，对这一问题做过多种角度的探究，却鲜有精神内涵和神话历史层面的分析。若能揭示其内在的精神文化并以神话历史的角度进行疏理，对于深入理解和传承中华民族的民族精神将有所裨益。

“民以食为天”，我国的原始先民为了生存和发展不断探索，陆续发现了稻、黍、稷、麦、菽等粮食作物，他们探索未知世界的艰辛和危险、征服自然的决心和毅力不言自明，为了生存和延续，他们在失败中思考、在总结中发现，在中国各民族的谷种神话中便能体悟出先民那种拼搏奋进的斗志和顽强求生的精神。

在史前时期，有些人类活动记录在神话传说之中，并以口耳相传的形式保存下来。神话蕴含着悠久而丰富的文化内涵，在传播与发展的过程中又对人们有不同的启迪和警醒作用。创世神话让人了解宇宙万物的由来，人类起源神话使人感知生命的真谛，文化起源神话带人步入文明的殿堂；无数的神话经典流传着祖先的功业，传颂着先民的智慧。

作为文化起源神话的重要类型，谷种神话就是一部记录先民生活的百科全书。目前，中国谷种神话的研究已取得了较为突出的进展，但仍存在一些需要解决的问题，主要是以下三个方面：

首先，系统化研究的问题。谷种神话相关的文本数量和覆盖程度都要超过其他文化起源神话，但论文数量较少且多以宏观视角和不同民族的文本比较进行研究，整体性系统化的研究尚未得见，论著更是少之又少。

其次，片面性判断的问题。有的学者在研究谷种起源问题时，仅从一个或几个民族的神话便做出判断、得出结论，这种研究有其方法和观点方面的价值，但只有在更大范围内进行文本的比较研究，才能更深入地揭示中国不同民族的共同心理和文化内涵，才能对其他相关类型的研究提供有力的参考。

最后，中外谷种神话的比较问题。世界各地区和各民族之中常有相关的谷种神话存在，但在其内容表述和文化内涵上与我国的文本仍有差异，对于中外谷种神话的比较，值得深入挖掘。

在前人的研究基础上，本书主要采用民间故事类型学、母题学方法来展开。首先，“分类并不是研究的最终目的，但对研究来说，它必须是一种有效适应的手段。因此有必要尝试进行符合各个民族传承内容的分类”①。类型学方法是民间故事研究中最为常见的研究手段，也是本书主要运用的研究方法，它主要遵循两个基本原则：一是，按照文本的内容来确定所研究故事的文类；二是，按照故事的基本情节来确定故事的类型。研究民间故事，类型学是许多研究者的首选。因此本书致力于在类型基础上深挖神话故事的文化内涵。其次，母题分析法是探究作品主题和风格、文化传播和演进的重要手段和方法。“故事是由单一母题构成或多个母题复合而成的，以‘核心母题’的相同来确定它们是否属于同一类型。”②母题研究对于探析中国谷种神话具有一定的可操作性，用母题分析法进行深入的解读，可以对不同民族和不同时代的神话作品做横向和纵向的比较，甚至实现综合性比较，有利于深入展开跨民族、跨时空和跨地域的文本解读。

① 林继富：《“中国民间故事类型索引”研究的批评与反思》，《思想战线》2003年第3期。

② 刘守华：《关于民间故事类型学的一些思考》，《民族文学研究》2004年第3期。

谷种神话在中国各民族中有着广泛的分布，如何在纷繁复杂的神话之中抽丝剥茧，让林林总总的神话以直观而简单的方式被人所理解，这是本书写作的出发点。从神话并不一定存在的意象中剥离出真实的信息，对我国先民的生活状态和思维方式有所分析与判读，是本书致力实现的目标。

第一章

关于谷种神话的界定、分类和文本分布

谷种神话是文化起源神话中的一类，尚未被纳入系统研究的范畴。在分析和研究谷种神话之前，有必要用简要文字对谷种神话的基本概念、具体分类方法、文本分布情况等加以概述。

第一节

谷种神话的界定

谷种神话是携带着谷物种子来源信息的一类神话。若从结构的分析到内容的解读等方面来看，尚须深入阐释，用以明晰其内涵。本书结合前人研究的成果，对谷种神话从文化、神话、类型、母题等方面略作界定如下：

一、文化和神话的界定

文化是现代社会生活中使用的高频词，无论是学术界出于学术表达的需要，还是政治领域鉴于宏观把握的需求，对文化的界定至今仍未达成共识。文化的定义已逾百种，而对文化概念的争论与众人的分析视角和学术立场有着莫大的关联。中国自古便有文化一词，只是这一概念是“一个改造‘人’并使之文明的、有修养的过程”①，文治教化的内涵较为关注精神领域，已与现今的说法有一定距离。现代意义上的文化约为20世纪初期西方引进的产物。对文化一词的界定经历了从古到今、从西方到东方不断演进的过程，其意义与内涵不断丰富扩大，认识文化也自然需要逐步深入。本书从研究角度出发将其界定为：

文化是人类独有的创造性活动，是人类在社会历史发展过程中的实践所得，一种文化有特定的社会或民族成员的参与，在此地域内所共有

① 王宪昭：《中国少数民族民间口传文化母题研究》，辽宁民族出版社2008年版，第12页。

的社会制度、法律规范、思维认知、道德信仰、交往语言、文学艺术、生活器物、生产技艺等能够创造、习得、传承、发展的物质生产活动和精神生产活动的方式及产品，均可理解为是一种文化。

近年来随着文化、文学事业的逐渐勃兴，有许多学者从神话这条路上走过，夏曾佑、王国维、鲁迅、周作人、黄石、茅盾、冯承钧、林惠祥等人，他们都留下了许多有价值、可参考的神话研究著述。同文化一样，神话概念界定的难点在于学者对神话本质的理解和研究方法的择取各有不同，不同的学者从自身的学术观点和文化体系出发来建构不同的定义，本书认为：

神话，作为人类早期的艺术形式之一，蕴含着原始先民对原始文化生活的认识，体现了不同民族对于客观世界的主观感知，记录了特定历史时期的民族文化传统和价值取向，“承载着人类对原始社会的历史记忆与群体信仰，借助丰富的想象力将现实世界艺术化和神秘化，凝聚了先民对现实生活独特的思考与体验，揭示了宇宙运行、人类生存、社会发展的生生不息的哲学内蕴”①，以先民的原始思维模式构建出内容丰富完整、叙事主题神圣、民族意识浓郁的各民族口耳相传的非物质文化遗产资源。

二、类型和母题的界定

对类型的划分和母题的分析是本书最为关键的环节，这两个词的引入，为世界民间故事、神话与传说的研究提供了崭新的研究思路，并产生了深远的学术影响。美国学者斯蒂·汤普森的定义引起了许多学者的共鸣，他认为类型是“一个独立存在的传统故事，可以把它作为完整的叙事作品来讲述，其意义不依赖于其他任何故事。当然它也可能偶然地与另一个故事合在一起讲，但它能够单独出现这个事实，是它的独立性的证明。组成它的可以仅仅

① 李鹏：《神话母题与平行比较研究的范式探索——以中国少数民族射日月神话母题为例》，《广西民族师范学院学报》2015 年第 1 期。

是一个母题，也可以是多个母题”，母题则是“一个故事中最小的、能够持续在传统中的成分。要如此它就必须具有某种不寻常的和动人的力量”①。刘魁立提出，“所谓母题，是与情节相对应而言的，情节是若干母题的有机组合而构成的；或者说，一系列相对固定的母题的排列组合确定了一个作品的情节内容。许多母题的变换和母题的新的排列组合，可能构成新的作品，甚至可能改变作品的体裁性质。母题是民间故事、神话、叙事诗等叙事体裁的民间文学作品内容叙述的最小单位”②。类型和母题具有相互包容的关联，类型划分把握了神话叙事的规律性原则，母题则通过不断地排列组合构成不同的类型并展现出特定的文化内涵，本书对类型和母题作如下概括：

> 类型是“被高度概括化了的故事类型，表现为故事主题高度集中，并能够反映出其内在的叙事规律”③，而母题是“构成神话作品的基本元素”④，“具有稳定性、典型性和传承性”⑤，它“更注重从神话研究的自身特点出发，强调了神话的整体性研究，是在已有的神话类型的基础上提炼而成，较多地避免了主观性，做到了相对客观，侧重探讨了神话研究中的适用性和关联性，把握了与社会、文化层面的关系”⑥。

三、谷种和谷种神话的界定

中国有文字记载的历史之初就已经出现了对农作物的记录，如甲骨文可以辨识出稻、黍、稷、麦等文字，这表明在当时已有此类作物的诞生，《诗经》中也出现了如大麦、小麦、大豆、秬、菰、冬葵等黄淮流域的农作物，

① ［美］斯蒂·汤普森：《世界民间故事分类学》，郑海等译，上海文艺出版社1991年版，第499页。

② 刘魁立：《世界各国民间故事类型索引述评》，《民间文学论坛》1982年第1期。

③ 王宪昭：《中国民族神话母题研究》，民族出版社2006年版，第59—60页。

④ 陈建宪：《神话解读：母题分析方法探索》，湖北教育出版社1997年版，第23页。

⑤ 王宪昭：《中国少数民族民间口传文化母题研究》，辽宁民族出版社2008年版，第25页。

⑥ 李鹏：《探寻中国民族神话研究之路》，《长江大学学报》（社科版）2015年第2期。

长沙马王堆汉墓出土的植物种子能够与《诗经》所载相吻合。我们常见的作物并非都完全属于本土原生，有的是从中原地区以外的地域和国家引入的，如张骞通西域所引入的胡豆、胡萝卜等，从美洲引入的玉米、马铃薯、花生等。据卜慕华统计，中国栽培作物主要有四类来源：首先，我国史前或土生栽培植物共有 237 种，其中粮食作物包括稻、粟、稷、黍、大豆、荞麦等 20 种；其次，史籍记载张骞通西域后由中亚地区引入的主要栽培作物有蚕豆、苜蓿等 15 种；再次，从亚非欧各大洲陆续引入的主要栽培作物有燕麦、非洲高粱等 71 种；最后，从美洲引入的主要栽培作物有玉米、马铃薯等 27 种。[①]面对种类繁多的作物，该如何判定何种作物属于谷种神话的研究范畴，这就需要对谷种和谷种神话的概念进行界定。

第一，对于谷种的界定。本书所指的谷种是可供人们食用的粮食作物，也可称为粮种，它包括谷类作物、薯类作物和豆类作物三大类粮食作物的种子。按照农业分类，它们都属于禾本科粮食作物，其中的谷类作物主要有稻类、麦类、高粱、荞麦、粟、黍、玉米等，薯类作物包括甘薯、马铃薯和芋等，豆类作物主要有大豆、蚕豆、刀豆等。本书所出现的谷种基本在此三类作物的范围内。

第二，对于谷种神话的界定。谷种神话属于文化起源神话的重要类型之一。从目前所搜集到的文本资料来看，各民族谷种神话几乎都与谷种的产生有直接或间接关联。不同民族展现的神话虽各有不同，却传递着相似的文化认知和人文思考。

① 参见卜慕华：《我国栽培作物来源的探讨》，《中国农业科学》1981 年第 4 期。

第二节

谷种神话的分类

中国谷种神话的类型划分是研究谷种神话的重要环节，它是基于对中国谷种神话文本和共同的母题而提炼产生的。通过对谷种神话类型的区分，可以从相似的母题中梳理出各民族谷种神话背后相似的文化内涵和不同的文化特色，在实际的文本分析中也具有重要的意义。学界已提出几种分类方式，简述如下：

一、学界的主要分类

在当前已出版的学术著作和已发表的学术论文中，对于谷种神话的研究仍较为分散，学界对谷种神话的类型划分主要集中在以下五类：

第一类，九分法。在谷种神话的早期研究中，李子贤将谷种神话的类型划分为九类：1. 自然生成型；2. 飞来稻型；3. 动物运来型；4. 尸体化生型；5. 英雄盗来型；6. 祖先取回型；7. 天女带来型；8. 穗落型；9. 神人给予型。[①]此划分法以云南省的 34 个少数民族的神话文本为基础，从一个侧面展示出了中国谷种神话的轮廓。

第二类，六分法。李子贤、胡立耘在《多元文化与民族文学》中提出

① 参见李子贤：《探寻一个尚未崩溃的神话王国——中国西南少数民族神话研究》，云南人民出版社 1991 年版，第 238—255 页。

将稻作神话划分为稻谷起源神话、稻谷形状神话、稻作技术神话。在与谷种神话相关的稻谷起源神话的划分中，李子贤将其在1991年提出的九分法调整为六类法：1.飞来稻型；2.自然生成型；3.神授型；4.尸体化生型；5.动物取来型；6.英雄取来型。[①]李子贤的划分调整将范围从云南省拓展到西南地区，有利于做出更准确的判定。

第三类，五分法。一些学者将谷种神话的研究拓展到江南地区的民族甚至是中国境内的各民族。如姜彬在《稻作文化与江南民俗》(1996年)中提出江南稻谷起源的五分法：1.自然生成型；2.尸体化生型；3.驯化型；4.神授型；5.动物盗取型。[②]王宪昭在《中国早期稻作文化与种子神话传说》中，搜集到的种子神话涉及41个民族的81篇文本，其中63篇为稻种起源神话，通过比较各民族的谷种神话，他认为“我国南方稻作民族的神话明显多于北方”，提出谷种起源五分法：1.天神赐予型；2.人神给予型；3.动物带来型；4.神与动物结合型；5.祖先或巨人播撒型。[③]此类划分方法也具有一定的启发意义。

第四类，四分法。杨琼华是在李子贤之前更早提出谷物起源划分的学者，他的《西南谷物起源神话的类型及其历史内涵》搜集整理了西南少数民族丰富的谷种神话资源，提出了四分法：1.动物型谷物起源神话；2.天神型谷物起源神话；3.天婚型谷物起源神话；4.英雄型谷物起源神话。他没有侧重于神话的行为，而是关注神话的主体行为者，如动物、天神、英雄，虽然天婚型神话关注了神话的事件，但也不过“是天神型谷物起源神话发展到后期的产物”[④]。当然侧重行为主体的划分方法，在神话分析中也具有较为重要的

① 参见李子贤主编：《多元文化与民族文学：中国西南少数民族文学的比较研究》，云南教育出版社2001年版，第200—203页。

② 参见姜彬：《稻作文化与江南民俗》，上海文艺出版社1996年版，第695—709页。

③ 参见王宪昭：《中国早期稻作文化与种子神话传说》，《理论学刊》2005年第11期。

④ 杨琼华：《西南谷物起源神话的类型及其历史内涵》，《山茶》1986年第2期。

意义。

第五类，两分法。谢国先在《论中国少数民族谷种起源神话》中搜集了31个民族的41篇神话文本，他更关注于解决谁取谷种、何处取谷种、向谁取谷种三个问题，“谷种起源神话的基本内容是：人类没有谷种，某个人或某个（些）动物，或者某个人在某个（些）动物帮助下，到天上或另外某处，取来谷种，或者某个神主动给人类谷种，人类从此开始谷物栽培”①。此处显然主要是将谷种神话分作两类：1. 人或动物寻取型；2. 神赠赐型。但这样的界定难以覆盖谷种神话的全貌。

此外，单一民族的谷种神话的分类要依据各民族不同的神话资料而定，如于乃昌在《珞巴族文学史》中发现“珞巴族的谷种起源神话丰富多彩”，根据文本资料提出了谷种起源的三分法：1. 图腾恩赐型；2. 鸟腹出现型；3. 劳作创造型。② 当然，在实际的研究中，各个学者会根据分析的需要而做出不同分类。上述的分类都有各自的优势，但仍很难全面反映谷种神话的全貌。再加上研究者取样时地域的局限和民族文化的差异，这些分类或多或少存在不尽如人意之处。

二、本书的划分方法

以谷种神话文本来分析归类，需要面对神话的多维度问题。一些学者已经注意到，在同一篇谷种神话文本中也常会出现几种类型混合的情况，如杨琼华认为“许多谷物起源神话都具有两种或三种类型的特征”③。结合目前所搜集到的中国各民族神话文本资料，在前人研究的基础上，本书从实际内容出发，提出了四分法：1. 自然型；2. 赠赐型；3. 取种型；4. 创造型。具体细分见表1：

① 谢国先：《论中国少数民族谷种起源神话》，《民族文学研究》2006年第4期。

② 参见于乃昌：《珞巴族文学史》，江苏教育出版社2001年版，第182—184页。

③ 杨琼华：《西南谷物起源神话的类型及其历史内涵》，《山茶》1986年第2期。

表 1　中国谷种神话类型划分（三级类型）

一级类型	二级类型	三级类型
A 自然型	A1 自然生成型	A1.1 自然生长型
A 自然型	A1 自然生成型	A1.2 尚须耕作型
A 自然型	A2 自然获取型	A2.1 神获取型
A 自然型	A2 自然获取型	A2.2 神性人物获取型
A 自然型	A2 自然获取型	A2.3 人获取型
A 自然型	A2 自然获取型	A2.4 其他获取型
A 自然型	A3 穗落型	A3.1 神人致落型
A 自然型	A3 穗落型	A3.2 动物致落型
A 自然型	A4 飞来型	A4.1 主动飞来型
A 自然型	A4 飞来型	A4.2 被动飞来型
B 赠赐型	B1 神赠赐型	B1.1 主动恩赐型
B 赠赐型	B1 神赠赐型	B1.2 被动赠赐型
B 赠赐型	B2 神性人物赠赐型	B2.1 神性老人赠赐型
B 赠赐型	B2 神性人物赠赐型	B2.2 神性女子赠赐型
B 赠赐型	B3 人赠赐型	—
B 赠赐型	B4 动物赠赐型	B4.1 飞禽赠赐型
B 赠赐型	B4 动物赠赐型	B4.2 走兽赠赐型
B 赠赐型	B4 动物赠赐型	B4.3 动物报恩型
C 取种型	C1 寻取型	C1.1 神寻取型
C 取种型	C1 寻取型	C1.2 神性人物寻取型
C 取种型	C1 寻取型	C1.3 人寻取型
C 取种型	C1 寻取型	C1.4 动物寻取型

续表

一级类型	二级类型	三级类型
C 取种型	C2 求取型	C2.1 神求取型
		C2.2 神性人物求取型
		C2.3 人求取型
		C2.4 动物求取型
	C3 盗取型	C3.1 神盗取型
		C3.2 神性人物盗取型
		C3.3 人盗取型
		C3.4 动物盗取型
	C4 保护型	C4.1 神保护型
		C4.2 神性人物保护型
		C4.3 人保护型
		C4.4 动物保护型
D 创造型	D1 死体型	D1.1 尸体化生型
		D1.2 腹内取种型
	D2 变化型	D2.1 神变谷物型
		D2.2 人变谷物型
		D2.3 无生命物变谷物型
	D3 孕育型	D3.1 生育出谷种
		D3.2 奶水造谷种
		D3.3 泥土造谷种
	D4 特定型	D4.1 排泄出谷种
		D4.2 歌唱造谷种

表 1 的分类还可进一步细分，如 C1.4 动物寻取型可细分为鸟类寻取型和非鸟类寻取型，而鸟类寻取型又能细化为麻雀寻取型、燕子寻取型、鹰鸠寻取型、其他飞禽寻取型。

本书共获取了49个民族的神话文本。为了便于之后的文本分析，本书按照民族首字母的音序进行排列，列出神话的民族代码，如阿昌族的代码为1，则其对应的神话篇目为1.1、1.2、1.3，以此类推，在之后的文本分析之中将会有所体现，此标识只是为了区别不同篇目所做的设定，并无必然性，如［14.18］代表的是哈尼族所有文本中的第18篇，［46.19］代表彝族所有文本中的第19篇，民族代码具体见表2：

表2　中国谷种神话的民族代码（按拼音排序）

代码	民族	代码	民族	代码	民族	代码	民族
1	阿昌族	14	哈尼族	27	门巴族	40	土家族
2	白族	15	汉族	28	蒙古族	41	佤族
3	布朗族	16	赫哲族	29	苗族	42	维吾尔族
4	布依族	17	回族	30	仫佬族	43	乌孜别克族
5	朝鲜族	18	基诺族	31	纳西族	44	锡伯族
6	达斡尔族	19	京族	32	怒族	45	瑶族
7	傣族	20	景颇族	33	普米族	46	彝族
8	德昂族	21	拉祜族	34	羌族	47	裕固族
9	侗族	22	黎族	35	撒拉族	48	藏族
10	独龙族	23	傈僳族	36	畲族	49	壮族
11	鄂温克族	24	珞巴族	37	水族	—	—
12	高山族	25	满族	38	塔吉克族	—	—
13	仡佬族	26	毛南族	39	土族	—	—

表 3　中国谷种神话各类型的民族与文本数据统计

一级类型	二级类型	民族（个）	文本（篇）	一级类型	二级类型	民族（个）	文本（篇）
A 自然型	A1 自然生成型	13	25	C 取种型	C1 寻取型	36	214
	A2 自然获取型	19	36		C2 求取型	27	138
	A3 穗落型	21	44		C3 盗取型	28	109
	A4 飞来型	14	27		C4 保护型	10	20
	小计	32	119		小计	45	481
B 赠赐型	B1 神赠赐型	40	199	D 创造型	D1 死体型	15	25
	B2 神性人物赠赐型	15	25		D2 变化型	5	8
	B3 人赠赐型	7	9		D3 孕育型	8	13
	B4 动物赠赐型	17	22		D4 特定型	9	12
	小计	45	253		小计	28	58

根据表 3 可以看出，中国谷种神话中，文本数量取种型最多，赠赐型居第二位，自然型与创造型相对较少。从民族分布来看，取种型和赠赐型均有 45 个民族存在相同或相似的神话，这在一定程度上体现了中国各民族谷种神话的文化精神。

第三节

谷种神话的分布

中国谷种神话的分布范围较广，除了农耕民族之外，北方的渔猎民族和游牧民族也在与中原文化的接触过程中，逐渐地接受了他们的农耕技术、谷物起源的神话和信仰，谷种神话与谷神信仰观念也基本上普遍存在于各民族的神话传说、民族节俗和祭祀仪式之中。

目前搜集到的谷种神话共 608 篇，为了更清晰展现出谷种神话的分布比例，这里从三个角度对此类神话进行比例统计，具体见表 4：

表 4　中国谷种神话统计（按比例统计）

分类标准	分类	民族（个）	文本（篇）	比重
按语系划分	汉藏语系	31	497	81.7%
	阿尔泰语系	12	50	8.2%
	南岛语系	2	31	5.1%
	南亚语系	4	28	4.6%
	印欧语系	1	2	0.3%
按民族划分	汉族	1	191	31.4%
	少数民族	48	417	68.6%
按均值划分	均值之上	16（少数）	283	46.5%
	均值之下	31（少数）	134	22.0%

表 4 共涉及搜集到的中国 49 个民族的 608 篇谷种神话文本。其中，汉

族神话文本有 191 篇，所占比例高达 31.4%。除汉族外，汉藏语系之中其他民族的谷种神话也比较多，平均每个民族拥有谷种神话约 10 篇。与汉藏语系不同的是，阿尔泰语系各民族拥有的谷种神话相对较少，每个民族约 4 篇。另外，从少数民族拥有的谷种神话数量来看，少数民族拥有的谷种神话数量也不均衡。

汉族的谷种神话不仅数量上占优势，从分布范围来看，全国几乎所有省、区、市均有分布，具体见表 5：

表 5　中国汉民族谷种神话地域分布（按篇目数量排序）

序号	省、区、市	篇目	备注	序号	省、区、市	篇目	备注
1	河南省	54	与辽宁省有 1 篇重合	16	上海市	4	—
2	河北省	16	—	17	海南省	3	—
3	浙江省	16	—	18	山东省	3	—
4	江苏省	12	—	19	天津市	3	—
5	辽宁省	9	与河南省有 1 篇重合	20	云南省	3	—
6	湖北省	6	—	21	重庆市	3	—
7	宁夏回族自治区	6	—	22	广西壮族自治区	2	—
8	四川省	6	—	23	黑龙江省	2	—
9	贵州省	5	—	24	江西省	2	—
10	陕西省	5	—	25	青海省	2	—
11	安徽省	4	—	26	新疆维吾尔自治区	2	—
12	甘肃省	4	—	27	北京市	1	—
13	广东省	4	—	28	福建省	1	—
14	湖南省	4	—	29	内蒙古自治区	1	—
15	山西省	4	—	30	未注明	5	无标记
总计		191					

在汉族篇目中，河南省所占比重最高，为 28.3%，河南、河北、浙江、江苏四省所拥有的文本达 98 篇，所占比例为 51.3%。再从考古学的研究发现来看，浙江河姆渡文化是长江下游的新石器时代文化遗存的重要见证，它出土了大量的稻谷且保存较为完好，应是较早的南方稻作文化发源地。河北新石器时代的磁山文化则代表了北方早期的农业文明，经考古专家认定，磁山应为谷子的发源地，同为新石器时期的黄河中游的仰韶文化横跨了河南、山西、陕西、甘肃等地，其农业生产也是以粟类作物种植为主。辽宁省谷种神话所占比重虽不高，但与浙江、江苏等地流传的篇目数较为接近，这一方面与红山文化（与仰韶文化同时期）以农业生产为主的经济方式有关，另一方面也同民族迁徙与融合有一定联系，在辽宁流传的谷种神话中能找到与河南流传的如出一辙的神话文本，由此可见一斑。汉族谷种神话篇目所反映的主要分布地域是河南、河北、浙江，这又与考古挖掘所认定的谷种真正起源地有惊人的吻合。可以初步推断，在这些地域流传的谷种神话极有可能隐藏了对最初生活状态的描述和先民探索农业文明的事迹。

表 6　中国谷种神话分布（按语系排序）①

语系－语族	序号	民族	篇目
汉藏语系－藏缅语族	1	门巴族	1
	2	藏族	19
	3	阿昌族	5
	4	白族	9
	5	哈尼族	19
	6	基诺族	3
	7	拉祜族	8
	8	傈僳族	9
汉藏语系－苗瑶语族	27	苗族	28
	28	瑶族	20
	29	畲族	5
汉藏语系－汉语族	30	汉族	191
	31	回族	8
阿尔泰语系－满－通古斯语族	32	鄂温克族	1
	33	赫哲族	1
	34	满族	6
	35	锡伯族	3

① 参考《世界语言的谱系分类》，参见王远新:《语言学教程》，民族出版社 2003 年版，第 474—480 页。

续表

语系－语族	序号	民族	篇目
汉藏语系－藏缅语族	9	纳西族	7
	10	怒族	5
	11	土家族	13
	12	彝族	38
	13	独龙族	8
	14	景颇族	8
	15	珞巴族	15
	16	普米族	6
	17	羌族	6
汉藏语系－壮侗语族	18	布依族	13
	19	傣族	16
	20	壮族	11
	21	侗族	8
	22	毛南族	3
	23	仫佬族	2
	24	水族	6
	25	黎族	3
	26	仡佬族	4
阿尔泰语系－蒙古语族	36	达斡尔族	3
	37	蒙古族	21
	38	土族	7
阿尔泰语系－突厥语族	39	裕固族①	2
	40	撒拉族	1
	41	维吾尔族	2
	42	乌孜别克族	1
阿尔泰语系－未分类	43	朝鲜族	2
南岛语系	44	高山族②	31
	31	回族（海南省）③	0
南亚语系－孟－高棉语族	45	布朗族	11
	46	德昂族	5
	47	佤族	10
	48	京族④	2
印欧语系	49	塔吉克族	2
总计	608		

在神话文本的研究之中，语系较为接近的民族的神话文本有着更多相似的

① 裕固语分为东部裕固语和西部裕固语，东部属于阿尔泰语系蒙古语族，西部属于阿尔泰语系突厥语族察哈台语支。

② “高山族”是中国台湾地区南岛语系各族的统称，而在台湾当地已不再使用此称法，目前已有泰雅、赛夏、布农等 14 个民族，其语言基本属于南岛语系印度尼西亚语族。

③ 海南三亚市回辉村、回新村仍有回族使用自己的语言，它属于南岛语系马来－波利尼西亚语族，被称为“回辉话”。

④ 布朗族、德昂族和佤族属于该语族的佤语支，京语则属于越芒语支。

可能性，通常情况下，语族和语支接近的民族神话更拉近了这种相似性，语言和文化的某种联系确实构成了一定范围内的语言文化圈。当然即使语支相似的民族，由于民族精神与文化的不同，神话之中也会反映出不同的民族特质，但仍可以将语言文化圈的影响作用作为谷种起源的因素之一来考虑。

表 7　中国谷种神话分布（按各族拥有篇目数量排序）

序号	民族	篇数	序号	民族	篇数
1	汉族	191	26	水族	6
2	彝族	38	27	羌族	6
3	高山族	31	28	普米族	6
4	苗族	28	29	畲族	5
5	蒙古族	21	30	阿昌族	5
6	瑶族	20	31	怒族	5
7	藏族	19	32	德昂族	5
8	哈尼族	19	33	仡佬族	4
9	傣族	16	34	黎族	3
10	珞巴族	15	35	锡伯族	3
11	土家族	13	36	达斡尔族	3
12	布依族	13	37	毛南族	3
13	壮族	11	38	基诺族	3
14	布朗族	11	39	维吾尔族	2
15	佤族	10	40	朝鲜族	2
16	白族	9	41	仫佬族	2
17	傈僳族	9	42	塔吉克族	2
18	回族	8	43	京族	2
19	拉祜族	8	44	裕固族	2
20	景颇族	8	45	撒拉族	1
21	侗族	8	46	鄂温克族	1
22	独龙族	8	47	乌孜别克族	1
23	纳西族	7	48	门巴族	1
24	土族	7	49	赫哲族	1
25	满族	6	总计		608

通过对各民族神话文本篇目均值的罗列可见，除了汉族神话之外，从彝族到傈僳族的16个少数民族的文本都在均值之上，按照2010年度全国第六次人口普查各民族人口排名，在这16个民族之中，人口排名居前十位的只有壮族、苗族、彝族、藏族、蒙古族、土家族6个民族是在均值之上，其中蒙古族是以游牧民族的身份逐渐进入农耕社会的，而16个民族中居于南方的民族有15个，居于北方的只有蒙古族，这样看来，人口数量靠前的民族并不具有显著优势，地域居于南方的民族在谷种神话中则占有优势，可以初步认为地域性也是谷种起源的重要因素之一。

通过以上对谷种神话分布情况的介绍，可见它广泛存在于中国各民族之中，其重要地位可与创世神话相比肩，它的分布范围又受到历史传承性、语言文化圈、特定地域性等多重因素的制约，谷种神话在各地流传的过程中发生了不同程度的变化，其原初面貌也已变得模糊不清，对分布地域情况的初步了解，能够对此类神话流传的大体情况有所把握，为之后的类型分析与文本研读的准确判断提供可参考的依据。

中国的谷种神话有分布范围广、文本数量多、内容多样化、表意较复杂等特点。目前在49个民族的608篇谷神神话中都有此类神话的存在，面对如此庞大的谷种神话群，将类型方面的划分置于所有研究之前是势在必行的，通过不同的类型能够进一步梳理出谷种神话的大体面貌和发展轮廓。本书按照神话文本内容的不同，划分出自然型、赠赐型、取种型和创造型四大类型，每个类型之下又划分出四个亚类，并从具体神话文本出发对相关的文化内涵进行了详细阐释，希望通过类型划分和文本阐述相结合的方式，将谷种神话所揭示的原始生活的现状和先民独特的思维观念展现出来。

第二章

自然型神话

在谷种神话的四大类型中，自然型是最为接近谷种起源真实的一种类型，在原始社会时期，人们很大程度上是通过观察、发现和学习这样一系列的过程，才认识到谷种可以作为粮食进行食用的事实，各民族自然型谷种神话正揭示出了这一认知过程，通过对自然型神话的比较研究，可将此类型划分为自然生成型、自然获取型、穗落型和飞来型四个亚类，在目前所搜集的资料中，有 32 个民族的 119 篇文本有此神话类型。

第一节

浑然天成孕谷种

自然生成型是自然型中比较简单的一类形式，它本身并没有太过复杂的叙事情节，有的文本也并不强调谷种本身的来源，只表明人间谷种的自然生长性，当然此类型的神话多是与其他类型共同出现在神话文本之中，并指出了谷种最初的自然属性。在阿昌族、达斡尔族、侗族、独龙族、哈尼族、汉族、景颇族、傈僳族、苗族、怒族、畲族、佤族、藏族 13 个民族之中存在此类神话，文本共计 25 篇。

一、自然生长型

在神话的叙述中，谷种有时无须耕种便可收获，如阿昌族的《谷种的传说》、达斡尔族的《狗的庄稼》、独龙族的《洪水泛滥》、景颇族的《新米节的来历》、傈僳族的《粮食树》等文本皆是如此，它们对于谷种自然生成的表述和认识较为接近。

［1.2］[①] 很早以前，地上稻谷自生自长。[②]（阿昌族）

［10.5］古时候，造物主造人后，地里就长出庄稼，人不用劳动吃用

---

① ［1.2］表示阿昌族的第 2 篇文本，民族代码参见本书第一章中的表 2，具体说明详见表 2 的段前说明。文本名录可详见附录《中国谷种神话文本篇目一览表》。

② 攸延春，云南省社会科学院民族文学研究所编：《阿昌族文学简史》，云南民族出版社 2014 年版，第 28—29 页。

不完。[①]（独龙族）

这些神话所表现出的共同特性是：第一，模糊交代神话的发生年代，此类神话发生的年代可能未必如神话的叙事时间所表述的那样久远，“很早以前”“古时候”“最早”“天地形成后”等只是叙事的习惯性时间表述，即便谷种起源的最初形态是自然生长的，仍需要原始先民进行识别和尝食，通过精耕细作才能获得较大的丰收，单靠自然生长而衣食无忧，这只能是神话的表述；第二，文本结构和内容都比较单一，其背景特征是事件所发生的年代并未与人的行为产生交集，内容特征是神话文本中的谷种能自然生长、谷种能满足人的生活需求、谷种的充足让人无须劳动；第三，主题内涵较为凸显，人们在优越条件下浪费粮食、糟蹋粮食的种种表现遭到了神对人类恶行的惩罚，人要耕作才能收获粮食。所以无须耕作而得来的谷种，它的自然生长情况往往只出现于神话背景之中，不能视为神话的主体情节，但作为谷种起源的一种方式，它又与其他神话类型一起构成了较为完整的神话叙事。

二、尚须耕作型

相对于无须耕作得来谷种而言，通过耕作收获谷种的情况则更贴近实际，神话中描述的不劳作而收获的现象绝非现在常见的春种秋收所能比拟，如汉族的《牛为什么吃草耕田》、怒族的《种庄稼为什么要锄草》、藏族的《青稞的来历》等。

［32.2］很古的时候，种庄稼不费事，种子播种后不用锄草便可收获。[②]（怒族）

［48.4］世界刚形成的时候，人们播种的青稞从根部一直结到尖上。[③]（藏族）

---

① 左玉堂等编：《怒族独龙族民间故事选》，上海文艺出版社 1994 年版，第 231—236 页。

② 攸延春：《怒族文学简史》，云南民族出版社 2003 年版，第 51 页。

③ 《中国民间文学集成·西藏卷》，中国 ISBN 中心出版 2001 年版，第 340—341 页。

这一类型之中，人类的耕作似乎并不影响粮食的取之不尽，但神话文本中仍然添加了耕作的细节，这可能存在两个方面的因素：其一，无须耕种型强调谷种的自生自长，尚须耕作型则更关注人对谷种和农事行为的掌控，神话并不认为谷种的来源或丰收不需要人类的耕作行为，事实上没有耕种的作物会如同杂草一样自然生长，且在杂草中难以被识别；其二，此类神话虽然是整篇文本的一部分，或者只作为文本需要的一个情节而出现，但在其中却表达出了先民的一种思想理念，即如果粮食作物最初是享用不尽的，纵使其中有天赐的因素，也不能否认它与祖先耕种的必然关联。

自然生成型神话是自然型谷种神话中所占篇幅较少的一类，它基本不能构成单篇的文本，多是以文本首段的背景形式出现，在无须耕种型和尚须耕作型神话中，它们所表现出的对谷种自然生成和丰收的美好愿景是先民所期望与未完成的，在社会生存条件和生产工具都较为落后的时代，美丽的想象往往与现实形成了一定的差距，人们在特定的地理环境下仍须靠天吃饭，仰仗大自然的恩赐，此类型的篇幅比重虽不高，但仍能从其文本中观察到先民思想中依赖自然、尊重自然的理念。

第二节

自然获取型

自然获取型是自然型谷种神话较具代表性的一种神话类型，相对于神话想象思维的拓展性，该类神话更具有真实性，且更强调获得谷种的偶然性。根据目前搜集的资料，在布依族、达斡尔族、傣族、侗族、高山族、哈尼族、汉族、回族、景颇族、拉祜族、黎族、珞巴族、怒族、畲族、土族、佤族、彝族、藏族、壮族19个民族之中存在着此类神话，文本共计36篇，大体可以分为如下四类：

一、神或神性人物获取型

神或神性人物的形象多数源于人，在神话中他们却表现出了超出凡人的行为，且人们出于对其事迹的崇敬而奉他们为神或文化始祖，这类神话所表现出的主题虽具有神话色彩，但也道出了特定时期内人们求生存的艰辛与不易，如汉族的《神农尝百草》、畲族的《高辛与龙王》、藏族的《古代天空无太阳》、壮族的《布洛陀》等。

［15.116］神农看到一棵草结出胀鼓鼓重墩墩的穗子，摘下来尝觉得很香。他把草穗子撒在放火烧的地里，结出成片的穗子分给别人，教大家去种，这种草就是粟。[1]（汉族）

---

① 《中国民间故事集成·上海卷》，中国ISBN中心出版2007年版，第18—19页。

壮族的布洛陀则是通过生产劳动而懂得造田种地和播种五谷[①]，畲族神话中的神性人物高辛更是看到树上有果子便会教人耕种[②]，其实此类神话都表现了原始先民或祖先获取谷种的历程，但其中很多祖先人物已经被神化，如后稷、神农、高辛、布洛陀等人物作为人类开启农耕文明的文化引领者，在各民族中都是神一样的存在，畲族的高辛能随风而长、创造日月鸟兽，他看到树上的果子便能教人耕种，布洛陀更是能够骑着蛟龙去找谷种，这些形象的描述都绝非凡人。而汉族神话中的后稷、神农是农业始祖，有的神话也将此二人视为一人，实则这些神性人物所做的功业绝非一人之力能够完成，神话中他们发现稻谷的过程极具戏剧性和偶然性，但偶然中一定会带有必然因素，人们在生产劳作中通过经验的积累和总结才得以发现稻谷，正如壮族神话所讲的，其祖先是通过生产劳动才懂得农业之道；前文所列的汉族神话文本是比较典型的获取谷种的样例，它揭示出了谷种的发现在于文化始祖的品尝，当人们尚未认识谷种之时，任何一次品尝都可能是致命的体验，正如汉族《荞麦的来历》中的人们不知荞麦是否能食用，乔大爷夫妇为人们品尝荞麦而得到了大家的尊敬，所以在神话表述的背后，实则蕴含了原始先民在自然界中求生存的体验和感悟。

二、人获取型

根据目前考古的出土挖掘，可以推测北方的粟作文化和南方的稻作文化大致起源于新石器时代时期，这一阶段正处于母系氏族向父系氏族社会的过渡时期。在原始农业产生的初期，女性作为发明者在生产经济生活中处于主导地位，随着农业经济的不断发展和社会对生产力的强烈需求，男性逐渐占据了支配地位，这一生活格局的变动和原始的生存状态也通过神

① 参见谷德明编：《中国少数民族神话》，中国民间文艺出版社 1987 年版，第 76—80 页。
② 参见陈钧编：《创世神话》，东方出版社 1997 年版，第 709 页。

话间接地反映了出来。

（一）女子获取型

女子在农业中的地位多源于她们是谷种的发现者，在神话中又以文化英雄的形象出现，如哈尼族的《哈尼阿培聪坡坡》、珞巴族的《斯金金巴巴娜达明和金尼麦包》《阿巴达尼学种地》、彝族的《荞种的由来》《门米间扎节》等文本都表现出了女性发现谷种并进行种植栽培的事迹。这些神话的共性母题都是女性获得谷种并进行栽种，但在自然获得的过程中有着较大的差异。

［24.1］达明请风魔涅龙也崩取来火种，她又观察到秋天入土的野果，春天会发芽萌生，这样她采集野果，学会了种庄稼。[①]（珞巴族）

珞巴族的达明之所以学会种庄稼，与她对大自然的观察和实践学习息息相关，大概这也是人类最早获取谷种的最重要的方式之一。像哈尼族的遮努姑娘摘来饱满的草籽后将其种进最黑最松的土壤，结满草秆的草籽被称为谷子和高粱[②]。遮努作为带来谷种的文化英雄是自然掌握种植技术的，文本并未说明谷种的来源和姑娘为何会种植技术，这里姑且认为她是自然获得，那么这样的表述也增添了神话的神秘性。彝族神话中的妇女上山采集野菜而发现了野生的荞子，取回来试种便成功了，人们也跟着学种出了今天的荞子[③]，这更是典型的自然获取型的案例。

这些民族的神话文本中出现了女性获取谷种的信息，是何用意？首先，在女性自然获取型中，有的文本并未交代女性是如何获得谷种和种植技术的，可能是因为当时所处的社会是母系氏族社会，保持获得谷种的神秘性和掌握谷种来源的信息是维护女性地位的重要方式之一，人们在自然界中极有可能因为大火或大水而失去谷种，故而能够掌控人类食物来源的女性自然是主宰

① 于乃昌:《珞巴族文学史》，江苏教育出版社 2001 年版，第 182 页。

② 参见普学旺、左玉堂主编:《云南少数民族古典史诗全集(下卷)》，云南教育出版社 2009 年版，第 651—652 页。

③ 参见《中国各民族宗教与神话大词典》，学苑出版社 1993 年版，第 679 页。

人类命运的领导者，人们对于女性获得谷种和掌握种植技术的事实也是毋庸置疑的，因此有了如哈尼族、彝族等代表性文本；其次，在女性获取型的文本中，有的则道出了女性获得谷种的原委，此类神话可能是处于母系氏族和父系氏族社会的过渡时期，男性逐渐揭示出了谷种来源的秘密，珞巴族中阿巴达尼在偷谷种失败后，与掌管谷种的达明生活在一起，达明告诉了他如何获得谷种[①]，神话中看似在叙述一个故事，实则珞巴族传说中的阿巴达尼极有可能在争夺谷种的掌握权，在揭示了谷种的秘密之后，他离开达明回到家乡，这样达尼由于控制谷种而成为领导者；最后，女性采摘的基本上是草籽、野果、果树籽、野生谷种（粮种或荞子）等自然界中的野生食物，女性在掌握谷种之前主要从事采摘工作，彝族神话较为明显地指出了这一事实，很多民族其他类型的谷种神话中都有一个比较普遍性的开篇，即某一民族在最初的时候没有稻谷，人们只能以采摘野果、捕捉野兽、下河捕鱼为生，这样看来采摘或渔猎行业为自然发现谷种提供了必要的前提条件，鉴于工作分工的不同，女性极有可能最初从事采摘工作，且女性更易于把握事物细腻的变化，因而她们获得谷种或观察到作物自然生长方式的可能性更大。通过对这三个问题的研究，可见女性在先民社会中最初获得谷种的偶然性和必然性是相伴而生的。

（二）男性狩猎型

从对女性获取型的分析中，大体可以推断出男性获得谷种的事实大体晚于女性，而男性作为谷种掌握者的身份却较多地存在于神话之中，在自然型谷种神话中，男性多是以猎人的身份或依靠猎狗的协助而获得谷种，如达斡尔族的《稷子的来历》、傣族的《一颗萝卜大的谷子》、景颇族的《稻谷的故事》、彝族的《野牛引路》及怒族的《猎人得稻谷》，都是关于猎人获取谷种

---

① 参见西藏社会历史调查资料丛刊编辑组：《珞巴族社会历史调查（二）》，西藏人民出版社 1989 年版，第 222 页。

的神话。

［32.3］猎人带着两只猎狗追赶野兽到怒江边，爬山后看到森林中有许多龙潭，猎狗咬死的一只麂子头上沾着一棵草，草上有金色的穗，猎人觉得有沾草的地方应该不错，把谷粒种下，对天祈祷，第二年见谷子长得好便把家搬到这里居住。[①]（怒族）

与此相似的是达斡尔族的巴图为了给妈妈找点吃的，在很远的清泉边寻获了金红色的小圆粒（谷物）[②]，彝族神话中的猎人在追逐野牛的过程中也发现了好吃的草籽（稻谷）[③]。达斡尔族作为久居北方的民族，很早以前便以渔猎为生，知道谷种和农业栽种也是较晚近的事情，以怒族为代表的部分南方民族则经历过较大规模的迁徙，他们因为生存或战事，或者从北方迁徙到南方，或者在南方地域之内进行族群迁徙，如怒族史诗《历史传说歌》、哈尼族史诗《迁徙悲歌》、苗族史诗《苗族祖先过江记》、拉祜族史诗《根古》等都记录了在经历了不同原因的被迫迁徙之后，各民族于迁徙过程中遭遇了各种艰辛和苦难，并在最终定居的所在开始了新的生产生活。从神话中可知此类迁徙多是发生在渔猎到农耕的过渡时期，在谷种产生之前，人们为了生存多是从事捕鱼、狩猎工作，逐水草野兽而居的生活是常态，在有了固定的耕种场所之后，农业收成较为理想的定居民族便逐渐放弃了渔猎、采摘等生活方式，而农业收成相对较少的民族，限于水土等原因，仍需要以农业耕作场所为定居地，在农业生产之余到周边地区辅以渔猎、采摘等工作。

该类神话至少说明了三个方面的问题：第一，男性所发现的谷种多出现在水边或森林野外某地，如达斡尔族发现的谷种是在清泉边、傣族是在水塘边、佤族是在水潭里、彝族是在有草的野外，因为男性在最初的工作分

① 攸延春：《怒族文学简史》，云南民族出版社 2003 年版，第 50 页。
② 参见陶阳、钟秀编：《中国神话（下）》，商务印书馆 2008 年版，第 1164—1165 页。
③ 参见罗曲、李文华：《彝族民间文艺概论》，巴蜀书社 2001 年版，第 74 页。

工中，从事渔猎工作的可能性很大，捕鱼或狩猎时较为容易在水边或森林之地发现谷种的存在；第二，男性在原始生产工作中表现出的是粗犷和勇武，他们的粗心让发现谷种的过程变得延缓，就像景颇族神话中带回谷种的是猎人，但发现猎人身上有谷种的是猎人的母亲[①]，怒族、彝族神话中若没有猎狗和野牛的指引，猎人恐怕也不能发现谷种，这便从侧面揭示出了男性和女性发现谷种的不同，男性多是需要帮助者辅助才能发现谷种，女性多是通过观察和在野外的采集来获取谷种，此不同也决定了男女双方在最初的工作分工中所处的地位各有不同；第三，南北方猎人发现谷种的神话较为相近，如发现谷种的位置和谷种如何耕种方面都存在较多的相似，这与以达斡尔族为代表的北方游牧民族本身受到农耕文化的影响有关系，通过文本来看，达斡尔族仍然认为谷种是本民族文化英雄自然发现的产物，就连耕作方法都是自己的领悟所得，它所表现的是达斡尔族人勇于接受农耕文化思想和积极进取的民族精神面貌，即便达斡尔族受到了周边农耕民族的影响，但在发掘农耕之路的过程中，他们定然也付出了艰辛和努力，体现出了一个民族对先进文明的探索和追求。

除了男性作为猎人身份自然获取谷种外，其余获取谷种的人虽未交代职业，大体能推测出都应指男性，至于其原型是否为女性形象，仍值得研究和考证，如傣族的《叭桑木底》中的英雄叭桑木底[②]，从谷子在山谷发芽的事实中认识了谷种及其种植方法[③]，这与南方一些民族神话中的女性观察获得谷种的神话有很大程度的相似，与其他自然获取型不同的是，飞鸟衔来的谷种代替了在水边或草丛中的发现，即用仰望的方式替代了俯拾的方式，可以说这

① 参见中华民族故事大系编委会：《中华民族故事大系（第十册）》，上海文艺出版社1995年版，第70—71页。

② 叭在傣语中有闪光的意思，叭英叭是傣族的创世神，对桑木底也用叭，则表明傣族对这一英雄形象的充分肯定。

③ 参见李子贤主编：《多元文化与民族文学：中国西南少数民族文学的比较研究》，云南教育出版社2001年版，第205页。

是一种比较简单而且偶然的方式，人们在采摘或狩猎的过程中会观察天上的飞鸟，在偶然的观察中发现了飞鸟衔的谷种落地是有可能的，但仅以这一单篇的男性观察发现谷种的神话，不能完全判断出是否男性通过此类方式发现谷种是常态，或者是否此类神话源于女性发现型神话，没有民族神话之间的比较，这里只能初步推断认为男性在这一社会阶段已经掌握了谷种来源的方式和种植方法，而人们也已将发现谷种的功绩归于男性英雄身上。

南北方同一类型的神话表现了较为相似的主题，却蕴含着不同的民族文化内涵，北方的土族神话中不乏原始的萨满信仰观念，而南方的神话更原始地反映了谷种起源的原初面貌，虽然在发现谷种者的性别问题上，南北方都不同程度倾向于男性，但在实际的文本分析中不难看出其中女性发现谷种的痕迹。在谷种神话中，谷种的发现者是男性还是女性已经显得越来越不重要，其中英雄所表现出的发现文化的精神却更为彰显。

（三）夫妻获取型

无论是女性，还是男性获得谷种，他们的出现都与一定的社会阶段有关联，但介于两者之间的特殊一类该作何界定，在一些民族的自然获取型神话之中，会将谷种的起源归因于男女的共同努力或者直接交由男女两性共同得到谷种，如侗族的《五谷到人间》、汉族的《荞麦的来历》、黎族的《黎母的神话》、壮族的《德生造世》都属于此类型。

> ［9.7］咪咪鸟便偷带出大麦、小麦、稻谷、大豆、胡麻，将仙谷撒在大地上，地上长起来五谷，后来张良、李妹繁衍人类，移植播种五谷。[①]（侗族）

> ［12.23］幸存的兄妹，无物可食，从天上掉下粟种，试取一粒炊煮，竟成满满一锅，让两人得以饱餐。[②]（高山族排湾人）

① 中共锦屏县委宣传部、锦屏县文化局、锦屏县民族事务委员会编：《中国民间故事集成·贵州黔东南州·锦屏县卷》1989年版，第102—103页。

② 鹿忆鹿：《偷盗谷物型神话——台湾原住民族的粟种起源神话》，《西北民族研究》2014年第1期。

［12.29］一个男子发现山芋，循根而掘发现洞穴，夫妇下去发现白色颗粒非常好吃，因为贪心，男人把它藏在指甲中，肚脐放较大的东西，更大东西顶在头上作为笠子。女子藏在下身私处，她来不及逃出被压死崖下。男子自己回来，种植种子。[①]（高山族邹人）

［15.146］人们在大山沟里发现了一片大红秆白花的野草上结了许多黑籽，乔大爷夫妇愿意冒险尝尝，他们觉得很好吃，为纪念乔大爷，便叫“荞麦”。[②]（汉族）

这些神话文本中的男女关系基本上是夫妻关系，即谷种是男女双方共同持有的财产，像台湾排湾人神话中幸存的兄妹得到从天上而降的粟种[③]，根据洪水神话的一般模式而言，此处的兄妹也多半会以夫妻的形式出现；神话中谷种的主要来源是天上、地上和地下，如排湾人神话中的粟种从天上掉下来，邹人的神话是山芋源自地下洞穴内，侗族神话中仙谷在地上生长起来；多数民族的神话文本都表现出了夫妻患难与共的真情，而台湾邹人的神话却表现了人性自私的一面，夫妇背着对方把粮种分别藏在自己身体中，神话以男性成功取回种子而女性被砸死在洞穴中结尾，似乎别有深意，神话中女性将粮种藏于私处、男性将粮种藏于指甲的母题更为独特，本书将在盗取型中进行专门阐述。

三、其他获取型

在自然获取型中还包括了动物及无生命物获取谷种的情况，如动物自然获取型以飞鸟和猎狗这两类动物为主，文本数量较少且相对集中于汉族、景颇族、怒族的神话之中，与猎人寻取型有重合。除此之外，还有一类便是在

① 鹿忆鹿:《偷盗谷物型神话——台湾原住民族的粟种起源神话》,《西北民族研究》2014年第1期。

② 秦皇岛市抚宁县三套集成办公室编:《中国民间文学集成·抚宁民间故事卷》，秦皇岛抚宁县三套集成办公室1987年版，第292—293页。

③ 鹿忆鹿:《偷盗谷物型神话——台湾原住民族的粟种起源神话》,《西北民族研究》2014年第1期。

箭筒内获得谷种，像拉祜族《根古》中的种子出现在箭筒之中[①]，彝族《猎人得谷子》中猎人的箭筒中有三颗谷种[②]，箭筒的形象似乎也蕴含着某种隐喻和象征：第一，箭筒与弓箭是配合出现的一对狩猎用具，箭筒的出现将谷种的发现与狩猎行为结合起来，从另一个侧面印证猎人获取型存在的可能性；第二，弓箭与箭筒的主要使用者是男性，有学者认为“弓箭和刀剑之类之所以在战斗中出现得较多，是因为对于创造上述谷种起源神话的中国少数民族祖先来说，克敌制胜的武器除了拳头之外，能够实施远距离打击的武器是弓箭，能够实施近距离进攻的武器是刀、剑、标枪等”[③]，弓箭和箭筒都可能在凸显男性社会的权威；第三，箭筒与弓箭可能是生殖理念的隐喻，神话中将谷种的产生与人类的生育相联系，先民最初对人的产生和女性的生育有着诸多的不解，因此有了较为原始的生殖崇拜观念，故而箭筒的形象便被赋予了女性和大地的象征身份，种子可以在箭筒内得到孕育而产生，上述神话或许也传达出了某种生殖崇拜的理念。

自然获取型谷种神话是自然型中所占比例较高、类型较为丰富的神话类型，它不仅解释了谷种产生的主要方式，也对其他取种类型有重要的解释功能，它可以作为其他类型的原型来进行比较研究，尤其对人自然获取型，本书进行了重点解读，通过比较分析不难发现谷种的出现与新石器时代的母系社会和父系社会都有着紧密的关联，人类文明伴随着谷种的发现而进步，步入农耕社会的民族都在不同程度上展现出了各自的文化内涵，虽然不能肯定各民族的谷种神话存在相互影响的关系，但通过神话的展现也可初步推断出这些谷种神话之间存在的渊源关联，各民族在追求文明进

---

① 参见普学旺、左玉堂主编:《云南少数民族古典史诗全集(下卷)》，云南教育出版社 2009 年版，第 811—812 页。

② 参见朱元富:《彝族谷种神话与母体崇拜》,《楚雄师专学报》2001 年第 2 期。

③ 谢国先:《论中国少数民族谷种起源神话》,《民族文学研究》2006 年第 4 期。

步的过程中进行了各种艰辛的尝试，谷种的偶然获得一定有必然的经验积累和生活体验，各民族文化英雄发现谷种和耕作技术的业绩也必然与先民集体智慧分不开，通过对自然获取型神话的分析，能够窥见谷种起源较为真实的一面。

第三节

穗落型

穗落型是自然型谷种神话中的一类，主要是由于神、人或动物的行为而将谷种撒落在地，谷子自然生长而成，它是介于自然获取型与自然生成型之间的神话类型，与自然生成型的不同在于它更侧重谷穗撒落的行为本身，与自然获取型不同的是它忽略了谷种本身的来源而强调人间谷种的自然生长。这种类型主要在阿昌族、布朗族、布依族、傣族、侗族、独龙族、仡佬族、哈尼族、汉族、赫哲族、景颇族、拉祜族、黎族、傈僳族、珞巴族、蒙古族、苗族、普米族、佤族、瑶族、彝族 21 个民族的文本中存在，共计 44 篇。在这些文本的表述中，穗落的发生并非偶然，它多与神或神性人物、动物的行为有关，因而可以将其划分为如下两类：

一、神人致落型

穗落型与神赠赐型、人寻取型等神话类型的结合较为紧密，如傣族的《人和麻雀》、独龙族的《巨人朋得共》、汉族的《粮食的来历》、赫哲族的《种子》、拉祜族的《苦聪创世歌》、彝族的《阿细的先基》等都是神或人的行为使谷种落入人间或大地之中。

[10.3] 巨人朋得共背着一袋装有多种谷物种子的袋子，路过独龙江，

袋子上有洞，各种谷物撒在地上，日后便长出了粮食。[①]（独龙族）

［16.1］老两口来到汉族人住的地方学习耕种本领，冬天他们背着两口袋种子回家，快到家时袋子漏了，种子被刮得到处都是，第二年种子在落的地方发芽结果。[②]（赫哲族）

有的播撒方式是较为独特的，如彝族神话中的西尾家四兄弟戳天获取谷种的行为，姑且不论四个人如何使用十二根竹竿，单是如何知道云彩上柜子的位置便为理解此种行为增加了难度，神话似乎规避了这些问题，而将叙事情节转向了对谷种生长的描述。要理解这则神话的叙事表达，至少要理解如下几个细节：首先，是龙王或水王管种子的母题，在布依族、哈尼族、瑶族、彝族的谷种神话文本中普遍存在，在一般的观念里龙王是负责行雨的，它与谷种的收成有不可分割的关联；其次，对于“十二”的解读，彝族十月太阳历采用的是十二属相轮回纪日，轮回三次便是一个月，那么文中反复出现的数字“十二”似乎可以表示一个运行周期的结束，谷种的生长也需要经过特定的周期培育才能完成；再次，对于竹竿的理解，在高山地区的彝族有着较为丰富的竹资源，目前在高山的彝族中仍可见用竹编的篱笆保护庄稼免受牲畜的践踏，故而竹竿在生产生活中仍有较为广泛的用途，出现在神话中也不足为奇；最后，在傣族神话中有桑木底“用一根竹棍指点着各种死兽死鸟，于是这些飞禽都一个个活过来了”[③]的过程，这一行为或许暗含了某种特定的仪式和人们对竹崇拜的心理，用竹竿戳云彩的行为是否也与一种祈祷仪式有关，如果这种行为能令谷种复生，那极有可能这是一种祈雨的行为。神话看似展现了一个天马行空的取种行为，实则可能表现的是人们向天求雨、在一定的周期内完成耕作和取得收获的农业生产行为。

在播撒谷种的行为方面，神撒谷种的行为似乎不仅是赐予人间谷种，更

---

① 《中国各民族宗教与神话大词典》，学苑出版社1993年版，第122页。

② 黄任远：《通古斯：满语族神话研究》，黑龙江人民出版社1999年版，第226页。

③ 何斯强：《傣族文化中的稻和竹》，《思想战线》1990年第5期。

像在传授播种技术，拉祜族神话讲“天神派仙姑撒粮，河坝撒得密，山上撒得稀”[①]，它更侧重于播撒地点的选择，河坝更利于谷种的生长，而山上限于地势和水土的条件则需播撒少量的谷种，由神话的表述可见，人们更愿意将人间谷种的获得和播种技术的习得归因于天神的赐予和传授，借助天神的播撒而使人间获得谷种是赠赐型神话中较为常见的描述，即便有些神话并未提及播撒行为，但神所赐予的方式大体应与这种播撒的行为相似。神话中神或神性人物所表现的行为本身，对神赠赐型中播撒方式的解读也是有力的辅证。

此外还有无意撒落谷种的行为，如独龙族神话中由于巨人的疏忽，袋子中的谷种撒落在地，自然生长，人们便有了谷种。与这一神话表现形式相似的还有赫哲族的神话，赫哲族老两口取回的种子也是袋子漏了，使得种子随风而落才自然生长[②]，独龙族中的巨人是无意将种子赐予人间，而赫哲族中的老夫妇已经在汉族地区学会了耕种技术，他们可能也是有意将种子撒播在赫哲族地区的。用漏的装满谷种的布袋子在田间撒种，这种遗漏式的播撒方式虽存在一定的偶然性，但可能对实际的生产耕作起到了启发作用。

二、动物致落型

在穗落型神话中，较多文本与动物取种和撒种的行为有关，但行为本身却有较大的差异，如布依族的《谷魂引花歌》、仡佬族的《谷种的来历》、哈尼族的《狗取稻种》、汉族的《洛玉取黍》、苗族的《狗取粮种》等都属于此种类型。在此类神话中，狗、鼠、鸟都是出现频率较高的动物，根据取种动物的不同又有如下划分：

第一，与狗有关的穗落型。狗在所有的谷种神话类型中都占有非常重的分量，无论是取种还是播种，它都能够在关键的地方发挥作用，这与人们对

① 普学旺、左玉堂主编：《云南少数民族古典史诗全集（中卷）》，云南教育出版社 2009 年版，第 144 页。

② 参见黄任远：《通古斯：满语族神话研究》，黑龙江人民出版社 1999 年版，第 226 页。

狗的偏爱有一定关联，穗落型神话中展现的是狗播撒谷种的本领，在仡佬族、苗族的神话中狗所表现的行为并不一致，仡佬族的狗为了报复谷穗而将其扯乱后撒在地上①，苗族中的狗是将身上的谷种抖落在地而自然结出庄稼②，展现出了狗喜爱撕咬东西和抖毛的习性，两者的行为都具有一定的偶然性，动物的播撒本就不具有章法，但在人们尚未完全认识谷种的时候，动物的行为往往对人类是一个重要的启发。

第二，与鼠有关的穗落型。布依族神话发生在洪水后期，人们依靠老鼠过海取得谷种，落在岩坡和平地的谷种都是老鼠的播种所致③，与狗播撒的行为相比，鼠的行为就比较具有方向性和目的性，这本身也与老鼠的习性有关，老鼠会将所偷取的粮种藏在相对固定的地方，现实中老鼠是人类保护粮食的天敌，神话中人们却愿意将人类未来的命运交于老鼠身上，这应该是神话中所保留的一些观念，在人类进入农耕文明的最初，对农耕技术的学习多应来自对自然界的观察，老鼠善于打洞，在洞中的谷种发芽收获后，人们认识到可以通过挖坑埋种的方式进行耕作。

第三，与飞鸟有关的穗落型。哈尼族神话中的飞鸟很自然地将口中衔的谷种掉落④，这种简单的表现谷穗落地的神话是比较具有典型性的一类文本，而汉族神话中的鸡将洛玉手中的宝珠撞落在地，才使种子入地长成玉米⑤。

穗落型神话是自然型谷种神话的一个亚类，它所占的比重与自然获取型

---

① 参见中国民间文艺研究会贵州分会、贵州民族学院编：《民间文学资料（第 49 集）》，中国民间文艺研究会贵州分会 1982 年版，第 44 页。

② 参见贵州省非物质文化遗产保护中心、黔南布依族苗族自治州苗学会编：《黔南苗族民间传说故事》，重庆出版社 2015 年版，第 210 页。

③ 参见黎汝标：《试论布依族的谷魂崇拜》，《布依学研究——贵州省布依学会成立大会暨第一次学术讨论会论文集》，贵州省布依学会 1988 年版，第 149 页。

④ 参见李子贤：《探寻一个尚未崩溃的神话王国——中国西南少数民族神话研究》，云南人民出版社 1991 年版，第 254 页。

⑤ 参见汤阴县民间文学集成编委会编：《中国民间故事集成 · 河南汤阴卷》，汤阴县民间文学集成编委会 1987 年版，第 1—3 页。

相似，但不如后者的地位重要，先民需要通过神话传递出一种文化观念和思想，而自然获取型较为突出人发现谷种的功绩，穗落型神话则侧重强调谷穗落地而自然生长，由于与神、神性人物、人、动物寻取型神话有直接的关联，它又需要单独构成一类来进行研究和分析。实际上，穗落型同自然生成型都表达了一个共同点，即最初谷种的出现可能是非人为的因素而在自然界自生自长。

第四节

飞来型

飞来型，又称飞来稻型，是自然型中比较特殊的一类神话，因其文本内容多涉及稻谷的起源，所以在一些学者的分类体系中又将其称为飞来稻型。它所表现的情节相对其他自然型神话而言比较复杂，多与惩罚、变化等母题共同构成文本的完整叙事，它强调了谷种本身具有灵魂和飞翔的属性，此类神话所体现的谷魂崇拜观念较为凸显，在白族、布朗族、布依族、傣族、高山族、哈尼族、汉族、基诺族、景颇族、苗族、土家族、佤族、瑶族、彝族14个民族中都存在，文本共计27篇。

一、主动飞来型

在飞来型神话中，有几乎一半以上的篇目内容都是谷种主动飞到人们的家中，而家中的女子以打或者骂的方式将其赶出，主动飞来型多与伤害谷种的情节构成了较为完整的神话类型，由于伤害谷种的出发点不同，故而可以细化为如下三个方面进行探究。

第一，与管理谷仓有关。其大体内容是妇人没有在谷子飞来之前完成谷仓的建设或清扫，在谷子飞来之时却强加抱怨而将谷子以不同的方式撵走，如布朗族的《沙卡厄》、基诺族的《会飞的谷子》、苗族的《不用高粱帚把扫谷子的由来》都属于此。像布朗族神话中的老寡妇还没盖仓房，谷子就自己滚来，往她身上撞，她便拿大棍子把大谷子敲成两半[①]，基诺族神话中的阿嫫打扫谷仓时，抱怨陈谷子不飞出去给新谷子腾地方，陈谷子和新谷子便都飞走了[②]，这些文本中有两个共性问题：其一，负责管理谷仓的都是妇女，布朗族神话甚至认为谷仓应由女性修建，一般会认为男性应该负责谷仓的修建，但神话中却将建设的责任都归于女性，这可能与人们较为原始的谷魂崇拜观念有关，在很多民族较早的神话观念中，谷神是以女性神的形象出现，这与母系民族社会中女性掌管生产资料和生活资源有必然关联，随着社会分工和社会地位的变化，女性虽然仍负责管理谷种，却能支配食物的分发和用途，在日常管理谷子的活动中，女性的分工就表现为建设谷仓、清扫谷仓等；其二，神话中出现女性打谷、骂谷的情况，这在飞来型神话中是比较普遍的现象，人在实际的工作分工中也会体现出各种高兴或不满的情绪，但神话只字不提男性的行为，而是着力对女性在管理谷种的工作中所表现的打骂行为突出刻画，可能与在母系社会与父系社会的过渡阶段中，男性社会对女性的反抗和丑化有关。

第二，与女性的懒惰有关。多数飞来型神话都与女性有关，飞来的稻谷之所以被赶走，很多神话也都将原因归于女人在睡觉或是懒得开门，而命令谷子离开，如傣族的《会飞的谷子》《一颗萝卜大的谷子》、汉族的《稻子》都是此类神话。傣族神话讲香稻米飞到仓房的声音吵到了懒婆娘睡觉，她拿起一根竹竿乱打起来，香稻米变小并且也不再自己飞到仓房[③]，神话中女性的懒惰是造成谷子不再能够自己飞回的直接原因。在农业文明社会中，比较肯

① 参见王国祥，云南省社会科学院民族文学研究所编：《布朗族文学简史》，云南民族出版社2014年版，第75—76页。

② 参见陈建宪选编：《人神共舞：中国各族民间神话精品》，湖北人民出版社1994年版，第165页。

③ 参见中华民族故事大系编委会：《中华民族故事大系（第六册）》，上海文艺出版社1995年版，第628—630页。

定的是一分耕耘与一分收获的做法，人们需要在农作方面付出大量的劳作，有的南方民族甚至因为水稻一年三熟而要整年都忙碌，神话中的嗜睡行为正是农耕社会所不能接受的，作为一种象征性表达，稻子飞回家的说法也正是人们的期待，一旦人们懒惰便不能有收成。此外，神话将遭受惩罚的直接原因归结为女性的懒惰，这里便依靠神话叙事而设定了对女性的禁忌，男性在社会大分工之中逐渐确定了男耕女织的生活范式，继而不断利用各种禁忌限定女性的社会地位和作用，在有些民族对于天和谷神的祭祀活动中，是不允许女性或正处于月经期的女子参加的。如前述文本中女性的懒惰作为神话选取的特定意象是具有一定深意的。

第三，与女性的打扮有关。即女性的打扮也是招致谷子不再飞回的一个重要诱因，这在土家族的《收粮食为什么要人背》、瑶族的《大谷壳》等文本中都有体现。像土家族神话中谷子在新过门的媳妇梳头的时候飞来，害得她一天都没梳成头，她最后生气地骂道不要让它们滚来①，瑶族神话也说梳头的女人被叫门的谷子打扰而发怒扔出一根竹子，禾魂吓得走过海不再回来②，在这几篇文本中都是飞来的谷子打扰了正在梳头的女人，因被打或被骂而不再飞回人家。女性的打扮为何会招致这样的结果，女性喜爱装扮本无可厚非，但神话貌似在抨击和埋怨这一行为，在最为忙碌的收获季节，女性确实不应只顾念打扮自己而忽视收割工作，与女性的懒惰相似，梳头行为可能也是对女性禁忌的设置，而且神话中更多地表达出女性应该对谷子有所尊重，土家族神话中的媳妇是新过门的，似乎对当地的规矩并不熟悉，瑶族神话中的女人却不应在秋收这样重要的季节吓走禾魂。此外，

① 参见中华民族故事大系编委会：《中华民族故事大系（第五册）》，上海文艺出版社 1995 年版，第 665—666 页。

② 参见全国人民代表大会民族委员会办公室编：《广西大瑶山：瑶族歌谣故事集》，全国人民代表大会民族委员会办公室 1958 年版，第 54 页。

所有与伤害谷种有关的飞来型神话中，都是因为一个女人的行为而致使所有的谷种都不再能自动飞回。按照常理，一个人的恶行并不能掩盖多数人的善行，神话表达却反其道而行之，一个人的恶行便足以扭转整个好的局面，在有的惩罚型谷种神话中，上天有时也会因为一个人对粮食的浪费而收回所有的粮种，这个特定的女人是典型性的代表，神话的表述只能以偏概全，无论是神话还是现实中都不可能只存在着一个懒女人，这样便能理解神话的此种叙事模式。

谷种飞离人类的因素除了以上客观原因之外，还有特定的主观因素，这便涉及谷种的情绪。如布依族《谷子回天上》中的人们侵占偷取他人的谷种而招致愤怒的谷子飞回到天上[①]，景颇族《目瑙斋瓦》里的人对谷子抓来扯去而让伤心的谷子生气离开大地[②]，布依族、景颇族神话叙述中的谷子都表现出了愤怒和伤心等人类的情绪，由于人类的贪懒和对谷种的不心疼，而使得谷子被迫离开人类，实际上这里的文本叙述侧重在谷子飞离时的情绪表达，在所有的飞来型神话中，其实都体现出了这样一种谷魂崇拜的观念，只是在其他神话中，谷魂表现在它们服从于神或人的管理，抑或是由于遭受委屈而被迫离开人类，谷魂的存在与否是决定谷子能否生长的关键因素，神话在强调谷魂的同时，也在告诫人们应当对谷物抱有尊重和虔诚的心态。

二、被动飞来型

飞来型中的谷种飞到人间或人们的家中并不完全是主动的，有的也是在神或人的命令或者管理之下，被动地飞来或飞走，但它在飞来型中的数量不

① 参见黎汝标：《试论布依族的谷魂崇拜》，《布依学研究——贵州省布依学会成立大会暨第一次学术讨论会论文集》，贵州省布依学会 1988 年版，第 149 页。

② 参见普学旺、左玉堂主编：《云南少数民族古典史诗全集（中卷）》，云南教育出版社 2009 年版，第 315—316 页。

高。被动飞来的行为，一方面与神的指令相关，另一方面则受命于人。

与神的指令有关。神话中的谷神、天神都是谷种或谷魂的实际掌控者，但在飞来型的文本中表现得较少，如台湾邹人《粟女神》中的粟女神能让所有粟米飞走[①]，苗族《枫木歌》中的太阳能遣返上天的谷子回到人间[②]，彝族《葫芦里出来的人》中的天神能让谷子不再自动飞来[③]，这都体现出了神对谷种的控制力，也间接表明人需要对神灵有虔诚和祈祷，神话中已有原始仪式观念产生的痕迹，邹人需要在播种收获的时段来祭祀粟女神，彝族可以念叫谷魂的咒语，实际可能也类似于一种祭祀仪式，当人们不再祭拜粟女神的时候，人便不会有丰收，在人们不尊重谷魂和珍惜天神赐予的谷种的时候，人也会得到应有的惩罚。苗族神话的表现则与其他两篇文本略有不同，谷子能上天和下凡，太阳把谷子打下人间才使地上存有谷种，虽没有惩罚类的情节，但文本所表达出的太阳是求得谷种的关键，人们认为太阳掌管谷种则是太阳崇拜观念的一种体现。

除了有神灵掌管谷种外，人也可以对谷种的活动进行支配，此处人已具有几分神性。

> ［41.4］小米雀在湖畔岩石旁找到谷子，人用口弦、银铃、芦笛都不能使谷子听，吹芦笙唤起谷穗仰头、谷叶扇翅膀、谷子跟人走，花脸狗驮谷子，人类有了粮食。[④]（佤族）

佤族《葫芦的传说》中的人能够用芦笙令谷子跟着人走，这种对谷种的控制方法出人意料，谷魂似乎也能听懂人类的音乐。而白族《稻子树》

① 参见叶舒宪：《宝岛诸神：台湾的神话历史古层》，南方日报出版社2011年版，第147页。

② 参见贵州省民间文学工作组编著：《苗族文学史》，贵州人民出版社1981年版，第53—54页。

③ 参见陈建宪选编：《人神共舞：中国各族民间神话精品》，湖北人民出版社1994年版，第44—45页。

④ 普学旺、左玉堂主编：《云南少数民族古典史诗全集（中卷）》，云南教育出版社2009年版，第152页。

中的白胡子爷爷能够令果子飞到外人的手中[1]，谷种显然能听懂主人的命令。它们都是飞来型中比较独特的类型，尤其是音乐对谷魂的控制与祭祀仪式活动中的乐器的使用又存在一定的关联，利用声音控制谷魂可能是原始信仰的一种巫术形式，白族和佤族的神话分别利用语言和音乐对谷子进行控制，实则是在操控谷魂。可见神话所表现的不同寻常也有其相对应的文化根基。

在对如上飞来型的文本解读过程中，可以发现此种类型似乎并不是介绍谷种的起源，却与谷种的起源有着较为紧密的关联，人类在获取谷种的过程中，通过春种秋收而渴望获得较大的丰收，在这种期望中便形成了与现实反差较大的神话，众多民族都共同表达了谷种能够自然飞来的思想，人们可以不劳而获，这种美好想象的失落只能认为是一种时代的期许，正如李子贤所言，"飞来稻型谷物起源神话是一种较为典型的关于黄金时代失落的神话"[2]，当然也可以将其理解为一种想象的失落，它可算作自然型谷种神话的一种特殊类型，谷种本不能自动飞来，在万物有灵的认知观念影响下，人类通过对谷魂的认识而认为谷种能够听从自己的意愿或神与人的管理，从而主动飞到人们的谷仓中，它所展现出的令人神往的想象又是对现实文化的独特观照。

自然型谷种神话表现了人们对早期谷种来源的认识和体会，先民认为谷种是源于自然界的，只是人们发现或者获得它的形式有所不同，这便有了如上的自然生成型、自然获取型、穗落型和飞来型四种类型的划分，它们共同关注了谷种的自然属性，但其表现形态却有不同，自然生成型侧重于谷种的自然形态，自然获取型中认识到人在发现谷种过程中的功绩，穗落型强调谷

① 参见中华民族故事大系编委会：《中华民族故事大系（第五册）》，上海文艺出版社 1995 年版，第 603—606 页。

② 李子贤、胡立耘：《西南少数民族的稻作文化与稻作神话》，《楚雄师专学报》2000 年第 1 期。

穗自然落地生长的事实，飞来型更突出谷种具有灵魂的属性，四种类型又并非完全独立，它们有共通和融合的成分，穗落型和自然生成型都是谷种自然生长的一种形式，自然获取型和穗落型与神灵或人的行为有关，飞来型和自然获取型中展现出了先民的万物有灵观念，不同的起源类型表达了极其相似的思维认知，人们既渴望得到谷种来满足人们的生存，又认识到在极为低下的生产条件下获得谷种和发明种植技术的步履维艰。

第三章

赠赐型神话

在谷种神话的类型中，赠赐型在四大类型中覆盖民族较广，文本数量居中，根据目前搜集到的资料，在45个民族的253篇神话文本之中都有此种类型。赠赐型的文本内容大体是介绍谷种来源于恩赐，而其中恩赐的主体、恩赐的方式和恩赐的结果又表现得不尽相同，鉴于恩赐的主体存在于神、神性人物、人和动物之间，本书便从不同的恩赐主体出发，对赠赐型神话进行分类解读。

第一节

神赠赐型

神赠赐型是此类型中最为重要的一种类型，先民用独特的神话表达解释了自然万物的起源，在这样探索神秘自然的过程中，人们将对万事万物的思考和认知也展现而出，神话不仅在传递人们对神崇敬的观念，也表述出先民对原始社会的探索精神，歌颂神的同时也赞颂了一种人文精神。在阿昌族、白族、布依族、朝鲜族、达斡尔族、傣族、德昂族、侗族、独龙族、高山族、仡佬族、哈尼族、汉族、回族、景颇族、拉祜族、傈僳族、珞巴族、满族、毛南族、门巴族、蒙古族、苗族、仫佬族、纳西族、怒族、普米族、羌族、水族、塔吉克族、土族、土家族、佤族、维吾尔族、乌孜别克族、锡伯族、瑶族、彝族、裕固族、藏族 40 个民族的 199 篇文本中都存在此类型的神话。在如此繁复和冗杂的文本群之中，根据赐予主体的差异，可将该类神话做如下划分：

一、主动恩赐型

神话中谷种的来源与神的赐予行为又有一定的关联，但为何神会主动把谷种赐予人间，神话对此的解释大体有如下四种。

第一，无理由的赐种。有的神话并未交代神赐予人类谷种的理由，像台湾排湾人《祖神赐种》中的祖神让后代子孙拥有了粮食[①]，仡佬族《敬狗》的

① 参见鹿忆鹿：《偷盗谷物型神话——台湾原住民族的粟种起源神话》，《西北民族研究》2014 年第 1 期。

神为人们寻找到水稻种子[①]，它们都属于文化英雄的功绩，其寻找谷种和种植方法的艰辛早已消失在神话中，而通过他们被奉为神的事实可见，这些神的原型应在早期发现谷种的过程中起到了重要作用。

第二，因过错而赐种。有的文本中犯下过错的行为者和行为本身并不相同，但弥补过错的主体却都是神。回族《顿亚上的粮食》中的犯错者是黄牛和人，黄牛因传错话而被罚下凡，人类因不珍惜真主赐的粮食而被罚以耕种为生[②]，神话融合了传错话、惩罚等母题，其中狗和牛是传错神的口旨的主要行为者，神对人类的惩罚行为表现得各有不同。汉族《荞麦的来历》中纣王的马童误让天降大雪而使庄稼冻死，玉帝因此主动赐下荞麦[③]，神话中纣王是玉帝的化身，文本中的纣王已经神化，在人们的历史记忆中他本是暴君的形象，此处却赐予人间谷种，这一颠覆性的刻画似乎又别有深意。

第三，因人类诞生而赐种。在创世神话中，天神是创造天地万物的行为主体，而神话里的谷种也往往是在人类产生之后才出现的，如拉祜族《牡帕密帕的故事》的天神厄沙在人类开始繁衍之后才赐予谷种，并通过布谷鸟将谷种送到人间[④]，天神通过飞禽或走兽间接将谷种送到人间，在神话中是较为常见的，像仡佬族《敬狗》的天神让狗将水稻种子送给人[⑤]，相比于神撒落谷种到人间的行为，此类神话本身就体现出了一种进步思想，谷种撒到人间可能有播种地区不适合、播撒不均匀等多种问题出现，而将谷种带到人间交由人类种植，既让人知道谷种得来不易，也能让人类自己选择适当的地方播种

---

① 参见中华民族故事大系编委会:《中华民族故事大系(第十三册)》，上海文艺出版社1995年版，第136—137页。

② 参见杨继国主编，何克俭、王根明本卷主编:《中国回族文学通史·民间文学卷》，阳光出版社2014年版，第79页。

③ 参见山东省梁山县三套集成办公室编:《中国民间文学集成·梁山民间故事集(第3卷)》，山东省梁山县三套集成办公室1990年版，第214—215页。

④ 参见陈建宪选编:《人神共舞:中国各族民间神话精品》，湖北人民出版社1994年版，第300页。

⑤ 参见中华民族故事大系编委会:《中华民族故事大系(第十三册)》，上海文艺出版社1995年版，第136—137页。

谷子。

第四，因人间不易而赐种。天神因人间没有食物或者食物不足而降下谷种，这是神赠赐型较为典型的原因，如苗族《狗取粮种》所讲，最初的人靠吃树叶和打猎为生①，树叶和兽肉并不能保证人们基本的生存，而谷种不仅能实现一定时间内的循环耕作和收获，它品尝起来也相对美味。在这则苗族神话中，玉帝和王母赐予人间谷种也是间接的方式，文本中玉帝让人上天取粮种，人却派狗去取谷种，在苗族的很多聚居地区都普遍流传有狗上天取谷种的神话，在人们的思维模式中，狗是取谷种的特定文化英雄，苗族吃新节中先喂狗的习俗也与此相关。

二、被动赠赐型

神在神性人物、神性动物或者文化英雄、动物的恳求下将谷种赐予人间的这一类行为，都属于被动赠赐型，如白族的《五谷神王》、藏族的《藏族的起源》、门巴族的《猴子变人》、德昂族的《百片树叶百个人》、珞巴族的《阿巴达尼南迁》、仡佬族的《家畜咋个帮人做事的》、羌族的《五谷粮食的来历》等文本都属于此类。

［2.7］跋达走了一百天，向观音恳求给些五谷种子，观音给了他五个小葫芦装着不同的谷种，一个大葫芦装着树种。②（白族）

［48.13］佛陀点化了一只山南的猴子，让他与另一山洞中的魔女结合生了六个孩子，人多了，猴子祈求佛陀帮助，佛陀给了几粒种子，告诉种植、收获和食用方法。③（藏族）

在此类神话中，谷种的获取与天神的赐予和英雄的求取都有关系，此种

① 参见中华民族故事大系编委会:《中华民族故事大系（第二册）》，上海文艺出版社1995年版，第653—654页。

② 姚宝瑄主编:《中国各民族神话·白族》，书海出版社2014年版，第111—112页。

③ 《中国民间故事集成·西藏卷》，中国ISBN中心出版2001年版，第3页。

类型的内容相比主动赠赐型要相对复杂些，神话中天神赐谷种的非主动性恰恰突出了文化英雄求种的功绩，如果没有文化英雄，人类的谷种便不会出现，像白族和藏族分别选取了跋达和猴子作为各自的文化英雄，跋达有着和其他文化英雄一样的坚毅精神，他本身与掌管谷种的神没有联系，只是通过求种的行为才发生联系，而藏族的猴子本身便受到佛陀的点化，与佛陀有渊源，在向佛陀求种的过程中虽并未体现出如白族英雄跋达般的艰辛，但其求取谷种的结果却同样造福了后世，同时选取猴子的意象作为人类始祖也体现了早期原始进化论的思想。

在被动赠赐型中，文化英雄是向天神求取谷种的关键因素之一，像德昂族《百片树叶百个人》讲田公上天向天神要籽种，天神给了旱谷、小麦、大豆、瓜果和葫芦的籽种[①]，珞巴族《阿巴达尼南迁》中的阿巴达尼带着妻子基辛亚闷来到天上学习消灭坏乌佑的本领，天神教授了他本领之后，又额外赠送了牲畜和粮种[②]，这是一则主动赠赐型神话，要是没有阿巴达尼上天的行为，天神也不会将粮种赐给人间，故而这篇文本是主动型和被动型的结合。此类型中的许多神话叙事大多都是按照如下的顺序推进的：

①粮食不够 / 没有谷种→②文化英雄求谷种→③神 / 神性人物赐予谷种→④文化英雄带回谷种→⑤人类有各种粮种。

动物作为文化英雄也在被动赐予的过程中起到了较为重要的作用，像仡佬族《家畜咋个帮人做事的》中的人知道天上有谷种，便派狗上天取种，天神让狗到谷仓取来谷种[③]，羌族《五谷粮食的来历》的狗顺水浮到了天上要粮食，得到了老天爷所赐的粮食[④]，两则文本的内在叙事逻辑与上述所列的发展

① 参见陈建宪选编：《人神共舞：中国各族民间神话精品》，湖北人民出版社1994年版，第25页。
② 参见中华民族故事大系编委会：《中华民族故事大系（第十六册）》，上海文艺出版社1995年版，第696—700页。
③ 参见陈建宪选编：《人神共舞：中国各族民间神话精品》，湖北人民出版社1994年版，第134—136页。
④ 参见姚宝瑄主编：《中国各民族神话·羌族》，书海出版社2014年版，第15—16页。

顺序较为一致，只是文化英雄变成了狗，而且狗在谷种神话的各种类型中都占有相当重要的位置，尤其在取种型神话中，狗表现出了坚毅不屈的精神，更成为了取种的重要因素，神话不仅表达了先民对狗的信任与依赖，更传递出了对狗的崇敬之情。在被动赠赐型神话中，文化英雄的功业是显而易见的，上天赐粮的被动性也恰恰反映了先民追求文明的主动意识和迫切心理。

神赠赐型从数量和分布范围来看都占有十分重要的地位，神话中神的主动赐予和被动赐予表现了不同的文化内涵。谷种既然来自神的恩赐，相对于自然型中的谷种，它便具有了神圣属性，这种思维认识与人们神灵体系观念的逐渐形成和万物有灵观念的深入有必然联系。

第二节

神性人物赠赐型

神话中神性人物的身份是介于神与人之间，他们在神话中并不是以神的形象示人，而且表现出了与凡人不同的神性和能力，在赠赐型中的神性人物主要包括老人、女人，在白族、朝鲜族、高山族、汉族、基诺族、景颇族、黎族、傈僳族、满族、毛南族、苗族、土家族、佤族、瑶族、藏族 15 个民族的 25 篇文本之中都有此类，这里试从神性老人赠赐、女人赠赐两种亚类进行分析。

一、神性老人赠赐型

具有神性的老人是赠送谷种的主要群体，他们在很多神话文本中都以较为神秘的形象出现，如汉族的《香稻丸》、基诺族的《吃新米的故事》、苗族的《狗取粮种》、藏族的《人类种粮的来历》。这些文本中赠予谷种老人的神性表现各有不同：首先，神性老人以地下人的形象出现，在台湾少数民族神话中，卡那普得到地下宫殿老人所赠的粟种[①]，地下人的观念在台湾少数民族中较为普遍，这既与一些民族对世界认识的观念有关，天上、地上、地下的宇宙三层观在中国各民族的原始思维认识中都有不同程度的体现，而且又同

① 参见中华民族故事大系编委会:《中华民族故事大系（第八册）》，上海文艺出版社 1995 年版，第 442—443 页。

谷种从地下生长的事实有一定关联，最初自然生长的谷种是从地下生出，这不难让人联想到谷种是源于地下世界的，而且地下的神秘力量是促使谷种成长的重要动因，如台湾排湾人认为粟种是祖神 saljimlji 从地下界得到的[①]，雅美人认为是捡柴的两兄弟从地下人的地下世界中要来了小米种子[②]，邹人认为是大力士巴斯亚从地下人那里偷出了稻种[③]，鲁凯人认为是祖先从地下蕃社中盗出了谷子[④]，台湾各民族诸多的神话都表明了他们对谷种源于地下世界的认同；其次，得到神性老人特殊的指点和赠予，如汉族青年直接在老人的点拨下来到有庄稼的地方[⑤]，苗族的狗在老人所吹的五谷香气的引领下来到了天庭的小岛，并得到另外一个老人所授予的谷种[⑥]，汉族《香稻丸》神性老人的赠予谷种比较突然，他并没有问清原因就将盖有谷种的布包交给青年，可见他事先已经知道英雄历经艰辛取种的事情，苗族《狗取粮种》虽然没有交代白胡子老人赠予的细节，但他默认了狗在谷堆上打滚沾上谷子的事实，也可作为赠予的另一种表现方式；最后，神性老人传授技术，正所谓授人以鱼不如授人以渔，一些神话也认识到了此种道理，如基诺族《吃新米的故事》中的狗取回了谷种，兄弟二人也收获了播种的粮种，此时神性的白胡子老阿普出现赠予了他们谷种和食用的方法[⑦]，藏族神话中人们原先将草作为食物，之

---

① 参见鹿忆鹿：《偷盗谷物型神话——台湾原住民族的粟种起源神话》，《西北民族研究》2014 年第 1 期。

② 参见叶舒宪：《宝岛诸神：台湾的神话历史古层》，南方日报出版社 2011 年版，第 41 页。

③ 参见鹿忆鹿：《偷盗谷物型神话——台湾原住民族的粟种起源神话》，《西北民族研究》2014 年第 1 期。

④ 参见鹿忆鹿：《偷盗谷物型神话——台湾原住民族的粟种起源神话》，《西北民族研究》2014 年第 1 期。

⑤ 参见河南省息县民间文学三套集成编委会编：《中国民间故事集成 · 河南省息县卷》，河南省息县民间文学三套集成编委会 1990 年版，第 26—27 页。

⑥ 参见贵州省非物质文化遗产保护中心、黔南布依族苗族自治州苗学会编：《黔南苗族民间传说故事》，重庆出版社 2015 年版，第 210 页。

⑦ 参见中华民族故事大系编委会：《中华民族故事大系（第十六册）》，上海文艺出版社 1995 年版，第 855 页。

后石巴圣人教人种田吃粮[①]，藏族《人类种粮的来历》中“石巴圣人看见人吃饱后还要把草储存起来以备后用，他教会人种田吃粮，从此人吃粮食过日子”[②]。神话中出现了洞穴老人、白胡子老头、白发老人、石巴圣人等不同的老人形象，旨在突出他们在农业社会中的重要地位，老人在播种粮种方面有着相对丰富的经验，这也是神话所着重渲染的部分。

梦赐谷种也是其中特别的一类神话，它主要讲神性老人在梦中告知谷种的地方或者直接在梦中将谷种赠予文化英雄。如朝鲜族《高粱是咋来的》的五姑娘是在现实中获得的谷种，如何食用和保留种子的方法却是老太太在梦中告知的[③]，汉族《一粒谷籽》的轩辕得太白金星托梦而与常伯去西北陕域国寻找谷种[④]，《谷子打下来为什么先让狗吃》中的土地爷也托梦让人到终南山借谷种[⑤]，这些文本都是神性老人通过托梦的方式告知文化英雄谷种位置的所在，他们或者亲自寻找，或者派动物去取谷种，寻找谷种的艰辛更让人意识到谷种的来之不易。梦授的母题在神话中显得比较神秘，无论是英雄的出生还是文化的起源，都或多或少能跟梦境产生关联，先民认为梦境有预知福祸和事件的功用，是上天对人的启示和指点，梦的神秘性和奇幻性也同样令人无法解释，而将谷种和梦这两件事结合在一起进行表达，也同样说明人类获得谷种的行为也是上天授意的。但透过神话的描述，轩辕到西北陕域国、人到终南山取种行为的发生，又可推测出早期部落间的交往是存在的，但到底是借谷种还是部落间的掠夺，这尚须进一步论证。

---

① 参见黄南藏族自治州民间文学集成办公室编:《中国民间文学集成·青海省黄南藏族自治州卷·民间故事资料卷（本一）》，黄南藏族自治州民间文学集成办公室1990年版，第6页。

② 黄南藏族自治州民间文学集成办公室编:《中国民间文学集成·青海省黄南藏族自治州卷·民间故事资料卷（本一）》，黄南藏族自治州民间文学集成办公室1990年版，第6页。

③ 参见高振民编著:《开原民间故事选》，辽宁人民出版社2015年版，第155页。

④ 参见王保军主编:《黄帝传说》，光明日报出版社2015年版，第234页。

⑤ 参见项城县民间文学集成编委会编:《中国民间文学集成·河南项城县卷》，项城县民间文学集成编委会1987年版，第397—398页。

二、神性女子赠赐型

在神性人物赠予的类型中，神秘女子赠谷种的文本出现得较少，却也表现出了此类神话的特色。神话中的女子仿佛与一般人一样，又表现出了较为神秘的一面。

［45.6］一个懒妇人不劳动生产，在家梳头，谷子姑娘从大海外带来谷种，路过她家送谷种，被懒妇人扔出来一根扁担打跑了，五谷姑娘又回海外了。[①]（瑶族）

瑶族《谷子的来历》中姑娘从海外带回来谷种的行为本就不是一般人能做的，在很多谷种神话中，谷子在海外或海的对岸，人很难做到渡海取回谷种，只能借助狗或其他动物的力量来获取谷种，那么得到谷种的这个姑娘就笼罩了神秘的色彩，并可能具有超乎寻常的能力，其情节又与飞来型神话有重合，在比较典型的飞来型文本中，妇人将谷种的谷魂打跑或骂走，如果该则神话所表现的母题与其他飞来型的内核一致，那么谷子姑娘的形象就应当是谷魂或谷神。藏族《洪水滔天》中“三个姑娘教他射箭，给他粮食，让他给神，神用粮食喂泥巴娃娃，有了人祖先”[②]，这种认识也不是一般人能拥有的，而且在洪水后能够幸存且懂得射箭的姑娘也非寻常人，此篇神话又是谷种神话和人类起源神话的复合，从泥巴娃娃的意象可推断人起源于神的抟土创造，在汉族和阿尔泰语系民族的很多神话中，抟土造人的母题也较为常见，而且神给予人类生命的方式多是通过吹仙气和灌仙水来完成的，藏族神话中神通过喂粮食使人类获得了生命，这在抟土造人母题中是比较特别的，一方面粮食是人们生存的依靠，这是既定的事实，另一方面此处的粮食是三个姑娘赐予的，它可能已经具有神性，因而神话中的粮食可以使泥人获得生命。

从以上分析中可见，神性人物在谷种起源的过程中扮演了较为重要的角

① 全国人民代表大会民族委员会办公室编:《广西大瑶山：瑶族歌谣故事集》，全国人民代表大会民族委员会办公室 1958 年版，第 47—48 页。

② 《中国各民族宗教与神话大词典》，学苑出版社 1993 年版，第 749 页。

色，他们的主要功绩在于指导人们发现谷种和赐予人类谷物及种植技术，神话中的这类人物之所以能够称之为神性人物，是因为他们所表现出的非比寻常的能力和与众不同的行为，根据以上文本，可对此类神性人物的主要功绩和神性表现进行归纳，具体见表 8：

表 8　神性人物赠赐型中神性人物的功绩及神性表现比较

民族	序号	篇目	神性人物	主要功绩	神性表现
朝鲜族	[5.1]	《高粱是咋来的》	要饭老太	指点人得粮种	梦中教吃和存谷种
高山族	[12.3]	《老人授谷》	一个老人	赠予豆粟种子	住在洞穴的宫殿内
汉族	[15.189]	《香稻丸》	白胡老头	赠予长芒稻谷	突如其来的送稻谷
基诺族	[18.3]	《吃新米的故事》	白胡阿普	赠谷种教吃谷	化作一缕轻烟飘走
苗族	[29.1]	《狗取粮种》	白发老人	让狗带走谷种	住在天庭一个岛上
瑶族	[45.6]	《谷子的来历》	五谷姑娘	给人家送谷种	从海外带回来谷种
藏族	[48.14]	《洪水滔天》	三个姑娘	赠粮食教射箭	知道让神繁衍人类

如表 8 所列，大体呈现出了不同民族神性人物的主要行为表现，赐予谷种和种植方法似乎是神性人物较为一致的功绩，而他们的神性表现却各有不同，如台湾少数民族神话中的地下老人所住的洞穴宫殿与地上人的居住环境形成极大反差，基诺族的老人能够化作轻烟，基诺族的姑娘能在梦中传授种植技术给文化英雄，这都是较为神奇的叙事部分，也与他们的神性相映衬。

神性人物赠赐型是神赠赐型的延展，它本应归属于后者，但神话中的人物却不能确定其神的属性，如白胡子老人、老太太、五谷姑娘等，他们拥有与常人不同的神性，不过又未在神话中表露其神的身份，便只能将其归入神性人物一类，而且此类神话虽不如神赠赐型的文本内容丰富，却表现了一个与其他类型不同的特色，即通过梦授而赐予文化英雄谷种或种植术，梦在神话中是较为重要的意象，在人类起源、洪水神话中都有关于梦的神话，将谷种起源与梦相联系的文本确实不多见。

第三节

人赠赐型

在赠赐型神话中，人赠赐型是所占篇幅和比例最少的一类，在阿昌族、高山族、汉族、珞巴族、怒族、水族、藏族 7 个民族的 9 篇文本中有此类型。

[1.5] 国王把谷种和草籽分别给了猫头鹰和燕子，燕子勤快撒草籽，猫头鹰睡过头而没地方撒谷子，国王让它把谷子撒在牛脚印上，从此人们跟牛脚印撒种。[①]（阿昌族）

[32.4] 洪水后，兄妹结婚生下九男九女，第九对男女是怒族，父母给了他们玉米、粟、荞麦、麦等杂谷种子，他们没分到稻谷，狗把稻谷藏在尾巴上，带给怒族。[②]（怒族）

国王、兄妹都是谷种的持有者，不过神话中已无法判断出文本中持有者是否是谷种的原始掌控者，从现有的文本来看，他们是人赐予谷种型的典型代表。

阿昌族的《人们为何要跟着牛脚印插秧》中的国王是谷种的持有者。国王的意象标志着神话发生在部落联盟或国家政权出现的时期，国王作为权力的集中者，自然也对作为生产资料的谷种享有绝对的控制权，国王将播种的任务交给燕子和猫头鹰，它们按照各自的方式播撒谷种，显然飞禽穗落型的

① 刘江：《阿昌族文化史》，云南民族出版社 2000 年版，第 56—57 页。

② [日] 冈部隆志：《神话与自然宗教》，张正军译，上海交通大学出版社 2016 年版，第 8 页。

播种方式是较为原始的方法，猫头鹰跟随牛脚印撒种的方式又表现出了进步的一面，神话中虽出现了国王的意象，但神话的表达与叙事却保留了较为原始的意蕴。而怒族《稻谷的由来》的中兄妹赐予了子女谷种，却并未交代他们所持有谷种的由来，通过对洪水中的谷种神话文本的比对研究可见，洪水后大多数幸存的兄妹、姐弟等获得谷种的方式以神赠赐型和动物寻取型居多，这则神话是人赠赐型和动物盗取型的复合，兄妹没有赐予子女稻谷，狗为他们偷出稻谷，对于兄妹为何唯独不赐予谷种的问题，后文会结合盗取型的相关文本进行具体比较分析。

此外，水族《谷神》的老人将“穗子长、颗粒饱满的谷种”赠送给孤儿[①]，看护谷种的老人与神性人物赠赐型中的老人形象极为接近，这里并未体现出老人的神性，只能将其归入人赠赐型之中，老人是谷种神话中出现频率较多的人物，他们由于身体的原因，只能依靠自身的农事经验来指导青年人进行耕作，神话中着重表达了老人对青年人的种植指导，更突出了老人在农业社会中的地位。

人赠赐型并不是赠赐型神话的主要类型，它也较少出现在谷种神话中，神话中谷种的掌控者多是神或神性人物，在此类型中，即便是掌控谷种的人也多具有较高的地位、神秘的身份或与神有相关的联系，他们或者是本民族的英雄，或者以英雄的协助者形象出现在神话中，如洪水后的兄妹，他们多是接受了上天恩赐的谷种，或者通过上天、过海去寻找，而成为谷种的实际拥有者。

① 参见李子贤编:《云南少数民族神话选》，云南人民出版社 1990 年版，第 519—521 页。

第四节

动物赠赐型

动物赠赐给人类谷种的神话并不丰富，如白族、布朗族、傣族、德昂族、汉族、回族、黎族、珞巴族、蒙古族、苗族、纳西族、怒族、畲族、锡伯族、瑶族、彝族、藏族17个民族的22篇文本中有此类型。按照动物类型和文本内容的不同，可将其划分为飞禽赠赐型、走兽赠赐型和动物报恩型三类。

一、飞禽赠赐型

本书所涉及的飞禽包括神鸟和一般的鸟，如凤凰、大雁、布谷鸟、鸡等，它们在白族、京族、黎族等民族的文本中都有出现，它们没有神或人的授意而自觉或无意地送来谷种，按飞禽的数量可以划分为如下两种：一是，多种飞禽赠予谷种，如白族《人类和五谷是怎样来的》出现了金凤凰、大雁、金鸡、箐鸡、阳雀五种飞禽[1]，不仅飞禽数量多，且它们都有各自栖息的山，像金凤山的金凤凰送一粒金稻种、马耳山的大雁送一粒苞谷种、石缶山的金鸡送一粒蚕豆种、九鼎山的箐鸡送一粒苦荞种、龙华山的阳雀送一粒黄豆种，每一座山和每一种动物、每一类谷种都有一一对应的

① 参见李子贤编:《云南少数民族神话选》，云南人民出版社1990年版，第75—77页。

关系，神话中这种精致的表达似乎与《山海经》有类似之处，如《南山经》中“堂庭之山，多棪木，多白猿，多水玉”[①]，此类描述在《山海经》中俯拾即是，白族神话中对谷种来源的描述与之极为相似，而且白族神话中的山名至今仍可考，从白族的分布范围来看，如今云南大理州鹤庆县的马耳山和龙华山、祥云县的九鼎山的名称仍存在，而金凤山和石缶山尚待考证，但按照其他山来推测，它们也应当位于大理州鹤庆和祥云县的附近，这样肉核姑娘索取谷种的范围大体局限于云南大理州的范围内，神话中向各种飞禽索要谷种的行为，可能只是最初女性寻找谷种过程的另一种表现。二是，单种飞鸟赠予谷种，如黎族《布谷鸟》中的飞鸟无意将谷子掉落在人的头上[②]，毕竟飞鸟掉落谷种的行为具有较大的偶然性，它很有可能是飞禽赠赐型的原型之一，再如京族《三岛的来历》讲云雾里飞出的一群鸟给他们送来五谷种子[③]，这里只交代了飞鸟赠予人类谷种的行为，对于谷种来源于何处的问题却模糊带过，它与白族神话形成了鲜明对比，也较好地反映了原始先民的思维状态，人们在神话表述的最初，基本上不会做到如白族神话似的精确描述，早期先民的思维方式比较容易接受直观而直接的表达，随着口头文本在民间的不断流传，很多文本发生融合，许多情节被植入神话传说之中，神话的神圣性和直观表述性都逐渐让位于故事的娱乐性和情节性。

① 袁珂:《山海经校注》，上海古籍出版社 1980 年版，第 2 页。

② 参见黄翠玲主编，五指山市文化广电出版体育局编:《五指山民间故事荟萃》，南方出版社 2016 年版，第 47—49 页。

③ 参见中华民族故事大系编委会:《中华民族故事大系(第十五册)》，上海文艺出版社 1995 年版，第 309—320 页。

二、走兽[1]赠赐型

神话中赠予人类谷种的走兽大体有鼠、猪、狗等动物，按照赠予谷种的不同动物可以将其划分如下三类：其一，老鼠赠予谷种，如傣族《向鼠王寻找谷种》的桑木底来到神鼠地界，鼠王赠予他两颗谷种[2]，这里鼠王的形象已与人无异，它掌握着谷种，对人类有着畏惧和怜悯之心，在谷种起源的其他神话文本之中，老鼠能在洪水中保留谷种、在旱灾中藏好谷种、能去天上为人类盗取谷种，现实中老鼠偷粮的本领又能与神话中的情节相符合，神话将老鼠的形象进行了放大，此外有学者认为"南方民族中崇拜鼠王的习俗值得注目"[3]，白族、傣族、德昂族、布朗族都流传有不同的鼠崇拜观念和鼠王神话传说，而对于鼠意象的理解尚须结合取种型神话的具体文本进行分析。其二，母猪赠予谷种，如珞巴族《母猪、种子和人的祖先》中母猪的毛发中夹杂着五颜六色的小籽粒，女儿从中拣出来各类谷物，母猪被杀后的碎片变成了人[4]，这里的母猪将谷种藏于毛发之中，该母题并非独有，狗在取种过程中也曾用过此类方法，狗是人类获取谷种的重要帮助者，而珞巴族的母猪则具有掌谷者和赠谷者的双重身份，它还是人类的始祖母，人类诞生于其尸体的碎片，人类便是母猪身体的一部分，既然人的诞生与母猪的身体有关，那么谷种的诞生与母猪的关联也可推断而出。其三，狗赠予人间谷种，在彝族《开山种地的古根》中的大白狗将谷种送给人类[5]，此处的狗和谷种都来自天上，但狗并非谷种的掌握者，它只受命于神的委托或通过偷盗的方式将天上的谷种送到人间，故而它只是传递者身

---

① 兽类包括原兽类、后兽类、真兽类等，虎狼等大型食肉动物，以及老鼠和刺猬等小型动物都属于兽类。

② 参见《中国各民族宗教与神话大词典》，学苑出版社1993年版，第84页。

③ 乌丙安：《中国民间信仰》，上海人民出版社1998年版，第67页。

④ 参见于乃昌：《珞巴族文学史》，江苏教育出版社2001年版，第182页。

⑤ 参见李力主编：《彝族文学史》，四川民族出版社1994年版，第59—60页。

份，在谷种神话中这类母题较为常见。

三、动物报恩型

动物报恩是谷种来源的另一种方式，这里的动物涉及燕子、狗、猫、鹌、鼠等动物，其中燕子报恩所占的比例相对较高，但谷种神话中的此类型并不多见，主要集中在白族、布朗族、汉族、蒙古族、畲族、锡伯族、彝族 7 个民族的 7 篇文本中。

燕子报恩是动物报恩型神话中最为重要的一类。燕子作为文化英雄出现的频率比较高，如蒙古族的《谷子的传说》讲涅力玛奶奶救治了屋外受伤的燕子后获得了它所赠的金谷种[①]，锡伯族《燕子报恩》也说老夫妇救了一只受伤的燕子后得到了它衔来的奇异种子[②]，彝族《燕子取种》说猎人放过求情的雌燕而收获了它所找来的谷种[③]。这些文本中都是燕子将谷种赠予人间，其共同的前提都是为了报恩，但也各有不同：首先，文本中报恩的原因不同，蒙古族和锡伯族中的燕子报恩是因为人救治了受伤的它们，这在动物报恩中是最具代表性的原因，彝族中燕子是为了报答猎人没有射杀它们的恩情，这是相对特殊的一类原因；其次，文本中报恩的目的有不同，前两篇文本中燕子报恩完全是单纯的报恩行为，情节相对简单，而在与谷种起源无关的其他动物报恩型文本中还会涉及道德惩罚等复杂的情节，后一篇文本将燕子赐谷种和燕子居于屋檐下的原因联系起来，燕子的报恩行为已然变成了与猎人的一种交易；再次，神话中共同选取燕子的意象，如蒙古族神话中的燕子为人类带来了谷种、火种、不死药等，它是较为典型的文化英雄，有学者认为“在

---

① 参见阜新蒙古族自治县三套集成领导小组编：《中国民间文学集成・辽宁分卷・阜新蒙古族自治县资料本（一）》，阜新蒙古族自治县三套集成领导小组 1986 年版，第 398—399 页。

② 参见贺元秀主编：《锡伯族文学简史》，中央民族大学出版社 2010 年版，第 15—16 页。

③ 参见朱元富：《彝族谷种神话与母体崇拜》，《楚雄师专学报》2001 年第 2 期。

现实生活中，蒙古人宠爱燕子，不允许以任何方式伤害它们，这是因为，燕子是吉祥之鸟，它曾为人类带来生活的情趣和幸福”，是“北方阿尔泰语系诸民族所信仰的神鸟”。[①]燕子的形象较为深入人心，在北方阿尔泰语系诸民族中存在着较多的燕子报恩型神话，如“达斡尔族的《小燕衔来南瓜粒》、蒙古族《据菊卢的姑娘》、维吾尔族有《燕子的故事》、哈萨克族《孩子和燕子》等”[②]都属于此类，不过与谷种神话相联系的燕子报恩型则较少，虽然北方民族的有些文本中，燕子衔来了谷种，但谷种到了不同人的手中却变成了金银珠宝或者毒蛇。

除了燕子之外，还有其他动物报恩的情况出现，它们为报答人类的恩情，便将已有的或者通过其他渠道获得的谷种赠予施恩者，这些动物报恩大体包括了养育、救治、保护和交易四种原因，如白族《狗和谷种》[③]中的猫和狗是为了报答主人的养育之恩而从天上偷谷种，汉族《黄豆》[④]中的单身汉因为救治了受伤的白鹤（龙王化身）而获赠黄豆，畲族《老鼠偷谷种》[⑤]中的畲家人为老鼠挺身而出驱赶了猫，老鼠为了报答人的这种恩情而去番邦盗取谷种，彝族《燕子取种》[⑥]中的燕子为了避免自己被射杀，为人类取谷种，并以报恩的名义与人类进行交易，使它能够在人类的屋檐下居住。

与谷种产生相关的动物报恩型包括了上面所述的类型，在谷种神话中出现动物报恩的行为与人们早期的认知观念和生活体验有关，以燕子为例：其

① 那木吉拉：《中国阿尔泰语系诸民族神话比较研究》，学习出版社2010年版，第504页。
② 陈曲：《中国满通古斯语族诸民族动物报恩故事研究》，博士学位论文，中央民族大学，2013年，第49页。
③ 参见施中林主编：《兰坪民间故事集成》，兰坪白族普米族自治县文化局1994年版，第117—118页。
④ 参见《中国民间故事集成·湖北卷》，中国ISBN中心出版1999年版，第304页。
⑤ 参见宁德地区民间文学集成编委会编：《中国民间故事集成·福建卷闽东畲族故事》，宁德地区民间文学集成编委会1990年版，第179—180页。
⑥ 参见朱元富：《彝族谷种神话与母体崇拜》，《楚雄师专学报》2001年第2期。

一，燕子在北方很多民族中的地位较高，作为神鸟而受到敬奉；其二，在万物有灵观念的影响下，燕子能够成为沟通天地的使者，它能代表上天将谷种赐予人间；其三，在早期人们对自然界的观察中，偶然发现飞鸟将所衔的谷种掉落；其四，燕子多居于人类屋檐之下，人们对其熟悉且能较多地观察到它的行动。综合各种因素才有了动物报恩赠送人类谷种的行为。

从动物赠赐型分出的三种类型中，赠予人间谷种的飞禽与走兽的区别较为明显，飞禽并不具备神性，它们只有将谷种送给人类的行动，而没有独立的思考和独特的神性展示，但燕子却是其中的特例，它与人有着较多的情感羁绊，北方的很多民族的思维观念中也都表达了对燕子作为神鸟的崇敬与喜爱之情，这在动物报恩型神话中表现得较为明显。相对于飞禽，走兽的形象更加丰满，鼠王同人一样怀有畏惧和怜悯的情绪表达，母猪能舍弃自己的生命来繁衍人类。人们对于鼠、猪、狗等动物习性的了解更胜过对飞禽的认识，在神话中也更能够用人的视角来诠释这些动物赠予谷种的行为。动物赠赐型虽然在赠赐型神话中并不占有很高的比重，不过它所表达的内容是相对独立的，在神赐予人间谷种的很多神话文本中，神是谷种的掌握者，他们多通过动物将谷种赐予人间，而在动物赠赐型神话中，很多飞禽走兽并不听命于神灵，它们自身便掌控着谷种，可以依靠自己的意愿将谷种赠予人类，这显示出了与其他谷种神话较大的不同。

赠赐型谷种神话是四大类型中较为重要的一类，根据赐予谷种的主体行为者的不同，可将其划分为神赠赐型、神性人物赠赐型、人赠赐型、动物赠赐型四个亚类进行分析。虽然赠赐所体现的字面含义较为被动，但通过对神话内容的分析，实际上该类型又可分作主动赠赐、被动赠赐两个类型，在前文的分析中，只在神赠赐型中探讨了这两种类型，不过在神性人物、动物和人赠赐类型中，也都有主动和被动赠赐的区分。赠赐型神话体现出了人们对谷种起源的认识已经升华，从最初认为谷种来源于自然界的自然生长，到飞来型的谷魂观念，再到神与神性人物赐予谷种，其中最大的变化在于先民宗教信仰观念从万物有灵观逐渐发展到神灵体系观念的形成，人们认识到谷种所具有的神圣性，并将对谷种或神灵的崇拜观念通过神话的形式表现出来，尤其在神赠赐型中，这种呈现尤为明显，这也是本书所着重探究的环节。在对赠赐型文本的分析过程中，会发现谷种神话各种类型之间的紧密关联，阐释赠赐型神话不能回避对其他三大类型的分析，因此在对部分文本的研究中，也对其他类型的文本进行了解读，至于特殊的神话情节还需结合具体类型做详细的比较分析。

第四章

取种型神话

在谷种神话中，先民已经认识到谷种起源的重要方式是获取，在对自然型和赠赐型两大类型进行分类时，也发现了其中所出现的获取谷种的母题。取种型是谷种神话中最为核心和重要的类型，它可以代表此类神话与创世神话、人类起源神话等类型做比较研究，其文本几乎涵盖了本书涉及的所有民族的谷种神话，大概有45个民族的482篇神话都属于此类，它的情节与其他一级母题的下属类型都有不同程度的交织，内容涉及了不同的取种者、阻碍者、获取方式、取种结局等，它所表现的文化内涵需要通过不同的文化意象来具体解读。按照获取的方法和手段的不同，可以将其划分为寻取型、求取型、盗取型和保护型进行阐释。

第一节

寻取型

寻取型是关于神、神性人物、人或动物帮助人类寻取谷种的一类神话，它着重强调了寻找的目的和过程，这与自然获取型的无目的性形成了很大的反差。根据目前搜集的文本资料，在阿昌族、白族、布朗族、布依族、朝鲜族、达斡尔族、傣族、德昂族、侗族、高山族、仡佬族、哈尼族、汉族、赫哲族、回族、基诺族、景颇族、拉祜族、黎族、傈僳族、珞巴族、蒙古族、苗族、怒族、普米族、撒拉族、水族、土族、土家族、佤族、锡伯族、瑶族、彝族、裕固族、藏族、壮族36个民族中的214篇文本都有此类型存在。根据寻找主体的不同，又可将其划分为如下四类：

一、神寻取型

神为人类寻取谷种的神话文本较少，主要在布朗族、布依族、傣族、德昂族、高山族、汉族、苗族、普米族、瑶族、彝族、藏族11个民族的16篇文本中出现过，寻取谷种的神灵主要包括女神、天神和祖神。

女神为人间寻取谷种是对母系氏族社会时期人类生存面貌的真实反映，女性在氏族部落中具有主导地位，她们为人们进入农业社会做出了重要贡献，在自然获取型中，本书结合具体文本已推测女性在采集过程中发现谷种和农业耕作技术的情况是存在可能性的，随着女性地位的提高和神灵观念的出现，人们逐渐将氏族的女性祖先或有卓越功绩的女性奉为女神，以保佑他们在日常生活和农业生产中平安顺利。在谷种神话中，女性通过不同的方式为人类取谷种也反映出了早期女性文化英雄的独特形象。

女神通过一般的方式寻取谷种是最常见的方式。发现谷种的过程是漫长而不易的，这是较为客观的事实，有的神话认为即便是能通天彻地的神灵也不能逾越这种艰辛，如苗族的《苗族古歌》讲大神竺妞在经过了三个七百天后，分别在松鼠和箐鸡的腹内和嗉子中获得七颗谷子和玉麦种[①]，这则苗族神话是神寻取型和腹内取种型的复合，它应出现在母系氏族社会时期，竺妞女神是掌管天地万物的大神，女神作为主神的观念仍保留在了神话的表述之中，然而她在找寻种子的过程中却淡化了神性，她本可以用神力将动物腹内的谷种取出，却选择等待了三个七百天后才分别让松鼠屙出谷子、箐鸡吐出麦种，主神本应掌管着天下的万物，在取种方面还要松鼠和箐鸡告知才能得知谷种的具体位置，那么松鼠、箐鸡应是最早发现谷种的动物，或者神话所表述的是它们作为谷种孕育者的身份而出现，如箐鸡的血中包裹着玉麦种，便已有孕育的意味，故而女神从保护谷种和忌惮松鼠、箐鸡的神性角度来考虑，并未采取剖腹取种的方式，实则这漫长的等待过程也从侧面反映出了最初发现和获取谷种的艰辛历程。

女神通过买卖交易方式来取得谷种，是较为特别的一种寻取形式。如布依族的《十二层天，十二层海》、瑶族的《密洛陀》等便属于此。这两篇文本中，女神都变成了谷物的买卖交易者，布依族神话讲第六层天上的仙女卖米[②]，其中虽未交代是谁从天上取来了谷种，不过从中可见女性神是谷种的主要贩卖者，神话描述的是天上的情形，但可以肯定这应来源于人间的情况。

① 参见普学旺、左玉堂主编:《云南少数民族古典史诗全集(中卷)》，云南教育出版社 2009 年版，第 19—23 页。

② 参见贵州省社会科学院文学研究所、黔南布依族苗族自治州文艺研究室编:《布依族古歌叙事歌选》，贵州人民出版社 1982 年版，第 1—16 页。

且早期女性是交易的主体。瑶族神话中的密洛陀派树神、花神去购买粮种[①]，这些神灵都以女性的形象出现，也从侧面印证了布依族神话所反映的现实情况存在的可能性。瑶族神话的背景发生在洪水神话之后，与其他神话相比，其出现的时间可能不会太早，以金银珠宝交易五谷粮食的情况是在金银成为商品流通的货币之后才出现的，而且神话中有两个情节比较世俗化：其一是神作为交易者也知道具体的贩卖者（密托烟奎）和交易地址（地罗关东），其二是神在讨价后才购买谷种，按道理这只是人间的行为方式，神话本可以用与神的身份相匹配的方式来获取谷种，这里却以一种世俗的眼光来看待树神和花神的购置行为，更说明神话是对现实生活的反映，以神的身份来进行叙述只是为了表明谷种来源与神的行为是相关的。

神话中寻取谷种的神灵除了女神，还有天神和祖先神。天神取种的行为显得相对简单，有的神话中甚至都没有交代谷种得来的具体方式，如布朗族《麻补地阳》中认为谷种是天神（谷纳丢瓦木）找到的果子[②]，从这简单的叙述之中，可以推测出最初的粮种是以果子的形式出现的，这与汉族神话中神农氏尝百草之后，从草籽中选出可口的几类进行种植有类似之处，果子应是以采摘方式获得的，天神发现果子的行为与人类早期的采摘业有关。祖先神也会用特定方式为人类获取谷种，如傣族的《布桑盖，雅桑盖》中的这两位人类始祖神把英叭神所赐的仙葫芦分开，从中便飞出了谷物种子[③]，台湾排湾人的神话讲祖神到地下界得到了粟种后播种并分给众人[④]，这里的祖神是神灵体系中较为特别的一类，他们是人化的神，常出现在特定民族或氏族部落的

① 参见陆文祥、黄昌铅等编：《瑶族民间故事选》，广西人民出版社 1984 年版，第 7—11 页。

② 参见王国祥，云南省社会科学院民族文学研究所编：《布朗族文学简史》，云南民族出版社 2014 年版，第 80 页。

③ 参见李子贤：《探寻一个尚未崩溃的神话王国——中国西南少数民族神话研究》，云南人民出版社 1991 年版，第 255 页。

④ 参见鹿忆鹿：《偷盗谷物型神话——台湾原住民族的粟种起源神话》，《西北民族研究》2014 年第 1 期。

内部，其地位明显要低于天神。傣族神话里的始祖神布桑盖和雅桑盖的神性，显然要大于台湾神话中的祖神，布桑盖他们从天而降的方式和从葫芦中撒谷种到大地的方式都表现得较为神奇。傣族神话中的始祖神从英叭神手中取走了装谷种的葫芦，用抛撒的方式播种谷种，这显然是寻取型和穗落型的复合，其中葫芦孕育人类和万物的母题在南方民族之中较为常见，谷种来源于英叭神葫芦的情节与葫芦本身的意象有关。

二、神性人物寻取型

神性人物在神话中具有独特的神性，却与神有着差别，在寻取型中，作为谷种的发现者，他们也被各民族视为文化英雄，如在白族、朝鲜族、汉族、苗族、瑶族、彝族、壮族 7 个民族的 26 篇文本中有此类型。有的神性人物在寻取谷种的过程中并未表现出超乎寻常的行为，如汉族《烈山神农》中的神农(厉)是尝遍了百草之后才将五谷区别出来[①]，它应是早期先民获取谷种的古老方法之一，这是存在着极大风险的做法，在当时自然界作物尚不被人认知的情况下，任何尝试都存在着丧生的危险，神农尝百草虽已成佳话，可是这样的事情应当不是一个神农可以完成的，他之所以能够成为一个民族的文化英雄，也正与他或这一类人的舍身为人的精神有关。汉族《大禹育稻》的大禹寻找到了谷种[②]，它与最初的采摘业有一定联系，采摘需要具备分辨植物的基本常识，它要有常年采摘经验的积累和细致的观察，当然其中也可能采取品尝的方式进行识别，汉族的大禹知道所找的是三株草，说明当时已具有分辨植物的起码判断。

有的神话中，神性人物在寻取谷种方面则表现出了不一样的特色，如飞翔、使用宝物、撑杆等方式来寻找或获取谷种，这些行为更具神奇化色彩。

---

① 参见《中国民间故事集成·湖北卷》，中国 ISBN 中心出版 1999 年版，第 31—32 页。

② 参见《中国民间故事集成·浙江卷》，中国 ISBN 中心出版 1997 年版，第 52 页。

用飞翔的方式寻取谷种。白族《人类和五谷是怎样来的》[①]中的肉核姑娘是石洞浮出的肉团中的肉核所变，她本就具有天地之间的神性，为了寻找谷种她能把云朵撕下，剪成能飞翔的翅膀，这种行为绝非常人能做，先民的这种想象将云彩和飞鸟的属性相结合，飞鸟本身具有飞行的能力，而在天际之上能与飞鸟相比的便是云彩，云朵能一直飘浮在天空之中，其形状又可像棉花一样进行剪裁和改变，这样云朵所制成的翅膀的飞行能力更毋庸置疑。在一些民族的神话之中，人们也认为人最初是有翅膀的，而有的飞禽则没有，为了某种特定的原因，人与飞禽交换了翅膀，从此人便失去了飞翔的本领。对于人类飞翔的向往是神话中的美好愿望和独特想象。白族神话中的肉核姑娘拥有翅膀之后，去各座山上取种，守护谷种的凤凰、阳雀等飞鸟主动将谷种赐予姑娘，那么肉核姑娘选取飞翔的方式取种，一方面是为了用更快的时间来搜寻谷种，另一方面这也是早期先民对飞翔体验的一种独特联想。

通过寻宝的方式获取谷种。如彝族《英雄支格阿龙的传说》有感生人、弃子和寻宝等多种母题，文本中的支格阿龙是彝族知名的文化英雄，他的出生具有神秘色彩，同汉族《烈山神农》的梦感生人不同，他是岩鹰的血与女子的裙子接触所生的，交感生人是早期宗教信仰中常出现的母题，从形式上符合原始巫术中接触律原则。支格阿龙被母遗弃属于弃子母题，它与当时道德观念的出现有一定联系，未婚生子在母系氏族社会时期和正统道德观念产生之前是允许的，在进入父系氏族社会之后，这种行为便逐渐不被认可，弃子母题也渐渐成形。彝族的支格阿龙在被抛弃后又重新回到了母亲身边，母亲又设置了考验难题，如“找三四庹长的人头发”，在寻找头发的过程中，他得到了公鸡的帮助而获得了宝瓶[②]，神话到此才与谷种的出现产生交集，宝瓶中出现了金银和粮食，此宝瓶与傣族神话中祖神布桑盖所使用的葫芦有相似

① 参见李子贤编:《云南少数民族神话选》，云南人民出版社 1990 年版，第 75—77 页。

② 参见中华民族故事大系编委会:《中华民族故事大系（第三册）》，上海文艺出版社 1995 年版，第 5—7 页。

之处，葫芦能生万物的功能似乎更胜于宝瓶，诸如这样形状的物体或山洞、石洞等都具有如此神奇的魔力，这与原始先民的生殖崇拜观念似也有一定的关联。

通过不同的方式过江寻取谷种。如壮族《找谷种》中的布洛陀是本民族的文化始祖，他虽是以人的形象出现在文本中，但从他的各种事迹、能力以及人们对他的信仰观念来看，他已具备成为祖神的资格。在这则谷种神话中，布洛陀在洪水之后进行了两次取种行动，第一次是派遣动物去江对岸取谷种，因为动物的贪懒而失败，第二次他亲自渡江，所采用的是骑着舂杆过江的方式①，在与之情节相似的神话中，布洛陀采用过江的方式是“抓住一条蛟龙骑着过去”②，无论是哪种方式都较为神奇，骑着蛟龙倒是比骑着舂杆更容易为人所接受，神话中为何会选用舂杆，这种神话的表述与实际生活应当有关，舂杆是生活中较为常见之物，这里将其神性化，让它成为与蛟龙具有同样能力的东西。在布洛陀过江之后，他从斑鸠的嗉囊中取出了为数不多的谷种，嗉子藏谷种的母题在腹内取种型、动物寻取型中都有存在，嗉囊已成为较具特色的意象，本书将在后文详细解读。

三、人寻取型

人在寻取谷种的过程中也发挥了非常重要的作用，作为各民族的英雄，他们采用了不同的方式为本民族的生存和发展做出了努力和贡献，如在阿昌族、白族、布朗族、布依族、傣族、侗族、高山族、哈尼族、汉族、赫哲族、景颇族、拉祜族、黎族、珞巴族、苗族、怒族、普米族、撒拉族、水族、佤族、瑶族、彝族、裕固族、壮族 24 个民族的 57 篇文本中都存在。在人寻取型神话中，男性取种占有较高的比重，这与父系氏族社会的影响有关，也同

① 参见蓝鸿恩:《神弓宝剑》，中国民间文艺出版社 1985 年版，第 17—19 页。

② 谷德明编:《中国少数民族神话》，中国民间文艺出版社 1987 年版，第 76—80 页。

狩猎、农耕社会的社会分工对男性的要求有联系，男性在社会发展的进程中扮演了较为重要的角色，通过神话的叙事可见一斑，根据寻取方式的不同，可以划分出如下几类：

第一，射箭获取型。人类在从狩猎社会进入农耕社会的过程中，不可避免地要使用以弓箭为主的狩猎工具，即便在正式进入定居的农业文明之后，有些民族也并未放弃对弓箭的练习和使用，其中更多的原因可能还在于农耕与狩猎并重的生产方式能够保障本民族生活资料的来源。神话中出现以射箭的形式获取谷种的情节，多涉及箭射动物或者口袋。如箭射动物就包括射落飞禽或走兽，从动物的嗉囊或腹内获取谷种，布朗族《大白谷》、珞巴族《种子的来历》文本中的谷种常会出现在飞鸟的嗉袋中或走兽的腹中，这种认识应当与狩猎时代人们的实际生活体验有关，在剖开动物的身体之后，往往能在其体内发现一些植物种子，当把这些种子扔在土地中时，第二年有可能会生根发芽，这是偶然性事件中的必然结果，汉族《稻谷的传说》中的猎人从海边抓住一只大老鼠，吃老鼠肉时发现其肠子中有粒稻谷，第二年便长出了谷子[①]，飞鸟的嗉子和动物的腹内也都是比较特殊的神话意象。再如箭射口袋是指英雄用弓箭射落特定的口袋，从口袋中会出现各种粮种，口袋或者布袋的意象在谷种神话中都有出现，天神往往会利用布袋将人间的谷种收回，以此惩罚人类的恶行，像汉族《五谷种》中的佛祖因人类违反天条而派弥勒佛下凡收回五谷种，弥勒佛用布袋把五谷全部收了进来[②]。口袋应是农业收割过程中应用较为广泛的物件，人们往往使用其装粮食，神话中的这种认识应源于生活，无论是哈尼族《天、地、人和万物的起源》中天上的大口袋[③]，还是

① 参见苏韶芬主编：《广西民间文学作品精选·桂林市卷》，广西民族出版社 1997 年版，第 243—244 页。

② 参见《中国民间故事集成·浙江卷》，中国 ISBN 中心出版 1997 年版，第 56—57 页。

③ 参见李子贤、李期博：《首届哈尼族文化国际学术讨论会论文集》，云南民族出版社 1996 年版，第 546—547 页。

怒族《谷种的来历》中雀子脖子上的大口袋[①]，它们都被认为是装有谷种的袋子，这是在农业社会中所形成的认识，英雄用弓箭射穿口袋的行为又将狩猎与农耕两种生活方式结合起来。此外，哈尼族的口袋在天上，怒族的口袋是在雀子的脖子上，这些存放袋子的地方看似不可理解，其实这也与人们的认知观念有关，很多民族的谷种神话中都有谷种源于天上、谷种是被飞鸟带到人间的说法，选取天上或雀子作为放置口袋的地方，实则是与早前先民对谷种起源的最初认识相关。

第二，交换取种型。谷种最初并不在大家手中，而是在神、其他人或动物身上，通过交换的形式人才能获得谷种进行耕种。此种情况多发生在人与神之间、人与狗之间、人与人之间。苗族《苗家吃新节》是老祖宗与雷公进行谷种的交换[②]，在神话中出现了交换的具体东西是"珍贵的山中走兽"，其他的交换母题只侧重了交换的方式而未关注其内容，在苗族的这则神话中可见农耕与狩猎相互交织的生产方式的存在，而且用所猎野兽进行交换的方式也应与较为原始的交易相关。持有谷种者是雷神，他在更为原始的神话中具有较为崇高的地位，对谷种的掌控也是对其地位的肯定，同时在苗族神话中还出现了谷子国，这是先民在神话中所寄托的理想国度，一个充满谷子的国度与人间饥饿的现状便形成了鲜明对比。景颇族《新米节的来历》将交换的对象转变为人和狗之间，它认为人获得的饭团本就是天神赐予狗的粮食，人用抢来的饭团与狗交换谷穗[③]，裕固族《人不戏狗》更指出狗的粮食是被人通过比赛的方式骗来的[④]，为何狗是粮食的掌控者，这多与人浪费粮食的行为和神对狗的偏爱与恩赐有关，景颇族神话中比较明显地体现出了南方民族谷种神话中的谷魂观念，而狗能将谷魂从天上叫回到人间的行为，有类似于叫谷

① 参见《中国民间故事集成·云南卷（上册）》，中国ISBN中心出版2003年版，第313—314页。
② 参见《中国民间故事集成·海南卷》，中国ISBN中心出版2002年版，第319页。
③ 参见李子贤编：《云南少数民族神话选》，云南人民出版社1990年版，第400页。
④ 参见桑吉扎西：《戌犬通灵》，社会科学文献出版社1998年版，第78页。

魂的特定仪式，此种情节的设定表明人对狗所具有神性的肯定。在阿昌族《尝新节》中，则是人们需要与老寡妇学习耕作技术[①]，那整个氏族或民族内部只有老寡妇掌握着粮种和农业生产的本领，其他所有人都没能接触到粮种，出现这种情况的原因在于：首先，在农业社会最初是女性掌握着生产资料、生产技术和对资料的分配权，如神话中老寡妇的形象便是如此；其次，本民族进入农业文明的方式可能是来自引进外部落或外民族的生产方式和生产资料，通过人们向老寡妇学习种植术的情节可有此推测；最后，人们已经出现了交换观念，在其他民族的神话中，人们学习种植耕作都是无偿获得，然而在此类神话中，人们学习种植和获取谷种并不是无偿的，这应该是早期的以物易物的交换方式的映射。

第三，争战寻取型。人在寻取谷种的过程中经历了各种争战之后，才从特定的地方取出了谷种，他们勇武的作风和坚韧的精神在神话中得以展现，如布依族的《茫耶寻谷种》和汉族的《洛玉取黍》便属于此类。他们都是在神人的指点下掌握了克服前方阻碍的方法，最终在特定的地点取走了谷种，单靠自己的力量是无法完成取种任务的，这是神话所形成的共同认识。此类神话要具备如下三个要素：首先，取种的帮助者，像布依族《茫耶寻谷种》中的英雄是在神人和动物的帮助下才完成了任务，茫耶在梦中得到了白胡子老人的指点，有了枣红马的帮助才来到神洞前，在小狗的帮助下在第一道洞口战胜了红脸洞神[②]，神话并未将英雄神化，而是表明了他与常人一样，都需要在一定的外力帮助下才能获得成功，他与常人的不同之处只在于他帮助人类的决心和克服困难的毅力，这也是神话所要表达与歌颂的；其次，取种磨难的设置，布依族神话中的茫耶经历的主要磨难有制服蛟龙、通过火山、闯

---

① 参见中华民族故事大系编委会：《中华民族故事大系（第十三册）》，上海文艺出版社 1995 年版，第 881—882 页。

② 参见中华民族故事大系编委会：《中华民族故事大系（第三册）》，上海文艺出版社 1995 年版，第 706—711 页。

过神洞的三道门，面对这些强敌，茫耶用弓箭制服蛟龙，用扇子扇出火山的一条出路，用宝剑和狗打败了洞神、白虎和神雀，这几种阻碍意象实则反映出了当时布依族先民在与自然界的争斗中求生存的状态，每一种阻碍都表示着人们所经历过的一种考验，如蛟龙、白虎表示着人们在狩猎时代面临野兽的侵袭，火山表示人们所要度过的炎热岁月，洞神表示人们在穴居时代所遇到的问题，当然要真正解读这些意象的具体含义，还需要通过结合具体的文化背景来进行分析；最后，取种的结局，争斗型最终都以获得谷种而告终，但英雄的结局却不尽相同，汉族神话中洛王成功获取谷种之后便进行播种[①]，这较为符合常规的取种结局，布依族的茫耶在获取谷种之后却付出了生命，狗将谷种带给了人们，英雄茫耶凭借个人的能力和神人的指点闯过各种艰难险阻，战胜蛟龙和洞神，作为这样的英雄不应该累倒在途中，此处情节突然的转变令人不解，其实英雄的死亡正突出了狗取种的成绩，没有英雄的牺牲，狗在取种的行动中便失去了意义，此神话虽复合了人取种、狗取种两类，可是其最初的叙事成分可能与狗有密切联系，文本对英雄的描述也是为了凸显男性在社会发展过程中的地位和作用，而且在苗族、彝族和藏族的神话中出现了这样的情节，人取种过程中变为狗，狗将谷种取回后又重新变为人，人与狗的身份在取种过程中发生了转换，实则是两种取种类型的复合，它也可能是两篇叙事文本的复合。

除了以上三种主要类型，人获取谷种的方式还包括过河取种、用音乐来取种、在多人合作或多种动物的帮助下取种等不同的形式，如布朗族的《蚂蟥与谷种》、傣族的《祭谷魂》、汉族的《女娲播五谷》、苗族的《沙地古味找粮种》、佤族的《司岗里》等文本。其中比如用音乐的方式获取谷种，音乐是早期人们的消遣方式之一，将其用在取谷种方面确实较为特别，在台湾少

① 参见汤阴县民间文学集成编委会编：《中国民间故事集成·河南汤阴卷》，汤阴县民间文学集成编委会 1987 年版，第 1—3 页。

数民族的神话中也出现过用歌唱的形式来创造谷种的方式，这可能与早期的巫术仪式活动有关联，如北方萨满的祈神活动中会经常以神歌的形式来请神，神话中的这种请谷种的行为，可能是请谷神或谷魂下凡，从佤族《司岗里》[①]可见，在经过了三次祈祷行为之后，人用长葫芦笙才让谷种跟着人们回家，这样才有了以音乐的形式获取谷种，但以这种表现方式出现的却较少。

当然，也有男性和女性共同获取谷种的情况，他们或者是人类的始祖，或以兄妹和夫妻的身份出现，神话中有男女共同取种的情况应该与母系民族社会的遗存有关，男性虽然在资源的掌控方面占有主导地位，但神话却保留了女性在最初社会发展进程中的关键作用，在多重因素的影响下，神话出现了男性和女性共同获取谷种的情节。像兄妹结成夫妻寻取谷种的情节多出现在人类再次诞生之后，它将兄妹婚、灾难等母题与谷种起源联系起来，如佤族的《兄妹神》、壮族的《尝新节》等便属此类。像佤族神话讲鹿埃姆和鹿埃松兄妹到海底战胜龙王后取得谷种[②]，这则神话传递出四个方面的信息：其一，谷种的位置在海底，这与很多神话都类似，它可能与洪水神话有一定关联，谷种淹没在洪水之中，它自然要在水底，在海底的情节则应为一种相似性的叙述；其二，谷种信息的告知者是达梅吉大神，神不将谷种直接赐予人类，让人依靠自身的力量去海底找寻谷种，这既是对人能力的肯定，也让人在寻找的过程中知道谷种来之不易；其三，兄妹将石头拴在身上来沉入海底，这种方式基本上在其他谷种神话中都不曾出现，它是早前先民的一种生活体验，石头能够增加进入水中人的下沉重力，但这种方式更多是用于惩罚，如一些民族对违反禁忌的人要处以投入水中喂河神、龙王的惩罚，神话中兄妹绑石头沉入海底的行为，也体现出了一种牺牲奉献的精神；其四，通过争斗的方式赢取谷种，与前文的争战寻取型有相似的特征，兄妹直接通过武力战

---

① 参见郭思九、尚仲豪，云南省社会科学院民族文学研究所编：《佤族文学简史》，云南民族出版社 2014 年版，第 74—75 页。

② 参见尚仲豪、郭思九、刘允禔：《佤族民间故事选》，上海文艺出版社 1989 年版，第 45—46 页。

胜龙王兵将而得到谷种，战斗也是对他们的一种考验，英雄的勇气与能力都在其中得到了展现。

四、动物寻取型

在寻取型神话中，动物寻取型所占的比重最高，意义也更为重要，其内容主要是关于动物主动为人类寻取谷种，或者动物在神或人类的派遣下去寻找谷种，它们在阿昌族、布朗族、布依族、达斡尔族、傣族、德昂族、侗族、高山族、仡佬族、哈尼族、汉族、回族、基诺族、拉祜族、傈僳族、珞巴族、蒙古族、苗族、怒族、普米族、水族、土族、土家族、佤族、锡伯族、瑶族、彝族、藏族、壮族 29 个民族的 121 篇文本中都存在。取谷种的动物数量较为繁多，根据目前所掌握的文本资料来看，主要可以分为鸟类和非鸟类，其中本书将斑鸠、山鸡、鸭子等禽类归入鸟类，将神狗等神性动物和出现较少的鱼类都归入非鸟类，其大体分布情况见表 9：

表 9　动物寻取型中的动物分布

民族	代码	鸟类	非鸟类
阿昌族	[1.1][1]	—	狗
布朗族	[3.1]	—	鼠
	[3.9]	公鸡	蚂蟥
	[3.10]	—	鼠
布依族	[4.1]	—	狗
	[4.5]	鸟	—
	[4.8]	—	鼠
	[4.9]	—	狗
	[4.10]	—	狗
	[4.11]	—	狗、猪
	[4.12]	—	狗
蒙古族	[28.4]	麻雀	狗
	[28.7]	神鸟	蚂蚁
	[28.8]	燕子	—
	[28.9]	—	狗
	[28.10]	—	狗
	[28.11]	—	狗
	[28.16]	麻雀	狗
	[28.19]	神鸟	蚂蚁
	[28.21]	燕子	—
苗族	[29.1]	—	狗
	[29.3]	—	狗

① [1.1] 表示白族的第 1 篇文本，像 [3.9] 则表示布朗族的第 9 篇文本，民族代码参见本书第一章的表 2，具体说明详见表 2 的段前说明。

续表

民族	代码	鸟类	非鸟类
达斡尔族	[6.2]	—	狗
傣族	[7.2]	麻雀	—
	[7.6]	—	鲤鱼
	[7.14]	雕、孔雀、喜鹊	—
德昂族	[8.2]	—	狗
	[8.4]	—	水牛
侗族	[9.2]	—	狗
	[9.4]	燕子	青蛙、狗、蚂蟥
高山族	[12.15]	—	狗
仡佬族	[13.1]	—	狗
	[13.2]	—	狗
	[13.3]	—	狗
哈尼族	[14.3]	—	狗
	[14.8]	鸟	狗
	[14.17]	鸟	—
汉族	[15.7]	—	狗
	[15.8]	—	狗、猫
	[15.12]	麻雀	鼠
	[15.20]	麻雀	蚂蚁
	[15.23]	—	狗
	[15.40]	麻雀	蚂蟥
	[15.41]	—	黄狗
	[15.42]	—	白狗
	[15.43]	—	狗
	[15.55]	麻雀	鼠
	[15.56]	—	鼠
	[15.59]	鹁鸽	田鼠、蚂蚁
	[15.68]	红鸟	—

民族	代码	鸟类	非鸟类
苗族	[29.4]	鸟	—
	[29.12]	蝴蝶王	蚂蚁王
	[29.15]	—	狗
	[29.18]	—	狗、猫
	[29.20]	—	神狗
	[29.21]	—	神狗
	[29.22]	蝴蝶	—
	[29.24]	—	狗
	[29.25]	—	狗
怒族	[32.3]	—	狗
普米族	[33.1]	—	狗
水族	[37.1]	—	黄狗
	[37.5]	—	马、牛、猪、狗
土族	[39.6]	—	狗
土家族	[40.1]	—	狗
	[40.2]	—	狗
	[40.12]	—	狗
	[40.13]	—	狗
佤族	[41.1]	鹰、鹭鸶	蛇
	[41.2]	—	狗
	[41.3]	斑鸠	蛇
	[41.4]	朱雀	花狗
	[41.5]	—	蛇
	[41.8]	—	蛇、蚂蟥
	[41.10]	—	鼠、蚂蟥
锡伯族	[44.1]	燕子	—
瑶族	[45.1]	—	蚂蟥
	[45.5]	麻雀	狗、猫、鼠、蚂蟥

续表

民族	代码	鸟类	非鸟类	民族	代码	鸟类	非鸟类
汉族	[15.73]	大鸟	—	瑶族	[45.6]	—	鼠、蚂蟥
	[15.80]	—	金毛狗		[45.7]	—	鼠
	[15.82]	—	白狗		[45.13]	岩鹰、麻雀、鸭子	鼠
	[15.93]	红鸟	—		[45.18]	—	狗
	[15.107]	—	蚂蟥		[45.19]	鸟、野鸭	鼠、鱼
	[15.121]	—	狗		[45.20]	米雀	—
	[15.127]	—	鼠、狗	彝族	[46.1]	—	狗
	[15.128]	—	黄狗		[46.4]	—	白狗
	[15.140]	—	狗、猪		[46.12]	—	狗、猪
	[15.142]	—	狗、兔		[46.18]	—	狗
	[15.181]	百鸟	—		[46.25]	—	狗
	[15.187]	乌鸦	狗		[46.32]	燕子	—
	[15.191]	—	狗		[46.33]	—	母狗
回族	[17.1]	燕子、麻雀	蚂蚁		[46.34]	—	狗
	[17.2]	—	黄牛		[46.37]	—	狗
基诺族	[18.3]	—	黄狗	藏族	[48.5]	大雁	—
拉祜族	[21.1]	布谷鸟	—		[48.6]	—	猕猴
	[21.6]	—	天狗	壮族	[49.4]	—	狗
傈僳族	[23.2]	—	狗		[49.6]	斑鸠、山鸡	鼠
	[23.7]	—	狗		[49.8]	斑鸠	老鼠
珞巴族	[24.5]	巴利鸟	—		[49.10]	—	神龙
	[24.11]	—	狗	共计	121 篇		

表 9 统计了 29 个民族的 121 篇动物寻取型神话，从中可得出如下三个方面信息：

第一，非鸟类所占的比例要远超过鸟类，仅通过非鸟类动物取种的神话有 81 篇，占动物寻取型篇数的 66.9%，所有类型的动物合作取种的神话有

22 篇，占该类总篇数的 18.2%，仅通过鸟类取种的神话只有 18 篇，占该类总篇数的 14.9%，更多民族的谷种神话倾向于非鸟类寻取型。

第二，在鸟类[①]神话中，麻雀取种文本有 12 篇，占鸟类寻取型篇数的 30%，其下依次是其他鸟取种文本 12 篇（30%），燕子取种文本 6 篇（15%），鸠鸡取种文本 4 篇（10%），鹰类取种文本 3 篇（7.5%），其中并列居于第一位的其他鸟可能包括以上各种鸟类，在文本中仅是以鸟的意象出现。

第三，在非鸟类[②]神话中，狗取种的文本有 71 篇，占非鸟类寻取型篇数的 71.7%，其下依次是鼠取种文本 16 篇（16.2%），蚂蟥取种文本 9 篇（9.1%），蚂蚁取种文本 6 篇（6.1%），其他非鸟类动物所占的比例都较低，这样就形成了以狗、鼠、蚂蟥、蚂蚁为代表的非鸟类取种型。

根据上面的数据统计，可以划分出与之相关的不同亚类，如狗寻取型、麻雀寻取型，在动物取种的过程中当然也存在着各种动物合作的情况，此类文本需要结合特定情况做单独分析。本书只将动物寻取型划分为鸟类寻取型和非鸟类寻取型两类进行解读。

（一）鸟类寻取型

鸟类寻取型既包括了所有动物合作取种，也有鸟类动物依靠自身的力量取种的情况，它们有的取得了成功，有的虽然失败但也是对取种的积极探索，在谷种神话中有 40 篇文本都属于此类。在所有文本中，鸟类将所衔谷种赐予人间的方式大体有三类：首先，主动寻取谷种，像布依族神话中的雅韦鸟把云端的谷种带入人间[③]，它不仅是取种的行为主体，也是播种的负责者，神话赋予了飞鸟文化英雄的形象，在先民的认识中，谷种源于天上的观念流传已广，且飞鸟极有可能观察到谷种的位置，并能够从天上为人间取回谷种，为何飞鸟会主动帮助人类取种和播种，这应是人们对飞鸟的人性化想象和美

① 这里包括鸟类单独取种（18 篇）、所有动物共同取种（22 篇），共计 40 篇。

② 这里包括非鸟类单独取种（81 篇）、所有动物共同取种（22 篇），共计 99 篇。

③ 参见王清士、韦廉舟等：《布依族文学史》，贵州人民出版社 1983 年版，第 68—69 页。

好期许，飞鸟所具有的飞行本领又让人们对其产生了无限的遐想；其次，赠谷种的使者，如蒙古族神话中的飞鸟将玉帝赐予的谷种带到人间[①]，它以使者的形象出现，玉帝掌控谷种的观念应该是晚于飞鸟赐予谷种的母题，人们认识到谷种来自天上，在早期神灵体系尚未形成的时候，天上的掌管者形象应较为模糊，飞鸟所具有的上天本领让人联想到其能够将谷种带到人间，同时飞鸟也有可能是早期氏族部落的代表，以飞鸟为图腾崇拜物的氏族因某种原因而将其所拥有的粮种赐予其他民族，此类情况也会以这种神话的形式表现出来；再次，无意掉落谷种，如哈尼族中的飞鸟无意间将谷种掉落于人间[②]，这或许是较为原始和自然的客观情况的记录，人们最初获得谷种的情形应与此有或多或少的关联，其中有着偶然的必然性，神话并未凸显出飞鸟的人性化，鸟掉落谷种的举动也并非刻意为之，不过谷种毕竟是飞鸟从远方带来而为人类所获，故而它是鸟类寻取型和穗落型的复合。这里仅以麻雀寻取型为例进行说明。

麻雀寻取型在鸟类寻取型中所占比例最高，如有傣族的《人和麻雀》、汉族的《麻雀吃谷》、回族的《西夏粮国的种子》、佤族的《葫芦的传说》等文本。麻雀是较为具体且颇具意象的鸟类形象，它具有飞行的本领，视域范围较广，像傣族神话中的麻雀能够在洪水上发现谷种[③]，佤族的米雀能在湖畔的岩石边找到谷种[④]，都借助了它的这一特性，若没有极目远眺的本领，飞鸟是很难帮助人类发现谷种的；而且麻雀在现实生活中与人间的谷种有着密切关

① 参见《喀左·东蒙民间故事》编委会编:《喀左·东蒙民间故事（6）》（蒙古族故事家乌云其其格卷），辽宁民族出版社2008年版，第17—18页。

② 参见李子贤:《探寻一个尚未崩溃的神话王国——中国西南少数民族神话研究》，云南人民出版社1991年版，第254页。

③ 参见岩峰、王松、刀保尧，云南省社会科学院民族文学研究所编:《傣族文学史》，云南民族出版社2014年版，第132页。

④ 参见普学旺、左玉堂主编:《云南少数民族古典史诗全集（中卷）》，云南教育出版社2009年版，第152页。

联，在稻谷成熟之时，经常会有雀鸟啄食谷子，人们会借助稻草人来驱赶飞鸟，在人与雀鸟相处的过程中，早期先民也对麻雀与谷种的关系产生了独特的反向联想，麻雀之所以啄食粮食，也正是由于它们有着为人类取种的功绩，神话的这种反向联想也出现在诸如鼠、蛇等动物身上。神话中的麻雀在寻找谷种的过程中是行为主体，但有时由于它所造成的失误又引发了其他动物帮助再次取种的行为，如回族《西夏粮国的种子》的麻雀不慎将所取回的谷种掉进了岩缝之中，在老鼠或蚂蚁的帮助下，谷种再次被取出[①]，为何在寻取型神话中会出现两次甚至三次的取种行为，且又有掉进岩缝或是石洞的情节设置，其中可能存在两方面原因：其一，人们已经认识到谷种获得的来之不易，多次寻取谷种的情节更表明人们对于这一艰辛历程的认知，获取谷种不是一蹴而就，这种反复取种情节的设定应该是最初母题的拓展，它已经逐渐具有了故事性元素；其二，在取种的过程中所出现的掉进岩缝或石洞的情节应是人们对谷种的又一认知，岩缝和石洞都是早期较为独特的意象，它与母系社会的生殖崇拜观念有关，石洞可以生出人和万物的观念也都在不同的神话文本中有所体现，因而谷种掉进石洞的情节，实际是对谷种再次诞生的一种隐喻。

当然，除此之外还有燕子、老鹰、斑鸠、山鸡、孔雀、喜鹊、布谷鸟、蝴蝶、大雁等动物也为人类谷种的获得做出了贡献，如有佤族的《司岗里》、壮族的《布碌陀》、傣族的《英叭神赐谷种》、拉祜族的《牡帕密帕的故事》、苗族的《蝴蝶、蚂蚁取谷种》、藏族的《大地和人类的由来》等文本。比如苗族《蝴蝶、蚂蚁取谷种》中是蝴蝶王为人类寻取谷种[②]，在苗族神话中蝴蝶的意象比较凸显，在《苗族古歌》中蝴蝶妈妈（苗语，妹榜妹留）是人类的祖先，一些学者从历史语言学的角度认为应将其译为“花母蝶母”，无论怎样，苗族

---

① 参见李树江、王正伟：《回族民间传说故事》，宁夏人民出版社2008年版，第25—30页。

② 参见《中国民间故事集成·湖南卷》，中国ISBN中心出版2002年版，第40—41页。

人民对蝴蝶的崇敬和敬爱之情是不言自明的，苗族的很多图案造型都与蝴蝶有关，在祭祖仪式上更将蝴蝶作为祭祀的实体，神话选取蝴蝶王意象的深意可想而知。藏族神话中的人派谷雀取种，谷雀取到谷种后将其交给大雁带到了人间①，这里选取大雁的意象其实也与藏族人民的认识有关，像藏族的望果节与人们庆祝农业的丰收相关，该节日的举行虽然没有固定日子，但基本上约定是以鸟王（大雁）南飞之季为节日时间，这里的大雁与布谷鸟的作用较为相似，从将其定为鸟王的说法可见人们对大雁的喜爱和崇敬之情。对于飞禽的种种崇敬之情不仅源于人类早期的万物有灵观念，也与人们在实际生产生活中的认知有特定关系。

（二）非鸟类寻取型

非鸟类寻取型是动物寻取型中颇为重要的一类，它既包括了非鸟类动物单独寻取谷种的情节，也含有与鸟类动物合作取种的情况，根据目前的文本资料，取谷种的非鸟类动物大体有狗、鼠、蚂蟥、蚂蚁等。这里仅以狗寻取型为例加以说明。在动物寻取型的 121 篇文本中，狗寻取型就占有了 71 篇文本，足见其分量之重。狗为人类获取谷种的地方各有不同，大体包括了天上、江海对岸、月亮之上、天边、东方、水中、外地等，这些取种地点基本都位于取种民族的生活地域之外。这里以上天寻取和过海寻找为例进行说明。

第一，上天寻取谷种。由于神话中的谷种掌控者是天上的神佛，因而狗需要到天上为人类取来谷种，如布依族的《狗为哪样吃屎》、拉祜族的《谷子的来历》、苗族的《狗带来五谷》等都属此类。这三篇神话的背景多发生在人间尚没有出现谷种之时、洪水后的人类失去谷种之时、人类受到上天惩罚后被没收谷种之时。谷种为何会出现在天上，天是人们能直接观察到的实体，对天上世界的认知是人们的美好幻想，它是早期先民宇宙观和万物有灵观相

① 参见李子贤编：《云南少数民族神话选》，云南人民出版社 1990 年版，第 368—369 页。

互影响的独特产物，人们逐渐将世界分为天上、地上、地下三层，人类与万物居于地上，在天界则是掌管天下的神灵，当然最初的神灵体系并不完善，随着人类世界的发展，天上的各种神物也有了如同人间的等级分类和生活秩序，天上也有如同人间的农业耕作，在较多的神话中，先民也都表达出了谷种源于天界的观念，神话赋予了谷种神性，作为上天赐予的产物，人类更应对谷种保持敬畏之心，此处以隐喻的方式告诫了人们需珍惜谷种。此外，狗在天上寻取谷种的情形各有不同，有的是狗为人类上天寻找谷种，如布依族神话中的狗是在洪水之后上天取种①，有的神话是狗从天上为人带来谷种，如拉祜族神话中的天狗突然为人类带来了三颗谷子②，还有的神话中的狗奉命将谷种带到人间，如苗族神话中的狗便是奉了天神之命而将五谷送给人类③。

第二，过江海寻取谷种。狗借助凫水的本领也会从海、江或河的对岸帮助人类寻取谷种，如侗族的《谷种的来源》、汉族的《黄谷是那门来的》、瑶族的《禾公禾母》等都有此类型。那么谷种为何会出现在海对岸，在侗族神话中讲，相传大海边长着谷种④，人们是听说海对岸有谷种，这表明谷种信息的获得源于该民族与外地人之间的交流，民族之间的交往已在神话中体现出来，神话选取海的意象可能并不准确，它可能是表示取种的艰辛或者路途的遥远，谷种在海外之地即表示它并不存在于本民族生活聚居区之内，而在外民族的生活之地，海实则表示了民族之间的阻隔与交往上的不频繁。即便神话所表述的海确有其指，也不应是无边的海，它应如同河或湖一般，而且海意象的出现为人类的取种行为设置了较大的阻碍，只能借助外力，神话发生在造船技术尚未形成之际，否则人们大可凭借竹筏或小船来渡河取种，游水

① 参见桑吉扎西：《戌犬通灵》，社会科学文献出版社 1998 年版，第 76 页。

② 参见中华民族故事大系编委会：《中华民族故事大系（第八册）》，上海文艺出版社 1995 年版，第 718 页。

③ 参见《中国民间故事集成·四川卷（下卷）》，中国 ISBN 中心出版 1998 年版，第 1324 页。

④ 参见王尧主编，杨权等撰：《中华文化通志·民族文化典——侗、水、毛南、仫佬、黎族文化志》，上海人民出版社 1998 年版，第 118 页。

过海的方式则显得较为原始。此外，狗过海取谷种的情形也各有不同，像侗族神话中的狗是主动为人类过海取种，汉族神话中的人让黄狗过海取谷种[①]，瑶族神话中的狗不仅将禾种带来，也使禾公禾母跟随而来[②]，这显然是谷魂的人性化形态，瑶族先民认识到将谷种取来并不能让谷子真正地成长，具有谷魂的谷子才能很好地生长，从文本中"保佑禾种"和"万粒归仓"的说法可见一斑。

除了狗作为文化英雄的形象之外，还有鼠、蚂蟥、蚂蚁、鱼、青蛙、猕猴、神龙等也参与了寻取谷种的行动，如有布朗族的《蚂蟥与谷种》、汉族的《蚂蟥沾仙谷》、瑶族的《谷子的来历》《大谷壳》、傣族的《祭谷魂》、侗族的《青蛙南海取稻种》、藏族的《猕猴取种》、壮族的《古事歌》等文本。比如在谷种神话中出现蚂蟥帮助人类获取谷种的情节，蚂蟥往往在取种的最后环节以辅助者的形象出现，神话选取蚂蟥的意象，是因为它是生活在稻田或污泥塘中的吸血动物，在水中的行动非常敏捷，生存能力也非常顽强，这使它符合在水中取谷种的特性，同时人们在与蚂蟥的接触中观察到它有极强的吸附能力，它一旦沾上人类或牲畜就很难被拔下，这也是它能够进入特定神话情节的主要原因，如布朗族神话中的蚂蟥用吸盘就能将水底的谷子沾上来[③]，汉族神话中的蚂蟥也是用身上的黏液将谷子从山洞中带出[④]，蚂蟥是以吸食人和牲畜的血液为生，对于现代人而言，蚂蟥有着比较多的医疗功能，人们甚至会人工对其进行饲养，但在当时的人来看，它如同老鼠一样并不被人所喜爱，先民利用逆向思维对蚂蟥吸血的成因进行了想象，认为人和牲畜的血是蚂蟥替人类寻取谷种的酬劳，上述三则神话都不约而同以此作为结局，

---

① 参见北川县民间文学三套集成编委会编:《中国民间文学集成·北川县资料集》，北川县民间文学三套集成编委会 1987 年版，第 48—49 页。

② 参见《中国各民族宗教与神话大词典》，学苑出版社 1993 年版，第 653 页。

③ 参见中华民族故事大系编委会:《中华民族故事大系(第十二册)》，上海文艺出版社 1995 年版，第 34—35 页。

④ 参见《中国民间故事集成·浙江卷》，中国 ISBN 中心出版 1997 年版，第 58 页。

可见神话表意的明确性。在神话的情节设置上，蚂蟥取种基本上以主动提出为主，如布朗族神话中的蚂蟥是自告奋勇出去寻找谷种，汉族神话中蚂蟥看到谷种掉落的情形之后便出手相助，一方面蚂蟥看到了取谷种的艰难，像布朗族的人、公鸡取种都失败了，另一方面蚂蟥也充分肯定了自己的能力，如果蚂蟥不主动提出寻找谷种，人们恐怕也不会主动寻求它的帮助；当然蚂蟥受邀取种的情况也有存在，如瑶族神话中的老鼠在谷子落入海中之后便向蚂蟥求援①，不过此类情况确实也很少出现。蚂蟥在谷种神话中都是最后出现的取种行为者，由于其本身所具有的游水本领和独特的吸附功能，这使得无论谷种掉落在海中还是石缝中，它都能成功寻找到谷种。

寻取型是谷种神话中非常重要的一类，它所覆盖的民族数量和文本篇目都比较多。寻取型主要是关于神、神性人物、人、动物通过不同的方式为人类寻取到谷种的神话叙事，它侧重于寻找的过程，其中又有有意寻取、无意获得两种情形，诸如有的文化英雄是有意为人类寻取谷种而踏上征途，有的英雄并不是以获取谷种为最终目的，却能在完成特定使命的过程中帮助人类得到谷种，像在人神婚中，英雄与神女成婚是为了繁衍人类，本无意于寻找谷种，天神却将谷种作为天女的嫁妆而赐予人间，英雄在无意间为人类获取了谷种。按照寻取谷种行为主体的不同，可将其划分为神寻取型、神性人物寻取型、人寻取型和动物寻取型四个亚类，而后两个亚类在寻取型中十分重要，本书也着重对它们做了较为深入和细致的分析，通过比较可见人、动物在寻取谷种过程中的重要地位。人寻取型表现了人对于改造人类生活环境的能力在不断提高，人寻求进步的决心不断坚定，这是对人本思想的肯定，神话已经从一味屈从于神灵和自然的管束，变成了人类创造条件去打破自然的

① 参见全国人民代表大会民族委员会办公室编：《广西大瑶山：瑶族歌谣故事集》，全国人民代表大会民族委员会办公室 1958 年版，第 47—48 页。

束缚，改善生存的环境，这种现象的出现与人类进入农耕文明社会有一定的关联。动物寻取型突出了各种动物为人类寻取谷种所创下的功绩，像麻雀、燕子、狗、鼠等动物都是重要的文化英雄，在原始社会中，先民的观念中并没有区分出人与野兽的差异，有的民族更将一些动物视为与自己有血亲关联的祖先，如苗族蝴蝶取谷种的神话中，蝴蝶作为图腾物就是苗族始祖的化身，即便它是以动物的样貌出现也不能掩盖其始祖母的身份。寻取型神话不同的类型之中都有不同的文化内涵，它所揭示的最为核心的内涵是人类对于先进文明的不懈追求和美好生活的不断向往。神话是对特定现实的反映，在早期先民进入农耕定居文明之前，同自然界各种天灾、猛兽斗争在所难免，其中求得生存的艰难更是难以言表，文化英雄的斗争是人反抗自然的表现，从狩猎时代过渡到农耕文明的不易正是神话所映射的现实。

第二节

求取型

求取型是神、神性人物、人或动物向特定的掌谷者求取谷种的一类神话，它侧重于请求的行为，其情节往往出现在寻取谷种的过程中或人类遭到没收谷种的惩罚之后，这样求取型与寻取型、盗取型的不同之处便在于，它并不是独立存在于神话之中，要与寻取型等类型复合出现在文本之中，它也是谷种起源中较为重要的方式，在阿昌族、白族、布朗族、布依族、傣族、德昂族、高山族、哈尼族、汉族、回族、景颇族、傈僳族、珞巴族、满族、蒙古族、苗族、普米族、羌族、水族、塔吉克族、土族、土家族、佤族、维吾尔族、瑶族、彝族、藏族 27 个民族的 138 篇文本中都有存在。根据求取谷种行为主体的不同，可以划分出神求取型、神性人物求取型、人求取型和动物求取型四个亚类。

一、神或神性人物求取型

神或神性人物在神话中都会利用自己的独特身份和能力而向掌管谷种者求取谷种，它多发生在惩罚型和寻取型神话之中，鉴于神求取型和神性人物求取型的文本数量较少，且类型相对单一，本部分将其合并在一处进行分析，如在傣族、德昂族、哈尼族、汉族、景颇族、羌族 6 个民族的 13 篇文本中都存在此类型。

（一）受惩求取型

受惩求取型的行为主体以神为主，它主要是关于神出面为人类求情而让掌谷者留下部分谷种，不过即便是神为人类出面求情也有失败的情况出现。

一种情况是迫于压力而接受惩罚、求取谷种，如傣族《谷魂奶奶》的佛祖在驱逐谷魂奶奶之后使神和人分别失去了生活的食物来源，在神和人的恳求之下迫于无奈才屈尊将谷魂奶奶寻找回来[①]，这种类型并不见于其他民族的谷种神话之中。佛祖是求谷者，这与其他民族神话所表现的内容截然不同，这里掌管谷种的是谷魂奶奶，她的神话在傣族民间流传颇广，神话展现了佛祖屈服于谷神的形象，实则是佛教与原始信仰之间的冲突所致，傣族人民笃信佛教，随着小乘佛教的传入，原始宗教信仰逐渐失去了统治地位，人们心中所信奉的原始信仰便以融入佛教的形式得以留存，不过其中也表现出了原始宗教反抗的一面，如谷魂奶奶对佛祖的抗争就表明了原始宗教的不屈服性，流传于云南德宏傣族地区的神话《谷神布岑塔》也展示了与之相似的情节，受八方神仙膜拜的召苏楠去曼刚相之地背回了唯一不对他跪拜的谷神布岑塔[②]，这与谷魂奶奶的神话如出一辙，都表达了人们谷神崇拜观念的浓厚。

另一种情况是为了惩治人类或特定的恶人，如汉族《麦子为啥单穗头》中的玉帝在发现人类的恶行之后便收回了人间的谷种[③]，作为对人类浪费行为的惩罚本无可厚非，然而下属神意识到过分的惩处会令人间重新回到原始生活时期，所以有必要给予人类生存的希望和改过自新的机会。选取神仙作为求谷者的原因在于，神仙与掌管谷种的主神有臣属关系，他有向主神建言的资格，就如同古代官职体系中的御史，这样的建言往往都能取得理想的效果，而且求谷种的神仙又是探访人间的巡查者，他们能够探查到人间浪费粮食的恶行，也能体察人们幡然悔悟的心态，作为使者他们又能观察到民间疾苦，

① 参见李子贤编:《云南少数民族神话选》，云南人民出版社 1990 年版，第 181—182 页。
② 参见李子贤编:《云南少数民族神话选》，云南人民出版社 1990 年版，第 175—180 页。
③ 参见赵庆尧主编:《中国民间故事集成·河南淮滨县卷》，河南省淮滨县民间文学三套集成编委会 1990 年版，第 168—169 页。

成为主神与人间沟通的重要桥梁，更能代表百姓的希望进行请愿。再如蒙古族《荞麦的传说》的玉帝在人们的感召下派出龙王和雷公惩治了恶人，却也相应地毁掉了善良人们的庄稼，下属神在观察到此种行为之后对主神建言赐予人类天上的荞麦[①]，以此作为对人类的赔偿，这类既惩治恶人又赠送谷种的神话在汉族神话中也曾出现过，蒙古族作为从游牧转型到农耕的民族，其神话在一定程度上也受到了汉族神话流传的影响。

（二）寻种求取型

寻种求取型中的行为主体多以神性人物为主，它是寻取型和求取型的结合，主要是关于神性人物在寻找粮食的过程中主动向掌谷者讨要谷种的行为，如有哈尼族的《塔坡取种》、汉族的《神农与谷种》、羌族的《阿巴补摩》等文本。

文本中的神性人物身份略有差异，大体有三类：首先，具有神性的祖先，如哈尼族神话中的塔婆是风、虎、龙等自然神或动物神的生母[②]，她所生的儿子基本都拥有神性，塔婆能够生出形态各异的孩子，表明她也具有一定的神性，哈尼族的塔婆与傣族的谷魂奶奶一样，其事迹都在本民族内部得到了广泛流传，作为女性始祖，神话反映出了母系氏族社会时期的特定风貌，突出了女性在人类产生和谷种起源等方面的作用和地位，而掌控谷种的是龙王，这便与先民的认知观念有关，龙王是掌管降雨的动物神，雨水对农业生产有重要的影响，一些民族会有烧香祭龙王祈雨的仪式出现，这样龙王作为谷种的管理者便与此产生关联；其次，具有神性的文化英雄，如汉族《神农与谷种》[③]中的神农是传说中的农业始祖和文化英雄，汉族地区流传的神农神话

---

① 参见阜新蒙古族自治县三套集成领导小组编：《中国民间文学集成·辽宁分卷·阜新蒙古族自治县资料本（一）》，阜新蒙古族自治县三套集成领导小组 1986 年版，第 396—397 页。

② 参见中华民族故事大系编委会：《中华民族故事大系（第六册）》，上海文艺出版社 1995 年版，第 11—13 页。

③ 参见湖南省文学艺术界联合会编：《湖南民间故事集成（一）》，湖南省文学艺术界联合会 2009 年版，第 57—58 页。

多以神农尝五谷为主，这则神话却将神农定位为天子，且取种的地点设定在天上，掌管谷种的是玉帝神系，因而从天界神系观念的确立、神话情节的曲折性和神农神性化的描述等方面来看，其出现的时间可能要晚于尝五谷的神话；最后，拥有神属性的神子，如羌族神话中的补摩是神女梦感红龙而生的孩子[①]，他是神与龙的结合，其身体具有神的属性，在人间又以人的自然形态出现，故可以视为神性人物，他作为神的后裔，具有跟天神讨要谷种的资格和能力，神话又反映出了特定时代下母系氏族观念的留存，补摩作为神女之子，只知其母而不知其父，这是母系氏族时期所特有的产物，同样流传于汉族等民族中的女性梦感生子的神话，也都是将父系作为虚拟化的存在，其实就等同于不知其父。上述几篇文本中的求种者中，哈尼族的塔婆、羌族的补摩都与掌谷者有一定的关系，塔婆是掌谷的龙王之母，补摩是天神的臣属之子，他们之间的关系为求种的成功奠定了基础，而汉族的神农与掌谷的玉帝和门官并没有特定的联系，这在一定程度上也影响到了求种行为的成功。

神性人物所表现的求取谷种的行为也略显不同。神性人物在帮助人类求取谷种之后，要将谷种带到人间，其中的情节就表现出了如下差异：首先，龙王用竹筒赐种，哈尼族神话中的塔婆在遇到三儿子龙王之后向其求取了谷种，龙王将五谷、牲畜和金银分别放入竹筒中交给母亲，哈尼族选取的竹筒意象与其生活和崇拜观念相关，哈尼人生活中用竹子制作了很多常见的生活器具，诸如竹筷、竹碗、竹桌、竹椅、竹弓、竹矛、竹锄、竹筛等，哈尼人将竹子视为神灵或祖先的象征物，像“竹篮灵台就是该寨（云南勐海西定山）哈尼族人祖先的象征”[②]，并且其生活中的民俗也都充满了竹文化的色彩，哈尼人传统的嘎汤帕节中人们会跳起竹筒舞，这样选取竹筒作为盛放谷种的器具便不难理解，与之相似的哈尼族神话中，妇人它朋然夏阿玛来到海边后得

① 参见《中国民间故事集成·四川卷（下册）》，中国ISBN中心出版2004年版，第1121—1122页。
② 关传友：《论云南哈尼族的竹文化》，《世界竹藤通讯》2008年第5期。

到第四子龙王所赠的一包谷种和一对铓鼓[①]，情节虽然类似，其中却并未提及竹筒，这种简单的叙事可能反映了较为原始的信息，前一篇神话中竹筒意象的添加便可能是之后融入的元素；其次，英雄两次取种，如汉族神话中的神农上天求种，得到的是门官所给的煮熟的种子，门官以阻碍的方式使第一次求取的行为失败，这才引出神农再次上天盗取谷种的行为；最后，主神两次赠种型，如羌族神话中的天神木巴并不是一次性地将谷种全部赠予补摩，而是让他在五月初五和七月初七分别获得了青稞种和小麦种，这种赠种方式中特定的农历时间应与粮种的播种或收获时间有一定的联系，神话中的天神以赠种的方式对人们的农业耕种进行了指导。

二、人求取型

人求取型在求取型中所占的比例仅次于动物求取型，人向谷种管理者求取谷种的情节多出现在求取型神话中，它们在白族、布朗族、布依族、德昂族、高山族、哈尼族、汉族、景颇族、珞巴族、满族、普米族、羌族、水族、土族、佤族、瑶族、彝族共 17 个民族的 42 篇文本中都曾出现。

（一）受惩求取型

它是求取型和惩罚型的复合，其主要情节是人因为浪费谷种的行为而遭到了诸天神灵的惩罚，在天神收回谷种的过程中，人对自己的恶行幡然悔悟，向掌谷者请求给人间留下谷种，这里出现的求谷者并不是特定的人物，求取谷种的结果也并不都如人所请，据此出现了两种结局。

一方面是成功的例子。人类因为自身的浪费行为而受到了应有的惩罚，但他们虔诚的祈求和认错悔过的精神能够得到掌管谷种的主神的谅解。此处有两种情况：首先，人的恳求得到了神的谅解，如汉族神话中王母因人的跪

① 参见谷德明编：《中国少数民族神话》，中国民间文艺出版社 1987 年版，第 325—328 页。

求而给人间留下了一个麦穗头[①]，还有汉族《小麦为啥长一穗》也提到村里的小伙子请求玉帝的宽恕而使小麦穗被留下了一穗[②]，汉族《麦穗的传说》中作孽人的悔过使玉帝停下了捋麦穗的行动而为人类留下了小麦穗[③]，人的这种请求原谅的行为方式看似简单，实则是出于真心的悔改，以神的能力是能够察觉到人是出于真情的流露还是假意的表演，先民将对人类的判决权交给了神，神的原谅也为人带来了新的生机。其次，人的祈求得到神的部分认可，这种类型在人求种型中出现的较多，满族《天为啥下雨雪》[④]中人的祷告显然只起到了一半的作用，从玉帝让白狗带给人间粮种的情节来看，玉帝等主神是间接原谅了人的行为，在汉族《小麦为啥只秀一穗》中人与狗都祈求天神的宽恕，不过风伯雨师只给狗留下了一穗种子[⑤]，同样在汉族另一则《麦、谷子、玉米为啥只有一个穗》中的人与狗同时求情，玉帝也只将谷种交给了狗[⑥]，神话中人的祈求行为应该感动了主神，神却有意回避人类，转交狗将谷种赠给人，让人意识到再次得到谷种的不易，而且满族祷告的方式显得更为诚恳，它可能是对天祈祷仪式的另一种表述，人们向上天祈求多是发生在一定的仪式之中，这种祷告方式要比一般的跪求稍显正式。

另一方面是失败的例子。人求取谷种的行为并不都是成功的，他们曾经造成的伤害已经影响到了天神对人的信任，这使得人求种的行动大打折扣，如布依族的《造万物歌——造粮》、汉族的《猫狗求粮》等文本。首先，直接上天认罪后求种失败，如布依族神话中的祖先老奶奶在犯错之后主动上天认

---

① 参见《中国民间故事集成·新疆卷（上册）》，中国 ISBN 中心出版 2008 年版，第 394—395 页。

② 参见罗杨总主编：《中国民间故事丛书·河南三门峡·渑池卷》，知识产权出版社 2016 年版，第 71 页。

③ 参见罗杨总主编：《中国民间故事丛书·河南三门峡·义马卷》，知识产权出版社 2016 年版，第 7—8 页。

④ 参见本溪县民间文学三套集成领导小组编：《中国民间文学集成·辽宁卷·本溪县资料本（上）》，本溪县民间文学三套集成领导小组 1987 年版，第 4—7 页。

⑤ 参见《中国民间故事集成·河北卷》，中国 ISBN 中心出版 2003 年版，第 18—19 页。

⑥ 参见刘玉亮主编：《中国民间文学集成·河南杞县故事卷》，中原农民出版社 1990 年版，第 2 页。

罪，却遭到了神农的拒绝[①]，这里人类直接上天认错的行为并不多见，多数文本中的人只能在人间向苍天祷告或祈求，这表明祖先具有一定的神性，而且神话中也表现出了祖先的智慧，她带狗上天，似乎已经预先料到神农不会将谷种再次赠予她，于是在被拒绝之后，神农并未留意狗的行为，狗采取了盗取的行动使人类获得了谷种。其次，在人间祈祷求种后失败，如汉族神话中的老百姓烧香祈求玉帝原谅人类浪费粮食的行为[②]，也未得到主神的谅解，烧香其实是敬神礼佛的一种仪式，早期只是作为燃烧的香料，后期则专门用于对宗教神灵的祭祀，道教、佛教都有相应的烧香仪式，这也从侧面表明了前文出现的祷告极有可能属于这种祭祀仪式，不过即便是人类虔诚的祈祷，也未能得到主神的原谅，神话中玉帝仍是将谷种交给了狗，可见人类所犯的过错已经严重影响了主神对人的信任。

（二）求种赠赐型

求种赠赐型多是寻取型和求取型的复合形式，特定的英雄在寻找谷种的过程中会向掌管谷种的主神提出索要谷种的要求，其中求取谷种对象存在显著不同。

第一，向天神求取。天神在谷种神话中一般都是以谷种的掌控者形象出现，英雄为了人类的福祉而主动向天神求取谷种，其行为往往都获得了成功，如汉族的《谷雨节的传说》、珞巴族的《麻雀和稻谷》、土族的《学种庄稼》等文本，它们大体表现了如下三种情况：首先，因奖赏而求取，在谷种神话中因为英雄的文化业绩而获得求取谷种资格的文本并不多见，如汉族神话中的仓颉因为造字的功劳而获准请求奖赏，仓颉为了百姓的利益而向天求取了谷种[③]，这

① 参见贵州省社会科学院文学研究所、黔南布依族苗族自治州文艺研究室编：《布依族古歌叙事歌选》，贵州人民出版社 1982 年版，第 55—57 页。

② 参见农八师石河子市编委会编：《中国民间故事集成·新疆卷·新疆生产建设兵团农八师石河子市分卷（上）》，农八师石河子市编委会 1993 年版，第 234—235 页。

③ 参见何慧娟编著：《洛南民间故事集萃》，西安出版社 2014 年版，第 30 页。

种因嘉奖一人的功绩而惠及众人的行动是神话要着重表现的内容，仓颉此处具有了造字者和求谷者的双重身份，而天神赐种的行为也较为独特，他将谷种夹在雨中赐给了人类，使谷雨节这天长出了五谷，在仫佬族的《谷雨节和牛》中盗取谷种的牛也采取了类似的方式，它让谷子随雨水而落入人间[①]，在很多民族的神话中谷种与雨水都有特定的关联，甚至会将雨水认为是谷种，这里将谷雨节的来历与谷种的起源相联系，也体现出了先民的独特智慧。其次，间接求取，人有时也会通过间接的方式向神灵求取谷种，如珞巴族神话中的人在向山神求种之前，先请教了获得谷种的麻雀，它传授了如何请求山神的方法[②]，这里谷种的掌管者变成了山神，珞巴族信奉万物有灵，对山神的崇拜观念体现得也较为明显，在崩尼等部落中山神被称作"弱帝乌佑"，他们认为"山上的植物、动物都由乌佑管辖"[③]，谷种自然也就在山神的掌控之中。最后，历练后求取，人求取谷种的过程并不都如汉族神话一样顺利，往往也要经历一些磨难和考验，如土族神话中的三岁娃娃在向仙人讨教如何生存，仙人本可以直接将谷种赐给他，教他耕种之法，却让他先去捉耕地的动物，经过了捉青龙、野牛和黄牛的三次考验，在擒住黄牛之后才得到了神仙的赐种[④]，神仙的考验既是对人勇气和耐心的测试，同时也为人类的农业生产奠定了基础条件。

第二，向神人求取。特定的英雄在寻取谷种的过程中会偶然间发现特定神性人物掌握有谷种资源，他们会主动向其索要谷种，求取的结果也多以成功为主，当然也有个别失败的情况出现。这些神话中的求取谷种的过程较为相似，白族《稻子树》中的田公是偶然间发现了坝子中的稻子树，经过品尝之后才决

① 参见中华民族故事大系编委会:《中华民族故事大系(第十一册)》，上海文艺出版社 1995 年版，第 288 页。

② 参见中华民族故事大系编委会:《中华民族故事大系(第十六册)》，上海文艺出版社 1995 年版，第 568 页。

③ 吕大吉、何耀华主编，张公瑾等分册主编:《中国各民族原始宗教资料集成:傣族卷、哈尼族卷、景颇族卷、孟-高棉语族群体卷、普米族卷、珞巴族卷、阿昌族卷》，中国社会科学出版社 1999 年版，第 760 页。

④ 参见满都呼主编:《中国阿尔泰语系诸民族神话故事》，民族出版社 1997 年版，第 220—223 页。

定向白胡子老人索要谷种[①]，台湾雅美人神话中的捡柴兄弟也是偶然遇到地底人，在尝到小米饭之后决定向他们讨要小米种，两则神话都展现出了发现、品尝的情节，也表明最初谷种的起源与偶然发现和品尝有一定关联，与汉族的神农尝百草也很相似，而且在台湾很多神话中都能见到关于地底世界的描述，这是早期天上、地上、地下三层宇宙观的深入体现，地下世界的条件比地上更为优越，谷种源于地下的想法既与地下观念有关，又与人们对谷种从地下生长而出的观察认识有联系。除了这两则成功求取谷种的文本之外，当然也有不成功的情况存在，如台湾布农人神话中的峦大社人向住在地下洞穴的伊可隆人索求谷种却遭到了拒绝，这才有了将谷种藏在下体中带回到地上世界的盗谷情节[②]。不成功的情况毕竟只是少数，多数情况仍以成功求取谷种为主。

第三，向动物求取。动物有时也在神话中以掌谷者的形象出现，它们都表现出了相应的神性或人性，人可以通过向动物求取的方法而获得谷种，这里便选取向鼠求取的几篇文本为例进行如下比较，如布朗族的《沙卡呃》、德昂族的《葫芦的故事》、瑶族的《水淹天下的故事》等都属于此类。

表 10　人向鼠求取谷种的文本比较

篇目的名称	《沙卡呃》[③]	《葫芦的故事》[④]	《水淹天下的故事》[⑤]
所属的民族	布朗族	德昂族	瑶族
代表的序号	[3.5]	[8.1]	[45.12]
分布的地域	云南省西双版纳州	云南省德宏州	广西壮族自治区河池市
神话的背景	人间没有谷种	人走出葫芦后	天降洪水之后
求谷者	帕雅萨木氏、帕雅猛拉	大鬼、人	阿赫、阿瞒

① 参见姚宝瑄主编：《中国各民族神话·白族》，书海出版社 2014 年版，第 83—87 页。

② 参见鹿忆鹿：《偷盗谷物型神话——台湾原住民族的粟种起源神话》，《西北民族研究》2014 年第 1 期。

③ 参见王国祥，云南省社会科学院民族文学研究所编：《布朗族文学简史》，云南民族出版社 2014 年版，第 77 页。

④ 参见中华民族故事大系编委会：《中华民族故事大系（第十五册）》，上海文艺出版社 1995 年版，第 20—23 页。

⑤ 参见周隆渊主编，黔南文学艺术研究室编：《射岩箭》，贵州人民出版社 1987 年版，第 28—31 页。

续表

掌谷者	竹鼠	老鼠王	老鼠
首次求谷种	上天向虹讨粮	上天向天神讨粮	向老鼠要谷种
二次求谷种	向鳄鱼、大象和鸡讨粮	向鼠王讨粮	—
三次求谷种	向老鼠讨粮	—	—
求谷的条件	—	—	新苞谷由老鼠先吃
求谷的结局	人得到了谷子	鬼和人各得一颗粮种	兄妹得到苞谷种

表10所列的三篇文本都是流传于南方地区的人向老鼠求取谷种的神话，通过比较可见它们求取谷种的情节有较大不同。首先，三次求种成功，如布朗族的能人求种经历了三次波折，他分别上天、下地到虹、鳄鱼等处寻找谷种，最终在竹鼠处求得了谷种，这里有两种情况，一是以虹为代表的一类形象拥有谷种，却不愿意将其交给人类；二是虹、鳄鱼等意象本就没有谷种，向它们求种定然要失败，在众多的谷种神话中也没有鳄鱼等动物掌管谷种的文本出现，而且竹鼠拥有谷种的情节也是对布朗人竹鼠崇拜的体现。其次，两次求种成功，如德昂族中的大鬼和人第一次是向天神求取谷种，经过天神的指点才知道谷种位于老鼠王处，才有了它们向鼠王求种的情节，老鼠王的形象比较独特，它体大如牛且拥有翅膀，具有如此体征的老鼠却对人产生了畏惧，人向鼠王指出求种背后的引路者是神佛，这使鼠王不再具有保留谷种的勇气，它毕竟不能同强大的神佛系统相抗衡，因而这里求种成功是天神、鬼和人共同努力的结果。最后，一次求种成功，如瑶族神话中的兄妹在洪水之后便发现了老鼠的嘴里、毛发和背上都有苞谷种，这种偶然性的相遇其实也有必然因素，它的形象与鼠寻取型中老鼠获取谷种的状态表现极为相似。从三篇文本的求种情节可见，英雄求取谷种的过程并不是一帆风顺的，这也表明人类在最初获取谷种的种种艰难和困苦历程。

三、动物求取型

在求种型中，动物求种型所占的比例最高，其内容也最为重要，动物因为人的派遣或因人受惩罚而向掌管谷种的主神求取粮食的行为都属于此类型，动物求取谷种的行动多数都获取了成功，在阿昌族、白族、布朗族、汉族、回族、景颇族、傈僳族、满族、蒙古族、苗族、普米族、羌族、塔吉克族、土族、土家族、维吾尔族、瑶族、彝族、藏族 19 个民族的 83 篇文本中都有此类型。动物是为人类求取谷种的重要行为主体，没有它们参与求种行动，人类得到谷种多半是要以失败收场，动物求取型既包括初次求取谷种的行动，也含有替人所遭受的惩罚求情的行为，此类型的动物以狗为主，其所占的篇数比重最大，还有诸如猫、鼠、牛、鸡、猴子、兔子等不同的动物，不过它们拥有的文本非常有限。

（一）单独求取型

动物求种的行动往往会由自己独自完成，虽然在数量上不占优势，但仅凭借坚定的决心和顽强的毅力而让掌谷者为之感动，使掌管谷种的主神将谷种赐给动物，此类求取的动物以狗为主，其他动物很少能够独立完成求取谷种的行为。在动物求取型中，狗求取型的文本数量最为丰富，类型也最为复杂，狗会因为人类受惩罚失去谷种而向上天央求、哭泣、跪求、吼叫，以此来求得掌谷者的赐予，或者也会因为人间无谷种而上天直接请求主神赐予粮食，神话中狗对人类的忠诚和执着的信念都得以彰显，它为了人类能够拥有谷种而哭泣甚至失去生命，为了人类能够生存而甘愿替人受罚。

第一,一般央求。狗为人类浪费粮食的行为而向主神求情，这是最为基础的模式，之后所出现的其他几类基本都是在此基础上衍生而出。狗在该类神话文本中所表现出的行为各有不同，从中仍然可以总结出一定的模式和叙事演进的规律：

①神赐予人间粮食→②人开始浪费粮食→③神视察人间得知→④神开始惩罚人类（因）

一般央求（请求、央求）
⑤狗替人向神求情 哭泣求、跪下求、吼叫求
祈祷求、身死求、说理求

⑥神决定再赐粮种→⑦人重获五谷粮食，狗吃剩饭和人屎（果）

由前所列的模式可见，①②③④都是狗求取谷种的主要诱因，其发展基本是按照上述的顺序发生，⑤是狗为人求种的主要表现方式，⑥⑦则是狗求取谷种的结果。虽然狗求取型的文本是按照上述模式所发展的，具体的文本中又表现出了略微的不同。如汉族《庄稼穗穗为啥这么短》中掌管谷种的是老君，他看到人轻易获得粮食之后不珍惜的行为，便开始收回人类的粮食[①]，这里神灵收庄稼的方式与现实农业生产中的收割极为类似，农业的实际耕作行为对神话情节的出现产生了一定的影响，这才有了类似老君捋庄稼穗的行为，狗在发现神即将收走人类庄稼之时，其看家护院的本领便表现出来，它为人类成功求得了谷种，但人类的恶行也必须遭受惩罚，这样才有了人吃粮、狗吃屎的结果，狗替人求取谷种又承担了人的罪责，足见其忠贞于人的一面。蒙古族《雪、狗和庄稼的传说》中的老天爷只是看到一个懒妇人的恶行便决定收回人间的粮种[②]，神话中这种因一人的行为而影响全局的并不少见，在飞来型神话中便是如此，一个懒人因为打骂谷子而使所有谷魂离开了人类，她们当然只是人类懒惰或浪费恶行的典型代表而已。

第二，哭泣求取。在人类受到惩罚之后，狗在向天求种的时候会采取哭泣的方式令上天感动，哭泣作为人类特有的情绪表达，用在此处表现了狗的哀伤之情，这种表达在景颇族、彝族等 5 个民族的 10 篇文本中都有出现，先民认为狗的哭泣更能引起神灵的共鸣和感动，因而有了如此的神话表述。文本在哭泣求取的情节表现上也略有差异，如景颇族《新米节的来历》中出现了两次赐予狗谷种的情节，狗向天哭泣求种而得到了天神第一次的赐粮，在被人掠夺后天神又第二次赐谷穗[③]，第一次的饭团是能直接食用的，第二次的谷穗则需耕种收获才能食用，天神第二次赐予人间谷穗的目的便在于让人通过勤于耕种的方式达到温饱，因为天神意识到人类之前所犯过错的直接原

① 参见《中国民间故事集成 · 甘肃卷》，中国 ISBN 中心出版 2001 年版，第 308 页。

② 参见《新疆民间文学（第 7 集）》，新疆人民出版社 1984 年版，第 82—84 页。

③ 参见李子贤编:《云南少数民族神话选》，云南人民出版社 1990 年版，第 400 页。

因是坐享其成，用谷穗代替饭团能够避免人类浪费行为的再次发生，藏族《五谷为什么只在顶上长穗穗》中的狗咬住天老爷的裤脚而流泪哀求使得人类再次拥有了粮种[①]，这是此类神话普遍的情节，如彝族《为什么要敬狗》中也讲到狗向天哭泣而让收人间粮食的天家给它的尾巴上丢了些谷子[②]，它们只是在天神留下谷种的方式上略有不同而已，有的是留了庄稼顶端的穗，有的则是直接赐予狗较少的谷子或庄稼穗。

第三，跪求谷种。狗在向收回粮种的天神求情时，也会采用跪下和磕头的方式来祈求为人间留下谷种。首先，磕头求取，如汉族《麦子为啥只有一个穗》中的狗向前来收种的蚂蚱精磕头请求，让感动的蚂蚱精留下了一穗麦子[③]，在汉族《一麦九穗的传说》中的麦奶奶在麦地里捋麦穗时，因为狗的磕头求请而留下了一个麦穗[④]，磕头的求取方式已经将狗人性化，它表现了狗替人认错的极为诚恳的态度，惩罚的行为本与狗无关，狗却能如此为人请求，这不能不令直接惩罚者感动，不过这里主神所派出的实施惩罚的神灵却较为特别，像蚂蚱精、麦奶奶等形象，从字面理解他们应该都与粮种有一定的关联，如蚂蚱精作为玉帝的使者，蚂蚱是庄稼的天敌，这里玉帝派出蚂蚱出面可能是对人间惩罚的一种方式，而麦奶奶更是麦种的实际管理者，她有资格处理麦种，而且以女性形象出现又表明了人们观念中谷种最初的起源与女性的关联。其次，一般跪求型，如满族《神农婆与百谷仙姑》中的狗为求谷种而向百谷仙姑下跪，并表达了愿意吃屎的忠心，从而为人类留下了苞米种子[⑤]，在汉族《狗吃屎的传说》中的黄狗也为人

① 参见《中国民间故事集成·四川卷（下卷）》，中国 ISBN 中心出版 1998 年版，第 995 页。

② 参见景东彝族自治县民族宗教局、景东彝族自治县文学艺术界联合会、景东彝族自治县旅游局编：《景东民间故事》，德宏民族出版社 2014 年版，第 46—47 页。

③ 参见扶沟县民间文学集成编纂委员会编：《中国民间故事集成·河南扶沟县卷》，扶沟县民间文学集成编纂委员会 1989 年版，第 91—92 页。

④ 参见汤阴县民间文学集成编委会编：《中国民间故事集成·河南汤阴卷》，汤阴县民间文学集成编委会 1987 年版，第 118—119 页。

⑤ 参见陶阳、钟秀编：《中国神话（下）》，商务印书馆 2008 年版，第 1160—1163 页。

向天神跪求，得到了天神所赐的五粒粮食，它将粮食分给人类而自己则吃屎[①]，它们都是狗通过跪求的方式为人类求取谷种，跪求并不比前一种磕头的方式显得令人折服，它只是表现了一种认错和悔悟的态度，尤其在狗并未犯错的情况下而替人下跪，这种行为更令人佩服和感动，狗在最后还会用吃屎的方式来替人受罚，这确实是表示忠心的最诚恳的方法，这里以神话的叙事方式对实际中狗吃屎的习惯进行了解读，其实也从侧面表达出了人们对狗的信任和感激之情。

第四，吼叫求取。在求种型神话中，狗还会采用向天吼叫的方式来从天神处求得谷种，如傈僳族的《创世神话》、彝族的《谷子的故事》等文本都属于此类，它们求种的原因和情节都各有不同：首先，因惩罚而吼叫求种，如傈僳族神话中的狗因为天神惩罚人类收回人间粮食而向天哀叫，它的叫声感动得天神将天上的粮食撒落人间[②]，与此求种原因和情节较为类似的文本还出现在白族、汉族的神话中，像白族《谷种的传说》中的狗向天惨叫，让收回谷种的观音感到可怜，便将天上的谷种撒到人间[③]，而汉族《狗喝米汤人吃饭》中的狗更是直接到了南天门前来嚎叫，让玉帝同情而使人间再生五谷[④]，其实这里狗的吼叫应该有两层含义：其一，它更类似于前文的哭泣，应当是一种较为悲鸣的声音，表达的是一种恳切的请求之情；其二，它应该是用叫声来引起天神的注意，从而达到一定的目的。其次，因人间疾苦而吼叫求种，如彝族神话中的天神主动将谷种赐给贫苦的人间，最先得到谷种的动物只是吃了，只有狗将所得谷种交给了人类[⑤]，这里狗吼叫的目的只是提醒天神的关

① 参见河北省赵县三套集成办公室编：《赵县民间文学集成（第二集）》，河北省赵县三套集成办公室 1987 年版，第 117 页。

② 参见李子贤编：《云南少数民族神话选》，云南人民出版社 1990 年版，第 215—219 页。

③ 参见刘江：《阿昌族文化史》，云南民族出版社 2000 年版，第 57—58 页。

④ 参见张树人主编：《中国民间文学集成 · 辽宁分卷 · 黑山资料本（二）》，黑山县民间文学三套集成领导小组 1987 年版，第 254—256 页。

⑤ 参见《中国各民族宗教与神话大词典》，学苑出版社 1993 年版，第 679 页。

注，当天神注意到所赐的粮食被动物分食时，便重新赐予了狗三穗谷种。目前这种与惩罚母题无关的吼叫求种仅此一篇，多数文本中吼叫发生的情况仍然是与人受惩罚而被没收粮种有关。

第五，上天求取。因人间没有谷种或者为了受惩罚的人再次得到谷种，狗会采用直接上天求取的方式来达到目的，包括如下两类：首先，与惩罚有关的上天求取行为，如满族《白狗讨饭》中的人类因为不珍惜粮食而遭到了惩罚，白狗奉命上天向佛祖求取谷种[①]，这里上天的情节较具曲折性，它将求取谷种的情节和日食月食的自然现象进行了结合，白狗驾云彩上天遭到了玉帝的拦截，之后以吞食日月的方式通过了障碍，成功从佛祖处求取了谷种，此处白狗吞日月的情节与相关的日食月食神话确有一定的区别，它没有涉及长生水等母题，只是借助日食神话来表达上天求种过程的艰难。其次，与寻取有关的上天求取行为，如汉族《狗尾巴大谷穗的传说》中的狗因为人间没有谷种而上天向玉帝求取谷种[②]，还有像傈僳族《粮食种子的由来》中的狗因为洪水后人间没有谷种而上天向天神要粮种[③]。这种直接上天求取的方式增加了成功的可能性，而且狗上天也存在着一定的便利条件，像汉族神话中狗游过通天河而到天上向玉帝要谷种，满族神话中狗通过云彩而到达西方向佛祖求谷种，羌族《五谷粮食的来历》的中狗借助洪水浮到上天而向老天爷要粮食[④]，这些神话中狗上天的行为都不同程度借助了它所具有的神性和凫水的本领，事实也表明这种直接上天向掌谷者求种的方式更为有效。

第六，其他求取。狗还会通过祈祷、身死、说理等方式求取，此类文本

---

① 参见新宾民间文学三套集成领导小组编:《中国民间文学集成·辽宁卷·新宾资料本（二）》，新宾民间文学三套集成领导小组 1987 年版，第 86—88 页。

② 参见郸城县民间文学集成编委会编:《中国民间文学集成·河南郸城县卷》，郸城县民间文学集成编委会 1989 年版，第 17—18 页。

③ 参见《中国各民族宗教与神话大词典》，学苑出版社 1993 年版，第 387 页。

④ 参见姚宝瑄主编:《中国各民族神话·羌族》，书海出版社 2014 年版，第 15—16 页。

数量不多，但其内容又较为重要。首先，向天祈祷，如汉族《小麦为何结一个穗》中的神仙和人对人类所犯的错误求情都不被允许，狗对天的祷告却得到了玉帝的重视，他将一个穗的小麦留给狗[①]，神话中的烧香和祷告都是特定祈求仪式中的环节，狗向天祷告的形式显得较为独特，其实神仙和人的请求行为应该对玉帝有所打动，这种铺垫表明玉帝利用狗的祈祷找到了赐予人间谷种的理由，通过准许狗的请求而使人类再次获得谷种，同时玉帝没有把谷种给同样祷告的人类，也意在告诫人应当时刻谨记保持善行，否则便不会得到神的谅解。其次，身死求取，如汉族《粮食的来历》中的玉帝收回人间谷种之后，狗便采取了向天跪求的方式，最终以跪死的方式感动玉帝，五谷杂粮也得以从天上撒向人间[②]，从狗只剩骨架的状态来看，跪拜的时间已经持续很久，它既有可能是跪拜过久而死，也可能是饥饿致死，不过这种以命相搏的求种方式在所有谷种神话中都不曾出现过，它用生命为人类换取了谷种，这则神话充分表现出狗坚韧的精神和忠贞的信念。神话虽对狗身死的情节着墨不多，却足以让人印象深刻并为之震撼。最后，说理求取，如汉族《麦、谷子、玉米为啥只有一个穗》中的老天爷派兵将准备收回人间的谷种，人们跪求并未得到答复，狗能以讲理的形式让老天爷信服而赐予动物们谷种[③]，实际将谷种赐给动物就已经间接使人类得到了粮食，作为主神也定然明白此中道理，只是轻易交给人类粮种便会使人不再为自己的过错而忏悔和反省，狗以动物没有犯错为由向上天提出质疑，其实此处的说理更相当于建言，狗作为人间的代表本就与统治阶级地位不对等，只能提出意见，采纳与否取决于主神的裁断，而它说理的内容既抓住了问题的关键点，也反映了掌谷者所未表露的心声。

---

① 参见罗杨总主编:《中国民间故事丛书·河北保定·高碑店卷》，知识产权出版社2016年版，第7—8页。

② 参见桓仁县民间文学三套集成领导小组编:《中国民间文学集成·辽宁卷·桓仁资料本》，桓仁县民间文学三套集成领导小组1986年版，第358—359页。

③ 参见刘玉亮主编:《中国民间文学集成·河南杞县故事卷》，中原农民出版社1990年版，第2页。

除了狗求取型之外，其他动物单独为人类求取谷种的文本则相对较少，成功的概率却很高，诸如猫、鼠、猴子都是此类动物，它们主要出现在汉族的《猫和麦穗》、瑶族的《谷子的来历》、藏族的《藏族的起源》等文本中。比如猫求种，《猫和麦穗》中的人类因为浪费粮食而得到了神农的惩罚，猫及时惊醒向神农求情才为人保留了一穗谷种[①]，神农借助电闪雷鸣的掩护就是避免人求种的麻烦，猫还是利用其敏锐的听觉发现了情况，这里之所以选取猫作为求种者，其实与选取狗的原因较为接近，它们都是离人们生活最近的家养动物，人们对它们颇为信任，有时猫也能起到一定的看家护院作用，相比而言，狗更能够默默地守护家园，多数谷种神话更愿意选取狗的意象。

（二）合作求取型

在谷种神话中，动物合作的情况经常会在寻取型和盗取型神话中出现，它们更侧重行动上的合作，求取型神话中自然也有动物合作的情况，不过它多是以口头说理或请求祷告为主，这种合作往往能令求种行为取得成功。

第一，两种动物合作型。动物求取谷种的文本中存在着两种动物协同合作行动的情况，它们的行动较为同步，彼此间配合既会产生良好的效果，也会造成适得其反的影响。如景颇族《目瑙斋瓦》的猫和狗用哭喊的方法来求取谷子[②]，狗单独以哭泣的方式进行求种是可以理解的，为何猫也要参与哭泣的行动，这在所有合作求种的文本中都不多见，其实这里人类并未要求猫狗替人要谷种，而且它们与谷种本身也并未有直接关联，猫狗向天哭泣的行为既表明了它们对人类的忠贞，又在用人类的情绪表达自己的悲哀之情，若人

① 参见冯峰主编:《中国民间故事集成·广东卷·阳江市资料本》，阳江市民间文学三套集成编委会 1989 年版，第 96—97 页。

② 参见普学旺、左玉堂主编:《云南少数民族古典史诗全集(中卷)》，云南教育出版社 2009 年版，第 315—316 页。

类失去谷种便意味着家畜自身的生活也要受到影响，它们联合向天哭喊更让这种哀诉变得感人和震撼，神话中上天在听到狗猫的哭喊之后也劝谷子回到人间。神话中谷子离开大地的原因是人对其肆无忌惮地抓来抓去，具有谷魂的谷子显然拥有人性化的特征，人对待谷种的行为则是对谷子极大的不尊重，为了惩戒人类伤害谷子的恶行，它们只有回到天上太阳母亲处，神话利用伤害谷种的情节表现了两个观念：其一是谷魂观念，这在南方众多少数民族的谷种神话中都存在，谷种具有了人或神的属性，它能够用行动表达出自己的不满情绪；其二是谷种源于天上的观念，此处太阳是谷子的母亲，这与太阳孕育万物的形象有必然的关系。

第二，三种动物合作型。在动物求种型中还存在三种动物共同合作求种的情况，它们基本上都是出于主动和自愿为人类所犯的恶行求情，让天神给人间保留谷种，它们的配合使求种的行动事半功倍。求情保留谷种的一种方式是留穗如尾，如汉族《冬天为什么下雪》中的狗、公鸡和兔子分别请求神灵把谷种留到如同尾巴一样的大小[①]，此时动物已经认识到人所犯的错误必然要受到神灵们的惩处，它们为了人类的利益而将这种处罚降到了最低，神灵同样也明白完全将谷种收回的惩罚会让人类恢复到食不果腹的岁月，同时作为家畜的动物也难逃受苦，不过如何进行惩罚才能既起到警示作用，又能为人间留下生存的希望，动物提出留穗如尾的想法正适中，因而便有了谷子如狗尾巴、稻子如鸡尾巴、麦子如兔尾巴，这也确实与实际的谷穗、麦穗的形状吻合，像前文两种动物合作型中的汉族《狗咬兔子的传说》也是神仙将麦穗留到了与兔尾巴一样的长度，它们都使神话与现实得以合理衔接。还有流传于江苏宿迁市泗阳县的汉族《五谷杂粮的传说》讲到玉帝派五谷神下界撸光麦子，猫狗兔都跪求，五谷神便给狗留一穗高粱、给猫留个谷穗、给兔

① 参见《中国民间故事集成·江苏卷》，中国ISBN中心出版1998年版，第22—23页。

留了麦穗[①]，虽然这则神话未交代为何神灵要分别给不同的动物留下不同的谷种，通过与前文的比较可知，其实每一种谷穗都与动物的尾巴相对应，高粱穗如狗尾巴、谷穗如猫尾巴、麦穗如兔尾巴，这应该是五谷神分别赐予它们不同粮种的重要原因。求情保留谷种的一种方式是替人受过，如回族《牛、狗、鸡和粮食》的人类因不珍惜粮食而遭到了真主的惩罚，狗、牛等动物为人类求情[②]，回族神话表现了犯错就要受罚的观念，即便这种惩处不降在人的身上，动物也可以代为受过，只是这种惩罚必须执行，因而有了牛吃糠和草、狗吃谷壳和人屎、鸡吃掉落的粮食的惩罚，这些惩处措施与现实中牛、狗、鸡的真实情况相吻合，神话以这种方式对动物的习性进行了解释。回族这则文本的独特之处在于它将三种动物的受罚和特有的习性同时展现而出，而多数谷种神话中则是分别对牛吃草、狗吃屎、鸡吃杂粮进行描述，如汉族《牛为什么吃草耕田》中单独解释了牛吃草的原因[③]，苗族《狗取粮种》里解释了狗吃屎的由来[④]，土家族《鸡公》中则专门解释鸡啄食地上粮食行为的由来[⑤]，它们都与动物受罚有关，有的是与它们本身违背天规帮助人类有关，有的是因为自身犯下了传话的过错，有的则是为人类承担受罚的责任，像三种动物同时合作为人类承担处罚的情节却较为少见。

此外，还有四种动物合作型的情节出现，如汉族《庄稼的传说》中当神灵直接收割庄稼时，鸡、狗、猫、兔等动物可以在第一时间替人类的浪费行

① 参见《中国民间故事集成·江苏卷》，中国ISBN中心出版1998年版，第375—376页。
② 参见中华民族故事大系编委会：《中华民族故事大系（第一册）》，上海文艺出版社1995年版，第764—765页。
③ 参见《中国民间故事集成·海南卷》，中国ISBN中心出版2002年版，第279页。
④ 参见贵州省非物质文化遗产保护中心、黔南布依族苗族自治州苗学会编：《黔南苗族民间传说故事》，重庆出版社2015年版，第210页。
⑤ 参见中华民族故事大系编委会：《中华民族故事大系（第五册）》，上海文艺出版社1995年版，第661页。

为求情，为人间保留了一穗谷种[①]，汉族的《猫狗求粮》中直接以旱涝的方式令人间的五谷断绝，鼠、狗、猫、兔等动物不能及时阻碍天降灾害的发生，只能等待灾害过后再请求主神重新赐予人间粮种[②]，两则神话叙事中的求种行为存在着一定的时间差，普米族《帕米查列》中的天女要收回从天界带来的谷种，百鸟为人类求情[③]，为人类求情留下谷种的神话虽不多，但其结局多半是成功的。

在取种型神话中，求取型所占的文本数量居中，其地位也没有寻取型和盗取型重要，多与赠赐型、寻取型等复合出现，才能形成较为完整的情节，单独的求取型文本非常有限。它主要是关于神、神性人物、人或动物为了没有粮食和生存保障的人类，而向掌谷者求取谷种的行为过程，它着重突出的是求取过程的言和行，言主要指向主神请求、央求、建言等，行主要指求取中的跪拜、哭泣、祷告等。相比于寻取型和盗取型，求取型中的行更具指向性，它将希望寄托在主神或掌谷者的身上，主要通过言行来改变他者的意愿。另两种类型却关注于神、人或动物的突出作用和文化业绩，求的行为似乎是对文化英雄的侮辱，但为何还会出现如此多的求取型神话，这里有两个主要原因：其一，求种型多出现在惩罚母题中，人因为浪费粮食的行为而遭到上天的惩罚，才有了求种情节的产生，此处的求是人的一种悔过态度，而不是对求种者的侮辱；其二，求种型还经常出现在寻取型或盗取型神话中，文化英雄们因人间没有谷种，历经重重艰辛才抵达谷种所在地（天上或海对岸），来向特定的主神或掌谷者请求赐予粮食，此处

① 参见山东省梁山县三套集成办公室编：《中国民间文学集成·梁山民间故事集（第2卷）》，山东省梁山县三套集成办公室1989年版，第177—179页。

② 参见农八师石河子市编委会编：《中国民间故事集成·新疆卷·新疆生产建设兵团农八师石河子市分卷（上）》，农八师石河子市编委会1993年版，第234—235页。

③ 参见罗杨总主编：《中国民间故事丛书·云南丽江·宁蒗卷》，知识产权出版社2016年版，第14页。

的求是一种礼貌的态度，并不降低求谷者的身份，如果主神答应赐种，他们便将谷种取回人间，若主神不应允，他们便会采取不同的盗取方式将谷种取回。按照求取者身份的不同，划分出神求取型、神性人物求取型、人求取型和动物求取型，其中动物求取型所占比重最高，人求取型居于其次。人求取型成功的概率只有一半，而动物求取型中的求取行为基本都能成功，动物或因人类受罚而代其向主神求请，或是见人间没有谷种而代人向主神讨要谷种，它们将人的生存看成了自己的事情，神话表现了对特定动物或以此动物为图腾标志的氏族的崇敬之情，没有这些文化英雄的业绩，人类便不能步入农业社会。求取型神话表达了先民对谷种起源方式的另类思考，展现了人类特定时期中获取谷种的别样历程。

第三节

盗取型

盗取型是取种型神话中的重要类型，主要是关于神、神性人物、人或动物利用偷盗的方式帮助人类从掌谷者的手中盗出谷种，它更侧重于偷盗的方式和盗取的结果。偷盗本是为人所不齿的行为，谷种神话中的偷盗却表现出了正义和睿智的一面，神话中的盗取者显然已经成为本民族的文化英雄，盗取谷种的事迹也在不同民族中得以传颂，如在白族、布依族、傣族、侗族、独龙族、高山族、仡佬族、哈尼族、汉族、基诺族、景颇族、拉祜族、珞巴族、毛南族、蒙古族、苗族、仫佬族、纳西族、怒族、普米族、羌族、畲族、水族、土家族、瑶族、彝族、藏族、壮族 28 个民族中的 109 篇文本中都存在，可见盗取型流传范围之广。按照偷取谷种行为主体的不同又可以划分出神盗取型、神性人物盗取型、人盗取型和动物盗取型。

一、神或神性人物盗取型

在此类型中，谷种一般都掌控在神的手中，盗取谷种的多是天神之女或具有神性的人，他们凭借独特的身份和非凡的能力帮助人类成功盗取了谷种，其功绩也得到了人们的认可和歌颂，在傣族、独龙族、高山族、哈尼族、汉族、景颇族、蒙古族、纳西族、羌族、水族、瑶族、彝族、藏族 13 个民族的 21 篇文本中都出现了此类型。这里根据盗取者身份的不同，可将其划分为如下两类：

（一）神女盗取型

天神之女是帮助人类盗取谷种的重要行为主体，她们虽然与天神有直系的血亲关联，但在盗取谷种的行动中却表现出了帮助人类的极大热情和对天神权威的挑战。偷盗的行为发生在神灵体系的内部，这表明神灵阶层已经出现了不同程度的分化和裂痕，它已经不同于神赠赐型中天神赐谷种的行为，先民认识到主神阶层的物质私有化心态，当原始社会的财物共有形式逐渐让位于财产私人所有之后，神话的内容也相应地发生了变化，这样便有了主神将谷种据为己有的情况，神女则将体系内部的私有财物转变为人们的公有资产，这是对当权者权力的挑战，也反映了原始社会中所保留的公有制遗存，当然不同民族的神话中也体现出了不同的内涵，从目前掌握的文本来看，神女盗取型多与考验母题和惩罚母题相关。

第一，与考验母题相关。谷种神话中的考验母题多发生在天神对于人类女婿的考验之中，男性在神女的帮助下通常会完成天神指定的考验项目，在男子与神女成婚之后，天神便会将谷种作为嫁妆赐予人类，在他们下凡之前，神女便会帮助男子偷出天神尚未赐予人间的宝贵粮种和其他资源，由此可见神女盗取型与考验的密切关联。首先，考验是盗取谷种的前提条件，天神对女婿的考验内容多与农业生产有关，如纳西族《人类迁徙记》中的天神交代了砍森林、烧林地、种粮食、收粮种几项考验①，这些内容都与农业耕作有直接关联，显然神话在用一种考验的方式来教授人类如何进行生产耕作，这也是天神赐谷种的前提，若只是将谷种交给人类，他们不懂得耕种的方式也是徒劳，这样可以将天神的考验看作技能知识的传授过程，天神对女婿的考验也是神话故事中较为常见的母题，父母为了女儿未来的生活考虑，必然要对女婿进行一定的考察，以确定他是否适合维持他们将来共同的生活，神话中

① 参见中华民族故事大系编委会:《中华民族故事大系(第十五册)》，上海文艺出版社 1995 年版，第 581—595 页。

的考验同时也为他们稳定生活的建立提供了有力保障。此外，当男子通过天神的考验之后，便预示着人与神之间的婚姻关系已成功缔结，这也为神女盗取谷种创造了前提条件。其次，天神为何要私藏特定的种子？在神话中天神并不是毫无保留地将所有珍贵的种子都作为嫁妆，如独龙族《聪明勇敢的朋更朋》中的天神留下了甜荞种子，纳西族神话中的天神留下了猫和芜菁种子，藏族《种子的起源》中的天神留下了青稞等种子[①]，彝族《开天辟地史》中的天神留下了蔓菁和花荞种子[②]，蒙古族《鲁俄俄》中的天神留下圆根种子[③]，这些所保留的种子都成为神女盗取的重要目标，天神的保留行为出现的主要原因是，这些种子对特定地域内的民族来说都是非常重要而珍贵的资源，有必要得到珍视，同时神话中的天神已具有一定的私有化观念，神话中的谷种象征了他所具有的一定的社会地位和权威，如果优势资源发生了转移，便会在一定程度上影响到自身的地位，就像在早期的氏族联盟中，任何氏族都不会将所有的优势资源进行转让，一旦转让便意味着失去了保护自身发展的屏障，神话自然也传递出了这样的信息观念。再次，偷盗的方式存在一定的差异，神女盗取谷种的方式基本上是利用身体上的优势和便利，其中存放谷种的位置又各具特色，如独龙族神话中的神女墨美更把种子藏在耳坠和腰带里，藏族神话中的天女将种子藏在了嘴、鼻、指甲和耳环里，蒙古族《九兄弟》中的天女将种子藏在了头发里[④]，相比于人盗取谷种时将粮种藏于下体之中的做法，神女的这些存储方式都比较自然，指甲、耳朵、鼻子等部分确实都能盛放特定的谷种，不过这或许与人们的生活习惯有关，如指甲藏谷种的做法可能同蓄指甲的风俗有联系，在哈尼族、珞巴族、纳西族、羌族等民族的神话中都有此情节的体现，在农耕社会中，男性的长指甲会直接影响到生产耕作，

① 参见姚宝瑄主编:《中国各民族神话 · 藏族》，书海出版社 2014 年版，第 99—113 页。

② 参见李子贤编:《云南少数民族神话选》，云南人民出版社 1990 年版，第 1—9 页。

③ 参见满都呼主编:《中国阿尔泰语系诸民族神话故事》，民族出版社 1997 年版，第 158—164 页。

④ 参见《中国民间故事集成·四川卷(下册)》，中国 ISBN 中心出版 2004 年版，第 1480—1481 页。

而不事耕作的女性则可以蓄指甲，它同时也逐渐成为身份尊贵的象征，养尊处优的贵族便以长指甲为美，以致汉代之后还出现了保护指甲的饰品，这样看来神话中的神女可能便是长指甲，它也更便于藏住谷种。但为何神女要选择容易暴露谷种位置的头部和手部作为藏匿处，观察细致的话，很容易便能在耳环、耳坠和指甲中发现所藏的谷种，这一方面可能与神话中的神女并未着装有关，在人盗取谷种的神话中便有人赤身裸体去看谷种的情节，如果是这样，那只能将谷种藏于面部和手指甲的位置，另一方面这与天神疏于观察或故意视而不见的态度有关。最后，偷盗的结局也略有区别。这里主要有两种情况：其一，根据天神的能力，他应该能够察觉到神女将自己珍贵的谷种带到了人间，对此他采取了置若罔闻的态度，如独龙族和藏族的神话中，神女将所偷的谷种带到人间种植，天神对此也并未做任何表态；其二，有的天神则选择咒骂的方式，如纳西族神话中的天神在发现谷种被盗后，直接进行诅咒，使得猫不再是家畜，芜菁种也不能被吃，同样彝族《开天辟地史》中也提到了天神诅咒使蔓菁和花荞都不适合食用，利用诅咒或咒骂而使所希求的事情成真，这显然属于原始宗教的巫术咒语范畴，天神也具有了与巫师相似的功能。

第二，与惩罚母题相关。天神之女在帮助人类成功盗取谷种之后，得到了来自天界主神的不同惩罚，她们或是被押进大牢，或是被天神变为狗和其他物体，她们用自己的前途或生命换来了人间的美好生活。天神之女所受的惩罚方式也各有不同，具体表现为：首先，惩罚盗取的果实。神女在盗取谷种之后并未得到相应的惩罚，反而是她为人类盗出的种子遭到了天神的破坏，如汉族《五谷树》中的玉帝七女儿播种五谷树于人间后，玉帝便命令雷公和闪母来破坏五谷树[①]，这种间接性的惩罚虽然没有伤害到神女，却是对盗

① 参见罗杨总主编：《中国民间故事丛书·江苏南通·如东卷》，知识产权出版社2016年版，第11—12页。

取行为的直接打击，很多神话中玉帝收回人间的谷种是因为人间有浪费粮食的行为，不过专门针对神女的偷盗行为而采取这样的行动确实比较少见，神话间接表明了玉帝不能接受人间拥有谷种的情况，在一定程度上反映了统治阶级对于人的财物有着绝对的控制权，超出统治者接受的限度便要受到来自上层社会的打压。其次，将神女变为他物。神女接受的惩罚还包括被天神变为木桩或者狗，如景颇族《那泼节的来历》中的山神将帮助人类盗取金谷种的女儿变为了木桩[①]，哈尼族《奥色密色》中的天神将盗出种子的天女变为了母狗[②]，傣族《谷种的来历》中的天神将偷出谷粒的神女变为了狗[③]，其中神女变为木桩的母题与景颇族固有的那泼节有一定的关联。神话中的神女盗谷种和受惩罚都有特定的原因，如景颇族的神女莫班与人间的男子麻锐结成了婚姻关系，这是神女帮助男子盗取谷种的基础条件，前文已对此情况进行了分析，神女盗种的行为是对主神权力的挑战，必然受到主神的极力镇压，这是维护其权威的必要手段。至于神变为动物的母题本书会在典型母题中进行分析。最后，将神女关押起来。对神女盗取谷种的行为采取关押的方式是所有惩罚中较轻的惩处，神女失去的只是自由而非生命，如瑶族《谷种、棉种、树种》中的天女鸠冬芭在成功帮助人类获取了粮种、树种之后便被天王打入天牢，并让雷公和雨神毁坏了她所盗取的果实，傣族《谷种的来历》中也讲天女在第一次为人类盗取谷种后就被天神关押起来，她脱逃后第二次为人类盗取七十六种谷粒和棉花才被变为狗[④]，它们都是两种处罚形式的结合。关押

---

① 参见陶阳、钟秀编:《中国神话（下）》，商务印书馆 2008 年版，第 1157—1159 页。

② 参见普学旺、左玉堂主编:《云南少数民族古典史诗全集(上卷)》，云南教育出版社 2009 年版，第 679 页。

③ 参见吕大吉、何耀华总主编，张公瑾等分册主编:《中国各民族原始宗教资料集成:傣族卷·哈尼族卷·景颇族卷·孟－高棉语族群体卷·普米族卷·珞巴族卷·阿昌族卷》，中国社会科学出版社 1999 年版，第 140—141 页。

④ 参见吕大吉、何耀华总主编，张公瑾等分册主编:《中国各民族原始宗教资料集成:傣族卷·哈尼族卷·景颇族卷·孟－高棉语族群体卷·普米族卷·珞巴族卷·阿昌族卷》，中国社会科学出版社 1999 年版，第 140—141 页。

天女的行为表明天神并不想真正伤害天女，不过一旦天女再次挑战天王的权威，她就会同傣族神话的结尾一样受到更为严重的处罚。

（二）神人盗取型

一些神性人物也会帮助人类从天上盗出谷种，他们不是神灵，却有着异于常人的本领和身世。此类文本的数量较少，如汉族的《神农与谷种》、羌族的《阿巴补摩》等文本便属于此类，它们在神性的表现和盗取方式上又有较大不同。首先，神性表现的差异性，汉族《神农与谷种》中的神农借助神衣和宝珠的力量使其具备了一定的神性，飞天和变化等情节更令这种神性得以凸显，羌族《阿巴补摩》中的补摩不属于天神木巴造人的范畴，他是女神梦感红龙而生的孩子，因而从出生伊始他便已具有神性，神话中虽未交代他上天的具体方式，不过定然不会像汉族神话中的神农一样，要借助外力才能上天，补摩上天的行为应是较为自由的，这是他与生俱来的神性所赋予的能力。其次，盗取方式的差异性，汉族神话中的神农利用宝珠变为狗才成功盗取谷种[①]，神农变狗后所表现出的状态完全是狗的行为，神话中已看不出神农取种的痕迹，显然已经转换成了动物寻取型，狗在谷堆里打滚沾谷种的情节是狗寻取型神话中最为常见的现象，而羌族神话中的补摩作为文化英雄不仅给人间带来了粮种，也将耕种的技术传授给人类[②]，他充分利用了耳朵、头发和肚脐等身体部位藏住了谷种、高粱种等粮食种子，从而将谷种带到人间，其盗种行为与前文神女盗取谷种的方式极为相似。

二、人盗取型

它主要是关于特定的人帮助人类盗取谷种的行为事迹，盗谷者既包括有特定姓名的英雄，又有未曾留下姓名的男女祖先，他们可以想尽各种方法将

① 参见湖南省文学艺术界联合会编：《湖南民间故事集成（一）》，湖南省文学艺术界联合会2009年版，第57—58页。

② 参见《中国民间故事集成·四川卷（下册）》，中国ISBN中心出版2004年版，第1121—1122页。

天上或地下的谷种偷回人间，不过他们中的一些英雄也为此付出了代价。人盗取型肯定了人在盗取谷种中的重要作用，表现出了人类所独有的智慧和反抗的精神，在面对以主神为代表的统治阶层或强大民族时，人们并未放弃对美好生活的渴望和追求，他们或以自身的能力进行抗争，或者联合其他势力或力量共同争取最大化利益，谷种资源便是其中的利益体现。在傣族、独龙族、高山族、哈尼族、汉族、景颇族、珞巴族、苗族、纳西族、羌族、彝族、藏族 12 个民族的 22 篇文本中都存在此类型，大体可以分为如下三类：

（一）上天盗取型

上天盗取型是以谷种存在于天上为必要前提，这一观念在很多谷种神话中都有体现。英雄上天的方式也各有不同，这主要又与特定人物的帮助相关，当然有的神话中相信英雄上天的能力，因而也并未指出英雄上天的具体方式。神话中的英雄在得知天上的天神拥有谷种后，便凭借自身的能力、超人的智慧和过人的胆识为人类完成了盗取谷种的任务，如有独龙族的《木彭哥》、汉族的《盗谷》、羌族的《粮食的来历和丢失》等文本。英雄上天完成盗取谷种的重任，在上天方式和盗取行为方面的表现又有不同。

上天方式的表述有所不同。首先，借日光上天，如独龙族神话中的木彭哥能够乘着日光来到天上[①]，神话会选用日光作为上天的阶梯，这是早期先民的独特想象，日光可以看作是从天而降的光柱，无形的光柱将天和地连接起来，它具有了神话中彩虹连接天人两界的功能，同时选用日光的意象应该也与本民族的太阳崇拜观念有一定的关联。其次，借特定的配饰上天，如汉族神话中的山哥偷走了仙女黄色纱裙上的凤翎后便拥有了飞翔的本领[②]，这同羽衣仙女型神话和凤翎本身所表达的象征意义有关，在羽衣型神话中，仙女往往在失去羽衣之后便不能再飞回到天上，这样的羽衣便与飞翔有关，汉族神

① 参见姚宝瑄主编:《中国各民族神话·独龙族》，书海出版社 2014 年版，第 110—111 页。

② 参见《中国民间故事集成·宁夏卷》，中国 ISBN 中心出版 1999 年版，第 176—177 页。

话中更明确地指出了凤翎是仙女飞翔的关键，作为凤凰的翎羽，它便与飞行的象征意义结合起来，因而有了如上述神话的表述。

盗取谷种的过程有所不同。汉族和羌族神话中的盗种行为，都发生在正常求取粮种失败之后，他们的方式却不相同。首先，趁守护者睡觉而盗取谷种，如汉族神话中的山哥第一次求取谷种得到的是草籽，第二次他趁着王母熟睡从柜子中偷出了谷种，为何他不再次叫醒王母来请求赐予谷种，因为他可能认为王母并不是真心赐予谷种，从后文的情节来看，这是王母的疏忽行为所致，神话既可能是在掩盖神不赐予人类谷种的真相，又表明了获取谷种过程的不易。其次，利用身体将所藏的谷种带回，如羌族神话中的丹巴协惹在直接求粮种失败后，便提出了参观粮种的做法，天神提出让他裸身去看[①]，这便解释了为何人或神女不将谷种藏在衣服之内，而要选择不同的身体部位作为藏种地点的原因，神话在最后也道破了这种藏种技巧的拙劣，只不过天神的视若不见才使英雄的盗取行为得以成功，天神态度的转变既表现了他对英雄独特智慧和执着信念的肯定，也表明了他对人类拥有谷种事实的认可，即便天神采取措施对英雄的盗取行为进行阻拦，英雄还是会凭借自身的能力再次为人类盗取谷种，与其早晚都面临着失去谷种的风险，不如索性成人之美，就有了上述的神话情节。

不过，有时英雄也会联合特殊的辅助者来配合上天盗取谷种的行为，如哈尼族《英雄玛麦》中的小金马是颇具灵性的动物，它是英雄玛麦上天的关键因素，是盗取谷种的重要配合者，天马是中国古代神话中较常见的神兽，它长有双翼，会像鸟一样飞翔于天空之中，《史记》《汉书》等古代文献中也都有对天马的记载，当然传说中的动物有着一定的现实基础，马是古代社会中重要的出行工具和战争资本，因而它得到了较高的推崇，哈

---

① 参见《羌族文学简史》编写组:《羌族民间文学资料集（一）》，《羌族文学简史》编写组 1987 年版，第 3—5 页。

尼族中的金马虽是人们美好的想象，但其中不乏现实的元素，小金马带着英雄上天盗取谷种的行为就包含了马作为交通工具和出征战力的双重身份。在北方民族的英雄史诗之中，马更是以英雄忠诚伙伴的形象得到了较多的刻画和描写，马所具有的通灵的特性、忠贞的本性、超凡的耐力和勇武的精神都在神话和史诗中得到了充分的展现。再如藏族神话中天神的妻女是盗种的帮助者，作为与天神关系最为紧密的妻子和女儿竟然帮助外人进行盗种行为，这应该同人与神之间婚姻关系的建立有直接联系，妻子帮助准丈夫、岳母帮助准女婿也都是考验型神话中英雄渡过困境的关键因素，她们的行为一方面使优势资源顺利从神过渡到人的手中，另一方面也表现出了统治阶层内部所存在的分歧和矛盾。

（二）下体藏种型

神话中人们盗取谷种的方式各有不同，利用自己身体的某些部分藏住谷种是较为普遍的情节，但利用生殖器藏住谷种却较多出现在台湾少数民族的神话之中，鉴于此类文本情节的独特性，此处单独将其划分出来，并命名为下体藏种型。在此类神话中，基本都是男人或女人用自己的下体为人类带回了谷种，根据取种人的不同又可将其作如下划分：首先，女子下体盗取型，如达悟人神话中的女性顺利将谷种盗回①，这表明了谷种最初的产生与女性有直接关系，它应该发生在母系氏族社会时期；其次，男女下体盗取型，如卑南人的神话中便是男女共同合作才成功取得谷种②，神话更偏重于将盗谷种的功绩归于男性，为何女性会在途中如厕而将谷种从体内排出，男性却不会发生此类行为，这应当与母系和父系社会的过渡有关，在父权社会中要突出男子的地位，神话中男子成功盗取谷种的情况便是男性立威的过程；再次，男

① 参见鹿忆鹿：《偷盗谷物型神话——台湾原住民族的粟种起源神话》，《西北民族研究》2014年第1期。

② 参见鹿忆鹿：《偷盗谷物型神话——台湾原住民族的粟种起源神话》，《西北民族研究》2014年第1期。

子下体盗取型，如排湾人神话中并未出现女性的形象，男子盗取谷种完全是由自身独立完成的[①]，这更表明此阶段男性所处的社会地位，同时与其他两则神话的不同之处还在于谷种的位置在天上，这与大陆各民族谷种神话的普遍认知具有相似性。神话中选用人类的下体作为藏谷种的地方，其中有如下三个方面的原因：其一，这与当时先民的生殖崇拜观念有密切联系，在较早的一段时期内，人们对于人类产生的问题尚处于懵懂状态，这为生育现象笼罩了一层神秘的色彩，因而也对男女不同的生殖构造有了更为崇敬的观念，将谷种藏于下体之中并没有任何不尊重粮食的意味，相反人们正是因为重视谷种才将其藏在了具有神圣意味的生殖器之中；其二，人们认为谷种的产生和人类的生育有一定的关联，谷种藏于下体仿佛是对人类生育的一种隐喻，利用生殖器藏谷种的情节更象征着谷种的再次诞生；其三，从神话情节的描述中，会发现将谷种藏在鼻子、耳朵或者指甲中都极易为人所察觉，选择用下体藏住谷种的方式更不容易被发现，这样的情节设置也具有一定的合理性。

（三）变化盗取型

英雄在盗取谷种之后也会受到变化为动物的惩罚，这是比较特殊的一类情节。如苗族《找粮种》中的格米睹罗从山神处盗取粮种后便被变为了小黄狗[②]，彝族《尝新先敬狗》中的阿合木呷从龙宫处盗出谷种之后便被变为了黑色卷毛狗[③]，藏族《青稞种子的来历》中的阿初王子从蛇王的洞穴中偷出粮种之后也被变为了黄毛狗[④]，他们在分别与拉缟嫫姑娘、张家三姑娘、土司三女儿俄满成亲之后重新变回了正常人，虽然神话表现的是人盗取谷种的情节，实则是人盗取型和动物寻取型的复合，神话后半部分的内容已然是狗取谷种

① 参见鹿忆鹿：《偷盗谷物型神话——台湾原住民族的粟种起源神话》，《西北民族研究》2014 年第 1 期。

② 参见熊玉有：《苗族文化史》，云南民族出版社 2003 年版，第 210 页。

③ 参见桑吉扎西：《戌犬通灵》，社会科学文献出版社 1998 年版，第 72—73 页。

④ 参见《中国民间故事集成·四川卷（下卷）》，中国 ISBN 中心出版 1998 年版，第 989—994 页。

的另类表述，不过这里人与狗之间的相互变换，应该与原始宗教的某种巫术咒语有所关联，狗通过与人缔结婚姻关系而打破原有的诅咒，这既体现了原始先民思维中较为原始的观念，又在一定程度上反映了特定部落氏族之间的联盟关系。

三、动物盗取型

在盗取型神话中，动物盗取型所占的比重最高，也最为重要，它主要是关于动物帮助人类从天上或人间等不同地方盗取谷种的行为。动物是盗取谷种的重要行为承担者，它们会凭借各自的优势和便利条件帮助人类完成收获天界或其他遥远之地所存在的谷种，它们满足了人类生存的同时却并未提出太多的要求，这都表现出了其为人类勇于奉献、牺牲自我的精神。神话中的动物虽然是以现实的动物原型为基础，但它所映射的应该是人的事迹，这里的动物既表示了人们对特定动物的崇拜观念，也可以代表特定时期内的氏族或部落。此类神话在白族、布依族、傣族、侗族、独龙族、仡佬族、哈尼族、汉族、基诺族、拉祜族、珞巴族、毛南族、苗族、仫佬族、纳西族、怒族、普米族、畲族、水族、土家族、瑶族、彝族、藏族、壮族 24 个民族中的 66 篇文本都有存在。文本中涉及的动物主要有鸟类、狗、鼠、猪、猫、牛，它们经常出现在人类农业社会生产和生活中。

（一）鸟类盗取型

鸟类帮助人类盗取谷种的地点往往位于天上，神话较好地利用了它们的飞行本领，不过此类神话中并不是所有的盗种行为都由鸟类完成，也有所有动物合作的情况出现，鉴于鸟类在盗取行为中的主导作用，故仍命名为鸟类盗取型，如侗族的《五谷到人间》、汉族的《麻鸟盗谷种》、基诺族的《谷种的来历》、水族的《月亮山》等文本都属于此类。

为何选取飞禽作为盗取者？这些文本中分别选取了咪咪鸟、麻鸟、谷子雀、斑鸠来帮助人类盗取谷种，前三种飞鸟都可以认为是小型鸟类，最后的斑鸠体形与家鸽较为接近，选取这类飞禽盗谷的原因主要有三个：其一，谷种的位置基本上都在天上或较为遥远的距离，像基诺族《谷种的来历》[①]中的谷种位于谷神手中，虽未交代谷种的具体位置，可以想象到谷神应住在离人类较远的地方，对于这样的远行，飞鸟具有更大的优势；其二，飞禽作为盗谷者具有两个重要属性，一个是它所具有的独特飞行本领，如汉族《麻鸟盗谷种》中的麻鸟能够上天取种的前提是它能在天空中飞行，另一个是鸠鸽科飞禽拥有独特的器官——嗉囊，如基诺族中斑鸠嗉袋能够藏谷种的情节就在很多神话中出现过，它是鸟类食管后段储存食物的呈纺锤状的部分，食物在此器官中尚未被消化，先民在认识到此类飞禽的这项功能后，自然会联想到谷种的藏匿；其三，这里的飞禽一般都指飞鸟，因其目标比较小，与鹰类动物相比不容易被发现，这也是神话选择此类飞鸟作为盗谷者的重要原因之一。

盗取行为的阻碍者各有不同。阻碍盗种行为发生的主体一般为天界的主神或者直接掌谷者，如上述神话中的玉帝、王母、谷神，他们拥有谷种资源，却不愿意将其分享给人类，他们利用掌握资源的优势来稳固自身的地位，当谷种被盗取后，又不会采取太过极端的措施来收回谷种，体现了他们仁慈的一面。神话的表述存在一定的不合理性是因为神话的阅读者对神话发生的时代背景和文化内涵不够熟悉，在先民看来，这样的神话描述符合他们的心理需求，他们既认为神是一切资源的主宰者，又觉得一定程度内的抗争会得到神的谅解，人们不能奢求神给予所有，因而要靠抗争来争取相应的利益，这较为切合先民的进步思想。在人类步入农耕文明之后，阶级社会的分层越发明显，财产私有的情况也越发加剧，人们为了争取温饱便会与统治阶层发生对抗，此种情况时有发生，统治者为了缓和矛盾的产生，也会采取一定温和的政治手段去笼络民心，这其实就是神话所反映的时代环境，谷种作为优势资源势必要成为普通人的生活必需品，神灵为了避免人们盗取行为的继续发

① 参见中华民族故事大系编委会:《中华民族故事大系（第十六册）》，上海文艺出版社 1995 年版，第 836 页。

生，只能采取相对包容的态度来容忍人类的行径。但统治阶层的权威毕竟不容小觑，有的神话在盗取谷种行为之后便出现了天神派神灵惩罚人间的情节，即是对此类情况的映射。

盗取行为的方式也各不相同。首先，用嗉袋藏谷种，如侗族《五谷到人间》中的咪咪鸟是主动为人类获取谷种，它利用胃囊在背后的优势而顺利躲过了天女们的检查[①]，基诺族中的斑鸠、谷子雀也用了同样的方法，神话虽未表明斑鸠用的是嗉子，从其他神话中斑鸠取种的情况比较可知，此处斑鸠应该是没有将谷种吞进嗉袋，而是直接让谷子进入了消化系统，谷子雀与咪咪鸟所用的方式极为类似，也是把嗉袋放到了背后，这样就躲过了谷神的查看，此处的情节道出即便将谷种藏于嗉袋中也有被发现的可能，让嗉袋放在飞禽的背后则能化险为夷，神话既表现出了飞鸟的睿智，也充分利用了它的器官优势，不过侗族的咪咪鸟取种是一次成功，基诺族的盗种行为经过两次才取得成功，这种多次取种的行为表现了盗取谷种的不易。其次，用嘴啄走谷种，如汉族《麻鸟盗谷种》[②]中的麻鸟趁王母不备而用嘴将仙草啄走，它的偷盗技巧较之其他的盗种神话显得并不高明，一般盗取行为都发生在掌谷者入睡或不在谷种身边之时，这里麻鸟选择的偷盗时间点正是王母梳妆之时，王母在镜中便能观察到它的偷盗行为，这也为它试图二次偷取行为的失败埋下了伏笔。此外，飞禽在盗出谷种之后也采取了一定的措施，如侗族、汉族中的飞鸟在盗取行为之后便将谷子撒在大地或直接将仙草埋入土中，此时的飞鸟既是盗谷者，又是播种者。

（二）非鸟类盗取型

狗、老鼠等动物在盗取型神话中也占有重要地位，尤其是老鼠在人们生

① 参见中共锦屏县委宣传部、锦屏县文化局、锦屏县民族事务委员会编:《中国民间故事集成·贵州黔东南州·锦屏县卷》，中共锦屏县委宣传部、锦屏县文化局、锦屏县民族事务委员会 1989 年版，第 102—103 页。

② 参见《中国民间故事集成·浙江卷》，中国 ISBN 中心出版 1997 年版，第 54—55 页。

活中总是以负面的形象出现，而在谷种神话中却充当了文化英雄的形象，人们认识到它所具有的偷盗本领，让其在盗取谷种的过程中发挥出来，从而帮助人类获得了重要的生活资源，鼠盗取型从本质上讲是对老鼠功绩的肯定。在盗取神话中，老鼠能够凭借自身的力量，单独为人类从神仙手中成功偷出谷种，如汉族的《老鼠为什么偷吃谷米》、苗族的《谷种是怎样来的》等文本中的老鼠都是得到神或人的指令而开始盗种的任务。

第一，为何选取老鼠作为盗谷者。首先，老鼠是人间常见的动物，它在人们日常生活中便与粮食有重要的联系，它经常寄居在人的住家，以人的米粮为食物，因此经常招致人们的愤恨，而先民在神话中却表示出了相反的观念，如汉族《老鼠为什么偷吃谷米》中认为老鼠帮助了人类获取了谷种，只是后来人忘记了老鼠的功绩才得到了被偷吃米粮的惩罚和报复[①]，先民从老鼠与米粮关系的视角出发进行了逆向思维，将老鼠放于文化英雄的位置；其次，人们认识到老鼠本身目标较小，不容易被发现，再加上它具有穿墙盗洞和泅水的本领，这更使它成为盗取谷种的重要选择对象；再次，老鼠盗取谷种极有可能是对现实生活的映射，也不能排除鼠作为人类图腾的标志而出现，相传在西周建国之初便有鼠氏族人的存在，他们定居在齐宋两国的交界之处，现如今贵州黔西南中的彝族、云南的傈僳族仍有鼠氏族存在，可见神话中出现的鼠可能也并非完全指动物，它可能象征以此为图腾标志的氏族。最后，选定者选择老鼠代替自己完成盗谷行动也有另一方面的考虑，如此则汉族神话中的地藏王和苗族神话中的姜央与掌控谷种的神灵都有特定的关系，派出老鼠完成任务不至于招致双方正面冲突的产生，这也是其中的因素。

第二，指派老鼠行动的主体不同。汉族神话中指派老鼠盗种的是地藏王，他是大乘佛教中的菩萨，相传他能教化一切众生止于至善，而掌控谷种的怀大仙师与布袋和尚的形象极为接近，在同类型的神话文本中也有弥勒佛用布

① 参见《中国民间故事集成·江西卷》，中国ISBN中心出版2002年版，第322页。

袋装走谷种的情节出现，如彝族神话中便有弥勒佛用布袋收回谷种飞过通天河[①]，怀大仙师可能与佛道系统都有关联，这样让老鼠出面盗取谷种也有更为深层的考虑。苗族《谷种是怎样来的》中派出老鼠的是姜央，他是苗族古歌中所描述的蝴蝶妈妈之子、人类的祖先，与掌管天界和谷种的雷公是兄弟关系，姜央与雷公的矛盾在于对人间的控制权上，他降服雷公才招致了人间大洪水的灾难，而派出老鼠出面盗种也能够避免引起不必要争端。

第三，偷取谷种的方式有所不同。首先，钻洞盗取谷种，这是老鼠最为常见的偷粮食的方式，如汉族神话中老鼠钻进了装粮食的布袋之中，将浑身沾满谷种，从东海回来之后便只剩尾巴上的零星谷种存在，这与狗渡海盗取谷种的方式极其相似。其次，两次盗取谷种，在有的神话中老鼠盗谷的行动不是一次完成的，如苗族神话中的老鼠第一次上天遇到了守护谷种的猫和狗，第二次在姜央的指点下用鱼和骨头引开了守护者，成功盗取了谷种[②]，此处波折的神话情节也极为贴近现实生活，神话中的猫和狗虽然同属天界的动物，具有一定的神性，它们看家护院的职责和贪吃的本性又与人间的动物形象相仿，这也是利用食物能够吸引出它们的原因所在，神话表现出了先民智慧的一面。

第四，盗取谷种的结尾不同。上述两则神话分别表现出了老鼠盗种不同的结局：首先，老鼠盗种的功绩为人所忘记，如汉族神话中解释了老鼠偷吃人类谷种的原因在于人的忘恩负义，老鼠的功绩最初得到了人们给予谷穗的赏赐，但随着年代的久远，老鼠的成就便不再被人提及，神话中它最终得到了地藏王赠予铜牙和铁尾的奖赏，这就表明老鼠的偷粮行为已被神灵认可，老鼠的功绩在很多民族的神话中也同样得到了承认，这与现实中人们对老鼠的观念形成了鲜明的反差；其次，老鼠偷吃的本性导致盗谷的失败，如苗族

① 参见朱元富：《彝族谷种神话与母体崇拜》，《楚雄师专学报》2001 年第 2 期。
② 参见《中国民间故事集成·贵州卷》，中国 ISBN 中心出版 2003 年版，第 32—33 页。

神话中老鼠经历了两次盗种的行动，虽然它凭借姜央的智慧成功获得了谷种，却因为贪懒把所有的米都吃光了，人间只得到了谷壳，之后便是妮央用奶水使谷壳再次变为谷种，不过这则神话中老鼠的功绩需要辩证看待，它既成功盗出了谷种，又暴露了贪吃粮种的本性，使人类失去了唾手可得的谷种。两则神话都肯定了老鼠盗种的功绩，没有老鼠直接或间接的参与，人类获取谷种的机会便显得渺茫。

当然，在有的神话中，老鼠只是盗种行动的参与者之一，它与其他动物合力完成了盗取谷种的任务，当然没有老鼠的参与，盗取行为也不能取得成功，如汉族的《虞舜开田》、毛南族的《老鼠为什么偷吃》等文本都是动物合作盗取了谷种，老鼠在其中起到了较为关键的作用，但它们所选取的盗取方式却有一定的差别。首先，汉族《虞舜开田》中的老鼠与麻雀共同上天盗种，老鼠是直接的盗取者，麻雀是盗取谷种的策应者，老鼠将藏谷种的布袋咬出洞而使谷种漏出，麻雀趁机便将谷种衔回[①]，这是飞禽和走兽合作盗取的文本，两种动物盗取的方式也在前文中进行了解读，其中布袋的意象在谷种神话中出现的较多，它与农业中的收割和粮食存储都有一定关联，与此相似的神话中，麻雀的形象也被狗所替代，如彝族《盗谷》中老鼠咬破弥勒佛装谷种的布袋后，流在地上的谷种被狗沾在身上带回[②]，它属于走兽间合作盗种的文本。其次，毛南族《老鼠为什么偷吃》中的乌鸦驮着老鼠上天取谷种[③]，这种表述在谷种神话中并不多见，很多神话普遍认为老鼠是通过渡天河、爬马桑树才得以上天的，有的甚至并未交代老鼠上天的方式，毛南族神话指出了另一种上天的方式，即飞禽载走兽的方法，这则神话发生的背景是洪水之后，其中神灵之间的关系也比较微妙，玉皇应当是以主神的身份出现，从雷公与土地神争斗的情况来看，雷公又在天上有较高的位置，其实在早期神话

---

① 参见《中国民间故事集成·浙江卷》，中国 ISBN 中心出版 1997 年版，第 51—52 页。

② 参见朱元富：《彝族谷种神话与母体崇拜》，《楚雄师专学报》2001 年第 2 期。

③ 参见谭树扬、覃自昆主编：《毛南族民间故事精选》，广西民族出版社 2015 年版，第 148 页。

中神灵系统的观念尚未形成，雷公作为自然神拥有很高的地位，像西方的宙斯都是以雷电神身份占据主神位置，神话显然没有脱离早期的观念。

除了鸟类、老鼠等盗取谷种的行为主体之外，动物盗取型中还有诸如狗、猫、牛等动物也都参与过盗取谷种的行动，只是此类文本并不多，如白族的《狗和谷种》、汉族的《五颗麦籽》、仫佬族的《谷雨节和牛》等文本。比如仫佬族《谷雨节和牛》中的牛作为天上仓库的守护者，它利用天降雨水的机会将谷种藏在其中送给人间①，神话将谷雨节的来历与牛盗取谷种的情节联系起来。神话中人类上交谷子的情节表明在牛盗取谷种之前，人类就已经有谷种，而凡人被天界压榨的已无粮食，这是牛帮助人盗谷的主要原因，它也应是对特定时代的映射，仫佬族人民在特定的历史环境下要面临天界统治阶层的欺压，人上交东西的行为便可能与纳税或上供有一定关联，牛则代表了统治阶层内部的反抗力量，作为代价，牛得到了被驱逐出上层统治集团的惩罚。普米族《为人盗五谷种的神牛》②中盗取谷种的神牛形象也与其相似，神牛在天上漏出的大洞中看到了人间生活的疾苦，才决定为人类盗取谷种，这里表现出了天上和人间沟通的不便，以神牛为代表的天界神灵并不了解人间的实际生活状况，这也反映出了当时社会中氏族部落之间的孤立性，而具有独立神格的神牛也成为天人两界交流沟通的使者。

盗取型在取种型谷种神话中所占的篇数最少，却表现出了其独特的一面，它侧重于将谷种的起源归因于偷盗，为何神话会不齿于偷盗的行为，而且将偷盗者视为本族人民的文化英雄，其中有两个方面的因素：首先，偷盗的立场和视角不同，对于缺少生存资源的氏族或部落而言，此种窃取行为能够保障本族人的生活得以维系，而对于被偷盗者而言，这就是掠夺的行为，毕竟窃取和主动赠赐的性质不同；其次，偷盗的双方地位不同，神话中所表现的

① 参见中华民族故事大系编委会：《中华民族故事大系（第十一册）》，上海文艺出版社 1995 年版，第 288 页。

② 参见姚宝瑄主编：《中国各民族神话·普米族》，书海出版社 2014 年版，第 321—322 页。

偷盗一方都是势力比较薄弱的氏族，其对抗自然灾害的能力较弱，而被偷盗者一方则力量相对强大且具有一定的话语权，它们通常是以统治阶层的形象出现，鉴于实力和地位的悬殊，势弱的氏族只能采取盗取的方式，当然这种行为要承担一定的风险，如布依族的茫耶就在盗取谷种回来的途中牺牲，他在为部族带来希望的同时，也付出了相应的代价。作为盗取谷种的文化英雄，他们并不局限于人的身份，有时也以神或动物的形象示人，像神女、牛大王、麻雀、狗、鼠等都曾是盗谷者，有的同属于掌谷者阶层的内部，有的则是人类派出盗种的使者。按照盗取谷种文化英雄的不同，本书将盗取型划分为神盗取型、神性人物盗取型、人盗取型和动物盗取型四个亚类，其中动物盗取型所占的篇目比重最高，其次是人盗取型，它们都是此类型中颇为重要的亚类。在动物盗取型中盗取者虽是以动物的形象出现，而且也表现出了动物的特性，如鼠盗取谷种的方式多以钻洞为主，但它们又极有可能代表着以此为图腾标志的氏族，神话实则展示的是特定时代和环境中的人与人之间对资源争夺的场景。此外，通过对盗取型神话的观察可以发现先民所拥有的智慧都来自民间的生产经验和生活常识，神话中的偷盗者能够善于利用不同环境和独特能力来选择更为适合的盗取方式，使氏族部落得以拥有必要的生活资源。

第四节

保护型

保护型神话一般出现在谷种产生之后，它虽然同谷种的首次起源没有直接的关联，却与谷种的第二次再生或谷种得以留存于世间直接相关，在哈尼族、汉族、回族、蒙古族、苗族、畲族、土族、土家族、瑶族、壮族 10 个民族的 20 篇文本中都存在。根据保护主体的不同，大体可分为神保护型、神性人物或人保护型、动物保护型几类。

一、神保护型

在保护型中，神对于谷种的保护是人间谷种得以留存的重要因素，其中神的保护既可以出于主动，也存在人通过祭拜的方式而求得神灵庇佑的情况。神主动保护谷种的神话主要出现在汉族神话中，如汉族的《五谷树》《露水挂万物》《香稻丸》都属于此类型。在这三篇神话中，守护谷种的玉帝七女儿、露神、百花仙子都以造福人间的神的形象出现，他们分别用不同的方式完成了对谷种的保护。

第一，天女的画圈保护行为。汉族《五谷树》的中天女在保护五谷方面有两项防护，她请了土地公公保护谷种，同时又在五谷树周围画圈来防止老鼠精偷吃五谷树根[①]，土地公是各地之中较为普遍的地方崇拜神，它有守护一

① 参见罗杨总主编:《中国民间故事丛书 · 江苏南通 · 如东卷》，知识产权出版社 2016 年版，第 11—12 页。

方平安的职责，作为天女的身份自然可以向土地公发号施令，而画圈保护的行为则比较独特，在《西游记》之中，孙悟空为了保护唐僧不受妖怪欺凌，便会在他打坐的地方画圈保护，神为何能通过画圈的行为让妖魔精怪不能靠近，神通过画圈将人或物圈在其中，他的神性已被注入，当有外界物体闯入时，他会与其发生感应，同时他的神性会保护圈内的东西免受侵害，这很有可能是一种早期巫术行为的体现，而且这种画圈的行为也有圈地的象征意味，即在此领地范围之内已有主人，旁人不容侵占，若按此意象理解，那么如上述文本中以老鼠精为代表的人侵入他者领地之中，必然引起以天女为代表的人的抗争。

第二，多神帮助人类守护谷种。汉族《露水挂万物》[①]中的玉帝因为人浪费粮食的恶行而惩罚人间，与其他惩罚母题不同之处在于，玉帝并未收回人间的谷种，而是令雨神停止对人间降雨。在所有保护谷种的神灵中，土地爷的形象较为特别，人们并未向其他神灵求助，却选择了请土地爷帮助，在《五谷树》中天女也是命令土地公公守护五谷树，土地爷虽然不能直接决定谷种的留存和生长，却也在守护谷种方面有着重要的地位，在《露水挂万物》中的土地爷公开违抗玉帝的旨意而帮助人类，可见他在人心目中的地位之高。在上述文本中所有帮助人类的神灵中，沟神、河神的地位逊色于露神，可见在汉族的神灵世界体系中，自然界的万物和自然现象不仅受到各种神灵的控制，而且按照能力和地位划分神的尊卑的等级观念已然形成。露神在神话中所表现出的能力不低于雨神，他能保障谷种所需的水分，而且他也敢于违抗玉帝旨意去帮助人类生存，在汉族神话中突出露神地位的文本很少，这则神话已将他视为拯救人类的英雄。

第三，用素绢保护谷种的行为。汉族《香稻丸》也同惩罚母题产生了关联，王母在惩罚人间的过程中遭到了百花仙子的反抗，当风婆要拔走幼苗时，

① 参见《中国民间故事集成·安徽卷》，中国 ISBN 中心出版 2008 年版，第 12—13 页。

仙子的素绢保护了谷种，素绢变大而罩住各个村庄以防止风婆入侵[①]，这与现在的大棚栽种技术有相通之处，神话与现实之间必定有对应的关联，这里用素绢保护谷种的行为本身可能就是一种耕作保护的手段，这种保护措施的产生是早期农业文明的发展和进步。流传于河南驻马店市正阳县的汉族《南方水稻的来历》也表现出了同样的观念，"王母派风婆婆收回水稻，后生把五妹给的手帕盖住了剩下的几棵稻子"[②]，这里的手帕与上文的素绢应有一定的对应关联，只是手帕覆盖的范围和保护的对象更为有限。此外，《香稻丸》也出现了画圈的行为，但与《五谷树》的不同，它并不是仙女主动圈地的行为，而是王母通过画圈的方式使所有的谷种限定在这个区域内生长，其实王母的这种画圈行为从另一角度而言也是对稻谷的变相保护，在此范围内的稻谷便不会受到天界众神的侵害。

神出于自愿而主动保护谷种只是神保护型的重要一类，那么人在耕作的过程中，有时也会主动请求神的保护和庇佑，如苗族的《敬谷神》《牛神》、畲族的《五谷神》都属于此类。无论是在稻作文化区还是粟作文化区，中国境内基本上很多民族都有对谷种或粮食的崇拜观念、节日庆典或活动存在，谷神也是普遍存在于各民族之中的神灵，此类型的文本只是以神话的形式表现出了请神保护谷种的重要性。苗族神话中的庄稼和粮种并未出现特殊灾害情况，但人们仍得到天神的托梦告知，要在特定的时间（正月干活前）之内敬奉特定的神（谷神和牛神）才能保证庄稼的丰收[③]，畲族神话中出现了旱灾的情况，在土地公托梦的告知下，人们才懂得应祭拜五谷神[④]。两则神话共同

① 参见河南省息县民间文学三套集成编委会编:《中国民间故事集成·河南省息县卷》，河南省息县民间文学三套集成编委会 1990 年版，第 19—25 页。

② 河南省正阳县民间文学集成编写组编:《中国民间故事集成·河南正阳县志（第 1 册）》，河南省正阳县民间文学集成编写组 1988 年版，第 192—194 页。

③ 参见黄平县三套集成办编:《中国民间故事集成·贵州黔东南州·黄平县卷》，黄平县三套集成办 1989 年版，第 30—31 页。

④ 参见《中国各民族宗教与神话大词典》，学苑出版社 1993 年版，第 538 页。

出现了神托梦告知的母题，它与梦中赠赐型有些许共通之处，前者是神在梦中告知保护粮食收成的方法，后者是神在梦中赐予谷种、指导种植庄稼的行为，人们已从需要谷种的时期步入到需要神灵信仰的阶段，保护型中托梦的目的是让人对神信仰外化到固定的祭祀仪式之中。

二、神性人物或人保护型

神性人物和人在保护型中所起的作用非常有限，目前仅在哈尼族的《窝果策尼果》、瑶族的《谢古婆与格怀》、壮族的《尝新节》等文本中搜集到相关神话，其中瑶族的卜罗陀可以认为是神性人物，哈尼族和壮族的兄妹则是以人的形象示人，它们发生的背景基本都是在洪水产生之前或之后，洪水母题凸显了神性人物或人在保护谷种方面所取得的功绩，像瑶族神话中的卜罗陀在洪水来临之前便将谷种藏在最高白崖的第九个岩洞[①]，哈尼族神话中兄妹在洪水前把谷种和牲畜种藏在了手指甲和脚指甲里[②]，壮族神话中的兄妹在洪水来到后把谷种藏在了狗毛里，让狗先走[③]，这里洪水产生的原因各有不同，神性人物和人所选取的保存方式也各有特色，不过他们都因成功保护谷种而成为本民族的英雄，至于洪水与谷种起源的特定关联，本书会在洪水母题中作单独分析。

三、动物保护型

在保护谷种的过程中，动物起到了很关键的作用，它们在神话中表现出了保护谷种的自觉主动。其中一类是与惩罚母题相关的保护，如汉族《高粱

① 参见姚宝瑄主编：《中国各民族神话 · 瑶族》，书海出版社 2014 年版，第 200—205 页。

② 参见普学旺、左玉堂主编：《云南少数民族古典史诗全集（上卷）》，云南教育出版社 2009 年版，第 416 页。

③ 参见黄忠堂主编：《师宗县民间文学续集·壮族故事歌谣》，云南美术出版社 2015 年版，第 90 页。

为什么是红色的》讲王母下凡收回所赐的五谷，大黑狗吓跑了王母[1]，回族《五谷的故事》认为是阿丹圣人收回了人类的庄稼，狗看见赶忙跑去为人护粮食，圣人见狗冲上来，便留下些穗头[2]，这里狗的形象比较类似，王母和圣人为了惩罚人类而收回五谷粮食，当他们遇到狗的护种行为时，都选择了退缩，作为神或神性人物，他们对狗的畏惧令人不解，这里可从两个方面进行理解：其一，若褪去他们的神性，便可发现他们与一般人相似，狗作为保护庄稼、看家护院的家畜，不仅会用叫声提醒人们注意危险的环境，也会采取凶狠的方式对陌生的人或动物进行主动的攻击，王母和圣人既担心狗会引来人们的围追，又害怕狗会采取攻击伤害到自己；其二，若保留王母和圣人的神性，相比于其他神话而言，狗所具有的能力不仅是看家护院，神话中的天狗可以飞上天庭、吞食日月，狗在很多民族之中也被认为是来自天上的神兽，它所具有的神性也不应被遗忘，汉族和回族神话中的狗若被认为是具有神性的狗，那它所具有的神性也是王母和圣人所畏惧的力量，这样看来狗保护谷种、驱赶神的行为确有深意。而土族《麦子为什么要逃跑》中讲麦子是自己趁夜逃走的，狗只追回三个麦穗[3]，这与汉族、回族的叙事情节又不相同，人类不珍惜粮食的行为惹怒麦子出逃，但狗追回麦子的行为却不见于其他类型之中，麦子选择在夜间出逃，可能就是为了躲避人类的追赶，而狗作为守夜的家畜，面对麦子的这种逃跑便要进行追赶，但以狗的速度竟只能追回三个麦穗，可见麦子不但拥有灵魂，且具有一定的神性。还有一类是与灾难母题相关的保护，此种行为常发生在洪水和旱灾之中，如畲族《老鼠和谷种》的

---

① 参见罗杨总主编：《中国民间故事丛书·河南三门峡·灵宝卷》，知识产权出版社 2016 年版，第 137 页。

② 参见杨继国主编，何克俭、王根明本卷主编：《中国回族文学通史·民间文学卷》，阳光出版社 2014 年版，第 99 页。

③ 参见黄南藏族自治州民间文学集成办公室编：《中国民间文学集成·青海省黄南藏族自治州卷·民间故事资料卷（本一）》，黄南藏族自治州民间文学集成办公室 1990 年版，第 9 页。

老鼠将粮种藏于洞里而躲过了旱灾[①]，它保存谷种的方式与其生活习惯密切相关，人们认识到老鼠可能会采取这种方式为人类保存谷种，老鼠最后都将自己所保护下来的谷种交给人类，使人能够开始农耕生活来维持生计，人们已将它们视为文化英雄。畲族神话中的谷种早在旱灾之前便已出现，从“烈火烧焦了地上庄稼”的客观描述中可见。在面对旱情等灾难时，人类采取的是积极向上的生活态度，神话借助了动物帮助人的形式表现出了人类的抗争精神，在面对自然界各种危难之时，仍能够向更为理想的生活迈进。

保护型是神、神性人物或人、动物在面对神的惩罚和自然灾难的考验之时以各种方式保护谷种的神话形态，它凸显了保护者作为文化英雄的业绩，神话表现出了各民族不同的保护行为方式，如神画圈保护谷种、神性人物藏谷种于洞穴、人藏谷种在指甲或动物的毛发之中、动物驱逐天神保护谷种、动物藏谷种于脚下或洞穴等方式，都表达了不同的文化内涵，通过对这些保护意象的深入解读，可以想象到人类在进入农耕文明社会之后所经历的各种磨难，而在创造农业文明的过程中，文化英雄彰显出了独特的魅力和精神引领作用。

① 参见宁德地区民间文学集成编委会编:《中国民间故事集成·福建卷闽东畲族故事》，宁德地区民间文学集成编委会 1990 年版，第 22 页。

第五章

创造型神话

在谷种神话中，神、神性人物、人或者动物也可以通过不同的方式来创造出谷种，它们或者使用不同的材料进行创造，或者将自己身体的各部分化成谷种，有时也会以孕育、歌唱等特殊的样式来创造出谷种，不同的方式背后都蕴藏着各民族对谷种起源的独特思考和认识。目前在白族、汉族、景颇族、傈僳族等 28 个民族的 58 篇文本中有此类神话，根据具体方式的不同，可以将创造型神话划分为死体型、变化型、孕育型和其他型四个亚类进行分析。

第一节

死体型

死体型是谷种起源的一种形式，它主要表现为神或人死后将自己身体的一部分或者全部化作谷种，或者是从动物的身体内部获得谷种，因而它可视为创造型的一类，它在白族、布朗族、朝鲜族、高山族、哈尼族、汉族、拉祜族、黎族、珞巴族、满族、苗族、佤族、彝族、藏族、壮族 15 个民族的 25 篇文本中都有分布。根据对死体取种方式的不同，又可将其划分为尸体化生型和腹内取种型两类。

一、尸体化生型

尸体化生为谷种是死体型中较为重要的一类方式，这里谷种的诞生完全以神或人的死亡为前提，他们通过主动或者被动的方式让自己的身体变化成谷种，使人类最终得到了维持生计的资料，其实在中国存在着数量较多的尸体化生神话，但多数并未与谷种的诞生相关，国外如日本、泰国、老挝、越南等国家也有类似的神话留存，与中国各民族的此类神话相比，国外神话更侧重于化生的被动型，很多神或者人是在被杀害的情况下才变成了谷种，本书在典型母题分析中会进行相关的比较。根据尸体化生的主体行为者的不同，又可将其划分为神尸化生型和人尸化生型两类。

第一，神尸化生型。神的尸体化生为谷种是尸体化生型神话中较具代表性的一类，主要介绍神将其死后的尸体或身上的一部分变化为谷种的行为过程，这里有两种情况：一种是神死后变为谷种，如藏族《望果节》中地藏神的大弟子化作五谷种子，长出五谷杂粮供人们食用，二弟子变成耕牛，三弟子化作水[①]，这则流传于西藏林芝地区的神话受藏传佛教影响较大明显，牧羊老人的虔诚感动了地藏神，而老人愿舍身化为金果树来造福人类的行为也是佛教所歌颂的普度众生的功德，地藏神的弟子们分别化作五谷种、耕牛和水的行为也是如此，不过弟子们所幻化的东西恰恰又是农业文明社会生活中的必备资源，这样佛的恩赐才为人间带来了农业文明，神话突出了藏传佛教与谷种起源的关联。人与神化为树和谷种的行为本身，也意味着人本就是自然界的个体，人与万物有相互依存和相互转化的关系，其中具有一定的进化论思想。另一种是神尸体的一部分变为谷种，像彝族《阿普独莫石》[②]中认为粮种是天神的胡须变来的，流传于云南楚雄州境内的彝族《黑埃波罗赛》也认为黑埃波罗赛死后，他的胡子变为粮食种子[③]，如果将神的脸面作为大地，那胡子就可以象征长在大地上的植物，而且谷种属于男性天神身体的一部分，又表明在父系氏族社会中的男性对生产资源和生活资料的绝对掌控，同时在较多创世神话中都有神将自己身体的各个部分变成万物的情节，而彝族神话中的胡须变粮种也确实在化生神话中少见。

第二，人尸化生型。在谷种起源中，人的尸体也会化为谷种，但这一类出现得较少，目前仅在汉族的《荞麦的传说》和《苞谷的传说》文本中发现有此类型。这两篇文本分别是流传于河南许昌市鄢陵县、南阳市淅川县的汉族神话，传播地域虽然相近，但文本所表达的内涵却相去甚远。汉族《荞麦

① 参见林芝地区旅游局编:《林志民间故事·风俗篇》，西藏人民出版社2012年版，第13—14页。
② 参见李子贤:《探寻一个尚未崩溃的神话王国——中国西南少数民族神话研究》，云南人民出版社1991年版，第244页。
③ 参见朱元富:《彝族谷种神话与母体崇拜》,《楚雄师专学报》2001年第2期。

的传说》[1] 中化生的姑娘与《苞谷的传说》[2] 中的天神形象较为接近，他们都死于特定的情况之下，在被埋葬的地里又同时长出了可供食用的谷种，其实在较早的时期中，人们的土葬并未有棺椁的形式，而是直接将人埋入土中，人的尸体作为泥土的肥料能够促使种子很好地生长，而即便有棺椁将人入殓，也需要翻动土地，在这样的过程中又松软了泥土，雨水的浇灌也利于谷种的成长，因此在风水较好的墓地上长出谷种的可能性是存在的，这也是神话想象形成的基础。汉族的《苞谷的传说》表现出了人对偷盗女人的愤恨，化成粮食的女人因偷取金银珠宝而被老君打死，人因此不能再获取老君赐予的粮食而怨恨这个女人，在谷种神话中，懒女人遭受惩罚的例子较多，她们多是因为打骂谷种而受惩处，且惩罚的结果是使所有人都没有粮食吃，一个人犯错而牵连其他人，这则神话主要惩罚的对象就是懒女人，人们因她的受罚却得到了苞谷粮食。这里懒女人和腰间的金玉棒子共同变成了苞谷，其形象也同玉米腰间的棒子相似，这虽是人们的一种想象，但也可能是对一定社会现实的反映，神话中老君不允许人们拿金银珠宝，从后文的情况看，“珍珠变成了山樱桃和山葡萄”，“金玉棒子”变成了苞谷，那么老君洞中的金银珠宝很有可能是谷种的隐喻，如佤族《谷子的来历》[3] 中将谷种说成宝珠一样，既然如此，老君允许穷人们拿粮食却不准他们拿金银的行为，就是他拥有对原始生产资料的控制权，他不能允许谷种旁落别家，而女人偷盗金银的行为，似乎是在对谷种进行争夺，女性在男权社会试图掌控一定的资源是要承担一定的风险，其失败的结果也是注定的，且失败者被冠以被人唾弃的名声也值得理解，这便形成了上述神话叙事。

---

① 参见鄢陵县民间文学集成编委会编：《中国民间故事集成·河南鄢陵县卷》，鄢陵县民间文学集成编委会 1990 年版，第 104—107 页。

② 参见淅川县民间文学集成编委会编：《中国民间故事集成·河南淅川卷·丹江的传说》，淅川县民间文学集成编委会 1989 年版，第 293—294 页。

③ 参见陈建宪选编：《人神共舞：中国各族民间神话精品》，湖北人民出版社 1994 年版，第 163—165 页。

二、腹内取种型

腹内取种型也是死体型中流传较为广泛的一类神话，它与尸体化生型最大的区别在于：前者所涉及的藏谷者不完全是死亡的下场，后者神话中的行为主体基本没有生存的可能；前者中持有谷种的行为者基本都是动物，而后者尸体变化为谷种的主体则是神或者人。从目前所搜集的文本资料来看，根据取种方式的不同，大体可以此类型划分为动物腹内取种型和主动吐出谷种型两类。

第一，动物腹内取种型。

［21.2］天神厄沙的姑娘舂米，掉下一粒谷子被斑鸠衔着飞走；扎倮、扎娜向天神要种子，厄沙告知种子被斑鸠含去，扎倮扎娜套住斑鸠，剖开嗉袋找到一粒种子。[①]（拉祜族）

在飞禽的腹内取种是第一种情况，它也是较为常见的母题，还有如珞巴族《种子的来历》的猎手射落兴阿鸟，从它的肚子中发现了各种粮食[②]，佤族《谷子的来历》的夫妇从射落斑鸠的嗉袋中获得谷种[③]，朝鲜族《朱蒙取麦》的朱蒙从射落的双鸠喉中得麦子[④]，这些文本中的飞禽藏谷种的位置并不相同，如飞鸟的口中、斑鸠的嗉袋中、山鸽的肚子里，可见飞禽的腹内不是唯一取种的地方，但腹内是较为典型的说法，以口中取种或嗉袋取种都显得较为单一，在非鸟类的死体取种类型中，谷种也多出现在动物腹内，因此本书统一称其为腹内取种型。其中，斑鸠的意象较为独特，斑鸠藏谷种的位置主要在嗉袋中，这相对于腹内取种更为合理，如果谷种作为飞禽走兽的粮食而入其腹中，那么它很有可能已经不再是生谷子，种在地

---

① 普学旺、左玉堂主编：《云南少数民族古典史诗全集（中卷）》，云南教育出版社2009年版，第70页。

② 参见于乃昌：《珞巴族文学史》，江苏教育出版社2001年版，第183页。

③ 参见尚仲豪、郭思九、刘允禔：《佤族民间故事选》，上海文艺出版社1989年版，第232—234页。

④ 参见萧兵：《婚姻考验和谷种神话——比较神话学笔记》，《思想战线》1984年第3期。

里不会有收获，如壮族《找谷种》中的老鼠吃了谷种后吐出的是糠秕[1]，而放在飞鸟的口中或斑鸠嗉袋中则不被认为会出现这种情况，斑鸠在各民族之中是较为常见的飞禽，人们能够在实际生活中观察到它的习性和外观，它会啄食谷子和其他东西，当人们没有认识到斑鸠嗉袋的功用时，会认为嗉袋是斑鸠存放谷种的地方，在很多民族的神话中也都表现出了对这个问题的统一见解。此外，神话中捕获飞鸟的方式主要有射落或捕获，拉祜族神话中套住斑鸠的捕获方式出现得较少，多数神话还是以射落飞鸟为主，这主要是因为：其一，在人类步入农业社会之前，人们多是以采集、捕鱼或狩猎为主，面对天空中的飞鸟，以食物诱惑或设置陷阱都是极为被动且行之无效的方式，面对飞鸟移动速度快的特性，用箭射落飞鸟则是人们主动出击的有效方式；其二，弓箭出现在狩猎的后期阶段，它体现了人类生产方式和思维认知的进步，利用弓箭射杀猎物大大提高了捕获的产量，神话中也多是采取射杀的方式击落飞鸟；其三，在早期社会的工作分工中，男性主要从事狩猎活动，弓箭也成了男性的象征，男性能够通过射落飞鸟取得谷种，获得重要的生活资料，这也是对男性社会地位的认可。

> ［24.7］远古时，石金金巴巴娜与石金金耐娜鲁布姐弟成亲繁衍人类。弟弟来到天上的稀丁湖渔猎，发现了从前他饲养过的黑公猪，约了土蜂达依、苍蝇达英等一同猎猪，遇到阿奔岗瑞从布叔布鲁地区学打铁回来，带回许多铁箭镞，阿奔岗瑞一箭命中，猎到后剖开，在肠子里发现了阿麦稻粒、玉米粒、鸡爪谷籽、埃额红薯和一块格姜等。他把这些种子交给石金金巴巴娜，她将种子播种，珞巴人开始了农业耕种。[2]（珞巴族）

在走兽的腹内取种是第二种情况，其中持有谷种的动物主要以老鼠、野猪为主，从珞巴族《种子的来历》的叙事中不难发现：其一，猎人阿奔岗瑞

① 参见蓝鸿恩：《神弓宝剑》，中国民间文艺出版社 1985 年版，第 17—19 页。

② 参见西藏社会历史调查资料丛刊编辑组：《珞巴族社会历史调查（二）》，西藏人民出版社 1989 年版，第 226 页。

用铁箭镞射中黑公猪，不但表明了珞巴族在农业社会前期已经出现了冶铁业，而且也证明这种技术在实际捕猎过程中的杀伤力能够提高狩猎的产量；其二，黑公猪意象的出现，在珞巴族神话中曾出现作为始祖母的母猪在毛发中藏有谷种的母题[①]，在死体型中明确性别的神话较少出现，珞巴族神话很明显已区分了母猪和公猪在谷种起源方面的不同地位，神话中的母猪作为人类起源的始祖，具有典型的母性形象，它也体现出了女性在原始社会初期较高的社会地位，而公猪则出现在洪水后人类第二次起源的时期，这时已出现家畜和野畜的区分，在洪水前公猪是弟弟所饲养的家畜，现在是野生的牲畜，它既是人们狩猎的对象，又是谷种来源的载体，它在成为弟弟的家畜时未必会有谷种，而在变成野畜之后，它能够在自然界中食用各种粮种，所以在它的体内才可能出现稻种等各样种子；其三，女性是谷种的掌管者和播种者，弟弟和其他狩猎的伙伴在得到谷种之后，便将其交给了姐姐，并由姐姐负责保管和播种，这也反映了最初的农业生产有女性的主导和参与的事实。还有像汉族《稻谷的传说》中的人从死老鼠的腹内发现了谷种[②]，在与其他民族的老鼠取种型文本的比较中可以发现，它与动物寻取型神话又有一定的关联，老鼠的腹内之所以有谷种，是因为它将从海外取回的谷种藏在腹中，但老鼠从海外而来只是神话的一种想象，神话中吃老鼠肉的说法已表明当时人们处境艰难，以此方式获得谷种也是有可能的。

第二，主动吐出谷种型。该类母题是藏谷者主动将谷种从身体中吐出来，它多发生在动物身上，如白族的《人类和万物的来源》、苗族的《竺妞造田地》文本中，藏有谷种的老虎和箐鸡只是将谷种以血的形式吐出，并未死亡，它是死体型中较为特殊的一类。从神话的文本中可见，血中含谷种的母题在此类神话中颇具特色：首先，拥有谷种的动物并非凡物，白族《人类和万物

① 参见于乃昌：《珞巴族文学史》，江苏教育出版社2001年版，第182页。

② 参见苏韶芬主编：《广西民间文学作品精选·桂林市卷》，广西民族出版社1997年版，第243—244页。

的来源》[1]中的老虎既然是由魔鬼变化而来，它便是邪恶的化身，老虎作为谷种的掌控者，它有可能被谷种的有力竞争者打上了魔鬼的标签，兄妹与老虎的斗争也可以认为是争夺谷种的控制权，在兄妹取得胜利之后，失败一方便被冠以邪恶的名号，而老虎在自然界中的霸道和威严与魔鬼的形象有相似之处，文本将老虎神性化，这样它的腹中含有蕴藏谷种的神奇血块也可以理解，而苗族《竺妞造田地》[2]中的箐鸡身份也值得质疑，大神竺妞在苗族神话中具有较高地位，她是管理天地万物人类的女神，她对天下万物了如指掌，早已知道谷种就在箐鸡体内，却不采取腹内取种的方式，还要等待七百天的时间让箐鸡自己吐出谷种，这种异常之举并不能仅以大神的仁慈之心来看待，另一种情况是箐鸡所具有的能力和地位令女神忌惮，若女神强行取种，箐鸡或者尚未能孕育出谷种，或者会自动消化掉谷种，人类便会因此不会拥有粮食，因此女神采取等待的方式，让箐鸡主动交出谷种。其次，血的意象较为特殊，其一，它与腹内取种型有一定关联，吐血表明动物有付出生命的可能，但神话对此行为采取了褒贬不一的态度，白族中魔鬼吐血出谷种是理所应当，而苗族中箐鸡吐血出谷种则体现了一种牺牲奉献的精神；其二，血与水一样有滋润生命的力量，血提供给人类生存的保障，水能够使万物生长，有鉴于此，人们将血的能力用于培育谷种，将动物的腹内作为培养谷种的胎盘，将血水作为滋养谷种的养分，而且上述神话中动物所具有的神性又令血水的功能凸显，血水的神奇表现在老虎吐出了五颗彩蛋、箐鸡吐出了玉麦种，脱胎于血水的谷种都显得光鲜亮丽，此处获得的谷种更具有神秘而神圣的意蕴。

死体型在所有的谷种神话类型中所占比例并不高，它多出现于创世神话、人类起源神话和洪水神话之中，是关于谷种起源于神、神性人物、人或动物身体中的一类神话，其中大部分文化英雄都以身死的形态出现，如尸体化生

---

① 参见普学旺、左玉堂主编：《云南少数民族古典史诗全集（上卷）》，云南教育出版社 2009 年版，第 301 页。

② 参见姚宝瑄主编：《中国各民族神话·苗族》，书海出版社 2014 年版，第 161—167 页。

型，当然也有个别类型不在此范围之内，如主动吐出谷种型。该类神话中的许多母题都颇具深意，如神被打死化为谷种、动物腹内藏种、箭射鸟兽取种等母题，其内部表现形态和行为方式各不相同，较为一致的是神话都强调了它们的身体能够容纳谷种的观念，不管谷种为何会是神或人身体的一部分，抑或动物体内为何会存有谷种，神话都表达出了人或动物与自然界植物能够相生相长的理念，实际上人死后可以作为滋养植物生长的肥料，植物可以提供人们生存的保障，它们之间的互动关系在神话中便体现为一种进步的世界观思想。

第二节

变化型

在谷种神话中出现了各种形式的变化，这些变化与粮食的产生有直接关联，如米面变雨雪、人化为谷种，按照变化主体的不同，可将其划分为神、人、无生命物变为谷种三种类型，汉族、苗族、乌孜别克族、彝族、藏族等民族的 8 篇文本属于此类。

一、神变谷物型

其主体多与神、神性人物或神性动物的变化有关，如汉族的《神农上天讨粮》、藏族的《望果节》、珞巴族的《达尼和尼都》都是比较典型的神变谷物型，三篇文本分别代表了不同的变化类型。其中像汉族神话中的龙虫、虎虫、凤凰虫都属于神性动物，它们被埋入地下长出麦子的过程显然就是尸体化生的过程，而藏族神话中的地藏神弟子直接化为谷种等情节，更直接表明它与尸体化生型之间的关联。

第一，神虫变化为谷种。汉族《神农上天讨粮》[①] 中的三种虫本是天上的神虫，但它们在变为麦子后就成了害虫，其中麦蚱虫又叫蚱蜢，它主要吃禾本植物，对水稻有危害；麦牛子的学名锯谷盗，它主要吃谷物或粮食碎屑，并寄生于稻谷等作物之上；麦蛾子的幼虫生长在谷粒或棉种之中。本是功高

① 参见《中国民间故事集成·河南卷》，中国 ISBN 中心出版 2001 年版，第 28—29 页。

于人的虫子，为何会成为害虫，神话将这三种虫子的产生与麦子的出现联系起来，这属于神话中的反向关联，像老鼠是偷取人间粮食的动物，但在神话中它却常以帮助人类盗取谷种的文化英雄的形象出现。上述三种害虫是农业生产生活中最为常见的害虫，先民观察到它们的生活习性多会寄居在粮种内部，自然会认为它们源于粮种，通过反向关联，先民会联想到它们最初是有功于人类，它们的原型龙虫、虎虫和凤凰虫都是隶属于天界的神虫，它们寄居的粮种就是它们赐予人间的粮食，只是经历了某些事情之后才变成了危害粮食的害虫。

第二，神的整体变为谷种。藏族《望果节》中的地藏神的大弟子化身成为五谷种子[①]，其变化的情节并未交代，神话主要表达出了一种舍身成仁的思想，地藏神的三个弟子分别变成了对人间农业生产极有帮助的东西：谷种、耕牛和水源，佛教与农业生活相融合。当然对于神变化的理解并不可局限于此，神变化为人间的东西，只是发生了形态上的转化，被转变的事物已具有了神的灵魂，既然如此，谷种、耕牛和水既然都是神的化身，它们便是神佛赐予人间的产物，人们更需虔诚地感念神佛的恩赐，这更具有了传道的意味。

第三，神性动物的皮变成谷种。珞巴族《达尼和尼都》中的金米乌佑的鼻子变成了水獭，太阳东尼的女儿穆米剥下水獭皮，从水獭皮里变出各类种子[②]，这则神话有如下四个问题需要说明：首先，太阳东尼在珞巴族崇拜观念中具有很高的地位，神话中他为了将粮种和牲畜作为女儿的嫁妆，而可以下令割下金米乌佑的鼻子；其次，粮种和牲畜作为嫁妆，在很多民族的考验母题中都曾出现过，天神嫁女所准备的嫁妆必定与凡间不同，若以先民的思维观念来看，粮种和牲畜种本是属于天上的，拥有这些东西就意味着生存和发展，就如同拥有天神般的生活，那么这种赐予粮种和牲畜的行为确实属于上

① 参见林芝地区旅游局编：《林志民间故事·风俗篇》，西藏人民出版社 2012 年版，第 13—14 页。
② 参见中华民族故事大系编委会：《中华民族故事大系（第十六册）》，上海文艺出版社 1995 年版，第 757—763 页。

天的忍痛割爱，因而很多相关的神话中的天神都会故意不送一类粮种或牲畜，在此方面珞巴族的太阳东尼则表现出了大度；再次，水獭是乌佑（神灵）的鼻子所变，神、人或动物起源于神的身体的一部分是比较常见的母题，如满族的火神是天神的瘤子变化而来的，由于脱胎于神的身体，他们自身便拥有或继承了神的某种属性或能力，水獭本身就有敏锐的嗅觉、视觉和听觉，将它想象成为天神的鼻子，或许它具备了天神鼻子的内在特性和某些外部形状特征，但这也只是珞巴族先民的一种想象；最后，谷种起源于剥下的水獭皮之中，水獭经常白天穴居，晚间进行捕食活动，它能捕捉小的鸟兽鱼虾，有时也以植物为食，水獭的腹内可以认为能承载粮种和牲畜种，但神话却将水獭的生活习性放大，让它成为植物和动物种子的载体，珞巴族所居住的环境能够观察到水獭，它能够在地上和水里自由活动的独特生活方式又为其增添了神秘的色彩，在万物有灵观念的影响下，人们自然会将其神化，故而可能会产生上述水獭皮里有谷种的神话。

二、人变谷物型

神话中的一般人可以在失去生命之后变化为谷种来造福人间，但这种变化也有被动和主动之分。首先，是被动变化的，如汉族《苞谷的传说》中的包姑因为偷盗宝洞中的珍宝而被老君变化为苞谷[①]，她的变化并非出于本意，这种被动变化的类型比较少，而且具有偶然性成分，神话中的包姑因为在腰中放了金玉宝棒而在变化后也形成了相应的形态，这便是长在秆中间的苞谷，虽然变为苞谷的情节具有偶然性，但整篇神话的出现绝非偶然，在惩罚母题中，惩罚原因的发出者以懒惰的女性居多，这与禁忌的设置有一定的联系，这里所发生的变化和谷种的产生实际上都是惩罚的延续或变

① 参见淅川县民间文学集成编委会编：《中国民间故事集成·河南淅川卷·丹江的传说》，淅川县民间文学集成编委会1989年版，第293—294页。

体。其次，是主动变化的，如苗族神话中的三个儿子都为了救治村民们肚子胀的病而自愿被神仙变为谷种，神话中老大红儿、老二绿儿、老三黄儿分别吃了神仙金拐杖中倒出的三颗珠子，才变成了红苕、苞谷和谷子①，但神在将老大变为红苕后并未立刻将谷种赐予人间，而是等待老二和老三的到来，在他们都变成谷种之后，才派飞鸟将谷种赐予人类，神话在歌颂人类舍生忘死的勇敢精神时，其实也传递出了另类的思想，神仙本可以将三颗珠子赐予一人吃，但神话的设定是要三个兄弟都付出生命才能使人间获得谷种，这应当与农业社会最初的生存状况相关，在探寻、发现和获取谷种的过程中，人类确实经历了一定阶段的探索，这种探索不应是一个人完成的，很多神话文本中将先民的经历浓缩于一个英雄身上，而这则神话的英雄是三个，它也证明了人类取得谷种的艰难，因此神话的文本内容虽已美化，但蕴含在神话内部的思想尚须认真思考。

三、无生命物变谷物型

除了神、人变化为谷种之外，珍珠、项链、石头、雨雪等都能变成谷物。其中项链和石头是较为独特的意象。首先，项链变化为谷物。如汉族《南方水稻的来历》的五妹为了让人间有谷种，而将王母所赐的项链变成了水稻②，布依族《珍珠米与冰雹》中的青龙公主的宝贝珍珠米落到人间变成了庄稼③，汉族《香稻丸》中的百花仙子聚齐了一百颗珍珠撒在地里而种出了香稻丸④，

① 参见《中国民间故事集成·四川卷(下卷)》，中国 ISBN 中心出版 1998 年版，第 1347—1349 页。

② 参见河南省正阳县民间文学集成编写组编:《中国民间故事集成·河南正阳县志(第 1 册)》，河南省正阳县民间文学集成编写组 1988 年版，第 192—194 页。

③ 参见董一主编:《三都水族自治县卷》，三都水族自治县十大文艺集成志书办公室 1989 年版，第 4—8 页。

④ 参见河南省息县民间文学三套集成编委会编:《中国民间故事集成·河南省息县卷》，河南省息县民间文学三套集成编委会 1990 年版，第 19—25 页。

佤族《谷子的来历》中的谷种也是以宝珠的形态出现在水潭中[①]，这样来看，上述文本中的项链应当是较为晶莹的项链，很多民族都会将水稻和类似项链一类的事物联想到一起，从水稻的色泽白亮、外形饱满和本质珍贵的特征出发，才会选取此类意象，布依族神话更直接将人间的谷种表达为珍珠米，都说明它们之间的转换是具有可行性的。其次，石头变化为谷物，如乌孜别克族《苏曼莱克》中的天使让锅里的石头变为食物[②]，这是比较独特的母题，这则神话中已经出现了贫富的划分和特定食物的名称，说明神话的产生较晚，真主赐予人类食物的情节也是神话所要着重表现的，但是其中石头变粮食的母题应该不是随意的选取，这与点石成金的母题也颇为相似，而且石头比粮食更容易获取，人们希望石头能成为食用的东西是早期先民的美好想象和独特尝试，在饥寒交迫的早期社会中，万物皆可食用，人们定然也尝试过用水煮石头的事情，但在尝试的过程中人们才逐渐辨别出了适合人类食用的食材。

谷种神话中的变化型是与谷种的产生有密切关联，不过在所有谷种神话中的广义变化型不仅涉及谷种的直接产生，也包括了诸如神、人和谷物分别变为动物，神、动物和谷物分别变化为人，以及谷物变成雨雪等母题，这些母题构成了神话的完整叙事，本书所指的变化型则为狭义的界定，是与谷种起源直接相关的变化类型，这就包括了神变谷物型、人变谷物型和无生命物变谷物型三种亚类，它们在创造型中所占比重不高，不过其所内蕴的文化内涵确实值得研究。至于广义的变化型，本书在典型母题中会具体分析。

---

① 参见陈建宪选编：《人神共舞：中国各族民间神话精品》，湖北人民出版社 1994 年版，第 163—165 页。

② 参见《中国各民族宗教与神话大词典》，学苑出版社 1993 年版，第 623 页。

第三节

孕育型

在谷种神话中，谷种已经逐渐被视为有生命的物体，南方很多民族也普遍认为谷物是存在谷魂的，随着这种认知观念的不断深入，先民也将谷物的产生与人类的诞生联系起来，比如人通过母体而降生，在奶水的喂养和哺育中成长，这些认识都被用来解释谷种起源的问题，甚至神话中抟土造人的说法也被运用到谷种的来源之中，用孕育人的方式来创造谷种，可见神话所表达的这份对谷种的重视之情，也体现出了人与谷物之间所存在的紧密关联。通过孕育的方式创造谷种是神话中较为独特的表现，根据孕育方式的不同，可以将其划分为生育出谷种、奶水造谷种、泥土造谷种三个亚类。

一、生育出谷种

在一些神话文本之中，谷种如同人一样是以生育的方式诞生的，如景颇族的《目瑙斋瓦》、珞巴族的《珞巴五兄弟》、彝族的《阿黑西尼摩》文本都属于此类。这几篇文本都是生育谷种较为典型的代表，从具体文本中大体可见：首先，景颇族神话的介绍相对简单，谷种是祖先尹知拉和尹暖木占生下的[①]，而较为具体的生育方式则是珞巴族和彝族的神话，珞巴族说

① 参见普学旺、左玉堂主编：《云南少数民族古典史诗全集（中卷）》，云南教育出版社2009年版，第243页。

稻种是从仙鸟肚子中长出来的[1]，彝族则认为万物之祖阿黑西尼摩喝了金海水后才生下了稻和麦[2]。其次，珞巴族神话较为接近腹内取种型，但又有着明显的区别，仙鸟通过肚子生出谷种的方式表明它之前已将粮种吞入腹内，珞巴族的这种生育方式既体现了与人类生产方式的类似，又表现出了它的与众不同，之所以能够在仙鸟肚子中长出谷种，这可能与人们对谷种生长的认知有关，谷种既然能从大地中生长而出，也可以通过仙鸟的孕育而生长出来；再次，彝族神话中的万物之祖因为喝了金海水而生出谷种，其实此时万物之祖的腹内已经与大地的意象一样，而用水对大地进行灌溉能够令谷种生长，神话将神的身体想象成为一个世界，谷种则是这个世界的产物，它与人们对世界的认知程度有关，在一些民族的创世神话中，神的尸体可以化生为万物，眼睛变为日月、毛发变为树木、血液变为河流，这样神的身体就是整个世界的缩影，因此也可以据此来理解神或神鸟腹内生育谷种的母题。

二、奶水造谷种

按照创造谷种的方法进行划分，用奶水创造谷种的母题在创造型中所占比例最高，如汉族的《神农皇帝制五谷》《女娲挤奶成米》《神农找谷子》、苗族的《谷种是怎样来的》、土家族的《五谷杂粮是哪里来的——神农老娘挤奶浆》都是此类型。这五篇来自汉族、苗族、土家族的文本都指出谷种源自奶汁的哺育，鉴于以上文本的相似性，将这几篇文本进行比较，具体见表 11：

① 参见《中国民间故事集成·西藏卷》，中国 ISBN 中心出版 2001 年版，第 16—17 页。

② 参见朱元富：《彝族谷种神话与母体崇拜》，《楚雄师专学报》2001 年第 2 期。

表 11 奶水造谷种的文本比较

篇目名称	《神农皇帝制五谷》①	《女娲挤奶成米》②	《神农找谷子》③	《谷种是怎样来的》④	《神农老娘挤奶浆》⑤
所属民族	汉族	汉族	汉族	苗族	土家族
代表序号	[15.43]	[15.44]	[15.48]	[29.8]	[40.9]
分布地域	重庆市九龙坡区走马镇	四川省泸州市合江县	重庆市南岸区广阳镇	贵州省黔东南苗族侗族自治州剑河县	—
神话背景	洪水后	—	—	洪水后	—
首次得谷种	狗尾巴有谷籽	神农种出谷子	神农闯关得谷	老鼠上天盗种	神农造出五谷
所属类型	寻取型	创造型	寻取型	盗取型	创造型
再造的原因	得空壳的谷种	得空壳的谷种	得空壳的谷种	得空壳的谷种	五谷咬咽不动
再造的方法	挤奶汁喂谷籽	在壳里挤些奶	在谷子中挤奶	奶水挤进谷壳	奶浆浸透五谷
再造谷种者	女人	女娲	女人	妮央	女人
造谷者身份	神农帝正宫	神农的客人	神农的堂客	姜央的妹妹	神农帝老娘

从表 11 的直观比较中可见：首先，从整体来看，谷种的获得经历了两次过程，第一次是通过不同的方式获取谷种，第二次是用奶水创造已经获得的谷种，得到谷种是创造谷种的必然条件；其次，即便流传于同一区域的同一母题的文本也表现出了差异，如汉族的［15.43］和［15.48］都在重庆市区流传，但它们在首次取谷种和再造谷种者的身份上都有着很大的不同；再次，上述文本在第一阶段中获取谷种的方式各有不同，它们分别属于寻取型、盗取型和创造型，但第二阶段中再创造的方法却是一致的，都是采用了将奶汁挤入空壳之中的方法；最后，再造谷种的身份各不相同，汉族［15.43］、苗

① 参见《中国民间故事集成·四川卷（上卷）》，中国 ISBN 中心出版 1998 年版，第 64—65 页。

② 参见《中国民间故事集成·四川卷（上卷）》，中国 ISBN 中心出版 1998 年版，第 65 页。

③ 参见《中国民间故事集成·四川卷（上卷）》，中国 ISBN 中心出版 1998 年版，第 67—68 页。

④ 参见《中国民间故事集成·贵州卷》，中国 ISBN 中心出版 2003 年版，第 32—33 页。

⑤ 参见中华民族故事大系编委会：《中华民族故事大系（第五册）》，上海文艺出版社 1995 年版，第 662—663 页。

族、土家族文本中出现有夫妻、母子等亲属关系，汉族［15.44］、［15.48］中再造谷种者与掌谷者是客人与主人的关系。以上是从上述表格的比较中能直观反映出的现象，然而为何都会用奶水创造谷种：其一，土家族文本已经把神话的理解展现出来，“被奶浆浸透的五谷杂粮又糯又香”，而且谷子“未成熟时一掐便有奶白浆流出”，这两点与奶汁有着较多的共性特征，很容易让人联想到谷子是由奶水而来；其二，谷种是农耕民族主要的生存依靠，女性的奶汁是早期人类出生最初的食物来源，它们在哺育人类成长方面都起到了不可或缺的作用；其三，神话中奶汁可以让谷种重生，在先民的原始观念中，谷种多是源自上天或海外，在某一阶段人们认为谷种本身具有神圣性和神秘性，它拥有自己的灵魂或是被某一神灵所掌控，在播种入大地之后谷种能够发芽结果的事实又让人联想到它和大地母亲的紧密关联，而奶汁是哺乳期母亲特有的产物，根据神话接触律的原则，人们期待母亲的乳汁能够令谷种重新生长，这便有了奶汁造谷种母题的出现；其四，在上述几篇文本中，女娲、神农的母亲似乎打破了哺乳期女性有奶汁的事实，汉族［15.44］中女娲是神的形象，而土家族神话中神农的母亲已是“干瘪瘪的奶头”，她们是如何拥有奶汁的，神话中似乎并未对此有过多阐释，面对人类谷种是空壳的现状，神农母亲能令“奶浆像喷泉一样喷出来”，这里的奶水似乎是上天所赐，在柯尔克孜族英雄史诗《玛纳斯》中英雄的结拜要同时喝母亲的奶汁，这样的结义兄弟才被认可，像玛纳斯的母亲在英雄结拜的时候，干瘪的奶头便会挤出奶水，那么上天对此结拜的行为也表示认可，这同土家族神话的表述确有异曲同工之处，若这神奇的奶水并非上天的恩赐，而是人们的独特想象，那这想象的依据可能源于人们对女性的崇拜观念，神话中的这种崇拜观念也是此类神话所着力突出表现的内涵。

三、泥土造谷种

抟土造人是人类起源神话中较为常见的母题，在创造型神话中，同样也有神用抟土的方式创造孕育谷种，它可视为抟土造人神话的变体形式，目前搜集到的相关文本数量较少，仅出现在汉族的《女娲造人》和壮族的《从宗爷爷造人烟》两篇文本中。汉族神话讲女娲娘娘头十天用泥捏出了人、五谷等[①]，壮族神话中的天神从宗爷爷用泥造人之后，又用泥沙做成五谷和飞禽走兽[②]。抟土造人或者造物应与各地区制陶业的兴起与发展有联系，抟土创造的过程也恰恰是对制陶工艺的反映，通过神话的叙述可见，用泥土孕育的不仅有人，还包括了各种谷物和牲畜等，像汉族中的女娲娘娘和壮族神话中的天神从宗爷爷，都是抟土造物的神灵，他们捏出了包括谷种的各种东西，并赋予它们生命。谷种与人类被同一种方式创造而出，而且在两篇文本中都表现出谷种是出现在人类之后，汉族神话中的人出现在第七天，谷种诞生在第八天，它们创造的时间没有间隔，而壮族神话中从宗爷爷在造人之后紧接着便做五谷，这种先后且紧密的排列顺序绝非偶然，人与谷种出现时间的一致性表明人们认识到了谷种的必要性和重要性，在人类产生之后，人类的生存问题是第一位的，谷种因而能成为紧随其后而产生的东西。用泥土造谷种的方法，直接受到了抟土造人思维模式的影响，但也可能同谷种与土地之间的联系有关，谷种本就是生长自土地之中，因而用泥土创造出谷种也就合乎情理。

此外，树木孕育谷种也是创造谷种的类型中较为接近客观事实的一种方式，如傈僳族的《创世神话》、彝族的《神人种粮》、壮族的《世间万物哪里来》都属这一类型。像傈僳族神话中的天神让地上长出一棵能结谷种的树[③]，它其实就是种植出谷种的间接表述，神话的这种叙事让天神的能力更为突出地表现出来，树上结谷种的神话在各民族的谷种神话中也有流传，如白族《稻子树》中白胡子爷爷看护的树结有稻子[④]，汉族《五谷树》中玉帝的

① 参见陈建宪选编:《人神共舞:中国各族民间神话精品》，湖北人民出版社 1994 年版，第 4—5 页。
② 参见李子贤编:《云南少数民族神话选》，云南人民出版社 1990 年版，第 158—161 页。
③ 参见李子贤编:《云南少数民族神话选》，云南人民出版社 1990 年版，第 215—219 页。
④《中国各民族宗教与神话大词典》，学苑出版社 1993 年版，第 22 页。

七女儿种下的大树结出了五谷[①]，彝族《查姆》中的龙王罗阿玛在月亮上种出的娑罗树藏有谷子[②]，通过对比这三则神话，傈僳族天神应是通过种植粮食树的形式来创造谷种，彝族中的三个神人[③]和壮族神话中的布农[④]都是通过种植粮食的行为来造谷种，这里他们与人耕作的形象极为接近，只是以神的身份表现这种行为更加显示出了谷种来源的神圣性。通过树木的孕育而收获谷种也可能是其他类型的原初形态。

孕育型是创造型神话中特殊且易于理解的一类神话，它同人类的产生有着密切的联系，其中的生产生育、奶水创造和泥土创造等方式，与人类现实生活中的生长和神话中的诞生方式都有很大程度的相似，因而本书将其划分为如上三种类型进行了分析。其中较为特殊的是奶水造谷种的神话，它本身在人类起源神话中也不为多见，用奶水来孕育谷种的母题与其他两类的区别在于它是对谷种的第二次创造，而且它也表现出了特定民族对谷种创造的独特想象和深入思考，有着较为丰富的文化内涵。

① 参见罗杨总主编:《中国民间故事丛书·江苏南通·如东卷》，知识产权出版社2016年版，第11—12页。

② 参见普学旺、左玉堂主编:《云南少数民族古典史诗全集(上卷)》，云南教育出版社2009年版，第5页。

③ 参见李子贤:《探寻一个尚未崩溃的神话王国——中国西南少数民族神话研究》，云南人民出版社1991年版，第254页。

④ 参见刘沛盛主编:《广西民间文学作品精选·柳州市卷》，广西民族出版社1991年版，第194—198页。

第四节

特定型

在创造型神话中，除了以上所列的三种主要类型外，根据目前所搜集到的文本来看，谷种还会通过动物的排泄物、人的歌唱等特定的方式而产生，它们有的是谷种的首次诞生，有的则是对谷种的第二次创造，不同的神话类型蕴含着先民不同的文化思考。本书从创造的特定方式出发，将其划分为排泄出谷种、歌唱造谷种两个亚类。

一、排泄出谷种

在谷种神话之中，动物在占有谷种之后通过排泄物的方式使人类重新获得谷种的一类神话便是排泄出谷种，在布朗族、傣族、汉族、苗族、纳西族5个民族的8篇文本中都存在此类神话。如在布朗族的《稻谷为什么是细粒》、傣族的《雀谷与鼠谷》、汉族的《大鸟与稻谷》、苗族的《苗族古歌》、纳西族的《谷种来历的传说》典型文本中分别出现了老鼠、麻雀、大鸟、松鼠、天狗五种动物，谷种都产生于它们的排泄物之中，但各文本又表现出了如下的特点。

第一，谷种存在于成为动物的粮食之前。排泄出谷种的特点是谷子源于动物的排泄物，那么在此之前谷种便已经出现，在此类型产生之前的谷种第一次起源的方式以动物取种、神赐予谷种、自然获得谷种为主。首先，布朗族《稻谷为什么是细粒》中的老鼠取得谷种与人类打谷的行为有关，在谷子离开人类之后，老鼠在洞穴中发现并占有了谷种作为自己的粮食[①]；其次，傣族的《雀谷与鼠谷》和纳西族《谷种来历的传说》中的天神赐予谷种的原因又有不同，前者是天神同情人类而赐种[②]，表现出天神慷慨仁慈的形象，后者是天神将谷种作为天女的嫁妆而赠予人间，却未将猫和蔓菁种子交给人类[③]；再次，汉族《大鸟与稻谷》中的大鸟是自然得到谷种[④]，苗族的《苗族古歌》[⑤]中的松鼠是自然获得谷种的。

第二，谷种如何成为动物的粮食，这里可以分作偶然食用、主动出击、不曾交代三类。首先，布朗族的老鼠应是偶然发现在洞穴中出逃的谷种，汉族飞鸟更是遇到稻穗落在它的头上，才得以偶然食用谷种；其次，傣族神话中的麻雀和老鼠，在天神赐予人间谷种后，便主动出击吃光了所有的粮种，使人间失去了得到谷种的一次机会，也正因如此，才会有人类二次获得谷种的情节；最后，苗族和纳西族的松鼠、天狗是如何吃到谷种却未曾交代，神话中松鼠与天狗的意象与其他动物不同，它们已具有神性，苗族的大神竺妞是掌管万物的女神，她知道松鼠腹内有谷种，却不敢剖腹取种，而且松鼠孕育谷种“两个七百天”才排出谷种的行为，都突出了松鼠的神性特征，松鼠腹内的谷种可能源于从自然界中的获得，也可能是其本身孕育的产物，这与腹内取种型中的腹内藏谷种的意象极为类似，而纳西族神话中的粮种源于天上，天狗作为天界的成员自然有资格食用谷种，因此天狗的排泄物中出现谷种也易于理解。

第三，谷种在变成动物的排泄物之后，神话的结局表现为如下三种类

---

① 参见王国祥，云南省社会科学院民族文学研究所编：《布朗族文学简史》，云南民族出版社 2014 年版，第 74—75 页。

② 参见《中国各民族宗教与神话大词典》，学苑出版社 1993 年版，第 84 页。

③ 参见木丽春编著：《纳西族民间故事集》，云南人民出版社 2007 年版，第 83—84 页。

④ 参见《中国民间故事集成 · 上海卷》，中国 ISBN 中心出版 2007 年版，第 17—18 页。

⑤ 参见普学旺、左玉堂主编：《云南少数民族古典史诗全集（中卷）》，云南教育出版社 2009 年版，第 19—23 页。

型：首先，谷种形状发生变化，经过动物身体过滤之后的谷种变小了，布朗族和纳西族神话中都是如此，布朗族中“谷种像老鼠屎一样小”，纳西族中“长的谷穗变短”，其实这里解释了此类型出现的一种原因，先民会对具有相似形状的东西展开联想，如狗尾巴与稻穗的联想，谷种与老鼠屎大小和外形的相似，都为神话提供了可供参考的依据，在较早的谷种神话中，谷种有两种比较重要的形态，一种是谷子被认为具有谷魂或受控于某一神灵，它能自由飞来，另一种是最初的谷子都有很大的形状或穗子很多的特点，排泄出谷种的出现，完成了谷种从原初形态向最终形态的转化，经过动物用身体的过滤，谷种或者减弱了神性，或者削减了原初的形状，才形成了如现在谷种的形状；其次，谷种自然生长出穗，在布朗族、傣族和汉族的神话中，谷种从动物身体中出来后，都是动物无意为之的行动让谷种散落在田坝、山上或水沟边，虽是无心之举，但它们所选的地方却适合谷子的生长，让谷种能自然长出穗子；再次，神、人或动物播种谷子，在布朗族、苗族、纳西族神话中，谷子的种植是有意为之的，如布朗族中的人在观察到稻种在田坝中发芽的现象后，开始自己撒种耕种，这可能是先民较为原始的耕种方式，而苗族和纳西族中的大神与天狗则是主动播撒种子，它们并未因谷种出自动物的排泄物而产生嫌弃或厌恶的心理，实则在所有的此类神话中，都未曾表达过这样的意思，相反人们更重视这来之不易的谷种，神话中对谷种的珍视之情可见一斑。

排泄出谷种型与谷种的产生有直接联系，却属于谷种的第二次诞生，来自动物排泄物中的谷种在神性和形状方面都发生了变化，这种类型在谷种神话中表现得较少，仅出现在南方的几个民族之中，不曾在北方民族的神话中出现，应属于稻作文化区的产物。排泄出谷种虽然与腹内取种型的关联紧密，但又不可将两者相混淆，腹内取种型是通过剖腹、吐出的形式来得到谷种，这显然与前者的表现方式不同，而且从神话发生的背景和结局来看，排泄出谷种是对谷种的第二次孕育和创造，再次出现的谷种已经与最初的形态有了较大的差别，同时它也是提醒人类应更加珍惜得之不易的谷种。

二、歌唱造谷种

相比于其他的创造方式，用歌曲的形式创造谷种似乎是比较新鲜的样式，根据目前搜集的资料，它主要存在于台湾排湾人的神话之中，其他民族的文本中未见出现。这里将较有代表性的三篇文本概述如下：

①父对瓢歌唱，就长出了小米及稗等种子，拿给儿子播种。[①]

②小米、芋头等农作物是祖神 sakljung 歌唱创造。[②]

③神人以歌唱创造人类后，造出小米、芋头、稗等之种子，煮一粒小米就满锅。[③]

前两篇是父亲、祖神直接用歌唱的形式创造出粮种，后一篇文本中人类是以歌唱的形式被创造，而接着便创造出小米等各类种子，可以认为这些种子也是在歌唱中创造产生的。这种用歌唱的形式造人和造谷种似乎显得比较虚幻，若将这种歌唱理解为一种咒语或是巫术仪式，那么创造谷种的过程实际上就是祈求谷种生长的仪式，歌唱作为一种语言类的巫术也是普遍存在于原始宗教信仰之中，如中国北方地区的萨满仪式中，萨满利用神歌与上天进行沟通，得到上天的指示来请神占卜、治病救人等，有的民族也将这种仪式用于农事活动的播种和收获的季节，祈祷或感谢上天的庇佑而获得丰收，第一篇神话文本更明显地指出了这点，父亲对着瓢唱歌之后便在地里长出了小米的种子，他的瓢似乎与北方萨满的神鼓等法器有相似之处，他的祈祷神歌让谷种生长，这便应是一种巫术活动，后两篇神话将唱歌创造谷种的行为更加神化，在对比第一篇文本之后，大体也能推断出后两则文本中用巫术形式

① 鹿忆鹿：《偷盗谷物型神话——台湾原住民族的粟种起源神话》，《西北民族研究》2014年第1期。

② 鹿忆鹿：《偷盗谷物型神话——台湾原住民族的粟种起源神话》，《西北民族研究》2014年第1期。

③ 鹿忆鹿：《偷盗谷物型神话——台湾原住民族的粟种起源神话》，《西北民族研究》2014年第1期。

创造谷种的合理性。

此外，还有的神话中只表明了谷种来自神或神性人物、文化英雄的创造，至于创造的过程、材料和方法都未交代，像布依族《造万物歌——造粮》中说神农造的米有鸡蛋大①，侗族《侗族祖先哪里来》中的居坳造种才有谷与禾②，汉族《八仙造米》中的七仙造了米③，水族《开天辟地造人烟》中的仙王造五谷作为粮食④。神话中的神农、居坳、八仙、仙王分别以创造谷种者的身份出现，他们或是主动创造谷种，如布依族和侗族中的神农、居坳是没有任何缘由地创造谷种，或是被动创造谷种，如汉族的八仙是受命于玉帝而造米，水族的仙王是在人的恳求下而造粮。

创造型神话与谷种的起源有着直接的关联，与自然型、赠赐型和取种型的表现不同，它涉及了谷种的另类起源方式，如谷种来源于神用奶水、泥土或歌曲的创造，谷种是生育而来的，谷种出自神所化生的尸体、动物的腹中或排泄物里。谷种产生的方式虽然众多，但从文本和民族的分布数量来看，它们仍不能与其他一级类型相提并论。从神话文本的叙事情节而言，它们所蕴含的文化内涵和象征意蕴更是独特和难于被理解。有人认为，在先民的思维观念中，神话的神圣性和真实性是无须被证实的，但对于神话研究者来说，神话所隐喻的象征大多应该能够找到其生活中的原型，如在腹内取种型中斑鸠的嗉袋、鱼腹、箭射飞鸟等意象，都与现实中的生产生活密切相关，在创造型神话中产生了很多复杂的象征意象，对它们的解

① 参见贵州省社会科学院文学研究所、黔南布依族苗族自治州文艺研究室编:《布依族古歌叙事歌选》，贵州人民出版社 1982 年版，第 55 页。

② 参见陶立璠、赵桂芳等编:《中国少数民族神话汇编：洪水篇》，中央民族学院科研处 1984 年版，第 153 页。

③ 参见《中国民间故事集成·江苏卷》，中国 ISBN 中心出版 1998 年版，第 373—374 页。

④ 参见陶立璠、赵桂芳等编:《中国少数民族神话汇编：人类起源篇》，中央民族学院科研处 1984 年版，第 216 页。

读不仅需要结合具体的文本，还需有考古学、人类学等多学科的依据为参考。此外，创造型并不是单独存在的，在文本的叙事中它都与自然型、赠赐型和取种型发生了交集，可见每一篇神话文本并非独立存在，它与各种情节的共同作用是有直接关联的。它的各种类型都在不同方面表达了早期先民对谷种起源方式的认知和思考，这与先民在生产活动中的实践观察和体验有关。

第六章

洪水与死亡并存
——灾难类母题

在神话学的研究中，对文本类型的划分能够更好地厘清神话的整体叙事，类型可以被认为是“一个独立存在的传统故事”[①]，若要深入理解一篇神话文本的内涵，则需从更微观的层面进行分析，母题便是解决这一问题的关键，它“按相对固定的一定顺序组合而成”[②]了类型，“一个母题是一个故事中最小的、能够持续在传统中的成分”[③]，将其应用于文本比较之中，更有利于分析不同文化背景下相似母题所表达的文化内涵。此外，母题“表现了一个人类共同体（民族、民族、国家乃至全人类）的集体意识，其中一些母题由于悠久的历史性和高度的典型性而常常成为该群体的文化标识”[④]。本章主要论述谷种神话中的洪水母题、死亡母题及与它们相关联的母题。

---

① ［美］斯蒂·汤普森：《世界民间故事分类学》，郑海等译，上海文艺出版社 1991 年版，第 499 页。
② 刘守华：《谈比较故事学的方法》，《民族文学研究》1995 年第 3 期。
③ ［美］斯蒂·汤普森：《世界民间故事分类学》，郑海等译，上海文艺出版社 1991 年版，第 499 页。
④ 陈建宪：《神话解读：母题分析方法探索》，湖北教育出版社 1997 年版，第 23 页。

第一节

谷种神话中的洪水母题

洪水母题作为世界性的神话母题已被广大学者关注和研究，但是洪水中涉及谷种起源的现象却是其中较为特殊的一类情况，对此类问题的研究仍有待深入，本书在搜集的608篇文本中发现，有几乎十分之一的篇目都提及了洪水，它或者作为背景出现，或者直接影响了谷种的实际产生，此处便从谷种与洪水母题的关系出发进行研究。

其实，从巴比伦泥板文书被发现至今，洪水神话已经越来越受到来自各个领域的专家和学者的关注，国外的学术界已经在通过不同的学科视角来分析此类母题的文化内涵和历史真实，如神学家侧重于对其中宗教观念的表达，考古学家提供实证调查的证据，心理学家从心理投射的角度出发加以论证，故事学家利用历史地理的方法对不同地区的文本进行搜集整理和比较分析，他们都对洪水神话的研究起到了助推作用。在神话学研究方面，大家从洪水神话的源起、文化内涵等各个角度都进行过论证，多年来也取得了数量较多的成果，从最初对《圣经》洪水的文化解析，到世界性洪水神话的搜集和考证，人们逐渐认识到洪水与原初的生活状况和先民的思维表达有着较为密切的关联。美国学者汤普森通过对世界范围内的文本研读和资料搜集，在他的《民间文学母题索引》中提炼出了许多重要的母题，洪水母题便置于该书的A1010条目之下，他同时列举出了数十个国家和地区的文本资料，不过其中所载的两篇中国文本却被认为是来自印度，早年间国外学者对中国神话的认识仍停留在古老的文献记载中，就连善于搜集资料的英国学者弗雷泽也认为中国没有类似于《圣经》所载的大洪水神话。实则从20世纪直至今日的资料采集和学者研究中，都不难发现中国存在着大量的洪水神话资源，从梁启超的《洪水考》、钟敬文的《中国的水灾传说》、芮逸夫的《苗族的洪水故事与伏羲女娲的传说》，再到当代学者的相关专著论文，中国的洪水神话探究也已经陆续从人类学、民俗学、历史学和神话学等不同角度做出了一定的研究高度。学者陈建宪在《中国洪水神话的类型与分布》[①]中列举出了433篇异文，在其博士论文《论中国洪水故事圈》[②]中更是搜集到了568篇文本。从中外的所有研究之中，不难发现，洪水神话所涉及的母题多样，且能与世界创造、人类起源、文化起源等多个神话类型发生交集，并形成了独特的洪水文化。人们在研究之中更多地将关注点放在了世界与人类的起源方面，却忽视了洪水与文化起源之间的直接关联，神话中的洪水不仅让世界得以重新创造、人类得以重新出现，更促使了文明社会的诞生，如火种、谷种、工具、制度、文字等代表文明时代的事物很多都是在洪水之后出现的，这里主要以谷种神话为例，对洪水与文化起源的关系进行说明。

一、洪水母题中的主要内容

通过对中国谷种神话文本的研读，可以发现在谷种神话中普遍存在着洪水母题，而对于谷种神话与洪水神话关联问题的研究尚不多见，目前的资料显示，在阿昌族、白族、布朗族、布依族、傣族、德昂族、侗族、独龙族、高山族、哈尼族、汉族、景颇族、黎族、傈僳族、珞巴族、毛南族、蒙古族、苗族、纳西族、怒族、普米族、羌族、撒拉族、土家族、锡伯族、瑶族、彝

① 参见陈建宪：《中国洪水神话的类型与分布——对433篇异文的初步宏观分析》，《民间文化论坛》1996年第3期。

② 参见陈建宪：《论中国洪水故事圈——关于568篇异文的结构分析》，博士学位论文，华中师范大学，2005年。

族、藏族、壮族 29 个民族的 72 篇谷种神话文本中都存在着洪水母题，具体文本统计见表 12：

表 12　谷种神话中洪水母题的文本统计

民族	篇号	篇名	篇数
阿昌族	[1.1]	《狗取谷种》	1
白族	[2.4]	《天地起源》	3
	[2.5]	《开天辟地》	
	[2.8]	《人种与粮种》	
布朗族	[3.9]	《蚂蟥与谷种》	2
	[3.11]	《谷种与竹鼠的故事》	
布依族	[4.8]	《谷魂引花歌》	3
	[4.9]	《狗为哪样吃屎》	
	[4.10]	《狗为啥吃屎》	
傣族	[7.2]	《人和麻雀》	1
德昂族	[8.3]	《百片树叶百个人》	1
侗族	[9.6]	《动物偷种子》	1
独龙族	[10.1]	《彭根朋上天娶媳妇》	2
	[10.5]	《洪水泛滥》	
排湾人	[12.23]	《兄妹得粟种》	1
哈尼族	[14.1]	《窝果策尼果》	7
	[14.2]	《十二奴局》	
	[14.3]	《奥色密色》	
	[14.4]	《奥颠米颠》	
珞巴族	[24.2]	《种子的来历》	1
毛南族	[26.2]	《老鼠为什么偷吃》	1
蒙古族	[28.1]	《鲁俄俄》	3
	[28.2]	《种五谷和养狗》	
	[28.11]	《洪水中取种》	
苗族	[29.3]	《狗带来五谷》	3
	[29.8]	《谷种是怎样来的》	
	[29.20]	《稻谷的来历》	
纳西族	[31.4]	《宋则利力》	1
怒族	[32.4]	《稻谷的由来》	1
普米族	[33.1]	《帕米查列》	4
	[33.2]	《帕米查哩》	
	[33.3]	《洪水滔天》	
	[33.6]	《直呆南木》	
羌族	[34.2]	《五谷粮食的来历》	1
撒拉族	[35.1]	《洪水破天》	1
土家族	[40.1]	《土家人为什么爱狗》	2
	[40.2]	《狗带谷种》	
锡伯族	[44.3]	《仁兄难弟》	1

续表

民族	篇号	篇名	篇数
哈尼族	[14.8]	《狗取稻种》	7
	[14.11]	《飞来稻》	
	[14.16]	《喊谷种》	
汉族	[15.23]	《尝新先喂狗》	9
	[15.43]	《神农皇帝制五谷》	
	[15.45]	《种子的来历》	
	[15.50]	《女娲做笙簧》	
	[15.83]	《荞麦救灾》	
	[15.91]	《打五谷》	
	[15.123]	《稻子》	
	[15.134]	《盗五谷》	
	[15.169]	《红薯的来历》	
景颇族	[20.3]	《人类始祖》	2
	[20.8]	《宁贯娃》	
黎族	[22.1]	《黎母的神话》	1
傈僳族	[23.2]	《粮食种子的由来》	2
	[23.9]	《傈僳的来源》	
瑶族	[45.3]	《洪水淹天的故事》	6
	[45.4]	《开天辟地的传说》	
	[45.8]	《伏羲兄妹》	
	[45.11]	《密洛陀》	
	[45.12]	《水淹天下的故事》	
	[45.13]	《谷种、棉种、树种》	
彝族	[46.4]	《查姆》	7
	[46.6]	《梅葛》	
	[46.8]	《尼迷诗》	
	[46.10]	《开天辟地史》	
	[46.11]	《阿霹刹、洪水和人的祖先》	
	[46.13]	《举木惹牛》	
	[46.34]	《阿文荀兹图》	
藏族	[48.14]	《洪水滔天》	1
壮族	[49.1]	《尝新节》	3
	[49.6]	《布碌陀》	
	[49.8]	《找谷种》	
总数	72		

在以上72篇谷种神话中，洪水都是最为基本的母题，文本内容的关键信息涉及洪水的制造者、洪水的时限和成因。

第一，谷种神话中的洪水制造者。在世界各地和各民族的洪水神话中，具有制造洪水能力的一定是各民族的主神及相关负责的神灵，从文本来看，神话中降水行为的实施者主要有两类：其一，主神是发动洪水的行为主体，如羌族《五谷粮食的来历》中的老天爷、独龙族《洪水泛滥》中的造物主嘎木、侗族《动物偷种子》中的玉帝都是降下大雨或洪水淹没人间，这些主神其实并不专职负责行雨，但神话却将此项分工交由主神完成，并不是凸显天神的无所不能，在较早时期的神话中，神灵的职能分工并不明显，诸如在创世神话中，主神不但负责创造天地、人类、万物，还负责创造人类的各种文化，此处主神行雨的行为也可以理解为一种早期分工不明确所致的做法；其二，执行者是主神任命的职能神，如在汉族《盗五谷》中的水神、瑶族《谷种、棉种、树种》中的雷公、雨神，彝族《梅葛》中的武姆勒娃，文本中的天神只是命令的发布者，真正的执行者是水神、雷公等神灵，他们的主要职能是降水，这里需要着重介绍雷公的意象，雷公、雷王或雷神是洪水神话中出现频率较高的降水神，它也一度作为掌握谷种者而出现，在南方一些民族的谷种神话中，如壮族神话中雷王在天上掌管着谷种[①]，苗族神话中的雷公将洪水中的谷种收入自己的谷仓[②]，黎族神话里的雷公也主宰着天地的一切[③]，雷神以自然神的形象出现，在较为原始的思维里，先民并未形成完整的神灵体系观念，天神的概念仍比较模糊，而雷电在自然界中的强大威力令人震撼，在万物有灵的信仰观念下，雷电化身的神灵似乎已是万物的主宰，因而它在最初拥有较高的地位，这在世界范围内都具有普遍的意义，如西方希腊神话中的众神之王就是雷神宙斯，北欧神话中的雷神索尔也具有至高的地位，而随着神灵体系的完善，雷公的地位逐渐让位于天神，像瑶族神话的雷公仅是与雨神配合行雨的神，受命于天王，在中国各民族神话中出现的雷神形象虽已被逐渐改变，但神话所保留的原始信仰遗迹仍有体现。

---

① 参见蓝鸿恩：《神弓宝剑》，中国民间文艺出版社 1985 年版，第 16—17 页。
② 参见《中国民间故事集成·贵州卷》，中国 ISBN 中心出版 2003 年版，第 32—33 页。
③ 参见《中国民间故事集成·海南卷》，中国 ISBN 中心出版 2002 年版，第 5—6 页。

第二，谷种神话中大洪水的时限。在白族和瑶族的神话中出现了洪水的具体时间期限，白族《人种与粮种》中是九十九天的降雨，瑶族《谷种、棉种、树种》中是十三年的降水，为何会出现降水时间的交代，降水时间又表现出如此大的差异，这里可以从两个方面进行考虑：首先，神话叙事是具有模糊性的，较为原始的神话一般不会对降水的时间进行规范，它到了一定的阶段便会退下，有的神话中的洪水从南天门一直退到地上，有的洪水从高山顶尖退到地面，有的洪水会从通天树的顶端退到树根，神话中人们的共同认识是上天降水不会毫无限制和节制，洪水至少不会淹没最高的山巅、树尖和天宫，人们发现洪水退去也不会计算具体的时间，而是通过放出去飞禽走兽来试探洪水是否仍存在，而随着神话的流传和演变，人们逐渐认识到可以根据各民族认知的不同来规定出洪水降世的期限；其次，神话叙事具有不确定性，人们只有在洪水之后才能计算出洪水发生了多长时间，因此对于规定洪水期限的表述，关键在于叙述者的立场，若这是神对人的告知，那么此期限便在神话中具有效力，像有的民族的神话中，雷公会将降水的时间期限告诉洪水中的兄妹，而若这是神话外的客观表述，那告知者便是在这洪水神话之外，他是对过去事情的描述，具有上帝的视角。其实无论是九十九天还是十三年都是时间长的虚指，对于连续十三年的洪水，人类是根本无法生存的，这种表述也只能出现在神话之中。

第三，谷种神话中大洪水的成因。首先，与女性浪费粮食的行为有关，如白族《人种与粮种》中的年轻母亲用一个饼饵块给孩子擦屁股，天神知道后降下暴雨[①]，羌族《粮食的来历和丢失》中的媳妇用馍馍皮给孩子擦屎，天神得知便降下大雨淹没大地[②]，此类神话与禁忌的设置有关，女性

① 参见施中林主编:《兰坪民间故事集成》，兰坪白族普米族自治县文化局1994年版，第3—4页。

② 参见《羌族文学简史》编写组编:《羌族民间文学资料集（一）》,《羌族文学简史》编写组1987年版，第3—5页。

在父系氏族社会中的分工以家庭劳务工作为主，她们在家中负责粮食的制作和使用，为了更限制女性的社会地位，规范女性在家中的行为功能，神话中极有可能设定对女性的禁忌，并将浪费粮食的行为归咎于妇女。其次，与人的懒惰相关，如彝族《人类起源》中的第三代人心不好、懒惰并且糟蹋粮食，天神派武姆勒娃发水换这代人[①]，它所表现的原因与洪水神话的发生有直接关联，人心的变坏便是天神换人的重要原因，天神降下洪水，淹没了一代人和神所赐予的谷种，之后便出现了洪水神话的重要母题，兄妹婚生人类，开创新一代人的生活，而谷种在兄妹的时代再次出现，因此彝族的这则神话既与天地、人类、万物的起源有关，又通过洪水神话将人类和万物的再生联系起来。像汉族《麦穗传说》中的女人用面饼给孩子垫屁股，玉帝便不再降米面而让人种五谷，五谷满身是穗，人又懒惰起来，玉帝派水神降大水淹死五谷[②]，神话侧重表现的是神两次赐予人间谷种的行为，初次赐予人类粮食是天降米面，玉帝因为人类的恶行而收回谷种，随即又赐予人间谷种，玉帝的善行并未能使人们认清珍惜粮食的重要意义，洪水是对人类的最好的惩罚，此处的洪水与彝族神话又不同，彝族中的洪水索要的是万物的生命，而汉族神话中的玉帝只是通过洪水来淹死五谷，他无意于索取人间所有的生命。再次，与神盗取谷种有关，像瑶族《谷种、棉种、树种》中的天女将谷种等从天宫中偷出赐予人间，天女因黑毛牛怪的举报而获罪，受到了天王严厉的处罚，而人间也因为得到了谷种而被连坐，天王降下了十三年的大水[③]，可见天王、黑毛牛怪都不希望人间获得谷种，不仅在瑶族的这篇神话中，其他民族的相关神话也表现了

① 参见陶立璠、赵桂芳等编:《中国少数民族神话汇编: 人类起源篇》，中央民族学院科研处1984年版，第101—103页。

② 参见汝南县民间文学集成编委会编:《中国民间文学集成·河南汝南县卷》，汝南县民间文学集成编委会1991年版，第8—9页。

③ 参见周隆渊主编，黔南文学艺术研究室编:《射岩箭》，贵州人民出版社1987年版，第109—112页。

天神不愿人间获得谷种的思想，天神本应为人类的幸福着想，但为何会出现如此行为，在神话发展的最初阶段，阶级观念尚不突出，人们相信万物背后都有灵魂或有相应的神灵控制，因此对自然界的风雷雨雪和山川河流都充满了敬畏之情，认为对其祭祀能够得到各路神灵的庇佑，而随着神话发展出现了统治阶级，它已与人间社会的情况相类似，有的神话中已经出现对主神的反抗，在这一类神话中，主神享有至高无上的权力、拥有不可企及的财富，他们与人间的统治阶级相似，都不会轻易与百姓分享这些宝贵的资源，神话也是先民对社会的一种呐喊，因此神话中会出现如瑶族神话所表现的情况，天神与黑毛牛怪一同抵制人类拥有谷种的行为，这则神话实际上是惩罚人类的又一变体。

二、洪水母题中的重要情节

洪水神话所表达的是关于人类和万物再生的思考，而谷种神话中的洪水问题则是对人类浪费粮食的反思和谷种再次起源的探究，谷种神话中所存在的洪水母题将两类神话共性表达的文化内涵彰显而出。从文本内容来看，洪水神话中有关于谷种的保护是其中较为重要的情节，它涉及了神、人或动物的具体行为，其中有的文本也会与特定的兄妹婚产生关联，在该类母题的设定中，谷种在洪水之前便已存在，洪水来临之前或之后的保护行为则与谷种的第二次诞生有关，他们的具体行为表现为两类。

一类是神人在洪水中保护谷种。神人对谷种的保护基本上发生在洪水神话时期，此类文本主要有哈尼族的《窝果策尼果》、瑶族的《谢古婆与格怀》、壮族的《尝新节》等，这几篇神话中，瑶族的卜罗陀的身份是介于神与人之间的神性人物，哈尼族和壮族中洪水后的兄妹则是人祖和文化英雄的形象。他们都在洪水中保存了谷种，方式却不同，这里试将其进行比较，具体情况见表 13：

表 13　与谷种和洪水有关的保护母题的文本比较

篇目名称	《窝果策尼果》①	《谢古婆与格怀》②	《尝新节》③
所属民族	哈尼族	瑶族	壮族
代表序号	[14.1]	[45.19]	[49.1]
分布地域	云南省	—	云南省曲靖市
神话背景	洪水前	洪水前	洪水时
保护谷种者	兄妹	卜罗陀	兄妹
保护方式	藏起谷种	藏起谷种	藏起谷种
谷种位置	葫芦中妹妹的手指甲里	最高白崖的第九个岩洞	撒狗毛里
相关备注	哥哥手脚指甲藏牲畜种	牲畜种与谷种位置相同	让狗先走

通过表 13 所列能发现两个问题：首先，哈尼族和瑶族在洪水前就已经藏好谷种，说明他们已经预知了洪水的产生，通过比较洪水神话可知，这大概与神的报恩或怜悯的行为有关，而壮族神话中藏谷种的行为发生在洪水来临时，说明他们并未提前预知这一灾难的发生；其次，他们藏谷种的位置不同，从神话的表述可知，瑶族神话中的文化英雄卜罗陀在洪水到来前做了充分的准备，他选取了最高的白崖作为藏物品的地点，并把所有的东西进行分类放置，将牲畜和谷种放在第九个洞中，这样的地点虽然不会被洪水冲到，也不会轻易被人发现，可见在洪水来之前，卜罗陀对此有过精心的设计和考虑，哈尼族神话中的兄妹虽没有瑶族卜罗陀的思考细腻，从兄妹将不同类型的种子分别放置于手脚指甲之中的行为来看，他们也是做了一番准备，如哥哥的手指甲中是六畜种、脚指甲中是野畜种，其分类已将家畜和野畜作了区分，而壮族神话中的兄妹，在洪水来临之时，把谷种撒在狗毛里之后就让它先走，

① 参见普学旺、左玉堂主编：《云南少数民族古典史诗全集（上卷）》，云南教育出版社 2009 年版，第 416 页。

② 参见姚宝瑄主编：《中国各民族神话·瑶族》，书海出版社 2014 年版，第 200—205 页。

③ 参见黄忠堂主编：《师宗县民间文学续集·壮族故事歌谣》，云南美术出版社 2015 年版，第 90 页。

其行动较为慌张，藏在狗毛里也是非常冒险的行为，好在洪水退后兄妹在狗身上找回了种子。此外，在上述哈尼族文本中，对于兄妹指甲藏谷种的母题则需要结合盗取型神话的文本进行具体分析。

另一类是动物在洪水中保护谷种。动物在洪水中也起到了较为重要的作用，这些动物主要以飞鸟和狗为主，如傣族《麻雀救谷种》中的麻雀在洪水上取种[①]，哈尼族神话中的奴凑鸟在洪水后从大落水洞边上找到一穗金色稻种[②]，麻雀等飞鸟是谷种神话中出现较多的意象，在一些民族和地区之中，它们的形象甚至已被神化，如浙江奉化地区的麻雀已被奉为谷神，认为是麻雀将天上的谷种带到人间，民间有二月十九日祭麻雀的风俗，同时当地还有谷神送子的说法，这都是对飞鸟崇拜观念的体现。狗在谷种起源过程中更起到了关键作用，很多民族的谷种神话中，狗不仅是谷种的实际获得者，也是谷种的保护者，像汉族《尝新先喂狗》里几只从洪水中逃命的狗的头上沾满稻谷[③]，蒙古族《种五谷和养狗》中的狗用腿压住种籽的方式保留了洪水中的谷种[④]，神话中的洪水也成了一种分水岭，汉族神话中的人们在洪水前后一般是过着截然相反的两种生活，洪水前有享用不尽的谷种和洪水后的求之不得形成了鲜明的对比，而蒙古族在洪水前后则是分别处于狩猎和农耕两种生活状态，似乎是这场洪水开启了他们的农耕生活，保护母题中的谷种其实在洪水之前便已产生，狗在洪水中所获得的谷种应是原有的或其他民族淹没在洪水中的粮种，从蒙古族能够认识五谷种、知道如何耕作谷子的情况可知，早在洪水之前人们便熟知或见过五谷，只是在此之前并未得到粮种，神话借助洪水的形式使蒙古人获得谷种并开始了农耕文明。

在谷种神话的洪水母题中，还有其他的辅助情节，诸如喊谷种和斗五谷等

① 参见《中国各民族宗教与神话大词典》，学苑出版社 1993 年版，第 84 页。

② 参见陶阳、牟钟秀:《中国创世神话》，上海人民出版社 2006 年版，第 209 页。

③ 参见罗杨总主编:《中国民间故事丛书·浙江温州·泰顺卷》，知识产权出版社 2016 年版，第 44—45 页。

④ 参见《中国民间故事集成·青海卷》，中国 ISBN 中心出版 2007 年版，第 247—248 页。

情节的设定。洪水母题中的喊谷种情节，如哈尼族《喊谷种》讲，洪水后所有的谷种都被龙收走了，一个叫克玛的妇人与匹优姑娘、罗披男子一起去远方喊回了谷种[①]，其中有三个问题需要说明：首先，用喊的方式叫回谷种，这似乎与叫谷魂的观念有关，在南方很多民族的谷种神话都曾有叫谷魂的说法，它应是特定仪式中的一种祭词；其次，寻取谷种队伍中的女性应是负责人，哈尼族人称母狗为克玛，如哈尼族史诗《奥色密色》中的狗（克玛）本是天王之女，她对人间的帮助更是得到了本族人的认可，这里妇人的名姓为克玛，应该也在暗示她在取种过程中的重要地位，实际上这也与女性最初发现谷种的事实较为符合；再次，谷种被龙收走的情节，在哈尼族史诗中塔婆的儿子就是龙，也是龙将谷种赐予了人间，因而这样叙述也符合哈尼族的文化认知。洪水母题中的斗谷种情节，如汉族《打五谷》流传于青海西宁地区，神话讲洪水后，人皇带人找五谷，想要掌管天下的五谷神灵与人皇开战，战败之后才服从于人皇[②]，这种斗争取种的形式较为独特，它将五谷进行了人性化的描述，而流传于河北邢台市隆尧县的汉族另一篇神话也有类似的说法，天神让人皇和五谷在地上生长，五谷不供养人类便与之开战，由于人皇指挥有方，五谷战败并屈服于人类[③]。神话中为何会出现人与谷种争斗的场景，实则其中有三个方面因素：首先，在先民的认识中，谷种是有谷魂存在的，这使谷种具有了人性的部分特征，因而产生了上述神话的独特想象；其次，神话中人与五谷的争斗实则就是对人类战争的还原，它展现出了特定时期内氏族间利益之争的场景；最后，人皇与五谷神开战又是人与神之间的斗争，神话也不加掩饰地指出这是为了争夺对天下的控制权，它们应该都是较为强大的部族，就如同上古时期的炎黄之争就是为了争夺对中原地区的控制，神话中的五谷神也可能代表与神农氏族相似的部族。

---

① 参见李子贤：《探寻一个尚未崩溃的神话王国——中国西南少数民族神话研究》，云南人民出版社 1991 年版，第 250 页。

② 参见《中国民间故事集成·青海卷》，中国 ISBN 中心出版 2007 年版，第 18—19 页。

③ 参见《中国民间故事集成·河北卷》，中国 ISBN 中心出版 2003 年版，第 16—17 页。

第二节

谷种神话中的死亡母题

死亡母题也是谷种神话里十分常见的母题之一，神、人、动物都会通过被杀或者主动献出生命的方式使人类获得谷种，但这种方法的深层含义又不是神话的表层叙事所言明的，如台湾排湾人神话中的女性取种被压死、被烫死，苗族神话中的三兄弟主动化作谷物，藏族神话中的佛祖弟子化为五谷和牲畜，汉族神话中的狗求谷种而跪死，这些不同方式的死亡都在不同的文本中表达了各自的深意，不过在与谷种起源和死亡相关的母题中，最有特点的便是被杀的神灵（或称被杀的女神）、被杀的动物、死而复生三类，虽然文本数量有限，但其文化内涵却值得深入探究。

一、被杀的神灵

在谷种神话中，神的死亡与谷种的诞生之间有一定的关联，在中国与被杀的神灵相关的谷种神话主要集中在汉族、满族、布依族、佤族等民族之中，现有的此类母题的文本数量并不多，根据内容的不同可以将其划分为如下三种情况：其一，被杀的神灵是谷种的守护者和取种的阻碍者，神被文化英雄打死之后，人间才可获得谷种，如布依族《茫耶寻谷种》中的茫耶在神洞口的第一道门中砍死了黑脸洞神和红脸洞神，第二道、第三道门中分别消灭了白虎和大神雀，神在此处已经成为人类获取谷种的最大阻力，杀死神灵而获取谷种是最为有效而直接的方式，神话中此类母题较少出现，却表达了早期先民较为原始的思想，它从侧面反映了当时人们生存的状态，人类需要通过抗争来取得生的希望，以神为代表的统治阶级显然是掌握着绝对的生产和生活资源，通过人杀死神的形式不难看出，当时的先民所具有的反抗意识和人类获求生存的艰难；其二，被杀的神灵复生，如佤族神话《烟斯》是较为典型的此类神话，在之后的复生母题中会结合此篇文本着重进行研究；其三，被杀的神灵的尸体变成谷物，如汉族的《荞麦的来历》《玉米的来历》、满族的《水仙格格》文本，该母题在日本、印度尼西亚、菲律宾、泰国等国家的神话中也广为流传，这里便从如下四个方面对此母题加以分析。

（一）被杀神的形象

在中外有关化生母题的谷种神话中，被杀的神灵基本以女性神居多，所以该母题有时又被称为被杀的女神，当然也有男孩和天神（男神）的形象出现，如中国满族的《水仙格格》、汉族的《荞麦的来历》《玉米的来历》、日本《古事记》和《日本书纪》中所载的神话、印度尼西亚的《被杀的女神》《稻子的由来》《稻谷女神卢英》《兄妹之死》《连体稻》、菲律宾的《人类和稻谷》和泰国的神话这 12 篇文本都涉及该类母题。

女性作为谷神或掌谷者的形象出现是较为普遍的情况。中国满族神话中的水仙格格、日本神话中的大气津比卖神和保食神、泰国神话中的稻谷女神，其形象都是掌管粮食的谷神，印度尼西亚神话中的斯丽，她是纳拉塔神眼泪化成的蛋所生，在众神之首古鲁神的妻子乌玛的奶水哺育下成长，是古鲁神的养女，现今当地的人们仍把稻子称作桑扬·斯丽[①]，而且在该国的很多神话中都能见到斯丽女神与谷种之间的联系，因而可以初步确定斯丽是谷神的形象。女性神作为谷神或者谷物的管理者的形象出现，这在中国的谷种神话中较为普遍，具体情况见表 14：

① 参见张玉安主编：《东方神话传说（第 7 卷）》，北京大学出版社 1999 年版，第 104 页。

表 14　掌管谷种的女神及神性人物名称

民族	女神 / 神性人物	民族	女神 / 神性人物
布依族	青龙公主	珞巴族	女乌佑
朝鲜族	神母、梦中老太太	满族	神农婆、百谷仙姑
傣族	谷神（女）	苗族	王母娘娘、女神
高山族	粟女神	水族	种田仙女
哈尼族	天王之女、女天神	土家族	五谷娘娘
汉族	王母娘娘、麦奶奶、雨雪娘娘	佤族	一个姑娘
景颇族	太阳母亲	瑶族	五谷姑娘
拉祜族	仙姑	彝族	水王（女）
傈僳族	王母娘娘、小兔姑娘	藏族	三个姑娘

谷神或谷种的掌控者以女性的形象出现应当有如下几个方面的寓意：首先，在母系氏族社会时期出现了较为原始的宗教信仰观念，对女性崇拜观念也体现出了女性在当时所具有的较高社会地位，女性神的形象多是部落氏族的首领或祖先；其次，在无法进行科学认知的先民社会中，女性的生殖力和创造生命的能力是神秘且神圣的，人们认为女性的生育与谷种的孕育存在着某种关联，崇敬女性也即对丰收祈望的另一种表达；再次，在万物有灵观念的影响下，谷种也被认为附有某种神灵，像泰国在收割之时还要举行请稻魂的仪式[①]，认为稻谷女神是附于谷种之上的保护神灵；最后，在更为原始的社会观念中，神灵性别意识的观念并不凸显，而男女神观念的出现则同氏族社会中的社会分工和社会地位的不同有直接关系，像出现了专门负责谷种的女神。

男神与谷种也存在一定的关联。汉族《玉米的来历》中上帝派一位长得

① 参见［泰］希拉蓬·纳塔朗：《故事中的傣泰民族》（泰文），泰国民意出版社 2002 年版，第 101—103 页，转引自金勇：《泰国民间文学》，宁夏人民教育出版社 2011 年版，第 33—35 页。

凶恶的天神下凡[①]，作为神的使者本应在人间大旱的时候赐予人们谷种，但神却选择了挑衅人的方式，从天神死后化为玉米的情况可知，他应是谷种的赐予者和掌管者。在菲律宾神话《人类和谷物》中，全能上帝苏瓦拉抚摸日出宫中间的雕像而使其变为男人，又从他的肋骨中创造了第一个女人，他们所生的儿子被魔王所换的毒药毒死，埋葬了小男孩后，他的身体长出了不同的庄稼[②]，如果从最初的一对男女生人的情节来看，这个小男孩应是人的形象，但从后文他化成不同作物的情节可见，他应是具有神性的一类人，因而可以将他置于被杀神灵的母题之中，他既然能够变成作物，那他的形象和地位应与其他的谷神是类似的，不应该因为他的外形和年龄而忽略其所具有的神的属性。

（二）神被杀的原因

在谷种神话中，神灵被杀的原因有很多，综合目前搜集到的文本，这里仅对如下三个最为重要且文化内涵丰富的原因进行阐释。

第一，因秽物而被杀。在日本《古事记》中，“（建速须佐之男命）又乞食于大气津比卖神，于是大气津比卖神从口鼻及肛门取出种种美味，做成种种食品而进之。建速须佐之男命窥见她的所为，以为她以秽物相食，遂杀大气津比卖神”[③]，而《日本书纪》的记载也较与之接近，“（保食神）回头向陆地看，便从自己的口中吐出米饭；又回头向海，则从口中吐出大鱼、小鱼等海鲜；仰头向山，从口中吐出兽肉、鸟肉”，这样的食物被月神认为是“多么污秽，多么鄙陋，你怎么可以用口吐之物来供养我呢”！[④]这些神话中为何会出现污秽之物是美食和珍贵物件的说法：首先，这与早期先民的认识观念有关，当与中国的谷种神话进行比较时便会发现，中国存在有很多类似的说法，

① 参见内黄县民间文学集成编委会编：《中国民间故事·河南内黄县卷》，内黄县民间文学集成编委会1990年版，第154页。

② 参见张玉安主编：《东方神话传说（第6卷）》，北京大学出版社1999年版，第281—282页。

③ ［日］安万侣：《古事记》，周作人译，上海人民出版社2015年版，第24页。

④ 王金林：《日本人的原始信仰》，宁夏人民出版社2004年版，第54页。

如早在 1934 年林兰编辑的《相思树》中就记载有这样的说法，“唐僧西天取经时，发现红白萝卜，让孙行者带回种植，孙行者拿了一个塞在肛门里带回”①，这则流传于江苏南通的文本与上面的污秽观念极为类似。此外，中国还有将谷种藏于口、耳、鼻和生殖器中的神话，像在台湾卑南人的神话中有“偷黍的卑南人将黍藏在生殖器里带回部落”②的说法，在先民的认识中，将食物藏于它们之中并没有不尊重的意味。其次，所处的立场和视角不同，对于保食神等圣灵而言，她们获取食物的行为似乎并无错误，但在以月神为代表的阶级神看来，这就是污秽之物，其实这也反映了该类神话多出现在阶级社会时期，等级和道德观念都已存在，人们会按照社会的既定秩序和道德规则行事，但保食神仍是较为原始的思维观念的代表，神话从侧面表现了两种社会思维的碰撞，阶级社会的存在也必然要将原始社会的遗存消灭，因而像大气津比卖神等的死亡，也是社会与时代发展的必要需求。最后，这种污秽之物是神的能力的一种表现形式，像保食神看到大地而吐出米饭，看到海洋而吐出海鲜，这种独特的想象比较符合原始思维接触律的思想，而且更像是一种原始巫术的行为，神话中的米饭与大地、海鲜与海洋都有特定的关联，通过看相似物的方式便能够吐出特定的食物，这也是作为谷神所具有的特定神力，不过这样的神力对于建速须佐之男命或月神等神灵而言则显得不可理解和接受。

第二，因婚姻而被杀。如流传在印度尼西亚的爪哇、巴里地区的《稻子的由来》讲，纳拉塔神眼泪化成的蛋生出了女婴斯丽，众神之首古鲁神的妻子乌玛用奶水喂养她，她长大后古鲁神要娶她为妻，众神反对，于是派人逼斯丽喝下毒酒③，神话中已经出现了伦理道德观念，众神反对的理由便是父女不可成婚，即使是养父和养女的关系也不可以僭越伦理，这与早期的兄妹婚、

① 林兰编:《相思树》，北新书局 1934 年版，第 78—79 页。

② 鹿忆鹿:《偷盗谷物型神话——台湾原住民族的粟种起源神话》,《西北民族研究》2014 年第 1 期。

③ 参见张玉安主编:《东方神话传说（第 7 卷）》，北京大学出版社 1999 年版，第 102—104 页。

姐弟婚、父女婚等亲缘婚形成了鲜明的对比，这种婚姻观念也是时代进步的表现。在印度尼西亚的另一则神话《连体稻》中，蒂斯娜违背父亲古鲁神的意愿，在嫁给人间的农夫后被父亲变为稻子，之后古鲁神为了成全农夫也将其变成了稻子[①]，神话中的婚姻以悲剧收场，人与神之间的婚姻是不被认可的，这显然是等级观念的展现，即权力阶层是不会与平民阶层通婚的，这在特定时期和特定地域内是广泛存在的现象，神话中的蒂斯娜看似被变成了稻子，实则就意味着她不仅失去了神的身份，同样也付出了生命的代价。

第三，因饥荒而被杀。如泰国神话中的土地神让一对快要饿死的老夫妇念咒，稻谷女神心生怜悯而现身，土地神抓住稻谷女神的翅膀和尾羽，从他身上掉下各种谷物的颗粒，稻谷女神窒息而死，身体变成了石头，人们有了各种可供种植的种子[②]，神话中有两个情节比较特别，其一是念咒，用念咒语的形式召唤谷神似乎与原始的祭祀活动有关，在其他民族的祭祀典礼和请神活动中也会出现类似的情况；其二是神之间的争斗，这里的稻谷女神显然是被土地神勒死的，如果神之间存在着一定的等级观念，那这种相互伤害的情况应很少存在，若神之间的斗争是对早期氏族部落间战斗的反映，那此类神杀死另一个神的情况便不难理解。再如，流传在印度尼西亚的加里曼丹地区的《稻谷女神卢英》也是人因为饥荒而杀神的文本，神话说加里曼丹岛的灵沃村久旱无雨，族长得到祖先的启示后得知，有罪的人献出生命用鲜血滋养干裂的土地才可以避免饥荒的继续，族长的女儿卢英甘愿献身，她被杀之后，鲜血渗入干裂的泥土，大自然恢复了往日的生机，卢英的坟前也长出了一种金黄的穗状物，这就是稻子，卢英也被当地奉为稻谷女神[③]，这篇神话反映了两个问题：首先，神话里被杀的是人，但是由于卢英牺牲了自己，而且她的

---

① 参见张玉安主编：《东方神话传说（第 7 卷）》，北京大学出版社 1999 年版，第 109—111 页。

② 参见［泰］希拉蓬·纳塔朗：《故事中的傣泰民族》（泰文），泰国民意出版社 2002 年版，第 101—103 页，转引自金勇：《泰国民间文学》，宁夏人民教育出版社 2011 年版，第 33—35 页。

③ 参见张玉安主编：《东方神话传说（第 7 卷）》，北京大学出版社 1999 年版，第 92—94 页。

坟前出现了人们未曾见过的稻子，这样她便被奉为谷神，因而仍可将此文本视为被杀女神的母题；其次，用鲜血滋养土地的说法，这极有可能是早期活人献祭的体现，用活人的鲜血祭天地以求五谷丰登的情况也确实存在，而且血作为一种独特的意象确实有着一定的深意，像满族神话中的水仙格格死后，她的红血被人们引进一片田地里，田地中便钻出粗壮的黏谷和金苞米，血水是水仙姑娘身体的一部分，血水化为谷种与雨雪变化为谷种的母题具有一定的相似性，水是滋养谷种生长的重要因素，此时的血水具有了神性，它又可能与农业的祭祀活动相关，像日本《播磨国风土记》中的一则神话讲太水神用鹿血耕耘田地[①]，这是将宰杀鹿的血洒入耕田的客观描述，以鹿血祭祀主要就是为了祈求农业生产的丰收。

（三）神被杀的方式

神本身具有一定的神性，而且拥有与凡人不同的能力，不过在谷种神话中，神被杀的方法却基本与凡人相似，这里主要以如下四种方式进行说明。

斩杀的方式。如《日本书纪》中的月神是用剑斩杀了保食神，印度尼西亚《稻谷女神卢英》中的卢英是被刽子手所斩杀，这种被杀方式应是较为直观而直接的，这里的问题在于人在成为神之前被杀，其方式是能够为人们所理解，不过保食神作为具有一定神力的神，她看到陆地就能吐出大米、看到大海就能吐出海鲜，可是月神单凭一把剑便能将其斩杀，这也令人觉得惊奇，据后文称，就连天照大神也复活不了已死的保食神，这才对月神进行了惩罚，可见此处月神所用的剑和斩杀的方式都非比寻常，而且从月神对保食神的斩杀也可以判断出月神具有较高的地位。

毒杀的方式。像菲律宾《人类和谷物》中的祖先从上帝处取药返回的过程中，被魔鬼以毒药调包，这才使得男孩身死，同样在印度尼西亚《稻子的由来》中的女神斯丽也是被众神逼着服用了毒药而死，在这两篇神话中，毒

① 参见王金林:《日本人的原始信仰》，宁夏人民出版社2004年版，第39页。

药都分别为魔鬼和众神所掌握，魔鬼使用毒药是与其身份相符合，众神使用毒药却与其身份地位不相称。从毒药的出现和使用的情形来看，男孩作为具有神性的人中毒身亡可以理解，不过斯丽女神中毒而死确实比较独特，具有神性的神竟然会和人间的人一样经不住毒药，在中国的谷种神话中只有神农等文化英雄在尝百草寻谷种的过程中才会中毒，毒药、草药和谷种也就在这样的寻找和尝试之中区分开来。

战斗的方式。如满族的《水仙格格》中的水仙格格与蛇王在莲花泡争斗后战死，她的血水化为了特定的谷物①，汉族《玉米的来历》中的天神被人们打死安葬后，埋葬的地里出现了玉米②，前一篇战斗是出于正义的保卫行为，后一篇则更像是一种斗殴的行径，不过它们都是通过战斗让对方结束了自己的生命，从而使自己的身体转化为人们的粮食。后一篇神话中天神主动要求人们打败自己的行为似乎有违常理，上帝派天神下凡的目的便是赐予人间谷种，天神没有必要在此发动挑衅行为，而且即便天神要求人们打败自己才能得到谷种，人们也没有必要打死天神，这种行为实际上就是人对神或统治阶级的一种反抗与斗争，在早期的观念中，神不但拥有不可估的能力和长久的生命，还有不可挑衅的权威，不过神话却表达了人可以战胜神的观念，这是一种与原始信仰观念较为不同的理念，这一观念的产生与人们对统治阶级的不满有直接关联。

活埋的方式。如印度尼西亚《被杀的女神》中从椰树花中诞生的少女，她将自己排泄出来的珍贵物件赠送给人们，却引得大家的嫉妒和白眼，人们便在第九个夜晚将其推入坑中埋上③，用土掩埋活人的方式多在惩罚和殉葬的

① 参见富育光讲述、荆文礼整理：《苏木妈妈　创世神话与传说》，吉林人民出版社2009年版，第162—167页。

② 参见内黄县民间文学集成编委会编：《中国民间故事·河南内黄县卷》，内黄县民间文学集成编委会1990年版，第154页。

③ 参见张玉安主编：《东方神话传说（第7卷）》，北京大学出版社1999年版，第96页。

时候使用，这里她的珍贵宝贝是通过排泄的渠道获得的，这对于已经形成一定道德观念的社会来说，是一种极具侮辱性的行为，而且她可以随时创造出这些珍宝，因而在财产私有的社会中会招致一部分人心理上的嫉妒，基于这两种原因，人们便会采取比较激烈的方法惩罚她，活埋坑杀是较为古老的惩罚方式。但从少女出生的方式和她所表现的行为特征来看，她应该具有一定的神性，因而神话中人们在第九个夜晚将她活埋似乎也有深意，这种方式确实也使其失去生命。

（四）特定部位化生

与被杀的神灵有关的谷种神话中，神的尸体有时会直接变成稻子或玉米一类植物，有的是身体的各个部分都发生变化，如《古事记》中有这样记载的："从被杀的神的身体上生出诸物：头上生蚕，两眼生稻，两耳生粟，鼻生小豆，阴部生麦，肛门生大豆。神产巢日御祖命使人采集，即为谷类之种子。"[①] 从这段神话的叙事中可见，神的身体的从头部到下体都变化成了不同的谷物，其实在《日本书纪》和菲律宾、印度尼西亚的相关神话中也有类似的描写，这里便将这几篇文本进行比较，具体情况见表 15：

表 15　被杀的女神化生的典型文本比较

篇目名称	《谷物的种子》	—	《稻子的由来》
出处	《古事记》	《日本书纪》[②]	《东方神话传说（第 7 卷）》[③]
所属国家	日本	日本	印度尼西亚
被杀神	大气津比卖神	保食神	斯丽
性别	女性	女性	女性
被杀原因	以移物相食	以移物相食	众神反对主神娶他的养女

① ［日］安万侣：《古事记》，周作人译，上海人民出版社 2015 年版，第 24 页。

② 参见王金林：《日本人的原始信仰》，宁夏人民出版社 2004 年版，第 54 页。

③ 参见张玉安主编：《东方神话传说（第 7 卷）》，北京大学出版社 1999 年版，第 102—104 页。

续表

杀害方式	—	用剑斩杀	喝毒酒
杀神者	建速须佐之男命	月神	众神
化生谷物	头上生蚕；两眼生稻；两耳生粟；鼻生小豆；阴部生麦；肛门生大豆。	顶化牛马；颅上生粟；肩上生茧；眼中生稗；腹中生稻；阴中生麦及大豆、小豆。	头部长出椰树；眼部长出稻子；胸部长出糯稻；腹部长桄榔树。

从表15可见，这几篇神话中的神或神性人物都在特定的身体部位中化生出谷种，这样的化生行为多出现在创世神话之中，对于此类化生的方式，像《五运历年记》中的盘古在身死之时，“左眼为日，右眼为月，四肢五体，为四极五岳，血液为江河，筋脉为地里，肌肉为田土，发髭为星辰，皮毛为草木，齿骨为金石，精髓为珠玉，汗流为雨泽”①，特定的意象一定有相应的内涵与之对应，如人的眼睛与日月、血液与江河都是有对应关系的，谷种神话中的化生又与人类起源中的描述有所不同，主要体现在两个方面。

一方面是与女性生殖相关的化生，如《古事记》中女神的阴部生麦子，《日本书纪》中女神的腹中生稻、阴部生麦子和大豆，印度尼西亚神话中女神的胸部长出糯稻、腹部长出桄榔树，这里的阴部、胸部和腹部都是女性较为明显的生殖器官，在很多的母系氏族崇拜观念的遗存中，都能见到诸如将女性的胸部和腹部突出的雕像，神话将其运用到谷种的起源问题上，表现了至少两个层面的含义：首先，神话体现了较为原始的女性崇拜和生殖崇拜的观念，着重突出了腹部、胸部和阴部的生育功能；其次，对谷种做了人性化的描述，认为谷种和人的诞生有着相似之处，女性作为母体是可以孕育出有生命的谷种，而至于这些部位为何会长出不同的谷物，这便与原始先民的关联性的想象有关。

另一方面是与头部器官相关的化生，在这些神话中，人的头顶、眼睛、

① 陈钧编著：《创世神话》，东方出版社1997年版，第128页。

鼻子、耳朵等器官都被认为会长出特定的谷物，比如较有共性的是眼中生稻，神话的表述一定是有隐喻含义，它并非真的是从眼睛中长出稻子，或者从头上长出椰子树，在人类起源神话中的眼睛与日月是有较为密切的联系，人们认为祖先神或创世神的双目是日月的化身，这是将眼睛和日月的意象相关联而形成的想象，眼睛在中国神话中有着较为独特的意象，彝族、纳西族等民族的洪水神话中，独眼睛时代、直眼睛时代都具有代表性，眼睛似乎与人类的文明产生了微妙的关系，横眼睛被认为具有文明的象征含义，像日本学者伊藤清司认为“一只眼睛和两只眼睛，同样两只眼睛的直眼和横眼的差异，可以认为是象征着从非人类社会到人类社会的进化”①，而鹿忆鹿根据不同的考古资料和文献记载提出了“眼睛可能原本是族群的标志”②的说法，此种提法有其合理的一面，在较为古老的时期，人们有可能将眼睛作为崇拜的对象。综合以上各种观点，眼中生稻可作如下理解：首先，从眼睛与日月的象征关系考虑，眼睛可以视为孕育谷物的器官；其次，眼睛若与文明的进化有关，那眼睛长出稻谷则可认为是农业文明的进步；再次，若眼睛与族群标志有关，那此处的隐喻便与该族群的稻作种植有关；最后，眼睛作为人身体的一部分已经成为孕育谷物的载体，可见人们认识到谷种对人类所具有的重要意义，这种神话的描述其实也从侧面展现了先民对谷种的崇敬之情。当然这只是对眼睛化为谷种的阐释，对于鼻子、耳朵等头部器官化为谷种的情况仍需具体分析。

二、被杀的动物

在谷种神话中，被杀的动物与谷种的获得有直接的关联，此类母题多出现在死体型神话之中，而且动物被杀的原因多是因为其腹内或者嗉子内藏有

① ［日］伊藤清司：《眼睛的象征——中国西南少数民族创世神话的研究》，马孝初、李子贤译，《民族译丛》1982年第6期。

② 鹿忆鹿：《眼睛的神话——从彝族一目神话、直目神话谈起》，《民俗研究》2003年第2期。

人类所需的谷种，为了能够维持人类的生存，文化英雄或特定的人会通过射杀动物、剖腹取种的方式获取谷种，有时动物也会主动吐出谷种，前者的方法多会危及动物的生命，而后者主动吐出谷种则不涉及动物的被杀害和死亡，所以只有腹内取种型含有被杀动物的母题，在前文的类型分析之中，本书已对腹内取种的情况进行了概括性的解读，在此类文本中，被杀的动物主要包括飞鸟、斑鸠、山鸽、野猪、鱼等动物，这里便以杀鱼取种的神话单独为例进行分析。从鱼腹内获取谷种的神话文本比较有限，目前搜集到的文本只有哈尼族的《十二奴局》和汉族的《女娲做笙簧》，它们在情节的描述方面有着较大的相似性和细节上的差异，试对其进行比较，具体情况见表 16：

表 16　杀鱼取种母题的文本比较

篇目名称	《十二奴局》[①]	《女娲做笙簧》[②]
所属民族	哈尼族	汉族
代表序号	[14.2]	[15.50]
文体形式	韵体	散体
分布地域	云南省	浙江省湖州市
神话背景	天降洪水之后，五谷种被冲走	洪水与抟土造人之后
谷种位置	天神告知人们，谷种就在鱼腹	女娲知道谷种在鱼腹
获取谷种者	九个姑娘，十个小伙儿	女娲
取谷准备	葛根藤织渔网，用铅巴坠渔网	照着蜘蛛网来做渔网
杀鱼取谷种	七个不同地方，杀七次才成功	—
鱼腹的内部	一共分为十层，每层都有种子	—
神话结局	人们栽种五谷及各种树种草种	女娲将谷种撒在地上

① 参见普学旺、左玉堂主编：《云南少数民族古典史诗全集（上卷）》，云南教育出版社 2009 年版，第 614—618 页。

② 参见陈建宪选编：《人神共舞：中国各族民间神话精品》，湖北人民出版社 1994 年版，第 195—196 页。

表 16 提炼了两篇文本中较为重要的信息和母题，从中可见流传在不同地域范围内的神话也可以存在共性，这种共通性与不同民族在特定时期所产生的共性思维有紧密关联。汉族神话虽然叙述得比较简单，但基本上已将鱼腹取种的主要情节展现出来，哈尼族神话更侧重叙述杀鱼的情节和鱼腹内部的层次。

从表 16 的文本比较中可见：首先，它们都出现在洪水之后的背景之下，谷种神话与洪水神话有着重要关联，在现有的谷种神话中，凡是与洪水相关的神话，多数情况下谷种是在洪水中失去的，人们需要重新依靠各种方式来找寻谷种。其次，鱼腹内存在谷种，哈尼族在鱼腹取种之前便曾有过谷种，鱼能够在洪水中将谷种占为己有，据此推测在汉族神话中，可能在洪水之前世上已有谷种的存在，但汉族神话的顺序却是从洪水到抟土造人再到谷种起源，如果女娲抟土造人的行为理解为这是人类的第二次起源，那么洪水后鱼腹取种的行为便是第二次得到谷种，若此假设成立，洪水前存在的谷种便在鱼腹之中，对于汉族与哈尼族的神话也可以从同一层面进行分析研究。再次，在取谷种的过程中发明了渔网，这里谷种与渔具的来源联系起来，在捕鱼业的发展过程中，渔网与狩猎的弓箭一样重要，这是人类文明进程的又一进步，而汉族神话则揭示了最初渔网创造的秘密，它极有可能是受到了蜘蛛网的启发而产生的，哈尼族用“葛根藤织渔网”，则是渔网改进后的产物。最后，它们都是通过杀鱼而获取谷种，汉族虽未表明杀鱼的行为，但如何才能从鱼腹内取种，恐怕不破腹杀鱼是办不到的。

此外，哈尼族与汉族的这两篇神话的文化内涵又有不同：首先，获取谷种者各有不同，哈尼族神话中天神是指导人类行动的幕后推动者，取谷的行为是由姑娘和小伙儿共同完成的，人类是完成这一行动的主力，而汉族神话中的取谷者是女娲，她是抟土造人的始祖，也是寻找谷种的文化英雄，取谷的行动则由她一人独立完成，这突出了她作为文化英雄的功业。其次，鱼腹的意象有所不同，汉族神话没有特殊强调鱼腹的意义，而哈尼族既把鱼腹内分层别类的状况描述出来，更凸显了以鱼腹作为大地的象征含义，在北方民族的一些创世神话之中，大鱼、青牛、金娃等动物都可以是大地的承载者或者它们本身就是大地，这样的意象又与哈尼族神话的表达很像，神话中鱼腹内部的十层放有不同的粮食种子和树种草种，其中第一到第八层的粮种都是每层三粒的比例，层次感和比例感很协调，这样的描述似在表现神话中谷种源于鱼腹的真实性与可信性，如果将鱼腹看作大地，那么腹内谷种的存在和生长也更能被理解。最后，杀鱼的方式有所不同，汉族神话并未说明如何杀鱼，而哈尼族则突出了杀鱼的困难，在江边、森林、田边、水井边、猪槽边、灶门前等地方都不能将其杀死，最后到了“哈扎比堵收机阿勒”之地才杀鱼成功，神话表明了杀鱼取种要选择合适的地方，但可能它所表现的是一种巫术仪式或祈祷行为，在换不同场所的过程中，人与大鱼的灵魂对话，在被大鱼认可之后，才能在某地进行取种的活动，这体现了人类获取谷种的神圣性和对大鱼敬畏的心理。

第三节

洪水和死亡的关联母题

谷种神话与洪水和死亡母题在神话中发生着交错的关联，当然除了如上介绍的母题之外，还有一些比较重要的母题也同时在谷种神话中与洪水和死亡母题交织在一处，如婚姻母题便与谷种、洪水等信息相互构成了较为完整的神话叙事；再有复生母题，实则是死亡母题在神话中的延续，这些母题都在神话中表现出了各自独特的文化内涵。

一、谷种神话中的婚姻母题

婚姻母题是神话中较为重要的一类母题，它可以出现在诸如创世神话、人类起源神话、文化起源神话、洪水神话等各个神话类别之中，它是很多神话中需要被解读的关键信息之一，理解婚姻母题的文化内涵对于从整体上解读神话具有一定的帮助作用，涉及谷种和洪水的共同的婚姻母题主要有人神婚和亲缘婚两类，按照洪水神话的叙事思维，在洪水淹没人间万物之后，若只剩下一人，那些人多为男性，且会通过上天与神女成婚的方式繁衍人类，这便形成了人神婚的母题，而若洪水后所剩为两人，他们多为有血缘关系的母子、父女、兄妹、姐弟等，并且在特定的环境下他们会结为夫妻共同孕育人类，这是亲缘婚的基本模式。目前搜集到的资料中有 32 篇文本含有此类母题。

（一）与人神婚有关的母题

人与神的婚姻是神话较有特色的描述，它主要是叙述遭遇洪水后的人上天，在经受了主神的各项考验之后便与天女成婚，在返回凡间的过程中得到了天神所赠予的谷物，此类情节在独龙族的《彭根朋上天娶媳妇》、蒙古族的《鲁俄俄》、纳西族的《宋则利力》、普米族的《帕米查列》、彝族的《开天辟地史》等9篇文本中都有存在，这里从如下两个方面对此类母题进行解读。

第一，人神婚是获取谷种的基本条件。人与神的婚姻形式是对人间婚俗的映射，当男子与神女确定婚姻关系之后，出嫁到夫家的女方要准备嫁妆，这里天神所准备的正是谷种、牲畜，这样的嫁妆在现代人看来是不可理解的，但在人们尚未步入农耕社会之前，这些都是能决定人类生存的重要资源保障，而且人与神的联姻标志着人不仅拥有了神灵集团作为依靠，更使人的后代具有了神性的血统，神话背后所传递的信息可能与氏族之间的联盟有关。此外，女性盗取谷种的行为又是出于自身利益的考虑，女子出嫁要跟随丈夫来到夫家，这是父权社会所约定的一种婚嫁形式，她将天神所珍贵的资源取走，一方面是为了夫家能有更好的生活；另一方面也是为自己稳定的生活提供了保障，这样人与神之间的婚姻便成了盗取谷种的基本条件。

第二，谷种作为人与神成婚的嫁妆。人通过与神缔结婚姻关系而获得神女从天上取来的谷种，这是谷种起源的另一种方式，如普米族的《直呆南木》、彝族的《举木惹牛》文本都属于此类，这两则神话都是人神婚和神取种的复合，普米族神话中天神将谷种作为人与神女成婚的嫁妆送给了人间①，因而谷种是被天上的神灵视为珍贵而重要的东西。彝族神话中的举木惹牛娶到了天王的三女儿，天女为人间带来了粮种②，这里的谷种虽未作为嫁妆带到人间，但从天女上天取种的行为可见，此处仍是依靠人与神的婚姻关系才使得人类获得了谷种。为何谷种的来源要与人神婚型发生联系，其实在早期社会中，氏族之间的征战多以资源和人口的掠夺为主，粮食更是氏族生存得以维

---

① 参见《中国各民族宗教与神话大词典》，学苑出版社1993年版，第520页。

② 参见谷德明编：《中国少数民族神话》，中国民间文艺出版社1987年版，第269—275页。

系和发展的基础，对粮食的争夺也可以通过氏族间联姻的形式来完成，它们形成了丰厚资源和强大武力的结合，这样形成的氏族联盟更巩固了氏族内部安定的生存空间，神话中的炎黄对蚩尤之战极有可能是两个部落联盟之间的争斗，这也应该是人与神联姻的现实基础。人与神的地位本不对等，普米族神话认识到人与神之间的婚姻，最终还是要回归到人与人（老三与灰姑娘成亲）[①]之间的关系上，人神之间的联姻定然有着某种相互利用的关系，人通过联姻获取神的生存资源和神性血统，神通过联姻完成对人间的深入掌控。

（二）与亲缘婚有关的母题

与谷种和洪水都有关联的亲缘婚神话中，兄妹婚神话有独龙族的《洪水泛滥》、哈尼族的《奥色密色》、傈僳族的《粮食种子的由来》、毛南族的《老鼠为什么偷吃》、苗族的《谷种是怎样来的》、羌族的《五谷粮食的来历》、彝族的《阿霹刹、洪水和人的祖先》等 17 篇文本，姐弟婚神话有白族的《人种与粮种》和景颇族的《人类始祖》两篇文本，姑侄婚神话只有瑶族的《洪水淹天的故事》一篇。从文本内容来看，谷种的起源与洪水神话的情节有直接或间接的关联。

洪水神话中最为常见的母题是神惩罚人类、天降洪水、人间兄妹婚繁衍人类，在兄妹成婚之前，洪水便淹没了世间的万物，其中有的神话更突出了谷种在洪水中失去的情节，如白族神话中天神降下暴雨就是为了淹没人间的粮食[②]，以此作为对人类浪费粮食行为的惩罚，在洪水之后，兄妹或姐弟等所剩的人类就面临着生存的问题，他们为了繁衍人类而成婚，为了生存而通过神赐予、动物寻取等谷种方式来获得谷种，这样亲缘婚便与谷种起源发生了直接联系。

洪水后的亲缘婚与谷种产生的先后顺序是不同的。首先，得到谷种之后

---

① 参见谷德明编:《中国少数民族神话》，中国民间文艺出版社 1987 年版，第 269—275 页。

② 参见施中林主编:《兰坪民间故事集成》，兰坪白族普米族自治县文化局 1994 年版，第 3—4 页。

再成婚，如彝族《阿霹刹、洪水和人的祖先》中的雷神赐予了兄妹二人各类谷种，一切具备后，兄妹才成婚繁衍人类①，而傈僳族的《傈僳的来源》中瓜里生出的一对男女在王母的指导下去种荞子②，他们成亲便是傈僳族的祖先，这里的男女也是在拥有一定的生活资料的基础上再成婚，他们共同在一个瓜里出生，其实也可以认为是兄妹婚神话的变体，瓜和葫芦等意象都与生育有关，这在南方民族的神话表述中比较普遍，此类神话中的谷种已经成为缔结婚姻的物质保障，将谷种的起源置于婚姻关系之前，便突出了谷种的重要地位和文化起源对于人类繁衍的重要意义；其次，成婚之后取得谷种，如羌族《五谷粮食的来历》中的兄妹成婚后没有粮食可吃，便请狗为他们上天向老天爷要谷种③，瑶族《洪水淹天的故事》中的莎方三和房十六姑侄成亲后生下葫芦，他们又造五谷④，此时随着亲缘婚关系的建立，人们便认识到维持生计稳定的重要性，将婚姻关系置于谷种起源之前，实则表明此类神话是亲缘婚关系下的谷种起源，而且在有的神话中，寻取或创造谷种、进行耕作只是亲缘婚之后人类所作的一项功绩，还有许多文化的起源也多是在洪水神话中的亲缘婚建立之后才出现的。

与洪水和亲缘婚有关的谷种起源方式也有不同。在谷种神话中，兄妹或姐弟建立婚姻关系之前或者之后，他们会采取不同的方式获得谷种，这里主要有如下三类谷种来源的渠道：首先，赠赐型，如哈尼族的《奥颠米颠》中洪水后走出葫芦的兄妹成亲后，女天神阿波米淹为他们送来种籽⑤，珞巴族

① 参见李子贤编：《云南少数民族神话选》，云南人民出版社 1990 年版，第 10—13 页。

② 参见管树华主编：《中国民间文学集成·攀枝花市故事卷》，四川民族出版社 1990 年版，第 13—14 页。

③ 参见姚宝瑄主编：《中国各民族神话·羌族》，书海出版社 2014 年版，第 15—16 页。

④ 参见中国民间文艺研究会广东分会主编：《甘基王》，花城出版社 1984 年版，第 1—8 页。

⑤ 参见李子贤编：《云南少数民族神话选》，云南人民出版社 1990 年版，第 115—118 页。

《种子的来历》中洪水后兄妹婚生的女儿得到了母猪所赠的各类谷物[①]，通过赐予的方式获得谷种是人类早期的独特思考，实则在农业社会初期，女性可能是谷种的实际拥有者，并且通过占有资源而形成了一定的社会地位，这其实也从另一侧面反映了母系氏族社会时期的面貌；其次，寻取型，如苗族《谷种是怎样来的》中的姜央和妮央兄妹成婚之后，让老鼠上天偷谷种[②]，白族《人种与粮种》中的姐弟在成亲后，狗向天哀嚎而求得了天神所赐的谷种[③]，盗取型和求取型都是谷种起源中较为常见的方式，在类型分析中已结合相关文本进行解读，通过神话的表述，也充分体现出了人类获得谷种的艰辛和不易；最后，创造型，像瑶族《洪水淹天的故事》中的莎方三和房十六姑侄婚后创造谷种，苗族《谷种是怎样来的》中的妮央用奶水挤进谷壳，使其变成了谷种，这些情节不多见，婚后创造和奶水创造都可以理解为一种孕育，神话培育谷种的方式虽然特别，不过其内涵也有据可循，在先民的认识观念中，谷种被认为是有灵魂的物体，它有着与人相似的情绪，这在飞来型神话中已做说明，谷种与人的这种密切联系使得先民将谷种的诞生与人的起源联系起来，因而人类的生育、哺育等一系列的行为状态都出现在谷种的起源之中。以上三种是洪水后亲缘婚中所体现出的谷种来源的主要方式。

有的神话文本中的谷种起源和洪水后的婚姻并未产生交集，如独龙族《洪水泛滥》中的造物主嘎木让地里长出吃不完的庄稼，之后嘎木降洪水毁灭人间，只剩兄妹成婚繁衍人类[④]，神话里的谷种是在洪水之前出现的，人们对谷种的态度与洪水的产生形成了因果关联，洪水造成人间的毁灭，为此兄妹只能成婚，洪水又与兄妹婚产生了关联。像景颇族《人类始祖》中的神鬼

---

① 参见中华民族故事大系编委会:《中华民族故事大系（第十六册）》，上海文艺出版社 1995 年版，第 546—549 页。

② 参见《中国民间故事集成·贵州卷》，中国 ISBN 中心出版 2003 年版，第 32—33 页。

③ 参见施中林主编:《兰坪民间故事集成》，兰坪白族普米族自治县文化局 1994 年版，第 3—4 页。

④ 参见左玉堂、叶世富、陈荣祥编:《怒族独龙族民间故事选》，上海文艺出版社 1994 年版，第 231—236 页。

诺强和松昌分别在北方和南方造出了谷子等各种粮食，诺强降下洪水后，躲过洪水的姐弟才成婚[①]，诺强和松昌各凭本领造出了粮食，之后两方因为开战才降下洪水，谷种的产生和洪水之间只是前后情节的衔接，战争引发的洪水也毁灭了人间，姐弟婚也是在这样特定的环境之下产生的，此时的谷种和婚姻母题在洪水神话中并不构成直接的关系。在这些神话中，谷种的起源实则与兄妹的亲缘婚发生了间接的联系，它们共同构成了同一篇文本的完整叙事情节。

此外，还有两篇涉及婚姻母题的文本不属于人神婚和亲缘婚，它们分别是黎族的《黎母的神话》和土家族的《狗带谷种》。黎族神话中的雷公发洪水把山神等恶魔冲下大海后，生于蛇卵的黎母和渡海而来的青年结婚[②]，它是一则关于本民族和外民族通婚的神话，黎母与非本氏族的人成婚，这种非血缘婚的思想应当是在血缘婚中所产生的一种进步观念，黎母是以始祖母的想象出现的，她可能又与黎族较为原始的母系氏族观念有关。土家族神话中的狗在洪水后游到东海对岸，带回了几颗种子，寨老将女儿嫁给它，交杯酒后狗变成了小伙子[③]，这种狗变化为人的神话在南方很多民族的祖先神话都有流传，较为典型的像广西的盘瓠神话等，婚姻或爱情似乎都是破除巫术禁忌的一种方式，本书在变化母题中会针对动物与人之间的相互变化着重分析。

二、谷种神话中的复生母题

目前，与谷种有关的复生神话只有两篇，如朝鲜族的《朱蒙取麦》和佤族的《烟斯》，它们都表现出了与其他神话的不同。死而复生与谷种起源确有直接的联系，在谷种出现的过程中出现了动物或人的死亡，此处的复生与死体型又有一定的联系。这两篇文本虽然都属于复生母题，却在表现形式和文本内容上截然不同。

---

① 参见谷德明编:《中国少数民族神话》，中国民间文艺出版社 1987 年版，第 458—464 页。

② 参见《中国民间故事集成·海南卷》，中国 ISBN 中心出版 2002 年版，第 5—6 页。

③ 参见《中国民间故事集成·贵州卷》，中国 ISBN 中心出版 2003 年版，第 67—68 页。

关于动物的复活。朝鲜族神话讲朱蒙射下斑鸠后，割开喉咙而得麦子，再用水喷它，随之鸠便苏醒了[①]，可见这是腹内取种型的变体，对于箭射斑鸠取种的母题前文已有论述，这里仅就斑鸠死而复生的问题进行说明，神话的表现很简单，用水喷鸠是使斑鸠复生的直接原因，水便是复生的关键，在北方阿尔泰语系其他民族中也有此类水的出现，它们被冠以长命水或长生水的名字，如哈萨克族《长命泉的传说》讲“受伤的鹿喝长命水而痊愈”[②]，蒙古族呼伦贝尔地区《傲古努温泉的传说》中“被猎人射伤的公黄山羊喝几口山里的甘露神泉而伤完全愈合”[③]，故而朝鲜族神话中朱蒙给斑鸠所用的水应是长生水，它所表现的其实是人类对早期生活的认知，有学者认为，“‘长生水’的‘发现’是人类科学文化发展史上的一种进步现象，是一种文化创造。原始人在接触大自然，了解大自然的过程中认识到含有各种矿物质的泉水使人治病强身，延年益寿”[④]，这种理解较为符合人类早期的实践观察和思维认知。

关于人的复活。佤族神话似乎与谷种神话的任何一种类型都不相关，学者李子贤认为《烟斯》这则神话属于死体化生型的 A 类，即“神、人或神物死后化生出谷物”[⑤]，但神话文本只侧重于烟斯的复生和她在傣族地区开田种稻的行为，文本似有隐藏的情节未透露，这里需要从三个角度对此文本进行分析：首先，佤族烟斯的形象，她是创造傣族农业文明的神性人物，具有农业神的形象，她生前的身份极有可能是佤族祭天的祭品，她复生之后则具有了一定的神性，本人也成为谷种和耕作技术的持有者；其次，人通过复活仪式而复生，文本中对于烟斯复生的方式是“用毛巾把她盖好”[⑥]，如果要盖住

① 参见萧兵：《婚姻考验和谷种神话——比较神话学笔记》，《思想战线》1984 年第 3 期。

② 那木吉拉：《中国阿尔泰语系诸民族神话比较研究》，学习出版社 2010 年版，第 429 页。

③ 那木吉拉：《中国阿尔泰语系诸民族神话比较研究》，学习出版社 2010 年版，第 429 页。

④ 那木吉拉：《中国阿尔泰语系诸民族神话比较研究》，学习出版社 2010 年版，第 435 页。

⑤ 李子贤：《探寻一个尚未崩溃的神话王国——中国西南少数民族神话研究》，云南人民出版社 1991 年版，第 244 页。

⑥ 《中国各民族宗教与神话大词典》，学苑出版社 1993 年版，第 592 页。

尸体，恐怕要用布单等长条形之类的东西，但傣族选用的毛巾似在有意遮盖住头部，若烟斯的头部受到重创或已被砍掉，那此类复生仪式便更显神秘，用毛巾盖住某一部位可能只是仪式中的某一环节，具体的仪式情况现已不可推测，但可以确定的是烟斯的死而复生必定是与原始宗教信仰中的某种仪式活动相关，它利用某种外界条件使身体恢复原状或让灵魂重回肉身；最后，佤族猎人头的习俗应是该神话的隐藏情节，从“佤族把她敲死”来推断，她是在猎人头祭祀中被打死，在佤族猎头神话中，有两则神话与谷种生长有关：

①从前，天地距离很近，人们无法种粮食，一个人听从天神梅吉的指导，将养子的头砍下祭神，果然天升高了，粮食也可种出。[①]

②艾薅（或孔明）娶了佤族姑娘牙昂为妻，他借给了妻兄大格九粒谷种，并告知他砍人头供木鼓，大格砍了一个姑娘的人头供木鼓后，谷子长得很好。[②]

如上两篇神话都是佤族通过砍人头的方式祭神或祭天来使谷物茂盛生长，这一情节若是《烟斯》的隐藏文本，那烟斯便可视为祭祀中的供品，佤族先民通过这种方式让他们获得丰收，神话虽将烟斯的死描述为被敲死，但实际上她可能是被砍头，神话的表述让人误解为佤族先民因其相貌丑陋而将其打死，这样神话掩盖了原有的更为血腥的成分。烟斯之死可能不仅带来了农业的丰收，更让她在复生之后具有了农业神的能力和特性。按此理解，烟斯的死和她成为农业神的身份才会有所关联。对于《烟斯》文本的具体解读，仍需结合特定时期的原始信仰文化和先民的思维原则来做深入分析。

洪水母题是谷种神话中所占比重较高的一类母题，它涉及了谷种起源的不同方式，如神赐赠型、动物取种型、人求种型等，展现了洪水前后人类所

① 《中国各民族宗教与神话大词典》，学苑出版社 1993 年版，第 592 页。
② 《中国各民族宗教与神话大词典》，学苑出版社 1993 年版，第 592 页。

处的不同的生活状态，通过大洪水的降世，人类重新开启了农业文明的新篇章，实则这里的洪水本就在神话中有特殊的意义，它可能表示着人类所经历的特定灾难，在较为古老的年代，特定的灾难对人类的打击是致命的。当然也有学者从考古实证和科学探究的视角分析洪水神话的真实，无论该类母题所描述的是主观臆想还是客观真实，它都从一定层面反映出了早期先民的生存体验和思维观念。洪水母题中的谷种起源是神话中较为特别的一类，其中婚姻和保护等母题又与它们产生了交集，这些母题都直接或间接影响了谷种的产生，同时也在神话中借助特定的意象表达了不同的文化内涵，如兄妹婚后取谷种、狗在洪水后为人类送来谷种、洪水后的老鼠过海取种、男女共同在洪水退去后喊回谷种等情节，都是先民对客观世界的独特思考。对洪水与谷种之间关联性的解读并不局限于如上的分析，还可以从中外相关神话的比较中发现更多重要信息，此方面的研究仍有待完善。

死亡母题所涉及的内容和深意远非上述的分析所能涵盖，它是具有世界意义的母题，将其范围限定在谷种神话之中，这样谷种的来源和特定死亡情节便构成了较为独特的神话类型，即前文类型划分中所提到的死体型。在中国的谷种神话中，有关死亡的母题主要涉及尸体化生和腹内取种两类，在与世界同类的神话比较之后不难发现，其中被杀的神灵、被杀的动物是非常有特点的母题，如被杀的神灵中主要以女神居多，女神被杀之后其身体的不同部位会化作特定的谷物，这些部位实则在神话中都是特定的隐喻，通过结合相应的文本可以推测出背后所蕴藏的文化内涵。

第七章

休戚相关的谷物
——世俗类母题

我国各民族的“神话的类型较多、变体复杂、文化各异、宗教信仰差别显著的特性，针对各民族神话个性特征较为突出的特点，将母题作为基本的叙事单位，在不同的叙事中不断进行复制和重新排列组合”[①]，因而通过母题对各民族神话做比较研究，有助于更好地总结和归纳出神话的共性和个性，把握神话文本深层结构之下的意义。除了上一章介绍的洪水和死亡母题之外，谷种神话中还有诸如惩罚母题、变化母题、考验母题等相对重要的母题，这里将其分析如下。

① 李鹏:《探寻中国民族神话研究之路》,《长江大学学报》(社科版)2015年第2期。

第一节

谷种神话中的惩罚母题

惩罚母题是谷种神话中所占数量较多，而且较为复杂的一个母题类型，根据惩罚行为对象的不同，可以划分出两类母题，其一是惩罚人类行为的母题，即天神惩罚人类浪费谷种的行为；其二是惩罚神或动物行为的母题，即神或动物因违抗天意或传达神谕造成失误而遭到惩罚，如在阿昌族、白族、布朗族、布依族、达斡尔族、德昂族、侗族、独龙族、鄂温克族、高山族、哈尼族、汉族、回族、京族、景颇族、拉祜族、傈僳族、满族、蒙古族、苗族、仫佬族、普米族、羌族、畲族、塔吉克族、土族、土家族、佤族、维吾尔族、锡伯族、瑶族、彝族、藏族 33 个民族的 179 篇文本都存在此类母题。

一、惩罚人类行为的母题

在谷种神话中，惩罚人类的主要表现是人类因为浪费谷种的行为而遭到天神的各种惩处，它虽然与谷种起源没有直接关联，但若没有此类母题贯穿于谷种神话之中，大部分的谷种神话的内容便会失去支撑，正因为有了惩罚人类行为的出现，才会出现神再次赐予谷种、动物求取谷种、人或动物盗取谷种母题，综观各民族的谷种神话，很多类型之中也都有此母题存在。惩罚人类的母题不仅表现在外在关联的重要性，也表现出了内部结构的复杂性。

（一）获悉人类浪费的行为

对人类浪费行为的惩罚始于神对人间情况的获知，神话中的神灵获取具体信息的主要途径有两种，即获得禀告和主动查访，它们各自在神话中表现出了不同的特色。

第一，获得禀告。主神得知人类浪费粮食的恶行后，采取了相应的惩罚措施，这一情节主要出现在汉族、满族、蒙古族、锡伯族、瑶族的神话中。禀告的对象主要是玉帝、王母、天神、老天爷等，禀告者则各有不同，据统计，目前禀告玉帝的文本篇目较多，禀告其他神的相对较少，具体文本的分布情况见表 17：

表 17　玉帝获得禀告的文本统计

禀告对象：玉帝			
所属民族	文本代码	禀告者	流传地域
汉族	[15.17] [15.183] [15.186] [15.190]	王母	河南省信阳市淮滨县 河南省安阳市滑县 黑龙江省鸡西市虎林市 河南省信阳市息县
汉族	[15.19] [15.76]	观音	贵州省贵阳市云岩区 江苏省镇江市润州区
汉族	[15.30][15.42] [15.65][15.147]	天神	河北省保定市高碑店市 辽宁省本溪市 河北省石家庄市赵县
汉族	[15.4]	夜护神	陕西省商洛市洛南县
汉族	[15.182]	查事神	河南省驻马店市平舆县
汉族	[15.86]	十二监察神	宁夏回族自治区固原市彭阳县
汉族	[15.27][15.82] [15.129][15.171] [15.177]	太白金星	江苏省南通市如东县 辽宁省抚顺市新宾县 辽宁省本溪市桓仁县 河南省濮阳市清丰县 河南省南阳市南召县
汉族	[15.54]	五谷神 太白金星	安徽省黄山市
汉族 蒙古族	[15.31] [15.151] [28.14]	神仙	河北省保定市高碑店市 山东省济宁市梁山县 内蒙古自治区鄂尔多斯市

续表

禀告对象：玉帝			
所属民族	文本代码	禀告者	流传地域
汉族	[15.24] [15.161]	大仙	河北省保定市顺平县 河南省驻马店市确山县
汉族	[15.26]	仙家	江苏省南通市如东县
汉族	[15.57]	过路神仙	甘肃省陇南市西和县
汉族	[15.96]	东海龙王	陕西省商洛市商州区
汉族	[15.83]	火德星君	辽宁省大连市庄河市
汉族	[15.63]	值日功曹	海南省澄迈县瑞溪镇
汉族	[15.78]	水母娘娘	江苏省宿迁市泗阳县
汉族	[15.60]	保民官	甘肃省庆阳市宁县
汉族	[15.157]	老灶爷	湖北省十堰市张湾区
蒙古族	[28.3]	钦差	辽宁省朝阳市喀左县
汉族	[15.176]	千里眼 顺风耳	河南省南阳市南召县
汉族	[15.21] [15.166]	狗	天津市北辰区 河南省南阳市淅川县

在以上36篇文本中，有三个现象需要阐释：其一，玉帝的身份是掌控人间谷种的决策者，从流传地域来看，大多文本集中出现在河南、河北、山东、辽宁、江苏、甘肃、陕西等省份之中，从神话中可见在这一地域范围内的玉皇大帝形象是较为深入人心的，玉帝是道教的最高神灵，其全称为“昊天金阙无上至尊自然妙有弥罗至真玉皇上帝”[①]，他在最初虽然总管天神，却也和北极大帝、天皇大帝、土皇地祇等神一样，地位要低于道教三清，之后随着统治阶级的提倡和民间信仰的认同，玉帝逐渐得到了道教至高神的地位，民间正月初九还要举办玉皇会庆祝玉皇的诞辰，上述神话中玉帝的地位已毋庸置疑，包括王母、观音在内的各路神灵都要向玉帝进行请示汇报。其二，文

① 乌丙安主编：《中国民间神谱》，辽宁人民出版社2007年版，第243页。

本分布的南北方差异甚是明显，南方地区虽然流传有很多关于玉帝的神话传说，但与获得禀告的惩罚母题相关的，也只有海南澄迈县流传的《懒妇与稻谷》一文，出现这样的现象多为人们等级观念的改变和对玉帝信仰意识的差异所致，玉帝的地位决定了他凡事可以不必亲力亲为，在得到众神的禀告之后再进行决策即可，这与人间统治阶级的表现有相通之处，一些地区的人们也将玉帝与明君的形象相联系，认为他会私访人间，明辨人间的善恶行为，根据自己的所见来进行判断，如道教信仰便认为“每年的腊月二十五，玉皇要下凡界，巡察各方情况”①，而玉帝听信众神禀报则存在着兼听则明、偏听则暗的情况。其三，禀告者的身份虽有不同，但其共同点是他们探查人间情况的身份比较符合，他们大体可分为三类：第一类是职能神，如夜护神、查事神、监察神、值日功曹、保民官、老灶爷、千里眼、顺风耳、过路神仙等神灵的职能都以监察人间为主，如值日功曹是天上的四值功曹之一，“值日功曹每天都需要在天上守候”②，自然很容易掌握人间的动态，如五谷神、东海龙王、水母娘娘则都与谷种的种植和管理有关；第二类是钦差神，如王母、观音、太白金星、火德星君等神只是代表玉帝视察人间的具体情况，其本职本非在此；第三类是动物神，如狗对玉帝的禀告，这是较为独特的意象，神话中狗的身份有两种，一种是玉帝的钦差；另一种是来自人间，之所以选取狗作为禀告者，可能与狗和人的特殊关系有关。

表 18　其他神获得禀告的文本统计

所属民族	文本代码	禀告对象	禀告者	流传地域
汉族	[15.139]	老天爷	天将	河南省南阳市桐柏县
汉族	[15.143]	老天爷	王母娘娘	河南省新乡市新乡县
汉族	[15.9]	王母	仙女	河南省三门峡市灵宝市

① 乌丙安主编：《中国民间神谱》，辽宁人民出版社 2007 年版，第 243 页。

② 乌丙安主编：《中国民间神谱》，辽宁人民出版社 2007 年版，第 252 页。

续表

所属民族	文本代码	禀告对象	禀告者	流传地域
汉族	[15.66]	天神	观音	河北省邢台市隆尧县
汉族 锡伯族	[15.88] [44.2]	天神	狗	宁夏回族自治区固原市隆德县 —
汉族	[15.184]	众神	夜游神	辽宁省锦州市黑山县
瑶族	[45.13]	天王天母	黑毛牛怪	贵州省黔南州荔波县 广西壮族自治区河池市南丹县
汉族	[15.140]	白发婆婆	小狗小猪	河南省南阳市桐柏县

其他神获得禀告的情况并不常见，根据以上9篇文本大体可见：首先，禀告的对象出现了老天爷、王母、天神、天王和白发婆婆等不同的神，除了白发婆婆的神性地位尚不明确外，其他神都在特定的神话和流传地域内处于至高的地位，其身份决定了他们能够对其他神或动物的禀告进行裁定；其次，禀告者的身份可分为两类，一类是至高神的直系下属，如天将、王母是老天爷的下属，仙女听命于王母，夜游神属于众神中的巡查神，另一类是动物神或动物，如黑毛牛怪、狗、猪等，这些形象的表现也较为特殊；最后，上述文本大多集中出现在河南、河北等地，南方仅有流传于贵州和广西地区的一篇文本，联系前文禀告玉帝的情况便可见，南方并不以禀告为主。

第二，主动查访。大多数情况下，神会通过亲自视察人间的方式来得知下界的具体情况，这种方式凸显了神的明察秋毫，他会通过变化外形来到下界私访，相比于利用其他神灵提供的信息来判定人间，主动查访更贴近人们的期望和对神的信仰，这种类型也较为普遍，像汉族《麦穗的传说》中的玉帝扮成白胡子老头下界探查①，神在没有获得其他讯息的渠道下，应是主动探查人间才得到如此信息，查访人间之前基本有三个情节，即神赐予人间粮食，人开始浪费粮食，神起初并不知情。那神为何会产生探访的行为，这里面有

① 参见罗杨总主编：《中国民间故事丛书·河南三门峡·义马卷》，知识产权出版社2016年版，第7—8页。

三个隐含之意：其一，神对人性的担心，在人得到粮食之后极有可能会出现浪费的情况；其二，神本身对此并不知情，只是出于对人类生活现状的关心才偶然间发现人类的恶行；其三，若没有神探查的环节，人便会毫无节制地浪费下去，神话的启示作用也在于警示后人勿要再出现浪费的情形，否则定会再次遭到神灵惩罚。

（二）人类的主要浪费行为

人类究竟出现了何种浪费谷种的行为才招致神灵的惩治，依照目前所搜集的文本情况来看，浪费行为的表现有很多，最为主要的有三个，即用面饼垫屁股、擦屁股、喂家畜，其中39篇文本与用面饼垫屁股有关，30篇文本与用烙饼给孩子擦屁股相关，7篇文本与用白面喂养家畜有关。这里便结合具体文本对三种浪费行为的表现进行逐一说明。

一是，用粮食垫屁股。汉族《庄稼的传说》中出现了人用烙饼给孩子垫屁股的行为[①]，这种表现在汉族神话中出现的频率很高，为何会有如此共性：首先，神话与现实之间应有一定的关联，用面饼垫屁股的行为可能出现在现实生活中，面饼的热度和厚度与北方冬季所用的坐垫有相似之处，而惩罚人类的神话中却如此频繁使用垫屁股的行为作为神灵惩罚人类的重要依据，这可能与粮食禁忌母题的提出有联系，在经济生活水平有限的先民社会中，神话侧重强调人不应当出现这种不尊重粮食的行为；其次，大部分此类行为的主体都是妇女，这里将女性的行为也纳入了所表达的禁忌之中；再次，基本上大部分垫屁股的行为都与孩子有关，那么孩子也是此项行为的参与者，孩子参与粮食的制作也应属于禁忌的部分，他们本没有足够的能力去规范自己的行动，更会出现浪费粮食的种种表现，因此需要设置禁忌来进行规范。

二是，用粮食擦屁股。蒙古族《雪是咋来的》讲玉帝所派的一个神下凡

---

① 参见山东省梁山县三套集成办公室编：《中国民间文学集成·梁山民间故事集（第2卷）》，山东省梁山县三套集成办公室1989年版，第177—179页。

看到了一个老太太用白面饼子给孩子擦屁股，另一位神看到了一户人家用大面饼给孩子垫屁股[①]，其中擦屁股和垫屁股的行为都已出现，这则神话应受到了汉族神话的影响，像蒙古族或其他的游牧民族、渔猎民族，他们从原始的生活过渡到农耕生活经历了一定的适应阶段，在与汉民族的交往过程中，不仅学习到了汉民族的耕作方式，更接受了汉族所流传的神话传说，因为神话中所包含的文化意蕴是值得学习和吸取的，上述的这则文本便体现出了对汉族神话的吸收，也体现了蒙古族对惩罚行为的特有认识，玉帝的明智之举在于他听取了多方面的报告，才对人间的行为做出判断。至于擦屁股的行为，它也确有可能出现在先民的生活之中，对于此种浪费的行为，人们做了两个方面的禁忌设置，一方面它设置了人类不尊重粮食的禁忌，另一方面它设定了女性参与粮食制作的禁忌，这与垫屁股的行为是极为类似的。

三是，用粮食喂牲畜。像佤族《只留一穗》中的人拿谷子喂猪鸡和牛马[②]，这种行为方式至今仍有存在，如南方很多民族有狗吃新米的习俗，这就与此类行为相悖。为何神话会设置如此禁忌，让人们不用粮食喂牲畜，这应该与先民社会的生存条件与关，神话中用谷子喂猪、鸡、牛、马的行为是不被提倡的，按照佤族的生存状态，在较早的时期，人尚且需要辅以狩猎为生，更何况要用粮食喂牲畜，这当然是不能被接受的。

除了上述三种出现频率较高的浪费方式之外，神话中人类浪费粮食的行为还表现在人类不去摘稻谷、懒于管理谷种的种植、任谷子烂在地里而不管、将白面饼扔进粪坑、用白面进行玩耍活动、用白面做家具、用油洗澡、把白面铺垫在婴儿摇篮中代替沙土、对粮食连吃带踩、粮食未吃完便扔掉、把余粮倒进河里等十余种。

---

① 参见准喀喇沁民间文学“三项”集成领导小组编:《中国民间文学集成·辽宁卷·准喀喇沁资料本（五）》，准喀喇沁民间文学“三项”集成领导小组1986年版，第5页。

② 参见尚仲豪、郭思九、刘允禔:《佤族民间故事选》，上海文艺出版社1989年版，第154—156页。

（三）神对人间情况的查访

不管是主神亲自查访人间，还是禀告者下凡探查人类的行为，他们多数会通过乔装打扮自己的方式来进行私访，根据目前所搜集的资料，本书对相关文本进行了统计，具体情况见表 19：

表 19 神乔装打扮母题的文本统计

所属民族	文本代码	神	乔装后	流传地域
汉族	[15.19]	观音	要饭人	湖北省黄冈市麻城市
汉族	[15.66] [15.75]	观音	讨饭婆婆	河北省邢台市隆尧县 江苏省连云港市灌南县
汉族	[15.37]	玉帝	白胡老头	河南省三门峡市义马市
汉族	[15.132] [15.170]	玉帝	讨饭老人	河南省驻马店市汝南县 河南省信阳市淮滨县
汉族	[15.38]	神	讨饭老人	河南省三门峡市卢氏县
汉族 蒙古族	[15.65] [15.160] [15.172] [28.6] [28.14] [28.18]	天神	要饭人	河北省石家庄市赵县 河南省驻马店市确山县 河南省濮阳市清丰县 辽宁省朝阳市喀左县 内蒙古自治区鄂尔多斯市
汉族	[15.15] [15.53] [15.98] [15.143] [15.173] [15.183] [15.186] [15.190]	王母娘娘	讨饭婆婆	江苏省徐州市沛县 安徽省亳州市 新疆维吾尔自治区昌吉州米泉市 河南省新乡市新乡县 河南省鹤壁市淇县 河南省安阳市滑县 黑龙江省鸡西市虎林市 河南省信阳市息县
汉族	[15.54] [15.82] [15.129] [15.177]	太白金星	讨饭老人	安徽省黄山市 辽宁省抚顺市新宾县 辽宁省本溪市桓仁县 河南省南阳市南召县
满族	[25.5]	太白金星	老太太	辽宁省抚顺市新宾县
汉族	[15.171]	太白金星	算卦老道	河南省濮阳市清丰县
汉族	[15.119]	老天爷	讨饭婆婆	天津市河东区
汉族	[15.131]	老天爷	讨饭老人	河南省开封市杞县

续表

所属民族	文本代码	神	乔装后	流传地域
汉族	[15.151]	神仙	讨饭婆婆	山东省济宁市梁山县
汉族	[15.161]	大仙	要饭人	河南省驻马店市确山县
汉族	[15.162]	神农	讨饭婆婆	河南省许昌市鄢陵县
汉族 满族	[15.174] [25.6]	神农	老道	河南省鹤壁市浚县 辽宁省丹东市凤城市
满族	[25.2]	神农婆	讨饭婆婆	辽宁省鞍山市岫岩县
汉族	[15.164]	麦奶奶	要饭人	河南省安阳市汤阴县
汉族	[15.120]	庄稼神	要饭人	天津市汉沽区
汉族	[15.182]	查事神	讨饭婆婆	河南省驻马店市平舆县
汉族	[15.184]	夜游神	要饭人	辽宁省锦州市黑山县
汉族	[15.78]	水母娘娘	讨饭婆婆	江苏省宿迁市泗阳县
满族	[25.4]	长毛老道	化缘人	辽宁省本溪市本溪县
汉族	[15.166]	黄狗	讨饭婆婆	浙江省衢州市衢江区

神基本上通过乔装或变换身份的形式来褪去神性光环，让自己成为社会的底层，以此来试探人心的善恶并观察人间的各种行为。通过文本可见：

神在下凡之前的身份主要有四类：其一，主神，如玉帝、天神、老天爷；其二，职能神，如神农、神农婆、麦奶奶、庄稼神、查事神、夜游神；其三，钦差神，如太白金星、大仙、王母娘娘、观音；其四，动物神，如黄狗。从上表可以发现，出现频率较高的神是王母娘娘、太白金星、天神、玉帝和观音，与其他神灵相比，他们在神话中也都具有更为崇高的地位和身份。

神在下凡之后的身份主要有四类：讨饭婆婆，讨饭老人，要饭人，老道。这里已有性别的划分意识，但神所变化的人并未完全按照性别对应起来，如太白金星变成老太太或讨饭老人，老天爷可以变成讨饭婆婆或讨饭老人，观音可以变成讨饭婆婆或要饭人，黄狗变成讨饭婆婆等，他们都没有形成性别的对应关系。这里体现了神性的一面，也表现了神超越性别意识的一面。

神乔装打扮的神话主要集中在河南、河北、辽宁等北方诸省，在表 19 的 42 篇文本中，流传于河南的有 19 篇、辽宁的有 9 篇，而出现在如浙江等南方省份的文本相对较少。南北方形成了如此大的反差，这与粟作文化的影响有极大的关联，上述神话中较多出现的是天降米面或神赐予麦种等内容，它与北方粟作文化便存在紧密的联系。

此外，乞讨者身份存在一定的问题。神化身为乞讨人来考验人们本身是对的，但问题在于，神在下凡之前的背景是，天下尽是神所赐予的食物，人间不应当再有饥饿存在，那神所装扮而成的乞讨者就是特殊的少数存在，当人们都过上富裕生活的时候，人们理应对他们的身份产生质疑。神话中上天赐予粮食的形式主要有三种，一是赐予米面，二是赐予谷种，三是自然五谷丰登。如果上天已经普降米面，那么为何乞讨者不在地上领取上天的赏赐；如果上天以赐予谷种的形式让人获得丰收，那乞讨者本身就存在懒惰的行为，人们就不应该对懒惰之举抱有同情；如果上天让谷种自然丰收，那乞讨者也应能够捡到谷种，采取种植的方式让自己生活下去。但神话中乞讨者却无视上天赐予的任何谷种，转而向人们求取现成可食用的粮食，若单以人心的善恶来判断此事，则有失公允，人们会认为乞讨者本身也存在懒惰的问题，若从天神的视角而论，人类不予乞讨者粮食的行为就是心存不善的表现。

（四）处置人类的行为主体

面对人类浪费粮食的行为，由谁执行惩罚的行为，神话也在此方面产生了分歧，形成了两种不同的方式，即授权处置和亲身处罚。

第一，授权处置。天神在处置人类糟蹋谷种的恶行时，采取的一种方式是命令其他神灵代行神权，处罚人类，主神是命令的发布者，而其他神则是命令的执行者和责任人。根据目前文本资料，本书将授权处置的情况进行了统计，具体见表 20：

表 20　授权处置的文本篇目统计

所属民族	文本代码	委派者	执行者	执行方式
汉族	[15.5]	玉帝	农业神	收回五谷
汉族	[15.183]	玉帝	麦奶奶	收回麦穗
汉族	[15.22]	玉帝	白面官	降雪
汉族	[15.63]	玉帝	谷神	下凡处理
满族	[25.6]	玉帝	神农	收回种子
汉族	[15.190]	玉帝	王母	让小麦出穗变成一个
汉族	[15.176]	玉帝	王母、仙女	把五谷籽捋净
汉族	[15.171]	玉帝	太白金星	收光所有庄稼
汉族	[15.24]	玉帝	大仙	把麦子留两三穗
汉族	[15.161]	玉帝	大仙	把麦穗捋光
汉族	[15.75]	玉帝	观音、天兵天将	收庄稼
汉族	[15.21]	玉帝	二郎神、天兵	收庄稼
汉族	[15.159]	玉帝	蚂蚱精、天兵天将	把麦穗捋光
汉族	[15.27]	玉帝	风婆、雨师	降灾人间
汉族	[15.157]	玉帝	牛头夜叉	将谷粒、麦粒全部捋掉
满族	[25.4]	玉帝	山神	收回酒油面
汉族	[15.15]	老天爷	孙猴子	捋庄稼穗子
汉族	[15.131] [15.139] [15.144] [15.158]	老天爷	天兵天将	捋庄稼穗子
汉族	[15.173]	老天爷	王母、天兵天将	把麦穗捋光
汉族	[15.36] [15.137]	神农	后稷	收回小麦
回族	[17.3] [17.6] [17.8]	真主	米卡伊勒天仙	捋庄稼穗子
维吾尔族	[42.2]	真主	天使	到地上剥光麦穗
汉族	[15.96]	天帝	东海龙王	降雪
畲族	[36.4]	天帝	天神	用布袋全收回谷种
瑶族	[45.13]	天王	雷公、雨神	淹没人间
彝族	[46.5]	天神	武姆勒娃	发水

表20中的32篇文本都是主神授权其他神灵惩处人类行为的神话，汉族神话文本仍占有主要部分，从上表可见神话中的委派者、执行者和执行方式都不尽相同。

委派者有较多的共性，如玉帝、老天爷、真主、天帝、天王、天神等，他们大多都是神话中的至上神，即便是神农在特定神话中也具有较高的神性地位，因此他们都属于任务的委派者、命令的发布者和事件的决策者。而执行者的差异则非常明显，大体可以分为四类：其一，为职能神，如农业神、麦奶奶、白面官、谷神、神农、后稷等都是负责农业生产方面的神灵；其二，为风雨神，如风婆、雨师、东海龙王、雷公、雨神等神都是属于为人间降雨雪惩罚灾难的神灵；其三，为钦差神，如王母、太白金星、观音、天仙、天使、山神、二郎神、天兵天将等，他们没有特定管理农业的权限，只是奉主神之命而行事；其四，为动物神，如蚂蚱精、牛头夜叉、孙猴子等都以动物的形象出现，却都履行着主神所赐予的神职。这些执行者所履职的方式也有一定的特点，最直接的执行方式有三种：首先是收回全部庄稼，这应当受到了农耕收获作物的影响，只是这一行为的发出者由农人变成了天神，其结果是将作物收回到天上；其次是捋光所有麦穗，其实它是第一种方式的衍生，收回庄稼的具体行为是将麦穗捋干净；再次是用灾难淹没人间的谷种，多采用降雪、发洪水等方式，这是最为残忍而彻底的方式，在其他两种方式中尚存在动物帮助人类求得谷种的情节，而这一方式却彻底断绝了人类的粮种。

第二，亲身处罚。主神除了命令其他神灵执行任务之外，也会通过亲力亲为的方式完成对人类的惩罚。在惩罚人类的母题之中，主神亲身处罚的文本较多，这里选取了较有共性和特性的文本，从处罚者、处罚行为和流传地域等方面进行了比较，具体情况见表21：

表 21　亲身处罚的文本篇目统计

所属民族	文本代码	处罚者	处罚方式	流传地域
阿昌族	[1.2]	观音	收回了人间谷种	云南省
哈尼族	[14.14]	玉幺上幺	把稻谷全部收回	云南省普洱市江城县
汉族	[15.57]	天帝	收回了五谷庄稼	甘肃省陇南市西和县
汉族 蒙古族	[15.2] [15.9] [15.30] [15.97] [28.18]	玉帝	掠走了人间谷粒 把麦穗捋个干净 令大地不长粮食 把麦连根都拔完 白面改为降白雪	安徽省阜阳市界首市 河南省三门峡市灵宝市 河北省保定市高碑店市 陕西省西安市高陵区 辽宁省朝阳市喀左县
汉族	[15.10] [15.11] [15.90]	王母	把五谷全都收回 从麦根往上捋净 拿着袋子收粮食	河南省三门峡市灵宝市 宁夏回族自治区吴忠市盐池县
汉族	[15.25]	白胡老人	打麦穗只剩一株	河北省保定市顺平县
汉族	[15.120]	庄稼神	从天降下大雹子	天津市汉沽区
汉族 蒙古族 佤族	[15.155] [28.12] [41.7]	老天爷	往上捋地里麦穗 收回了所有面粉 只给谷秆留一穗	新疆维吾尔自治区石河子市 新疆维吾尔自治区巴音郭楞州 云南省临沧市沧源县
汉族	[15.164]	麦奶奶	在麦地里捋麦穗	河南省安阳市汤阴县
回族	[17.4] [17.7]	圣人	收回了所有庄稼	宁夏回族自治区银川市兴庆区
景颇族 傈僳族 蒙古族	[20.2] [23.6] [23.8] [28.9]	天神	收回全部米粒到天上 从上到下收树上的粮食 收回全部粮食到天上 收回人间所有的粮食	云南省德宏州陇川县 内蒙古自治区通辽市科尔沁区
羌族	[34.4]	天王	降冰雹、收粮食上天	四川省阿坝州理县
彝族	[46.5]	地神	收回人间所有的粮食	云南省红河州元阳县
藏族	[48.3] [48.8]	天老爷	收回了人间所有庄稼	四川省绵阳市平武县
藏族	[48.18]	石巴老人	让人间的各种庄稼半年生长，半年休息	青海省黄南州泽库县

在表 21 的 28 篇文本中，主神都亲自采取了各种措施处罚人类的浪费行为，只是处罚者、处罚方式略有不同。

处罚者在各民族神话中具有较高地位，或是居于主神位置，或在本民族心中拥有与主神相当的分量，大体可以分作三类：其一，是主神，如天帝、玉帝、天神、天王、天老爷、王母等；其二，是职能神，如庄稼神、麦奶奶等都负责人间的农事活动；其三，是神性人物，如白胡老人、石巴老人、圣人等都是具有神性的人物。他们是赐予人间粮食种子的主要负责人，在面对人间浪费行为之时，便直接转变到惩罚者的身份。

处罚行为的表现有所区别，这里主要集中于三种方式：其一，是将全部粮食收回；其二，是把所有麦穗捋净，后者其实应当是前一种方式的具体表现；其三，是上天将面改为雪，它与神赠赐型的关系较为密切，主神会亲自将其赐予人间的米面油变为雨雪。当然从上表中可见，主神惩罚人类的方式并不局限于此，还有其他处置的方式，如用袋子来收回、降冰雹打庄稼等。

在流传地域方面，此类型在北方地区的分布较为分散，在河南、河北、甘肃、新疆等地区都有分布，却并不集中，相比而言，主神亲身处罚的神话在西南地区则相对集中，从上表统计可见，西南地区占了近一半的比例，其中有 7 篇文本流传于云南地区、3 篇流传于四川地区。南北方的文本中稻作文化与粟作文化形成了较大的差别，南方文本中神所收回的主要是稻谷，而北方文本中神收回的是麦穗，且神话中会采取以雪代替降面的方式进行惩罚，这都与不同的地域文化有直接相关。

（五）处置人类的具体方式

上述所列的四个情节是惩罚人类出现的前提条件，面对人类糟蹋粮食的种种行径，神在查访确认的基础上决定对人类进行惩罚，前文在对情节的分析中已对部分惩罚方式进行了介绍，但并不完全，这里仅对失去谷种的惩罚为例进行分析。

人类因为获得大量的粮食而表现出了对粮食极为不尊重的态度，在神得知人的这种表现后，便将人间的全部谷种收回，要使人间再次回到最初食草逐肉的时代，当然神话中的结局因各种因素而使神的打算未能如愿，这便是失去谷种的主要情节。

1. 失去谷种的原因

人类失去谷种的原因有很多，不敬神灵是其中比较特别的一种，这里主要对此原因进行分析，如台湾邹人的《粟女神》、汉族的《大麦、小麦、元麦和荞麦》、普米族的《帕米查哩》、彝族的《阿黑西尼摩》等文本都表现出了不敬神行为，其中有的文本并不是直接表现出对神不敬的观念，这里便对这几篇文本不敬神而引发惩罚的情形进行分析。

不对神灵进行祭拜而遭惩罚。像台湾邹人神话中的人因不祭拜粟女神而遭到惩罚①，彝族神话中的人因为不祭祖献神而被地神收回所有的粮食种②，神话所提出的惩罚有两个用意，其一在于表明人类需要尊重神灵，在万物有灵思想观念的影响下，谷种具有灵魂或其受控于神灵的思想都得以彰显，在较为原始的社会中，人们相信祭祀谷种能够得到谷神或主神的庇护；其二在于人类需要感谢神灵，人们认为谷种是神赐予人间的，为了表达对神灵的感恩，也应当进行对神灵的献祭，神话虽以神的角度表达对人类行为的不满，实则是人类在提醒自己要相信万物有灵和懂得敬畏神灵。

违背天条而遭惩罚。彝族神话中的如来佛祖认为凡间的人吃了牛肉、螺蛳和蛤蟆，这是触犯天条的行为，便派弥勒佛去凡间收回谷种③，汉族《五谷种》④也表达了这样的主题，其实这也是对神灵不敬的一种表现，神话可能与宗教并没有十分紧密的相关，虽然神话出现佛祖、弥勒佛对人间惩罚的行为，但吃牛肉、蛤蟆等行为应该只是违背了佛家的教义，为何被视为犯了天条，这应该与神话较为原始的思想有关，在北方较多民族的神话中，牛和蛤蟆都是较为原始的创世动物形象，它们依靠牛角或腹部支撑世界，让人类得以有生存的大地，

① 参见叶舒宪：《宝岛诸神：台湾的神话历史古层》，南方日报出版社2011年版，第147页。

② 参见普学旺、左玉堂主编：《云南少数民族古典史诗全集（上卷）》，云南教育出版社2009年版，第51—55页。

③ 参见朱元富：《彝族谷种神话与母体崇拜》，《楚雄师专学报》2001年第2期。

④ 参见《中国民间故事集成·浙江卷》，中国ISBN中心出版1997年版，第56—57页。

被认为是具有神性的动物，食用牛肉或蛤蟆肉自然是对创世动物神的不尊重，有鉴于此，神话便指出这一行为是有违天规的，这也是人类遭受惩罚的直接原因，佛祖和弥勒佛也只是以宗教神的身份出现执行这一规定。

没有通过考验而遭惩罚。汉族《大麦、小麦、元麦和荞麦》中出现了五谷神对麦子的考验[①]，其实与神灵对人间的考察相似，神话中的大麦、小麦和元麦以懒惰的方式表现出了对五谷神的不尊重，得到了“要冻一冬一春”的惩罚，神话虽在叙述谷种耕种时令的源起，却以人的视角表达出了人类应当尊重神灵、勤耕细作的观念。

因背弃神灵而遭惩罚。普米族《帕米查哩》[②]是也是较为特别的神话，它多出现在考验母题之中，其基本情节是小伙子（多是洪水之后的人种）经受了天神的考验后而迎娶了天女为妻，得到天神赐予的谷种，这则神话却增添了更为曲折的情节，仙女（天女）回天上取谷种，小伙子与仙女所捏的灰姑娘成家生子，仙女取种回来发现这一情况而欲将所有谷种收回，其实这里便包含了惩罚母题，仙女与小伙子已结成了婚姻关系，小伙子又与别的姑娘缔结婚姻，这显然是对神的一种背弃的体现，神理所当然要对此种行为进行惩罚，这种收回谷种的惩罚应当是神话中较为特殊的情况。

2. 失去谷种的方式

神在惩罚人类时，有时并未交代采取何种方式取走谷种，如阿昌族《谷种的传说》中的观音收回谷种[③]，傈僳族《粮食树》中的天神收回全部粮食[④]，这里的神灵所采取的取种方式不得而知，而有的神话中则很明确地说明了天神收回谷种或者谷种主动离开人类的方法。

---

① 参见《中国民间故事集成·江苏卷》，中国 ISBN 中心出版 1998 年版，第 376 页。

② 参见普学旺、左玉堂主编:《云南少数民族古典史诗全集(中卷)》，云南教育出版社 2009 年版，第 386—387 页。

③ 参见刘江:《阿昌族文化史》，云南民族出版社 2000 年版，第 57—58 页。

④ 参见李子贤:《探寻一个尚未崩溃的神话王国——中国西南少数民族神话研究》，云南人民出版社 1991 年版，第 239 页。

第一，用布袋收回谷种。神用布袋将人间的谷种收回到天上，是神收谷种的一种方式，像畲族《老鼠盗谷种》讲天神用布袋收回了人间的全部谷物[①]，汉族《五谷种》中的佛祖派弥勒佛去凡间收回五谷种，他用布袋把凡间的五谷统统收进来[②]。神话中的佛祖或天帝都会利用布袋收回人间的粮食，这种认识与农业生产保持了重要关联，它应与农业收割中用袋子装谷种的行为极为相似，而汉族、彝族神话中较为独特地借助了弥勒佛作为布袋和尚的身份，联想到利用他的布袋可以收回谷种，汉地寺庙中有较多的弥勒佛形象，“自五代起，弥勒一直以汉化高僧的形象闻世”[③]，且多以开口而笑的姿态出现，这便是民间所称的布袋和尚或大肚弥勒佛，他的布袋上写的“皆大欢喜”四字便道出了人们所求的希望，但在谷种神话中，他的布袋却成了惩罚人类不敬神的工具。

第二，用咒术收回谷种。神在惩罚过程中也会运用咒语或巫术的形式令人间失去粮种，如汉族《五谷为什么只秀一个穗》中的神农念咒让所有庄稼没有穗[④]，《小麦为啥只长一穗》中的后稷便敲锣让田间小麦倒伏在地枯死[⑤]，它们都与咒语和巫术的运用有关，前一则神话直言是用咒语的方式让庄稼失去穗子，这应当与早期的巫术活动有关，神农应是当时氏族部落的领导人，而最初氏族的领导人往往是氏族长和巫师双重身份的结合，他的语言本就具有神秘的力量，他既有令庄稼失去穗子的能力，也有使庄稼五谷丰登的本领，神话中所反映的是神农让人失去了谷种，但从后文来看，他的咒语又能让五谷长出穗子，这样神话承认了巫术所具有的神奇力量。

---

① 参见宁德地区民间文学集成编委会编:《中国民间故事集成·福建卷闽东畲族故事》，宁德地区民间文学集成编委会 1990 年版，第 22 页。

② 参见《中国民间故事集成·浙江卷》，中国 ISBN 中心出版 1997 年版，第 56—57 页。

③ 乌丙安:《中国民间信仰》，上海人民出版社 1998 年版，第 67 页。

④ 参见罗杨总主编:《中国民间故事丛书·河北廊坊·香河卷》，知识产权出版社 2016 年版，第 13 页。

⑤ 参见渑池县文化馆编:《中国民间文学集成·河南卷·渑池县卷》，渑池县文化馆 1988 年版，第 1—2 页。

后一则神话中的后稷用敲锣的方式使小麦枯死，这显然也是一种巫术的作用，敲锣所表示的可能是一种巫术仪式活动，他利用这种仪式使小麦枯死或复生，汉族的敲锣与北方地区萨满所使用的神鼓有相通之理，他们在请神或送神的过程中都需要借助神鼓或铜锣之力，一些地区的萨满更认为萨满神鼓是他们的知识之书，神鼓或铜锣在神话中所起的作用可见一斑。

第三，用特定的方式收回谷种。神还会采取其他方式来收回粮种，像汉族《猫和麦穗》中的神农用电闪雷鸣的方式收回了谷种[①]，这种方式令人不解，闪电只能摧毁庄稼，如何能捋光谷种，汉族《五谷树》也提到了玉帝派雷公、闪母到人间雷轰闪劈让五谷树不能结果[②]，那么文中的电闪雷鸣极有可能是以此为背景，让人看不清神的行动，神借助闪电的优势而顺势捋光谷种，这样人或动物就不会发现神的行为，该文本之后便出现了花猫惊醒赶到神农氏面前求情的情节，便证明了神采取电闪雷鸣的意图；而藏族《春夏的来历》中的石巴老人用控制庄稼生长的方式限制了人类粮食的获得[③]，这是一种比较符合农耕休养生息的规律，它应当是在日常农作经验的基础上所形成的认识，在伐木、渔猎等工作中，人们也会采取这种休养生息的方式，使树木、鸟兽鱼虫得以繁衍再生，这样会更利于资源的持续利用，大肆开垦捕捞都不利于资源的再生，神话所提出的这种思想已具有进步的意识；其次，塔吉克族《麦子秆长穗短的原委》中的安拉是在魔鬼的教唆下才对人类进行惩罚[④]，而人类也是在魔鬼的唆使下才出现了糟蹋粮食的行为，神话的原初面貌可能就是神惩罚人类浪费粮食的行为，但先民对安拉

---

① 参见冯峰主编：《中国民间故事集成·广东卷·阳江市资料本》，阳江市民间文学三套集成编委会 1989 年版，第 96—97 页。

② 参见罗杨总主编：《中国民间故事丛书·江苏南通·如东卷》，知识产权出版社 2016 年版，第 11—12 页。

③ 参见黄南藏族自治州民间文学集成办公室编：《中国民间文学集成·青海省黄南藏族自治州卷·民间故事资料卷（本一）》，黄南藏族自治州民间文学集成办公室 1990 年版，第 2 页。

④ 参见《中国民间故事集成·新疆卷（上册）》，中国 ISBN 中心出版 2008 年版，第 395—396 页。

和人所具有的本性表示了充分的认可，认为神和人所产生的种种恶行都与魔鬼有关，与其他惩罚母题相比，该则神话并未积极否定人类的错误，而是对人类糟蹋粮食的行为给予了理解，并使人将矛头指向了魔鬼，神话虽有可能受到了其他民族的影响，却也形成了颇具地域和民族特色的叙事表达。

第四，谷种自动离开人类。在惩罚母题中，神会付诸具体行动来惩罚人类，谷种本身也会对人类的行为进行反抗，这便形成了谷种飞离的母题，如布朗族的《沙卡厄》、土家族的《麦子为什么要逃跑》、维吾尔族的《麦穗是真主留给狗的》等都与此相关。神话中谷子出逃的原因一方面与其被打或被骂有直接关系，另一方面则是因为谷子看不惯人类的恶行而产生逃离的念头，此处谷种所表现出的愤怒情绪显然已经被人格化，像土家族、维吾尔族神话中都是因为人类用面饼给孩子擦屁股，这种糟蹋粮食的行为引起了谷子的不满和反抗，因此产生了逃离的行为。从文本内容来看，谷子出逃方式大体有三种：其一，是直接飞离，如布依族神话中的谷种因为人的贪懒而离开①，它可以飞离人间，是因为它本就生于天上，故而能够选择自由地飞回天上；其二，是趁夜而走，如土家族神话认为谷子选择在夜晚离开人类②，之所以会有这样的表现方式，是因为利用夜色的掩护不易被人所发现，从后文狗追回几穗谷种的情况可见谷种在夜间出逃的正确性；其三，是借助外力而走，如维吾尔族神话中的麦子在真主、天使的帮助下才得以离开人类③，神话中的麦子虽然具有灵魂，但它的能力已有局限性，并不如南方民族谷种所具备的能力，这里也凸显了真主作为拯救者的形象。此外，谷种逃离人类最终返回的地点只有天上或海上，像布朗族神话中的谷子选择到海上④，布依族中的谷子回到

① 参见黎汝标：《试论布依族的谷魂崇拜》，《布依学研究——贵州省布依学会成立大会暨第一次学术讨论会论文集》，贵州省布依学会 1988 年版，第 149 页。

② 参见黄南藏族自治州民间文学集成办公室编：《中国民间文学集成 · 青海省黄南藏族自治州卷 · 民间故事资料卷（本一）》，黄南藏族自治州民间文学集成办公室 1990 年版，第 9 页。

③ 参见满都呼主编：《中国阿尔泰语系诸民族神话故事》，民族出版社 1997 年版，第 33—34 页。

④ 参见王国祥，云南省社会科学院民族文学研究所编：《布朗族文学简史》，云南民族出版社 2014 年版，第 75—76 页。

了天上，很多谷种神话中也都指出了谷种源于天上或海对岸的观念，谷子出逃的最佳选择便是回到其来源之地。

二、惩罚神或动物行为的母题

在惩罚母题中，人类不是唯一受处罚的对象，神或动物也会以受处罚者的形象出现，目前的文本显示，他们所犯的错误大体可分为违背天意和误传神谕两种。

（一）违背天意而受罚

违背天意多是关于神或动物神受罚的神话，如京族的《天神赎罪》、苗族的《牛星》、土家族的《鸡公大仙下凡》、藏族的《神鸟送谷种》文本都是关于神或动物神因违抗天意而接受处罚的神话。

受罚者的身份不同。京族神话中受罚的是天神，从神话中可见此处的天神是玉帝的属下，但从他能够让雷公听命行事的情况来判断，他应在天上具有一定的地位，雷公在很多民族的神话中都以较高的地位出现，但随着神灵体系观念的确立，雷公在神话中的形象和地位逐渐转变，在京族神话中他对天神的错误命令更是毫无判断地执行；苗族的牛星、土家族的鸡公大仙和藏族的神鸟都是以动物神的形象获得处罚，动物神是以动物形象出现的具有神性特征的神灵，它们也具有神的身份和地位，而且有的动物神也有具体的职能，像土家族的鸡公大仙负责守护粮仓们，神话虽未描述鸡仙的外形，但从其职司来看倒是与人间的鸡较为一致。

违背天意的情形不同。这里大体有两类：其一是获罪于人间，如京族天神是因醉酒后的命令而让人间的田地遭到了雷劈[①]，苗族牛星是因贪睡而错撒了种子，让人间草多粮少[②]，神话认为他们的这种错误行为是无心之过，因为

① 参见中华民族故事大系编委会:《中华民族故事大系(第十五册)》，上海文艺出版社1995年版，第321—323页。

② 参见《中国各民族宗教与神话大词典》，学苑出版社1993年版，第480页。

他们确实也做出了相应的悔悟或贡献，如天神主动下凡帮助人类来弥补自己的过失，牛星也是自愿接受委派来人间播撒五谷；其二是获罪于上天，如土家族的鸡仙把玉帝仓库中的谷子送给人间①，藏族的神鸟违抗天神旨意而将青稞、燕麦等谷种衔回人间②，它们都违背了玉帝或天神的旨意，将谷种赐予人间，它们造福了人类的同时却得罪了主神，因此而被上天所处罚，神话所表现的内容较为一致，通过所赐予粮种的不同，也可见两篇所受的地域限制，土家族赐的是谷子，而藏族赐的是青稞和燕麦，都与地域产生了联系。

受罚方式的不同。大体有三类：首先是受罚帮助人类耕作，如京族中的天神主动接受了两项处罚，一是变为牛，二是下凡耕地。而苗族的牛星可以直接为人耕种，可见牛星的形象就与人间的牛相同，它无须再进行变化；其次是受罚拾捡人间粮食，如土家族神话中的鸡公大仙，它受罚在人间将每一粒粮食从地上捡起来，这与鸡在人间实际做的事联系起来；再次是未交代具体的处罚方式，如藏族神话中的神鸟在违背神旨后被罚来到人间，神话看似没有指出具体的方式，但神鸟离开上天来到人间后便与一般的凡鸟一样，它便不具有神性，需要为寻找食物而奔走，这就是对神鸟的惩罚。

（二）误传神谕而受罚

在谷种神话中，神性人物或动物也会作为主神使者的身份出现，在传旨的过程中会出现误传神的旨意的现象，而且神意多与人间吃饭时间和次数的规定有关，在德昂族、侗族、鄂温克族、哈尼族、汉族、回族、傈僳族、蒙古族、苗族、仫佬族、土族、土家族、锡伯族、彝族 14 个民族的 35 篇文本中都存在此类母题。根据误传旨意主体行为者的不同，可以分为神人传错话

① 参见中华民族故事大系编委会：《中华民族故事大系（第五册）》，上海文艺出版社 1995 年版，第 661 页。

② 参见李子贤：《探寻一个尚未崩溃的神话王国——中国西南少数民族神话研究》，云南人民出版社 1991 年版，第 254 页。

和动物传错话两类，这里主要以动物传错话为例进行分析。

牛和狗是比较典型的动物形象，他们的出现都与农耕社会的情况相关，神话中的牛、狗是传错神旨的主要动物，从文本的描述中也可见它们同天神之间的关联，牛和狗有时以动物的形象出现，有时又是动物神的身份，它们基本都是作为天神的使者而存在于神话之中，并带有一定神性色彩，如侗族的《神牛下界》、汉族的《牛大王下凡传谷种》、哈尼族的《水牛犁田的传说》、蒙古族的《狗传圣旨》文本。

1. 对传错话的理解

玉帝等主神在天界的神灵系统中具有绝对的地位，神话为何还会普遍而频繁地出现传错话，这里便从如下五个方面对传错话的内涵进行分析。

第一，对于传话的认识。首先，牛或狗传达的是主神的口旨，这是所有神话的共性认识，主神与人间的交流是不能够通过书面文件来传达的，神话也认识到了这方面的局限性，因此使者所要传达的只是主神的口谕，即便传旨者在其中进行更改也无从查证，如在北方的萨满信仰中，萨满被认为是神在人间的代言人，他们可以通过请神仪式与神进行沟通，他们传达神谕的效果就如同神话中的神或动物传递神旨，其实从阶级社会的层面来看，这又何尝不类似于人间统治阶级的命令发布，即使是统治者的口旨，在统治范围内也具有至高权威。其次，牛或狗能够为人类传话，这本身就已带有神性色彩，为何人会认为动物能讲话，在万物有灵的观念中，动物也具有灵性，他们同人类一样操持着自己的语言，正所谓人有人言、兽有兽语，在有些民族的神话中，人类能够通过某种方式来掌握兽语，借此能够帮助人们避过特定的灾难，在误传神谕中，不可避免要借用动物的语言来传达神意，这也是对动物具有神性的另类表达。

第二，对于一日三餐和三日一餐的理解。首先，从游牧、渔猎社会过渡到农耕社会的过程中，人们的生活方式也在发生潜移默化的变动，对于吃饭作息规律的探索也经历了一段时期，传错神谕极有可能产生自这个时期，农耕社会比较注意找寻稳定的规律，“日出而作，日落而息”的古老说法便与农业社会的定居生活有关，农业耕作要符合季节规律，人们对一日三餐的探索也与平时的劳作强度相关，再不能像游牧和渔猎时期那样对于吃饭和睡觉没有一定之规，汉族《牛传话》中认为人“不知道吃饭睡觉的时间”[①]，这是对农业社会最初的写照。再次，是否存在三日一餐的情况，神话中的主神让人三日一餐的原因是人间的粮少人多，这应当是当时的真实情况，但通过节食来维持生计并不是长远之计，神话也反映出了先民的美好想象，人们认为如果三日一餐的情况存在，那人间便会维持温饱，但神或动物的错误却导致了这一想象的破灭，误传神谕中的很多神话也都在表明这种思想，其实恰恰是传错旨意的行为，才将人类真正从自耕自种过渡到精耕细作的社会之中，人们的生活也开始更为稳定。

第三，对于贬牛下凡的理解。这应当是对农业社会发展的真实写照，神话中的牛是来自天界的神物，它能来到人间是因为其所犯的过错，当然这只是神话的想象，神话所反映的是当时用牛进行耕作的农业生产景象，以牛为耕的农作方式要比自耕自重更能提高生产效率，这也是人类步入精耕细作的重要途径。神话中，牛传错话为何会直接导致被贬下凡，这样的处罚是否过于严重，于情于理似乎都不符合逻辑，除非两种情况：其一，牛传错话的行为触碰了主神的底线；其二，牛传错话只是主神故意寻找的借口。其实第二种的可能性更大，因为牛的行为并不构成对主神权力和地位的危险，如果牛假传的旨意具有极大的危害性，主神不会放任不管，他完全可以追加旨意来弥补所犯的过失，但主神却默认了假的旨意，只是惩戒了传旨官，可见牛错传的旨意并没有太大危害，而且如果将牛和狗传错话的受罚方式进行纵向比较的话，狗只是吃剩饭，而牛则是帮助人犁地，

---

① 桐柏县民间文学集成编委会编:《中国民间文学集成·河南桐柏县卷（第一分册）》，桐柏县民间文学集成编委会 1987 年版，第 52 页。

处罚的轻重立判。这样看来，若以此作为牛下凡的借口，有了牛对人类的帮助，人便能够获得更多的粮食来满足一日三餐的需求，这也从侧面证实了牛耕的重要意义。此外，通过神话的介绍，让人们了解到牛最初的来源是天上，即使牛仍在人间为人耕作，也不应忘记牛曾拥有的神性地位和它下凡助人耕田的功绩，若神不曾派牛下界或牛没有犯下过错，那人类发展仍不会有进步，神话以真诚而神圣的口吻含蓄地告诫人们要对牛报以尊重和感念。

第四，对于惩罚狗的理解。首先，对人和狗关系的理解，神话与现实之中，狗都是人类亲密的伙伴，牛是在农耕社会中与人类建立的联系，但相比而言，在农耕社会之前，狗与人的关系便已十分密切，狗起到了比牛更为重要的作用，随着人类进入农耕文明，狗承担了看家护院和保护其他牲畜的职责，它的地位已让位于牛，而很多民族的狗耕田神话类型却反其道而行之，人们都相信狗能承担起牛的任务，它们甚至比牛耕田都厉害，如流传于河南南阳市的汉族神话《老黄狗犁地》中认为“老黄狗会犁地，喊一声，快如风；打一鞭，跑三圈”[①]，诸如此类的想象都是人类对狗的期望和信任。其次，对神和狗关系的理解，在汉族《白狗讨饭的故事》[②]中的神狗来自天宫，虽然它因过失而被贬下凡，它在天神的心中仍保持了较高的信任，在神狗告发人类的行为之时，天神会无条件地信任它的报告而采取措施惩罚人类，在狗上天向天神要谷种之时，天神也会无条件将谷种赐予它，这都说明了神和狗密切的关系。最后，对狗的惩罚不同于牛，在汉族和锡伯族的神话中，神狗已经属于人间，不存在再次被贬的惩罚，狗传错话的惩罚措施只能与粮食相关，而且也不需太过严重，毕竟狗在农耕社会中的作用不如牛明显，因此狗才被罚吃剩饭或吃屎。

---

① 参见《中国民间故事集成·河南卷》，中国 ISBN 中心出版 2001 年版，第 424 页。

② 参见张柏华主编:《中国民间文学集成辽宁卷·本溪市补遗资料本》，本溪市民间文学三套集成编辑委员会 1987 年版，第 171—172 页。

第五，主神和传旨官在误传神谕中都负有责任。首先，主神有重要责任，神话中诸如牛、狗等动物神或动物都是沟通天上与人间的桥梁，有的神话中已经明确表明了牛或狗在记忆力方面存在障碍，若是如此，委派使者的主神就存在着用人不明的问题，他显然知道或可能会料想到神牛或神狗会出现类似情况，仍大胆起用这些传旨官，那么主神便应当是传错旨意的间接责任者，这里也有可能是主神故意让传错旨意的事件发生，这是一场自导自演的行动，假设如此，那神故意让神牛犯下错误，便会找到借口让人间拥有耕牛，当然这只局限于对牛传错话的理解，而神狗在传错话之前就已经被贬下凡间，鉴于它与主神之间亲密的关系，和它在农耕社会中的地位，这种故意行为不会发生在神狗身上。其次，传旨官有直接责任，这里还存在两种情况，一种是牛或狗的愚笨是导致传错话的重要因素，另一种是传旨官有意篡改旨意，如汉族《牛大王下凡传谷种》中的牛大王看到人们的辛苦而故意将玉帝旨意改为一日三餐[①]，侗族《神牛下界》中的神牛在传错话时还说“一天三顿肚还饿”[②]，这都间接表明了它对主神指定的三日一餐的不满情绪，不管是否如此，神牛传错旨意的行为确实改变了人类原有生活方式。

2. 牛传错话而受罚

牛传错话是较为重要的一类母题，如德昂族的《葫芦的故事》、鄂温克族的《牛的传说》、哈尼族的《水牛犁田的传说》、汉族的《牛为啥没有上牙》《牛为什么没有上牙》《麦子的由来》《老牛下凡》、回族的《牛、狗、鸡和粮食》、傈僳族的《一日三餐的来历》、土族的《黄牛大力士下凡》都是比较典型的文本。如上所列的十篇文本分属于南北方不同民族的牛传错话神话，为了便于比较它们之间的异同，这里根据文本的内容试做比较，具体情况见表 22：

---

① 参见《中国民间故事集成·浙江卷》，中国 ISBN 中心出版 1997 年版，第 53 页。

② 参见《侗族文学史》编写组:《侗族文学史》，贵州民族出版社 1988 年版，第 64 页。

表 22　牛传错话而受罚的文本比较

民族	篇目	代码	发布者	传话者	传错内容	惩罚方式
德昂族	《葫芦的故事》	[8.4]	天神	水牛	一日三餐	为人耕田①
鄂温克族	《牛的传说》	[11.1]	神	牛	三吃一打扮	为人耕田②
哈尼族	《水牛犁田的传说》	[14.15]	阿波摩咪	水牛	一日两餐	为人耕田③
汉族	《牛为啥没有上牙》	[15.60]	玉皇爷	保民官	三吃一打扮	下凡变牛④
汉族	《牛为什么没有上牙》	[15.85]	玉帝	牛王神	三吃一打扮	为人耕田⑤
汉族	《麦子的由来》	[15.97]	玉帝	牛	一日三餐	为人耕田⑥
汉族	《老牛下凡》	[15.157]	玉帝	牛头夜叉	一日三餐 三日一洗	为人耕田⑦
回族	《牛、狗、鸡和粮食》	[17.6]	真主	黄牛	三吃一打扮	被贬下凡⑧
傈僳族	《一日三餐的来历》	[23.5]	俄沙扒莫	水牛	一日三餐	为人耕田⑨
土族	《黄牛大力士下凡》	[39.4]	玉帝	黄牛力士	三吃一打扮	为人耕田⑩

首先，信息发布者、传话行为者、受惩罚方式都基本一样。发布传话命令的都是各民族的主神，如汉族的玉帝、回族的真主、德昂族的天神等，传话的行为主体是牛或神牛，其中汉族 [15.60] 中传旨的保民官虽是神性人物，不过依据他下凡变为牛的情况，也应将此文本归入牛传错话之

① 参见中华民族故事大系编委会:《中华民族故事大系(第十五册)》，上海文艺出版社 1995 年版，第 20—23 页。

② 参见《中国民间故事集成·内蒙古卷》，中国 ISBN 中心出版 2007 年版，第 377—378 页。

③ 参见中华民族故事大系编委会:《中华民族故事大系（第六册)》，上海文艺出版社 1995 年版，第 142-143 页。

④ 参见《中国民间故事集成·甘肃卷》，中国 ISBN 中心出版 2001 年版，第 279—280 页。

⑤ 参见《中国民间故事集成·内蒙古卷》，中国 ISBN 中心出版 2007 年版，第 378 页。

⑥ 参见《中国民间故事集成·陕西卷》，中国 ISBN 中心出版 1996 年版，第 340—341 页。

⑦ 参见十堰市民间文学三套集成编辑委员会编:《十堰市民间故事集》，十堰市民间文学三套集成编辑委员会 1987 年版，第 2—3 页。

⑧ 参见《中国民间故事集成·宁夏卷》，中国 ISBN 中心出版 1999 年版，第 156—157 页。

⑨ 参见《中国民间故事集成·四川卷(下卷)》，中国 ISBN 中心出版 1998 年版，第 1436—1437 页。

⑩ 参见中华民族故事大系编委会:《中华民族故事大系（第十册)》，上海文艺出版社 1995 年版，第 639—640 页。

中。其次，上述文本在传错话的内容上表现出了差异：一是一日三餐类；二是三吃一打扮类；三是其他类，如哈尼族［14.15］中出现了一日两餐的说法，这是一日三餐的变体，汉族［15.157］中出现了“一日三餐，三日一洗”的说法，这应当也是三吃一打扮的变体。这里仅就三吃一打扮的文本内涵进行阐释。

根据目前的统计，在误传神谕型中传递吃饭、打扮信息的神话，基本都出现在牛传错话的类型中，它们都将主神的旨意一致性地错传为“一打扮三吃饭”，为何不选择狗作为传递此信息的责任者，出现这一现象便要归因于如下三个方面：第一，这与人们对牛的信仰有关联，在西南和南方的众多民族之中都存在着对牛神的祭祀活动，并且已经演变为节日庆典，如羌族的牛王会、仡佬族的祭牛王节、纳西族的敬牛王、黎族的牛节、布依族的牛神节、壮族的牛魂节、汉族的牛王诞都表达了对牛神或牛的敬仰与崇敬之情，神话中保留了对牛信仰的成分，请神牛来传达这样的重要信息，是对神牛地位的肯定；第二，打扮的行为具有双重含义，在伤谷型中，谷种自动飞到家中耽误了女性梳妆打扮，招致了女性打走谷种的行为，其实这里所指的梳妆打扮不应局限于女性，其所指也应与清洁身体有关联，它所反映的是清闲状态下的行为，与农作的劳累紧凑形成了较为鲜明的对比，神话让牛传达“一日打扮一次”的限定，既是在告诫人们要像牛一样勤于劳作，但又允许人在不耽误耕作的情况下保持清洁，因此三吃一打扮是对农耕生活较为真切的反映。

3. 狗传错话而受罚

狗传错话是另一类较为重要的母题，如汉族《草死苗活地发暄》《白狗讨饭的故事》《大米的传说》、蒙古族的《狗传圣旨》、苗族的《狗取粮种》、锡伯族的《天神造大地》、彝族的《牛为何给人耕地与狗为何吃屎》都是此类的典型文本，这里结合具体文本进行比较，具体情况见表 23：

表 23　狗传错话而受罚的文本比较

民族	篇目	代码	发布者	传话者	传错内容	惩罚方式
汉族	《草死苗活地发暄》①	[15.41]	老天爷	狗	人吃饭 狗喝米汤	狗喝米汤
汉族	《白狗讨饭的故事》②	[15.42]	玉帝	神狗	人吃干饭，狗吃剩稀饭米汤	狗吃剩的
汉族	《大米的传说》③	[15.191]	玉帝	狗	狗一日三餐 人三日一餐	狗吃屎
蒙古族	《狗传圣旨》④	[28.5]	佛祖	狗	人吃最好的 吃剩的给狗 再剩的喂猪	狗吃剩饭
苗族	《狗取粮种》⑤	[29.15]	人	狗	上天取谷种 [五尺长的秆，五寸长的穗]	狗吃屎
锡伯族	《天神造大地》⑥	[44.2]	天神	天狗	人先吃饭 狗后吃饭	狗吃剩饭
彝族	《牛为何给人耕地与狗为何吃屎》⑦	[46.1]	玉帝	牛和狗	一日三餐	牛为人耕田，狗带下谷种

第一，信息发布者以主神为主，如玉帝、佛祖、天神等宗教神或原始神都是旨意的发布者。除此之外，还出现了人发布信息的情节，如苗族[29.15]

① 参见魏宪军主编:《中国民间文学集成辽宁分卷·大洼资料本》，大洼县民间文学三套集成领导小组 1987 年版，第 106—107 页。

② 参见张柏华主编:《中国民间文学集成辽宁卷·本溪市补遗资料本》，本溪市民间文学三套集成编辑委员会 1987 年版，第 171—172 页。

③ 参见陈忠礼主编:《中国民间故事集成·贵州省贵阳市卷》，贵阳市十大文艺集成编写小组 1998 年版，第 8 页。

④ 参见《喀左·东蒙民间故事》编委会编:《喀左·东蒙民间故事（5）》（蒙古族故事家额尔敦朝克图卷－下卷），辽宁民族出版社 2008 年版，第 182—183 页。

⑤ 参见贵州省民间文学工作组编著:《苗族文学史》，贵州人民出版社 1981 年版，第 57—58 页。

⑥ 参见陈钧编著:《创世神话》，东方出版社 1997 年版，第 377 页。

⑦ 参见景东彝族自治县民族宗教局、景东彝族自治县文学艺术界联合会、景东彝族自治县旅游局编:《景东民间故事》，德宏民族出版社 2014 年版，第 29 页。

中，人在派遣狗上天取种之前，告知所取谷种的具体信息。

第二，传错话的内容不同，大体可分为四类：其一，一日三餐，如汉族和彝族都是有关于此的表述，它同牛所传递的信息是一致的；其二，对吃饭顺序的规定，如蒙古族和锡伯族中的佛祖、天神分别做出了狗先吃饭的规定，但狗传错话而导致它只能吃人剩下的东西，不过并不是所有的神话都是狗后于人而吃饭，在南方很多民族的谷种神话中，狗因为取种的功劳而能够尝新米，这也形成了特定的节日习俗；其三，对吃饭内容的规定，如汉族神话中的老天爷或玉帝规定狗吃干粮，而狗在传错话之后则变成了狗喝米汤；其四，从人间向天上传话，如苗族神话中的狗为取谷种而将人的话传达到天上，却错误地取下了五寸长的穗，也就是现在的庄稼穗，它是误传神谕的变体，人不是旨意的发布者，狗只是按照人类的意思上天取种，误传神谕中动物只传达了神的话，而这则神话中的狗在传话之后为人间带来了真实的东西，这也是它们的不同之处。在上述四种类型中，后三种是狗传错话所特有的类型。

第三，受罚方式有所不同，大体主要有三种：一是狗喝米汤；二是狗吃剩的食物；三是狗吃屎。前两种方式虽是对狗的惩罚，但毕竟狗能吃到食物，而后一种方式则可以算作是一种处罚，也是对狗屎吃行为的一种美好的神话诠释。此外，彝族［46.1］中的牛和狗共同传错话，牛得到的惩罚是为人耕作，而狗受罚的方式则是为人间送去谷种，似乎这是一种恩赐，而非惩罚的行为。

惩罚母题主要讲述了神对神、人或动物所犯过失的惩罚，当然并不是所有的惩罚母题都隶属于谷种神话，只是它的很多情节的表现都要与谷种产生联系。谷种神话中的惩罚主要可以分为惩罚人类和惩罚神或动物两种，其中惩罚人类的神话主要是针对人类浪费和糟蹋粮食行为的惩罚，后一类主要与违背天意和传错神旨相关，从内容和惩罚对象来看，它们属于截然不同的两种母题。惩罚人类行为主要包括了失去谷种、天降灾难、变化惩罚、自食其果四种受罚方式，它们都与粮种的失去、谷子的变化有直接或间接的关联，而惩罚神或动物中的违背天意、误传神谕则分别与谷种的获得、庄稼的耕作、吃饭的规定有关。谷种神话若脱离惩罚母题而存在，便不能形成完整的神话叙事，它表现的情节在谷种神话中具有重要意义，有了神对人类浪费行为的惩罚，人类才会更加珍惜再次获得的谷种，有了神收回人间谷种的情节，才会出现人类再次取种的行为，维持谷种神话的连贯和延续是惩罚类母题存在的基础。此外，在惩罚母题中，先民也通过神话的神圣表述而确定了一定范围内的禁忌和规定，如女性在管理和制作粮食之中的禁忌，儿童不宜参与粮食分配的禁忌等，都属于神话言语之外的深层语义，神话中的惩罚并不是目的，劝诫和规范世人的言行才是神话的真正含义。

第二节

谷种神话中的变化母题

通过分析谷种神话的文本，可以发现其中存在着较多的母题，上述的洪水母题、死亡母题、惩罚母题都是神话中出现较为频繁且具有一定文化意义的母题，除了上面的几大母题之外，还有诸如变化母题和考验母题也是谷种神话中所占比重较高且较具分析价值的母题，这些母题有的与谷种的产生直接相关，有的则与谷种的起源保持着间接的关联，都在构成谷种神话的完整叙事方面起到了一定的作用。当然在变化母题和考验母题之外也存在着许多的母题，有鉴于母题的重要程度和关联因素，这里仅对此两种母题进行分析。

在谷种神话的类型划分中已经出现了变化型，这里所说的变化母题其所涵盖的范围要大于前文的变化型，变化型是有关神或者人变化为谷种的一类神话，是跟谷种的直接起源相关，而谷种神话中的变化母题所涉及的内容就不能仅限于此，它包罗了在谷种神话中所出现的各种形式的变化，这些变化有的与谷物的产生有直接关联，如米面变雨雪、人化为谷种等，还有与谷物的产生没有直接关系的，如神变为动物、人变为动物、动物变为人、谷种变为人等，有鉴于前文在类型分析中已经对变化为谷种进行了探究，这里便只对谷种神话中与谷种产生没有直接关系的变化母题加以阐述。它们在布朗族、布依族、达斡尔族、傣族、高山族、哈尼族、汉族、回族、京族、景颇族、傈僳族、珞巴族、满族、蒙古族、苗族、仫佬族、怒族、水族、塔吉克族、土家族、维吾尔族、乌孜别克族、锡伯族、瑶族、彝族、藏族26个民族的102篇文本中都存在。按照变化结果的不同，这里试把该类母题分作如下三类进行阐释。

一、变化成为动物

在谷种神话的范围之内，变化成为动物的情节比较常见，根据变化主体的不同，又可以分为神变为动物、人变为动物和谷物变动物等类。

（一）神变化成为动物

在谷种神话中，神变为动物的情况各有不同，像在傣族的《谷种的来历》、哈尼族的《奥色密色》、水族的《阿婞教人种五谷》、瑶族的《五彩带》文本中，神分别变为了狗、牛、天鹅、公猪等不同的动物形象，这样从中可以归纳出如下三类。

神会变化成为狗。如傣族神话中的天神小女儿先后偷了一袋谷子和七十六种谷粒而被贬下凡变为狗[①]，哈尼族神话中的天王姑娘因偷出谷种而被贬到凡间变为了母狗[②]，她们都因为赐予人间谷种而被变为了狗，傣族更增添了天女两次偷谷种的情节，神话中的天神为何要将天女变为狗贬下凡间：这一方面与谷种的重要性有关，谷种被先民认为是天上的产物或天神的宝贝，天女采取偷盗的形式赐予人间谷种，说明天神不愿将谷种赠予人类，天神更因此事而迁怒女儿，将其贬入人间，神话借此表现了谷种的珍贵和重要；另一方面这和人们与狗的关系有关，南方诸多民族都有尝新节，尝新之前要先喂狗，这便与狗取粮种的神话有关，而狗被认为是天神之女的说法将神赠赐

① 参见吕大吉、何耀华总主编，张公瑾等分册主编：《中国各民族原始宗教资料集成：傣族卷·哈尼族卷·景颇族卷·孟-高棉语族群体卷·普米族卷·珞巴族卷·阿昌族卷》，中国社会科学出版社1999年版，第140—141页。

② 参见普学旺、左玉堂主编：《云南少数民族古典史诗全集（上卷）》，云南教育出版社2009年版，第667、668、679页。

型和动物盗取型进行了复合。

神会变化成为牛。牛是农耕社会中较为重要的劳动助手，它在神话中出现的频率也很高，很多民族的神话都将牛与天神、天界、下凡等关键信息联系起来，如水族神话中的仙女阿婞是在下凡时主动变为水牛的①，她的目的是要考验后生，水族神话突出了水牛的意象，再如汉族《牛为啥没有上牙》中的保民官因传错话而变为牛②，京族《天神赎罪》中的天神因对人间的庄稼犯下错误而主动变为牛到人间受罚③，这些变为牛的行为既反映了农业中以牛耕地的事实，也放大了牛的神性。

此外，神也会变化成其他动物。瑶族神话中的天女可以变成天鹅、玉帝可以变为公猪④，在先民的思维观念中，人与动物的界限较为模糊，随着社会的发展，人突出主体的意识才逐渐形成，但早期人或神变为动物的观念仍留存下来，而且神变为动物要发生在特定的人和事件之上，如瑶族中天女上天的行为能与天鹅进行联想，很多民族的羽衣型神话中的天女也是天鹅的形象，傣族《谷神》中的谷神变为鱼到河中洗澡⑤，这与谷种源于河中的观念有关，如瑶族玉帝变公猪是为了要考验男子，景颇族《那泼节的来历》中的山鬼变为鱼和野兽来对人间的谷物生长进行捣乱⑥，仫佬族《天是怎样升高起来的》中的磨坊仙子被贬下凡变为拱屎虫帮助人间⑦，这些变化动物的行为都与一定的事件相关联，而且都是比较独特的意象。

---

① 参见中华民族故事大系编委会：《中华民族故事大系（第九册）》，上海文艺出版社 1995 年版，第 30—35 页。

② 参见《中国民间故事集成·甘肃卷》，中国 ISBN 中心出版 2001 年版，第 279—280 页。

③ 参见中华民族故事大系编委会：《中华民族故事大系（第十五册）》，上海文艺出版社 1995 年版，第 321—323 页。

④ 参见萧兵：《婚姻考验和谷种神话——比较神话学笔记》，《思想战线》1984 年第 3 期。

⑤ 参见岩峰、王松、刀保尧，云南省社会科学院民族文学研究所编：《傣族文学史》，云南民族出版社 2014 年版，第 136—137 页。

⑥ 参见陶阳、钟秀编：《中国神话（下）》，商务印书馆 2008 年版，第 1157—1159 页。

⑦ 参见包玉堂、吴盛枝、龙殿宝编：《仫佬族民间故事选》，上海文艺出版社 1988 年版，第 5—8 页。

（二）人变化成为动物

在该类母题中，主要以人化身为狗为主，如苗族的《找粮种》、彝族的《尝新先敬狗》、藏族的《青稞种子的来历》三篇文本都如此，有鉴于其内容的相似性，这里仅以其背景和情节出发进行比较，具体情况见表 24：

表 24 人变化成为狗的文本比较

篇目名称	《找粮种》①	《尝新先敬狗》②	《青稞种子的来历》③
篇目序号	[29.16]	[46.22]	[48.2]
所属民族	苗族	彝族	藏族
所属语言	汉藏语系 - 苗瑶语族	汉藏语系 - 藏缅语族	汉藏语系 - 藏缅语族
分布地域	四川省宜宾市筠连县	四川省成都市邛崃县	四川省阿坝州马尔康县
所属类型	寻取型	盗取型	盗取型
掌管谷种者	山神阿爷彼纳	龙王	蛇王喀不勒
谷种位置	山神处	龙宫	蛇王洞中
取谷帮助者	—	主宰万物的菩萨尼米神	地母、山神日乌达
获取谷种者	格米睹罗	阿合木呷	王子阿初
如何变动物	山神将他变为狗	龙王将他变为狗	蛇用炸雷闪电变他为狗
取谷后变化	小黄狗	黑色卷毛狗	黄毛狗
变人的方式	与女子相爱成婚	与女子相爱成婚	与女子相爱成婚
取谷者妻子	拉缟嫫姑娘	张家三姑娘	土司三女儿俄满
神话的结局	狗变为人，人有粮种	狗变为人，人有粮种	狗变为人，人有粮种

从上表的比较可见，三篇文本内容的主要母题如下：

①英雄因人间没有谷种而外出寻找；

②英雄在神的帮助下得知谷种位置；

③英雄经过争斗或偷盗而获得谷种；

---

① 参见熊玉有：《苗族文化史》，云南民族出版社 2003 年版，第 210 页。

② 参见桑吉扎西：《戍犬通灵》，社会科学文献出版社 1998 年版，第 72—73 页。

③ 参见《中国民间故事集成·四川卷（下卷）》，中国 ISBN 中心出版 1998 年版，第 989—994 页。

④英雄在取种的过程中被变为了狗；

⑤英雄在返乡途中收获姑娘的爱情；

⑥英雄回到故乡后又重新变成了人。

上述文本的内容和叙事其实比较复杂，它们虽不都属于同一语族，却都流传于四川地区，彼此之间应有一定程度的影响，通过从文本内容所提炼的母题可见它们所存在的共性。英雄取谷种的过程中为何会经历从人到狗、再到人的变化，这便可以从如下四个方面来说明。

第一，神话复合的痕迹较为明显，人取谷种、狗取谷种、人狗成婚是它们最核心的母题，母题①—③寻找谷种的是英雄，母题④—⑥将谷种带回故乡的主体实则是狗，衔接这两大类母题的是人与狗之间的变化和婚姻，如此完整的神话不应是其最初的原型，它应为几类母题的组合，在人们较为原始的观念中，谷种仍是由狗取来的，而为了突出文化英雄的形象，极有可能将两者的形象复合，有的民族神话却将其分开，如布依族神话中的茫耶和狗共同寻找谷种，茫耶在取回谷种的途中牺牲，小狗则将谷种带回来[①]，这是人和狗共同取谷种的复合，只是人和狗的形象没有合二为一。

第二，谷种的掌握者和帮助者各有不同。神话中的山神、龙王、蛇王分别将文化英雄变成了狗，他们是谷种的掌握者并且都各自为政，彝族的尼米神能够主宰万物，藏族的地母和山神虽也具有一定的地位，但他们只会通过暗中指导的方式帮助人类，不会因为取谷种事件而与龙王、蛇王等神灵发生正面冲突，这都说明龙王等神所具有的地位和其他神相当，而执掌谷种或许也恰恰是其身份的象征，在许多民族的神话中只有天神、玉帝等主神才是谷种的真正掌控者，在先民的社会生活中，拥有谷种则代表着具有雄厚的资源，自然谷种也成了身份和地位的象征。

① 参见姚宝瑄主编：《中国各民族神话·布依族》，书海出版社2014年版，第39—45页。

第三，人被神灵变化为狗的情节。首先，在神话中变为了不同的狗，如瑶族中是小黄狗，彝族中是黑色卷毛狗，藏族是黄毛狗，神话中盗取谷种的主体从人变为了狗，其实这是将人取谷种与狗取谷种的神话进行了复合，在这些民族的其他谷种神话中，狗都是取种行动的主要参与者，作为人类生活中最为常见的动物，它们的形象自然源自实际生活，因此神话中出现的黄狗、卷毛狗都是普通而常见的狗；其次，在变化方式方面，瑶族和彝族神话中并未交代具体方法，藏族的蛇王采用了炸雷闪电的方法将英雄变为狗，但狗可以再次变为人，这里神灵所采取的方式近似于一种禁忌巫术，狗可以通过解禁的方式而变成人，藏族蛇王的方式更为高级，能调用雷电的应为雷神或闪神，蛇王之所以能使用雷电，一种可能是它同龙王一样具有呼风唤雨、驱使雷电的法力，另一种可能是它作为巫师的身份出现，能够利用巫术来达到目的。

第四，狗可以通过婚姻的方式变化为人。神话中的婚姻或者爱情应该是解除巫术或禁忌的一种方式，人与狗的相爱结合便能让狗再次变为人，这也应是人再次获得生命的表现过程。在西方童话中，公主因为吻了青蛙而使它变回了王子等，这都与中国的此类神话具有共性思维，神话中的女性都为未婚女子或贞洁处女，女性与动物发生接触后，女性所具有孕育生命的能力便会令人再次获得重生，这符合巫术接触律的神话思维。其实人与动物成婚的母题在神话中也较为常见，狗作为氏族图腾的代表，它与人的结合多是表示部落之间的联姻关系，狗也被很多民族认为是祖先，如南方的盘瓠神话是最为普遍的人与狗成婚的神话，盘瓠在变化为人的过程中保留了狗头的形象，南方一些民族不仅将其奉为始祖，更会定期举办节庆活动对祖先神进行祭祀。

（三）谷物变化成为动物

不仅神、人可以通过不同的方式变为动物，谷物也可在特定的情境下变为动物，如台湾流传的《小鸟为什么啄食稻谷》讲以前一粒米可煮一锅饭，一个懒人放了几粒米，锅裂后里面的米粒全部化为小鸟[①]。从目前搜集的文本来看，谷物变为飞鸟的文本主要集中于台湾神话中，如泰雅人的《农耕的由来》中也认为一粒米足够一家人吃，只是一个懒汉将所有粟谷倒入锅中的行为令谷神愤怒，才被谷神把锅里的饭变成了麻雀[②]，两则神话中将米粒变为小鸟的行为，应是祖先和谷神对懒人的一种惩罚措施。此外，还有布朗族《沙卡厄》中的谷种被赶跑逃到海上后变成了金鱼[③]，谷物之所以能变为鸟或鱼，这都与人们对谷种最初来源的认识有关。

二、变化成为人类

在谷种神话中，神、动物和谷物都可以变化为人，它们变化的原因及表现都不相同，在神变为人中，神变为人的方式基本上都是通过乔装的方式来改变原初的面貌，神可以化身为讨饭婆、讨饭老汉、老道等形象，其目的是查访人间是否珍惜天赐的粮食，这种伪装更能探查出人心的善恶。神在变化为人的情况中，往往不太注意对性别的选择，老天爷会变成要饭婆，也会变成讨饭汉，这在前文惩罚母题中已经展开分析，这里主要介绍动物和谷物变化成为人的情况。

（一）动物变化成为人

动物变化为人的原因多与取谷种和求谷种相关，此处的动物主要以狗和鸟为主。

如狗变为人的母题。首先，与惩罚母题相关的变化，汉族《小麦为啥只长一个头》中的玉帝派黄狗变成要饭老婆婆探查人间，玉帝知道人类浪费粮食的行为后决定收回小麦，黄狗求情感动玉帝，但也因与人同心而被罚下

① 参见陈国强：《高山族神话传说》，福建人民出版社 1980 年版，第 96 页。

② 参见《中国各民族宗教与神话大词典》，学苑出版社 1993 年版，第 146 页。

③ 参见王国祥，云南省社会科学院民族文学研究所编：《布朗族文学简史》，云南民族出版社 2014 年版，第 75—76 页。

界[①]，黄狗变为人是为了方便与人进行交流，它既要通人性，也要能够了解人的语言才能完成查访人间的任务，因此被贬下凡的黄狗是具有神属性的；其次，与人与狗成婚母题相关的变化，苗族的《带回谷子的狗》中讲皇帝派狗去国外找回了几十颗，公主播种收获后发给百姓谷种，狗因功娶到了公主，平时变成人样[②]，土家族《狗带谷种》说洪水后狗过海为人取回几颗种子，马寨老将女儿嫁给狗后，才种出了像狗尾巴一样的谷穗，夫妻喝了交杯酒后，狗变成了小伙子[③]，其实人变为狗中的后半部分情节也与此型相同，都是狗通过与女子相爱成婚而变为男子。

再如鸟变为人的母题。如怒族《谷种的来历》中的布勇用弩箭去射雪地上雀子的脖子上吊着的大口袋，发现里面有白花花的籽籽，这时雀子变成白发苍苍的老人站在大家面前，告诉大家他是奉天神之命送谷种的，要大家等雪化后再挖地、锄草和耕种[④]，神话里的雀子显然同汉族《小麦为啥只长一个头》[⑤]中的黄狗形象相同，它们都是神的使者，它变成老人的目的也是便于与人类进行沟通，而且黄狗、雀子都变成老人的形态出现在世人面前，或许在神话中他的言行更具说服力，若以年轻人形象出现便无此信服力可言。

（二）谷物变化成为人

谷物除了变为动物之外，还可以变为人，这使得谷魂也具有了人的属性，这便是谷魂观念的体现，如布朗族中谷种被老寡妇打碎逃到海上后变成金鱼，它被人捞起后又变为老米涛（老大妈），即谷神雅班豪，她把敲碎的谷子撒进

---

① 参见淅川县民间文学集成编委会编:《中国民间故事集成·河南淅川卷·丹江的传说》，淅川县民间文学集成编委会 1989 年版，第 292 页。

② 参见管树华主编:《中国民间文学集成·攀枝花市故事卷》，四川民族出版社 1990 年版，第 10—13 页。

③ 参见《中国民间故事集成·贵州卷》，中国 ISBN 中心出版 2003 年版，第 67—68 页。

④ 参见《中国民间故事集成·云南卷（上册）》，中国 ISBN 中心出版 2003 年版，第 313—314 页。

⑤ 参见淅川县民间文学集成编委会编:《中国民间故事集成·河南淅川卷·丹江的传说》，淅川县民间文学集成编委会 1989 年版，第 292 页。

地里[①]，这是谷物变动物和动物变人的复合，谷种能够发生两次变化的情况确实不为多见，文本中的鱼只是一个过渡的形态，谷神还是由谷物变化而来的。它是谷物灵魂的掌控者，其外化形态根据环境的不同而有所改变，在谷物回到大海之中时，它便外化为鱼的形态，当要帮助人类时，它便化为人的形态在人间行走，这是神话赋予谷种的特性，也是谷魂崇拜观念的深入体现。

而神话中特定谷物变为人也有一定的深意。如瑶族神话中的水仙姑和小伙子把谷种和芝麻种撒到人间，小伙子撒的谷种变成男人、芝麻种变成雄性动物，水仙姑撒的变成女人和雌性动物[②]，他们显然是人类和动物的始祖，这里的谷物粮种不仅有性别的区分，还有人兽的区别，那神话中为何会做此差别：首先，对谷种变人、芝麻种变动物的理解，此时先民已经意识到人和动物的区分，但物与人之间的转化关系又说明人们相信人与物体之间存在着一定的联系，谷种在养育人类方面的功用大于芝麻，人们更为依靠谷种而生存，并且其生长发育的过程又与人的孕育很相似，而芝麻的形状和颜色确实能够产生对自然界动物的联想，人们会将谷种和芝麻种分别指代人和动物的主要原因也在于它们与人的相关性；其次，对粮种性别区分的理解，男性所撒的种子就是男人和雄性动物，女性则相反，这很明显符合巫术原则中的接触律，通过接触，种子也便具有了传播者的属性，这与先民的认识较为吻合。此外，还有一个细节就是“每撒一把种子就吐一泡口水”，这与人类起源神话中的神对泥人吹气成活较为类似，这里又将人类起源与农业生产联系起来，水能够灌溉植物种子的生长，而人的口水使人成活则类似于此。谷物变成为人的情节，是与先民原始信仰的观念脱离不开的。

（三）谷物变化成为雨雪

该类母题是谷种神话较为重要的一类母题，主要是关于神因为人间的贪

① 参见王国祥，云南省社会科学院民族文学研究所编：《布朗族文学简史》，云南民族出版社2014年版，第75—76页。

② 参见苏胜兴等编：《瑶族民间故事选》，上海文艺出版社1980年版，第25—27页。

懒和浪费等行为而将所赐予的米、面、油等食物变为了雨雪的一类神话，目前搜集的谷种神话文本中有 52 篇都属于此类，具体篇数与流传地域的统计数据见表 25：

表 25　谷物变化成为雨雪的文本篇数与流传地域分布

民族	篇数	流传地域	民族	篇数	流传地域
汉族	9	河南省南阳市桐柏县、南召县 河南省三门峡市卢氏县 河南省驻马店市汝南县 河南省周口市郸城县 河南省新乡市新乡县 河南省濮阳市清丰县	蒙古族	9	辽宁省朝阳市喀左县 内蒙古自治区鄂尔多斯市 新疆维吾尔自治区巴音郭楞州
	5	辽宁省本溪市桓仁县 辽宁省抚顺市新宾县 辽宁省大连市庄河市 辽宁省锦州市黑山县	满族	3	辽宁省鞍山市岫岩县 辽宁省本溪市本溪县 辽宁省抚顺市新宾县
	4	江苏省连云港市灌南县 江苏省徐州市睢宁县 江苏省宿迁市泗阳县 江苏省南通市如东县	回族	3	宁夏回族自治区吴忠市同心县
	3	陕西省西安市高陵区 陕西省商洛市洛南县	锡伯族	2	新疆维吾尔自治区伊犁州察布查尔锡伯自治县 吉林省松原市扶余市
	2	湖北省黄冈市麻城市 湖北省十堰市张湾区	塔吉克族	1	新疆维吾尔自治区喀什地区塔什库尔干塔吉克自治县
	2	河北省石家庄市赵县	达斡尔族	1	内蒙古自治区呼伦贝尔市莫力达瓦达斡尔族自治县
	1	黑龙江省鸡西市虎林市	傈僳族	1	四川省凉山州德昌县
	1	宁夏回族自治区固原市彭阳县	珞巴族	1	西藏自治区林芝市
	1	山西省运城市闻喜县	维吾尔族	1	新疆维吾尔自治区
	1	山东省临沂市费县	—	—	—
	1	甘肃省庆阳市宁县	共计	52	

从表 25 流传地域的介绍中可见：其一，此类母题在北方的非稻作文化地域之内流传较为广泛，基本上在长江以南的地区没有留存，因此在一定的地

域范围内形成了北方特有的谷种文化。其二，它最为集中的地域在辽宁和河南，居于其次的是江苏和新疆，其他的文本都较为零散地分布于北方地区的各个省区。辽宁、河南、江苏都具有较为悠久的作物种植历史，也形成了一定的粟作文化和稻作文化，对新疆的文本则需单独分析。最后，汉族的文本主要集中于河南和江苏，辽宁和新疆则分布有较多民族的文本，如辽宁分布有汉族、满族、蒙古族等，新疆分布有维吾尔族、蒙古族、锡伯族、塔吉克族等民族的神话，在同一地域内的不同民族文本之中又是否存在关联，便需要对具体的文本和情境进行分析。

此类母题主要集中出现在北方粟作文化区，这便真实地反映了粟作地区与稻作地区自然条件之间的差异，稻作产物所需雨水要更大，而粟作产物在天时地利方面都与稻作地区有所不同，这也就形成了粟作文化带独特的天降米面的神话，如锡伯族的《天神与大地》中讲天神得知人类的懒惰行为之后，便把所降的面粉变为了雪[①]，这则神话流传于新疆地区，它在解释雪的由来时，指出是天神惩罚人类而将面粉变成了雪，文本所突出的唯一粮食是他们日常生活中最为重要的粮种，相对于南方适宜耕作的环境，在北方广大地区，人们在耕作之中需要引雪水、泉水、湖水等来进行灌溉，加之夏季炎热干旱、冬季风雪漫天，为这里的耕作增添了更多不确定因素，人们对面粉的珍惜和对粮食的渴望之情也在神话中表露无遗，然而在神话中先民认为最初的面粉是用之不尽的，能够满足人们的生存，这或许是神话的一种期望式的表达，人们希望能够过上衣食无忧的日子，但现实与神话的反差注定令人失望。其实这类文本都是用先民的眼光和神话的视角在解释雨雪等自然现象产生的原因，却也真实地反映了特定地域内粮食缺乏的客观面貌，人们希望获得上天的恩赐和帮助，此外，神话认为人们最初是有足够的粮食来满足人们的基本生活需要，不过因为人类浪费而得到了上天的惩罚，天降雨雪便是这一惩罚

---

① 参见《中国各民族宗教与神话大词典》，学苑出版社 1993 年版，第 631 页。

的直接表现，神话更多的还是在警示并要求人类珍惜现在所得的粮食。

变化母题在创世神话、人类起源神话中都有出现，在谷种神话中主要表现为神与人和动物、无生命物之间的相互变化，这些变化或者与谷种的直接产生有关，或者间接通过接受惩罚、乔装探访等方式与谷种神话产生关联，按照变化结果的不同，可将此类神话划分为变为谷种、变为动物、变化为人和谷物变化为雨雪四类，其中变为谷种的母题已在前文作为变化型的狭义界定而做了相关说明。从文本出发而言，这些变化都绝非随意而为，它不仅与事物之间的相似性有联系，也涉及文化层面的关联，解读变化母题，需要发掘特定情境中的母题内涵，并结合相关的文本来进行具体的比较分析。

第三节

谷种神话中的考验母题

考验母题是神话中的一个重要母题，在谷种神话中，考验出现得却比较有限，它是关于神对文化英雄进行考验的一类神话，基本会与赠赐型和人神婚型共同出现在文本之中，如在独龙族、哈尼族、汉族、满族、蒙古族、纳西族、羌族、瑶族、彝族、藏族10个民族的15篇文本中都有此母题存在。按照文本情节与谷种的实际关联性出发，可以从如下两种情况进行分析。

一、农耕式的考验过程

在神考验英雄的方式中，与谷种神话内容有关的便是对农事活动的考验，神话中的英雄多是天神的准女婿，考验女婿是考验母题中较为重要的一类，神话将神的考验与谷种起源联系起来，贯穿其中最为重要的情节便是农耕式的考验方法，像蒙古族《鲁俄俄》中的鲁俄俄通过了砍出九块火山地、收割东山九块玉米地、收回南山九块地的燕麦等难题的考验后，才得到天神的女儿和陪嫁的粮种①，羌族《木姐珠和斗安珠》中的斗安珠也是在通过了砍树、烧山、种玉米三项考验之后，才和天女成亲并获得了天神所赠的五谷杂粮②，其中理解考验的原因和具体的方式是解析此类母题的关键。

① 参见满都呼主编:《中国阿尔泰语系诸民族神话故事》，民族出版社1997年版，第158—164页。

② 参见北川县民间文学三套集成编委会编:《中国民间文学集成·北川县资料集》，北川县民间文学三套集成编委会1987年版，第159—161页。

选取农耕式考验的原因为何？在不同民族的民间叙事文本中，都广泛流传着考验女婿的母题，它源于现实生活中的婚前考验，不仅有岳父考验女婿，还有未婚妻考验准丈夫、准婆婆考验准媳妇等不同形式，通过婚前的测试来确定或预测准夫妻是否相配，如满族《水仙格格》中的水仙格格在嫁给恩哥之前，要完成婆婆准备的做手指肚大的褥子、盖水晶被子等考验①，这些考验多是与男子是否智勇双全和德才兼备、女子是否持家有道和贤良淑德有关，蒙古族《鲁俄俄》中的天神对鲁俄俄的考验明显受到了其他民族文化观念的影响，它和羌族神话都选取了相同的方式进行考验，神话交代的背景虽是人间尚未出现农业，但从天神对英雄的考验可见神话实际发生在农业社会时期，人们已知道农业耕作的具体细节，神话中之所以用农耕式进行考验，主要有两个原因：首先，这是农业文明社会中比较常见的考验，男子在农耕社会中是重要的劳动力，但耕作不是单纯地仰仗蛮力，更需要在认真观察的基础上运用智慧来完成这项工作，神话中对此也表现得很明显，准女婿是否掌握了农耕的技术直接关系到他们以后能否有稳定的生活保障，故而此项考验很有必要；其次，神通过农耕的方式考验女婿，也是在间接指导或传授耕种的经验。其实，神话中的考验或难题在现今的婚俗中仍有流传，男子在迎娶女子过门，或男子入赘岳父家时，都要在迎娶或入门时准备相应的有难度的问题来为难对方。

农耕式考验的具体方式为何？先民在神话中认识到谷种和耕作技术都是神赐予人类的，神在赐予人类谷种之前也考虑到了实际耕作技术的问题，故而神安排了诸如砍林地、烧荒地、挖荒地、播谷种、收谷种等难题，这也是农耕式考验中最基本的过程，都按照了农业种植的顺序进行，神让被考验者在实际的劳作之中掌握了耕作中不同环节的工作。在几乎所有的农耕式考验

---

①　参见富育光讲述，荆文礼整理：《苏木妈妈　创世神话与传说》，吉林人民出版社2009年版，第162—167页。

中，被考验者都是在天女或准岳母的帮助下才能完成考验，这样的情节设定可能说明，女性对人类进入农耕社会起到了关键作用，在母系氏族社会中，女性最初发现粮种和耕作技术的可能性极大，神话保留了先民的这种认识，在考验型神话中变成了女性帮助男性完成考验，这也从侧面说明了女性对于耕种技术的熟识程度之高，即便在父系氏族社会中，男性掌握了农业社会的权力，但在某些方面仍然需要女性的指导和帮助。在有的考验母题中，也出现了不同的帮助者，如羌族《木姐珠和斗安珠》中风神、火神和雨神对斗安珠的帮助使他完成了耕种的考验难题，其实这些风火雨水都是农业耕作之中所需的外部自然界的帮助，在刀耕火种的时代，火已被人所发现，而对农业的灌溉也可以通过挖沟开渠来完成，人类在农业发展的过程中逐渐创造条件，来使渴求而不可得的天火、雨水转化为可随时获得的事物。

在农耕式考验中还有比较特别的一类，即英雄在完成拾捡谷种的考验之后，被神指出有几粒谷种没有捡起，英雄发现它们在动物腹内，通过腹内取种才完成了神所交代的这项考验，这里以蒙古族、纳西族、瑶族、彝族、藏族5篇文本为例进行说明，具体情况见表26：

表26　农耕式考验母题的文本比较

篇目名称	《九兄弟》[①]	《宋则利力》[②]	《五彩带》[③]	《开天辟地史》[④]	《种子的起源》[⑤]
所属民族	蒙古族	纳西族	瑶族	彝族	藏族
代表序号	[28.15]	[31.4]	[45.20]	[46.10]	[48.7]
分布地域	四川省凉山州	—	—	云南省丽江市	—

① 参见《中国民间故事集成·四川卷(下册)》，中国ISBN中心出版2004年版，第1480—1481页。
② 参见陶立璠、赵桂芳等编:《中国少数民族神话汇编：洪水篇》，中央民族学院科研处1984年版，第302—303页。
③ 参见萧兵:《婚姻考验和谷种神话——比较神话学笔记》,《思想战线》1984年第3期。
④ 参见李子贤编:《云南少数民族神话选》，云南人民出版社1990年版，第1—9页。
⑤ 参见姚宝瑄主编:《中国各民族神话·藏族》，书海出版社2014年版，第99—113页。

续表

神话背景	洪水后	洪水后	—	洪水后	九日晒死人后
考验者	天帝	天父崔拉阿甫	玉皇	天神阿梯古日	天神
被考验者	老九	宋则利力	坚美仔	都木惹牛	九弟
帮助者	小女儿	仙女母女	凤凰	三姑娘	三姑娘
考验总数	六次	八次	四次	六次	五次
谷种名称	荞子	谷子	小米	种籽	油菜籽
谷种位置	斑鸠嗉子	蚂蚁腹内 鸽子嗉子	米雀嗉子	斑鸠嗉子	鸽子嗉子
种子数量	三颗	三颗（蚂蚁两颗半／ 鸽子半颗）	四十九颗	四颗	三颗
取种方式	箭射斑鸠	折断蚂蚁充数 箭射鸽子	—	箭射三只斑鸠中间的那只	箭射三只鸽子中间的那只
考验结果	人神婚	人神婚	玉皇认输	人神婚	人神婚

在上述考验过程中，文化英雄在拾捡谷种交给天神之后，被发现谷种的数量不足，这样英雄重新在帮助者的协助下，找到了在斑鸠或鸽子等动物嗉子内所藏的谷种，完成了腹内取种的考验。

神以农耕的方式对英雄进行考验的目的已很明显，但为何在考验型的最后要出现腹内取种的情节，这应该有两方面原因：首先，这应该属于天神的设定，在实际的农业耕种中往往会出现意想不到的情况，如谷种在成熟之时会面临被鸟兽所侵扰的风险，天神的考验是让英雄具备随机应变的意识，在失去谷种之后，应当采取何种方式进行应对；其次，腹内取种的行为方式体现了农耕和狩猎的结合，鸟兽所食用的谷种是人类所种植的，而防御鸟兽的行为又源于人类狩猎时期所积累的经验，故而神话所表明的是两种生活方式的融合。

神话中有关取种方式和帮助者的信息也较为重要。首先，是取种方式的问题，文化英雄所采取的方式基本上都是箭射飞禽，弓箭是狩猎时代的主要标志，它的使用者多为男性，故而男性与弓箭也产生了神话层面的关联，弓箭也多以隐喻的形象出现在文本之中，箭射飞禽是英雄狩猎能力的体现，而其中所选的飞禽多为斑鸠、鸽子、雀子等飞鸟，其共同特征是有嗉子，这为飞禽藏住谷种创造了可能。此外，纳西族［31.4］是取种过程比较独特的一类，英雄宋则利力发现三颗谷种中的两颗半被蚂蚁吃了，便把蚂蚁折为两段来充数，蚂蚁充当了谷种，而剩下半颗的获取方式则与前面箭射飞禽相似。其次，是帮助者的问题，上述文本中的英雄都在帮助者的指点下才找到了谷种，这些帮助者以女性为主，其中彝族［46.10］和藏族［48.7］神话中的帮助者都是天神的三姑娘，她们都让英雄射三只斑鸠或三只鸽子的中间一只，她们不仅能够事先知道谷种藏在飞禽的腹内，更可以认定是哪只飞禽吞食了谷种，这不仅是女神的神性体现，也表明了她们在取种过程中所处地位的重要。此外，瑶族［45.20］中的帮助者是凤凰，这与其他帮助者的身份略有不同，作为神性动物的凤凰，它本身就代表着祥瑞，而且作为百鸟之首，它也可能探查出谷种的下落，这也是选取凤凰意象的重要所在。

此外，神话中还突出了对谷种数量的设定，如上文本中的谷种数量可见，动物腹内藏有三颗谷种是较为恒定的数目，出现半颗、两颗半、四颗、四十九颗等数量应为变体形式，实则神话中出现的这些数量都是泛指，神话中的数字“三”便具有泛指的含义，所谓三生万物即同此理。在实际收谷种的环节中，失去三颗谷种与否是无法判断的，它只出现在神话叙事中，而且“三”也比“六”或“九”等数字更具有说明价值和意义。像瑶族［45.20］中所说的四十九颗其实也为虚数，玉皇让坚美仔播撒的谷种不过百颗，而少了近乎一半的谷种是用肉眼可以观察出来的，玉皇能观察出具体的数量，也从侧面表明其神性的能力确非凡人能比。可以说“三”或其他数字只是神话的表述语言。

二、考验之后获得谷种

文化英雄在通过神的考验之后才可以获得谷种，但最后获得谷种的过程往往又要与成婚、盗取、斗争等方式相关，如独龙族的《人类始祖朋更朋》、哈尼族的《英雄玛麦》、汉族的《神农找谷子》都属于此类。英雄取种的背景都与人间生存的艰难有关，不过它们在考验方式和取种奖励等情节方面却大为不同。

一方面，考验方式有所不同。独龙族神话中的天神设置了爬树、掏蜂饼和远行三项考验①，这应该与独龙族的实际生活方式有关，神话中所列出的考验，与现实中对独龙族青年的考验应较为一致，在狩猎社会过渡到农耕社会的过程中，人们仍需要进行一定的狩猎活动来维持生活，这三项考验显然是与狩猎生活有关，爬树可以避免野兽带来的危险，掏蜂饼是在野外获取食物的有效方法之一，远行中的难题更可以考验随机应变的能力。哈尼族神话中的玛麦拉铁弩射鹫鹰②的考验行为也是针对狩猎生活而来，箭射鹰鹫考验了猎手的臂力和准确性，射箭实则是对智慧和勇力的双重检验。汉族神话中的神农杀龙闯九道关③，龙是太阳所设的障碍，神农能够连续闯过九条龙的关卡，这便是对耐力和勇气的考验。当然除了上述考验方式之外，还有诸如通过农业耕作等方式进行考验，它们的共性特征都是与狩猎、农耕的生活方式有关，这些考验都是对文化英雄的智慧、勇气与毅力的检测。

另一方面，奖励情节有所不同。谷种是所有此类神话的最终奖励，每个文化英雄赢得的方式却不同。独龙族神话是以成亲的方式获得谷种，朋更朋在通过考验后，获得的奖励是与天女成亲，并得到了天神所赠的谷种，这则神话的发生背景是洪水神话之后，人间正需要再次繁衍，朋更朋上天娶天女，

① 参见姚宝瑄主编：《中国各民族神话·独龙族》，书海出版社 2014 年版，第 117—131 页。

② 参见中华民族故事大系编委会：《中华民族故事大系（第六册）》，上海文艺出版社 1995 年版，第 67—71 页。

③ 参见《中国民间故事集成·四川卷（上卷）》，中国 ISBN 中心出版 1998 年版，第 67—68 页。

既完成了繁衍人类的重任，又帮助人类重新获得生存的物质资料。哈尼族神话是以盗取的方式获得谷种，英雄玛麦在通过天神的考验后，向天女学到了如何种植庄稼，而且天神要将女儿嫁给他，却不允许玛麦返回人间，英雄不得已只能在成亲之时偷出谷种，最终也为此付出了生命，英雄用生命为人间赢取了谷种的奖励。汉族神话是以武力的方式获得谷种，神农闯过关卡之后便得到了太阳所赐的谷种。以上文本也基本可以涵盖该类母题的大体结局。

考验母题往往是通过难题的形式来对相应的人物或事件进行考验，在与谷种起源相关的此类神话中，它可以从考验过程和考验之后两个方面进行分析，前者侧重于考验的方式问题，而后者重点表现的是得到谷种的结局。此类考验母题的主要情节多与岳父对女婿的考验有关，考验的方式却与农耕文明中的生产生活方式发生了关联，通过具体情节的比较，不难发现先民在农业文明的发展过程中的艰辛历程和独特体验。

第八章

世俗文化中的粮

在文化起源神话中，谷种神话与火神话、语言文字神话、音乐歌舞神话都是较为重要的类型，它们在文化起源方式、传播范围、社会影响等方面都表现出了显著的不同。谷种神话几乎在中国各民族中都存在，从北方草原地带到南方平原地区，从游牧民族、渔猎民族到农耕民族，从阿尔泰语系分布带到印欧语系分布区，有人存在的地方几乎都能够找到有关谷种神话的踪影，其影响性、覆盖性、社会性可见一斑，而且拥有谷种神话的民族几乎都有不同样式的谷种崇拜观念、谷神信仰仪式和谷物祈愿节日，除此之外在民间生活的人生礼仪、民俗禁忌、文学创作等方面对谷种神话也有不同程度的呈现，这一切都形成了特有的作物文化。

在中国历史发展的过程中，两大文明圈形成的趋势已较为明显，它们分别是以耕种小麦和粟为主的黄河文明和以耕种水稻为主的长江文明，黄河文明自古承载着中华悠悠的文明，日本学者伊藤清司认为“黄河文明创造出了文字和各种合理的制度，肩负着这一文明的政治势力处于优势地位”[①]，国家和制度的文明确实在黄河地域得到了很好的表现，与其同时存在的还有长江文明，它涵盖了吴地、越地、楚地等不同的文化，主要以稻作生产为主。不同学者根据此又将作物文化划分为粟作文化、稻作文化两大类型，它们大体能够代表南北方不同的文化类型，学者们也分别提出了对其概念的界定，如高强等人认为粟作文化也“可称为黍作文化、稷作文化或粟麦文化，指的是我国北方的旱作农耕文化。粟作文化的开创者是包括姜炎部落在内的北方先民，主要内容是围绕着种植、加工粟类作物而形成的生产方式和习俗观念”[②]，杨甫旺认为稻作文化是“包括由稻作生产发生出来的社会生活的一切方面，它不仅是指有关谷物主体的产生、发展及其生产的一系列问题，而且包括由于稻作生产而影响所涉及的民间的生活方式和生产中的种种习俗和仪轨，以及稻作民族的特有的性格、爱好与文化心态等”[③]，这两种提法基本能够涵盖作物文化的内涵，本书也依此概念展开论述。

谷种神话中所内蕴的文化几乎能够与中华民族文明的产生相生相伴，谷种的起源、耕作技术的出现表明了人类从移

---

① ［日］伊藤清司：《日本及中国的稻作文化与祭祀》，张正军译，《思想战线》2001年第2期。

② 高强、田延峰：《姜炎文化与粟作文化》，《宝鸡社会科学》2002年第1期。

③ 任兆胜、李云峰主编：《稻作与祭仪：第二届中日民俗文化国际学术研讨会论文集》，云南人民出版社2003年版，第553页。

动的游猎生活方式逐渐步入固定的农耕生活方式，先民也从自然属性的人变为具有社会属性的人，农业生产让民族部落强大的同时，也让人的阶级意识和私有观念兴起，财富的不断积累、资源的相互争夺，导致部落联盟的产生和国家形态的出现，文明在冲突和融合中得以产生，生产、生活、贸易、交往都在此过程中形成了一定的秩序和制度，回溯文明的源头不难发现，谷种的起源最终改变了人类文明的进程，可谓是蝴蝶效应的另类表现。本书虽然是在对谷种神话的不同类型和典型母题进行分析，不过从分析的内容中的确能够发现其中所深藏的文化内涵，这些文化是中国各民族集体智慧的综合表现，是先民对特定时期生存环境的独特认知和客观表述，神话虽然不是历史，但它确实反映了一定的历史原貌，只是不同的解读方式让历史的客观真实变得更为扑朔迷离，因而目前解读中国神话便只能够依据现有出土的考古资料、现世的文献资料、口头流传的民间记忆、民间现存的祭祀仪式等来进行相关的推断。谷种神话不仅在农业生产、民间生活等方面具有较高的地位，也对中国各民族文化的形成产生了深远的影响。

第一节

谷种神话中反映的农耕文化

谷种神话表现了人们通过被动赐予、主动寻取、求取、盗取、创造、保护等形式而终让人间拥有了谷种和得以为生的资源，其背后不同文本所表达的文化内涵确实是千差万别，不同类型之下所分出的不同支脉，形成了错综复杂的谷种树，不过这棵树的根却是植根于农业社会的沃土之中，它形成于农业文明出现之后，是对人类农业生产和生活经验的总结，对人类的文化启迪和文明传承都具有重要影响。谷种神话与农业社会的关系绝不是单向的，它们之间存在相互依存、相互影响的关系，谷种神话揭示了农业社会中一定的社会现实和生存境况，而农业文明的历史积淀和现实基础也为谷种神话的出现提供了支撑素材。

一、谷种神话与农业文明的起源

谷种神话中反映出了特定时期中农业文明的产生，然而神话学的推理也需建立在一定的实证基础上，考古学的实证法便显得尤为重要，现有的考古资料也都还原了先民早期的生活文化场景，他们善于利用周围的条件来对生产和生活工具进行适当的改进，以便维持生活、对抗自然界的野兽和特殊灾难，在生产力比较落后的原始社会时期，先民表现出了人区别于野兽的独特智慧和行为状态，考古的例证和神话的叙事中都共同对此加以肯定，这里便从神话学的文本解读和考古学的实证研究两个方面对其进行阐释。

（一）神话学以文本形式阐释的源起

谷种神话中基本会通过谷种的产生、耕作的出现、犁牛的使用等情节来表现人类从狩猎采集生活步入农业文明，这里谷种产生的情况最为复杂，本书根据神话文本内容的不同，将谷种的源起划分为四大类型，它们都从不同视角阐释了农业文明的产生问题。首先，自然型文本多认为谷种源于人们在自然界的偶然发现，多是在狩猎、打渔、采集的过程中发生，如彝族神话讲一位妇女上山采集野菜时发现了野生的荞子，试种取得成功后才普及耕种[①]，这是一则较为典型的文本，它既表达了女性是最初谷种发现者的观念，也说明了谷种产生于最初的采摘生活中，此种解释具有可能性和可行性。其次，赠赐型文本中人间获得谷种多是源于神灵的恩赐，如仫佬族神话里的神在找到水稻种子之后便让狗给仫佬人送去[②]，神的赐予让谷种更蒙上一层神秘的色彩，谷种存在于天上或者掌握在神灵手中的观念在谷种神话中出现得较为频繁，这都说明先民认为谷种最初可能并未在本氏族内部出现，作为重要的生活资源，谷种的转让与赠予的说法仍需要谨慎对待，不过谷种发生被迁移或被传递的情况倒是极有可能存在。再次，取种型文本中神或动物可以通过寻取、求取或盗取的方式为人间从特定掌谷者身上取得谷种，如壮族神话中九尾狗上天用尾巴上的细毛沾住谷种，逃出后被守谷者发现而砍掉了八根尾巴，最后一根尾巴上的谷种被带到了人间[③]，它跟赠赐型最大的区别就在于前者是主动寻求并获得谷种，后者则是人被动授予谷种，取种型反映了特定时期的生活现状，谷种的来源可能与氏族部落之间的资源争夺有关。最后，创造型多与孕育创造、尸体化生等独特的形式有关，如土家族神话提到神农皇帝造

---

① 参见《中国各民族宗教与神话大词典》，学苑出版社 1993 年版，第 679 页。

② 参见中华民族故事大系编委会:《中华民族故事大系（第十三册）》，上海文艺出版社 1995 年版，第 136—137 页。

③ 参见陈建宪选编:《人神共舞：中国各族民间神话精品》，湖北人民出版社 1994 年版，第 160—161 页。

出的五谷咬不动，他的母亲用奶水浸透五谷而使粮食吃起来很香[①]，用奶水创造谷种是神话中较为奇特的联想，这种猜测既利用了奶水特性将其和谷种的来源联系起来，又表现出了先民对培育谷种所付出的辛劳。谷种神话之中充满了类似上述独特想象且具有文化内涵的情节，它们以一定的农业文明基础为依据，却又以别样化的意象将农业文明的源起叙述得更为脱离现实，通过文本间的比较和对文本深层次的解读毕竟不能还原其全貌，仍需借助一定的考古学手段。

（二）考古学对农业文明起源的实证

在谷种神话中，上述四种类型都在一定程度上反映了现实的情况，它们也可能与谷种的源起有一定关联，如自然型表明了谷种起源于自然发现，取种型表现出谷种是从其他氏族中获取的现象，然而不同地域考古遗址的发现又为谷种的起源增加了实证依据，这里便以新石器时代粟作文化和稻作文化的几个遗址为例进行说明。

首先，粟作文化的起源问题。黄河中上游地区应是粟类作物的早期主要栽种区域，距今至少已有八千年的历史，之所以能够做出如此确认是因为在新石器时代的一些农业文明遗址中发现了炭化的粟粒、粟壳和早期的农业生产工具等，确定粟作文化的产生需具备三个基本要素：其一，适宜的气候和环境生长条件，黄河流域依山傍水具有较好的农业生产便利；其二，粟类作物的大量产生，如在很多遗址中出土了数量很大的粟类作物，这表明农业生产已经进入量化阶段；其三，相应农业生产工具的产生，如早期磨制的锄耕工具的出现等。这里以如下四个遗址为例进行说明：第一，河北省武安市磁山村的磁山文化遗址，它隶属于新石器时期的仰韶文化，距今已有万余年历史，遗址中出土了一定数量的斧、铲、锛、凿、磨盘、磨棒等打制和磨制工

① 参见中华民族故事大系编委会：《中华民族故事大系（第五册）》，上海文艺出版社 1995 年版，第 662—663 页。

具，并发现了八十八个有粟灰堆积的窖穴，其中十个甚至达到了两米以上的厚度，在磁山文化地区不仅出现了粟类的作物，同时还产生了农业生产和粮食加工的工具，这就足以证明他们已经进入较为发达的农业文明阶段，此外最早的家鸡也被发现在遗址中，农业文明的发展才能为家禽的饲养提供一定的保障，这也间接证明了此地区农业发展确已达到一定的高度。第二，陕西省西安市的半坡遗址，属于新石器时期仰韶文化，距今历史六千年左右，发现了房屋、窖穴、陶窑、墓葬等，从中出土了大量的农业、渔猎、手工业的生产工具和陶器等生活工具，粟粒、芥菜和白菜的炭化种子等遗存也出土于其中，从遗址中不难观察到半坡人的生活是农业、渔猎和采集业三种方式的结合，而且一般都认为半坡遗址属于典型的母系氏族社会村落，女性在生活中是重要的生产力，男性主要从事渔猎，这又与神话中所描述的场景相吻合，女性在最初谷种的发现和农业生产中处于较高地位，确实能够从考古遗迹中得到还原。第三，青海省海东市乐都区的柳湾遗址，属于新石器时期马家窑文化，距今四千年左右，出土的陶器、石器、骨器等农业生产工具和生活器具近四万件，粟类粮食也在墓葬中出土，从出土用具来看，他们的农业经济生活较为原始，农业耕种以石器为主，而且财产私有和阶级等级的观念已经出现，反映在神话中便是男性在生产资料上占有绝对的控制权，既然财产已经逐渐私有化，那通过战争、偷盗等特定方式获取谷物的可能性便极高。第四，甘肃省临夏州齐家文化遗址，属于新石器时代晚期，距今四千年左右，在大何庄遗址中出土的陶罐中发现了粟作物的存在，其生产工具仍以石铲、石镰等石器为主，加工谷物的也是石磨盘、石杵等石器，农业生产显得较为落后，相比于农业生产，其畜牧业和手工业确实有较大的发展，家禽已经有猪、牛、羊、马、狗等动物，在谷种神话中所出现的帮助人类获取谷种的牛、狗等动物多半与早期家禽形象相关，人们在农业文明产生之后便同这些被驯化的动物产生关联，因而为谷种神话中动物取种的情节设定创造了条件。此外，在山西万荣荆村遗址、河南临汝大张遗址、河南洛阳王湾遗址、陕西宝鸡北首岭遗址等都发现了为数不同的炭化粟粒标本，可见粟作文化确实有着较为广泛的影响。

其次，稻作文化的起源问题。长江中下游地区是水稻耕作较早的地区，距今也有八千年左右的历史，有学者认为稻作起源地的判断标准应具备如下几个条件，“发现最古老的原始栽培稻、具有适合野生稻生存的气候与环境条件、发现普通野生稻、有驯化栽培稻的古人类群体及稻作生产工具、发现史前稻作遗存且有普遍性、不是粟稻混作区”①，这里以四个古文化遗址为例进行说明：第一，湖南省常德市澧县彭头山文化遗址，隶属长江中游的新石器时代文明，距今九千年历史，在出土的陶器胎泥所夹的炭屑中有很明显的稻壳痕迹，被认定是中国最早的人工栽培稻，为稻作的长江中游起源论提供了重要的证据。第二，河南省漯河市舞阳县贾湖文化遗址，属于新石器时代的裴李岗文化，距今九千年的历史，在出土的红烧土块上发现了稻壳的印痕，经鉴定为人工栽培稻，而且对出土陶器的附着物进行考证后发现，贾湖先民已经发明了酿酒技术，其原料就包括大米，而且最早的乐器、文字等早期文明的出现都与贾湖文化产生了重要关联。第三，浙江省余姚市河姆渡文化遗址，属于长江下游的新石器时代文化，距今历史约七千年，在考古发掘中发现了第四文化层有大量的稻谷、稻叶的堆积，出土的稻米外形保存十分完好，在世界考古界中也十分稀有，还有农业生产工具、打磨工具也被挖掘出来，如骨耜是用动物肩胛骨做成的，它翻土比石器更为灵巧和便利，是先民智慧的独特展现，是河姆渡文化的典型农具。第四，重庆市巫山县大溪文化遗址，属于长江中游的新石器时期文化，距今六千多年的历史，在其房屋的土块遗迹中也发现稻草、稻壳的印痕，经专家鉴定应为粳稻，从丁家岗遗址来看，牛、羊、鸡已经成为家畜，去壳加工稻谷的杵和臼等工具保存较为良好，在谷种神话的文本叙述中也曾出现过此类加工工具。此外，云南省大理州剑川

① 向安强：《长江中游是中国稻作文化的发祥地》，《农业考古》1998年第1期。

县海门口遗址，属于铜石并用时期，在遗址周围发现谷物经鉴定也属于粳稻，稻作文明基本能确定是出现于长江中游地区，它经过不断传播，逐渐流传到长江下游、西南及东南各地，长江以南的各民族基本都以水稻作为主要的粮食作物，并以此形成了独具特色的稻作文化。

二、谷种神话以农业文明为基础

谷种神话产生于农业文明出现之后，若没有农业文明的长期文化积累和经验总结，谷种神话是不能如此合理且完整地被历代人民通过口头相传的形式保留至今，在谷种神话中我们能看到农业文明的源起、农业生产的情况和先民在社会生活中的思想智慧，农业文明的确对谷种神话有重要的影响，从宏观视角而言，农业出现的自然环境、社会环境和生产结构的不同，都不同程度地影响了谷种神话的客观表述。

（一）农业生产自然环境对神话表述的影响

《吕氏春秋·审时》说“夫稼为之者人也，生之者地也，养之者天也”[①]，即种庄稼的是人、生长庄稼的是土地、养育庄稼的是上天，古人也认识到了土壤、雨水、光照等自然环境的重要性，人们从狩猎游牧生活逐渐过渡到农业文明之中时，最先要考虑的是定居所在地的选择问题，而天和地的自然环境便成为首要考虑的问题，早期半坡文明、河姆渡文明之所以能够成为农业文明的开端，就是因为它们位于黄河流域、长江流域的附近，有着较好的气候和较为肥沃的土壤：首先，温暖的气候条件适宜作物的生长，千年前的黄河流域并不像如今的状态，早年间的气候和环境都与现在截然不同，据专家考证在黄河流域曾出现象、犀牛等热带地区动物的遗骸，当时的气温要比现在的高出一些，很适合农作物的生长；其次，适宜耕作的地理条件，如黄河流域的低湿地带和丘陵地区都形成了较好的生态环境，《诗

① 任明、昌明译注：《吕氏春秋》（卷二十六·审时），书海出版社2001年版，第239页。

经》中涉及众多的河、泉、溪、泽，《尔雅》《淮南子》等古代典籍中也记载有较多的低湿之地。只是沧海桑田、世事变迁，很多地貌已经改变，但人们追逐丰茂水草而居的生活情况没有变化，古老的文化已成为遗迹尘封在人们的心中，也印刻在神话的口头叙事之中被流传下来。这种对环境的认识也影响了神话的叙事表达，如怒族神话中的猎人在怒江东岸打猎时发现了黏草，猎人认为这是适合居住的地方，于是大家便迁徙到了怒江东岸的老母登居住[①]，它是先民耕种经验的总结，有黏草生长的地方具有较好的气候和土壤环境，比较适合耕种和定居生活，可见人们对自然环境的发现和观察也不知不觉融入了神话的表述之中。

（二）农业生产社会环境对神话表达的影响

社会环境的变化也会对农业文明的生产和生活造成十分重要的影响，并影响到神话的客观表达。在人类步入农业文明社会之初，多处于母系社会时期，原始社会里的公有化观念仍较为盛行，不过由于早期的农业生产并不能完全满足人们的生存需要，工作出现了分工，女性仍是此阶段的重要生产力，神话中将她们视为谷种的最初发现者和播种者，如彝族神话中的卡叶莫把甜的果树子种在海洋边，三个月后就收获了粮食[②]。而随着阶级社会的产生，父系社会中的男性逐渐在农业生产中表现出了重要的地位，随着氏族部落的力量壮大和财富积累的丰富，财产私有化观念的出现也让人们更注重对资源和财富的占有，与之相伴的便是氏族部落之间的争斗和掠夺，在此过程中部落联盟、国家政权便得以形成，奴隶主阶级、平民阶级、奴隶阶级等分化得更加明显，这样的阶级关系也决定了农业生产的状态是国家共主、奴隶主或氏族首领占有重要的生产资料，他们将国家或部落的田地私有化，让平民或奴

---

① 参见《民族问题五种丛书》云南省编辑委员会：《怒族社会历史调查》，云南民族出版社 1981 年版，第 104 页。

② 参见陶立璠、赵桂芳等编：《中国少数民族神话汇编：人类起源篇》，中央民族学院科研处 1984 年版，第 149—150 页。

隶为其耕种从而收获和占有耕作的资源。中国古代社会是悠久的农业社会，其历史根源就在于统治阶层对农业的重视，将其作为政府财政收入的重要渠道，若不重视农业，便会直接影响到统治阶级的统治，国家称为社稷的原因也与此相关，国家的领袖也被称为天子，他往往也是国家最大的巫师，当农业收成受自然灾害影响时，他便要替百姓向天进行祈祷仪式活动，求得上天普降甘露或减少自然灾害，有的帝王也会在特定的播种时节亲自耕种，以表明他对农业耕作的重视，同时告诫百姓应当勤勉耕作。所以，中国的农业文明得到空前的发展，便与统治阶层的重视直接相关，这种农本思想即便到了现代社会仍深深植根于人们的心中，只是随着信息化时代的到来，新兴产业为人们创造了更多的财富，让人们对农业的关注转移到了其他行业之中。千百年来，中国的农业文明受到了社会环境的各种影响，在此基础上流传的民间神话也对这不同的外部影响进行了一定的映射，如人派动物过海或上天向神灵求取谷种的行为，便极有可能是以动物为图腾标志的氏族帮助该民族到另一部落求取谷种的过程，其中涉及的斗争、盗取等情节也应当是对一定社会情况的反映，为了守住或争夺谷种资源，早期氏族间的争斗可以想象，这种交流使谷种在更为广泛的地域传播。

（三）农业生产内部结构对神话叙事的影响

如果认为农业文明就是单指作物种植生产，那便有失偏颇，早期的农业无法满足人们日常生活的食物要求，这样便只能将畜牧业、采集业和渔猎业纳入农业生产内部结构之中，原始农业最初几个产业并重，随着农业文明的发展，农业种植才逐渐成为农业生产结构的核心和支柱，有了相对稳定的生活保障，人们饲养家畜或打渔狩猎则与改善生活条件等动机有关。如畜牧业在农业文明中的体现，人们在最初的农业生活中，认识到要像鼠、蚂蚁等动物一样存储食物，由于储存条件的有限，肉类食物不能得到很好的保存，这样只能通过将野生动物驯化成为家养的牲畜，才能在特定的食物缺乏或改善生活之时来取现成的肉，所以饲养家畜的目的之一是补充必要生活资源的不足，同时驯养狗、马等动物也能帮助人类进行狩猎。在谷种神话中，大量文本出现了各种的动物帮助人类进行求取谷种的行动，狗、鸡、鼠、牛、马等不同的动物，它们有的与人类生活有密切关联，有的是人类家养的牲畜，有的则可能是氏族图腾的标志，如布依族神话中的茫耶为人寻取谷种的过程中得到了枣红马和小狗的帮助才得以成功[①]，这里的马和狗都是人们驯养的家畜形象，是早期先民社会生活中较为常见的动物，但也有可能是以马、狗为图腾标志的一类氏族的帮助，神话将这些动物人性化，既说明当时的先民已经将这些动物驯化，又表明人了解并且善于运用不同动物的不同能力来帮助人类完成农业生产和生活中的各种任务。

三、谷种神话对农业生活的反映

农业文明为谷种神话的产生提供了深厚的基础条件，谷种神话也全面地将农业文明的种种情况反映出来，然而它并不是平铺直叙，而是一种升华性的表述，它将人们对自然、社会的认识融入神话的叙述之中。从微观视角而言，谷种神话将农业生产中的农业工具、耕作常识等都以神话的叙述展现出来。

（一）谷种神话中农业工具的展示

人类早期农业的生产工具相当简陋，从目前可见的考古遗址出土的农业生产工具来看，它们主要由天然的石头、树木、动物兽骨制成，像半坡遗址中的石斧、大汶口遗址的石锛和牙刀、河姆渡遗址的木矛，还有诸如木耒、木铲、木锄等农业工具都是旧石器阶段较为普遍出现的，在新石器时代，先民渐渐学会了加工制作或打磨农业工具，复合工具的产生更促进了农业生产效率的提高，像在石器上安装木柄更利于工具的挥动，人们在农业发展的过程中发明了用途各异的农业工具，宋兆麟认为农具可以划分为“砍伐农具、

① 参见中华民族故事大系编委会:《中华民族故事大系（第三册）》，上海文艺出版社 1995 年版，第 706—711 页。

翻地农具、碎土农具、播种农具、中耕农具、水利农具、看护农具、收割农具、加工农具、贮藏农具”[①]十类，神话中不会出现如此多的农业工具，只选取了其中较为重要的农具进行展示，如门巴族神话中的天神赐给神猴江求深巴的石斧和种子[②]，人们在森林中开辟田地，最为有效的方法便是火烧或砍伐，石斧便是农业生产中最为常见的砍伐工具之一，再如拉祜族神话中的扎倮扎娜用绳索套住腹内有谷种的斑鸠[③]，其中的绳索就属于看护农具，弓箭、鸟网也都与其有相似的作用，它们主要是用来防止鸟兽对庄稼的破坏，还有彝族神话中的媳妇用杵把谷子舂小[④]，这里的杵是农业中的加工农具，石杵在很多新石器文化遗址中都有出土。谷种神话借助特定的农业工具展现了相关的情节，也说明了农业工具在农业社会中的广泛使用情况。

（二）谷种神话中耕作常识的体现

农业生产一般都是看天吃饭，对于物候的观察和节令的掌握显得尤为重要，谷种从播种到收获要经过一定的周期，何时播种、收获都可以在自然界中找到合适的预兆，像独龙族依据布谷鸟和桃花开放而决定春种的开始，哈尼族会按照物候和农业的对照关系而定出十二个相应的月份，如尝新谷月、种谷月都有相应的物候特征作为参照。此外，人们还会根据对太阳、月亮、星辰的观察而进行相应的农业生产，如佤族通过观察太阳起落位置的不同而确定播种不同稻谷的时间，黎族根据犁尾星的升起来作为播种晚稻的时间。在谷种神话中这种农耕常识也有体现，如黎族神话中的亚谷和阿布变成布谷

① 宋兆麟：《我国的原始农具》，《农业考古》1986 年第 1 期。

② 参见《中国各民族宗教与神话大词典》，学苑出版社 1993 年版，第 420 页。

③ 参见普学旺、左玉堂主编：《云南少数民族古典史诗全集（中卷）》，云南教育出版社 2009 年版，第 70 页。

④ 参见陈建宪选编：《人神共舞：中国各族民间神话精品》，湖北人民出版社 1994 年版，第 44—45 页。

鸟后提醒人们耕种[①]，人们观察到它的鸣叫一般都是在农业播种的季节，因而便将此种物候特征作为耕种的标志，再如蒙古族神话中的涅力玛奶奶所救的燕子从南方给她带来了金谷种[②]，其实此处的燕子不仅代表着赐予者的形象，它更是春耕的预报者，蒙古族在进入农业文明之后也注意到了观察物候特征的重要性。耕作常识是人们在实际的农业生产生活中总结出的经验，它往往会以农谚的形式流传下来，有的谷种神话在情节的表现过程中也会将一定的耕作常识应用于其中。

① 参见黄翠玲主编，五指山市文化广电出版体育局编：《五指山民间故事荟萃》，南方出版社2016年版，第47—49页。

② 参见阜新蒙古族自治县三套集成领导小组编：《中国民间文学集成·辽宁分卷·阜新蒙古族自治县资料本（一）》，阜新蒙古族自治县三套集成领导小组1986年版，第398—399页。

第二节

谷种神话中隐含的民间信仰

信仰从人类诞生之初便成为人们共同的精神依托和行为导向，从早期的自然信仰、图腾信仰，到之后的祖先神信仰、宗教神信仰，它在一定程度上起到了凝聚人心所向、维护部族团结、推动社会发展的积极作用。在中国谷种神话中既表现出了先民的原始信仰遗存，也展现出了相对完整的宗教神灵信仰观念。原始信仰是早期先民普遍存在的一种信仰，它是以万物有灵为基础所形成的观念，建立在非理性认证的基础上，宗教信仰是神灵系统相对成熟之后所出现的一种体系化信仰模式，由于它具有相对完整的教义经典和组织体系，它逐渐替代了原始宗教在社会中的地位，神话中有时也表现出了两种信仰的冲突和融合。谷种神话中体现的不同类型的民间信仰，都能够在现代民间的祭祀仪式或节日庆典中找到客观依据。

一、谷种神话的原始信仰体现

谷种神话产生于农业文明诞生之后，它最初与先民的原始信仰观念结合得十分紧密，将谷魂崇拜、自然神崇拜、动物神崇拜和生殖崇拜观念都展现出来，只是随着时代的发展和民族的融合，融入了其他的宗教形式，以至现下所见的谷种神话文本已非最初的表达，但蕴含在其深处的原始信仰崇拜观念却未因此而消失，它仍以不同的形式保留在神话和民间的记忆之中，这里便从如下几个方面对谷种神话中的原始信仰进行说明。

（一）谷魂崇拜观的独特体现

谷魂崇拜观念是谷种神话独有的原始信仰观念，它是基于万物有灵观和谷物崇拜观而产生的一种民间信仰，它并没有独特的神灵体系，先民只是认为在谷种内部有一种被称为谷魂的存在，它可以外化与人相同的外形，并以人的思想表现其行为状态，若没有谷魂存在，谷物的生长就不会饱满、秧苗的生长也会受到影响，因此必须从内心和行动中表现出对谷魂的崇拜和信仰，故而出现了与之对应的谷魂祭祀和仪式等。在中国很多民族的谷种神话之中都有谷魂崇拜观念，具体情况见表 27：

表 27　中国各民族谷魂崇拜观情况一览

民族	崇拜形式	具体表现
阿昌族	祭谷魂	开秧门头一天拂晓到田边供献斋饭，插上鲜花和李树枝，念祷文①
布朗族	祭谷魂	每年从砍地、播种到粮食收割入仓的各个生产季节必须祭祀谷魂②
布依族	赎粮魂	请龙仪式后唱诵赎买经，将各种粮种牲畜魂从天神处买来③
傣族	喊谷魂	插秧时田角种九棵秧象征谷魂，收割时先收这几棵，再喊谷魂④
德昂族	祭谷魂	每逢一个季节及种谷过程中的每道工序开始前都要祭祀谷魂⑤
侗族	敬谷神	每年播种谷物之时必须祭祀五谷神以求其降临田土之间保佑⑥
独龙族	护谷魂	从种子播种到收割都要保护谷种灵魂免受鸟兽侵害⑦
哈尼族	叫谷魂	每年庄稼成熟时要为谷子叫谷魂，将其叫回到家中来⑧
基诺族	叫谷魂	基诺山区农历十月间在田间的三块地里将谷魂请回家⑨
景颇族	叫谷魂	在谷子运回家之前要在谷场的祭祀专用毯子上叫谷魂⑩

① 参见《中国各民族宗教与神话大词典》，学苑出版社 1993 年版，第 3 页。
② 参见《中国各民族宗教与神话大词典》，学苑出版社 1993 年版，第 29 页。
③ 参见《中国各民族宗教与神话大词典》，学苑出版社 1993 年版，第 33 页。
④ 参见王尧主编，黄庆印等撰：《中华文化通志·民族文化典——壮、布依、傣、仡佬、京族文化志》，上海人民出版社 1998 年版，第 371 页。
⑤ 参见《中国各民族宗教与神话大词典》，学苑出版社 1993 年版，第 93 页。
⑥ 参见《中国各民族宗教与神话大词典》，学苑出版社 1993 年版，第 116 页。
⑦ 参见《中国各民族宗教与神话大词典》，学苑出版社 1993 年版，第 119 页。
⑧ 参见吕大吉、何耀华总主编，张公瑾等分册主编：《中国各民族原始宗教资料集成：傣族卷、哈尼族卷、景颇族卷、孟－高棉语族群体卷、普米族卷、珞巴族卷、阿昌族卷》，中国社会科学出版社 1999 年版，第 261 页。
⑨ 参见《中国各民族宗教与神话大词典》，学苑出版社 1993 年版，第 345 页。
⑩ 参见《中国各民族宗教与神话大词典》，学苑出版社 1993 年版，第 360 页。

续表

民族	崇拜形式	具体表现
拉祜族	叫谷魂	五谷成熟后搬运谷物回家时要念诵叫谷魂词，让谷不失魂①
黎族	收稻魂	每逢收割时，苗头先从每块田里收割两把稻子作稻魂②
傈僳族	喊粮魂	收苞谷和新米节时都要喊粮魂并祭供，来保佑来年丰收③
毛南族	祭神农	每年五月庙节从自家每块田地拔下一把禾苗到田间祭供神农④
苗族	祭五谷鬼	因五谷不丰和六畜不旺而需要在白天正屋内祭祀五谷鬼⑤
怒族	祭谷神	成年男子来到祭祀地方买粮食的魂，祈求粮食丰收⑥
水族	祭米魂	撒秧前要到田边祭祀米魂，收割后要请鬼师收米魂⑦
锡伯族	祭苗神	农历五月节后杀猪祭苗神来祈祷保佑农家禾苗肥壮不遭灾⑧
瑶族	招五谷	为感谢五谷王赐予丰收而在每年农历冬至后举行的仪式⑨
彝族	祭荞魂	在每年播种、收割荞之时各举行一次祭魂仪式以求丰收⑩
壮族	捉谷魂	为防止作物失魂落魄而请师公主持捉魂仪式来占卜当年丰歉⑪

表27仅列出了中国部分民族中较有代表性的谷魂崇拜观念，人们在农业生产中表现出了对谷物的崇拜之情，将谷物视为有灵魂之物，赋予了谷种以生命，并将谷种的旺盛生长与谷魂的保佑联系起来，为何中国各民族中会出现如此多的谷魂崇拜？

第一，谷魂崇拜是灵魂崇拜观念的一种，灵魂的观念不仅出现在中国，世界其他国家中的民间信仰也有存在，许多学者都对其进行过较为深入的研

① 《中国各民族宗教与神话大词典》，学苑出版社1993年版，第373页。
② 《中国各民族宗教与神话大词典》，学苑出版社1993年版，第518页。
③ 《中国各民族宗教与神话大词典》，学苑出版社1993年版，第382页。
④ 《中国各民族宗教与神话大词典》，学苑出版社1993年版，第418页。
⑤ 《中国各民族宗教与神话大词典》，学苑出版社1993年版，第481页。
⑥ 《中国各民族宗教与神话大词典》，学苑出版社1993年版，第514页。
⑦ 王尧主编，杨权等撰：《中华文化通志·民族文化典——侗、水、毛南、仫佬、黎族文化志》，上海人民出版社1998年版，第223页。
⑧ 王尧主编，杨权等撰：《中华文化通志·民族文化典——侗、水、毛南、仫佬、黎族文化志》，上海人民出版社1998年版，第257页。
⑨ 《中国各民族宗教与神话大词典》，学苑出版社1993年版，第639页。
⑩ 《中国各民族宗教与神话大词典》，学苑出版社1993年版，第659页。
⑪ 《中国各民族宗教与神话大词典》，学苑出版社1993年版，第760页。

究，如英国学者詹姆士·弗雷泽认为“未开化的人在解释无生命的自然过程时以为是活人在自然现象中或背后操作一样，他们也这样理解生命现象本身”[①]，这种所谓的“背后操作”是原始人类所无法认知的神秘力量，它以一种无形的接触让无生命物获得了类似于人的生命表征，似乎这又较为符合交感巫术的原则，法国学者列维－布留尔在对不同民族的原始思维进行研究之后，也同样发现“对他们（原始人）来说，看不见的东西与看得见的东西是分不开的。生命、成功、健康以至自然界的整个结构，一切的一切，事实上永远都决定于神秘的力量”[②]，他的想法与弗雷泽论述的实质不谋而合，它应该也适用于对中国先民的思维解读，在人们尚未认识自然界神秘力量的时候，人类确实只能寄希望于未知和不曾见过的神秘元素，灵魂便是其中颇具神秘色彩的元素，即便在科学技术遥遥领先的现代社会，人们也无法完全否认灵魂的存在，更何况在远古社会中，人与自然界处于直接的对抗之中，不能不对生命和自然现象做出相应的思考和猜想，万物背后有灵魂操控的观念已经深入人心，谷魂崇拜的观念便在万物有灵信仰的大环境下得以产生。

第二，谷魂与生命有直接的关联，原始先民认为谷种之所以能够欣欣向荣地生长是因为它的灵魂完整，这与人的情况相同，人若失去灵魂便相当于失去了生命，这也如英国学者爱德华·泰勒所言的“因为生和死、健康与疾病是植物和动物共有的现象，于是把某类灵魂也加到它们身上那就是十分自然的了”[③]，所以灵魂赋予了人或植物、动物以生机，而灵魂的特性还在于它即便脱离了躯体仍能继续存在，在众多的谷种神话中，对于谷魂的描述主要侧重于六个方面：其一，谷魂能够与谷子本身发生分离；其二，谷魂一旦离开

① ［英］詹姆士·弗雷泽：《金枝：巫术与宗教之研究》，徐育新、汪培基、张泽石译，汪培基校，中国民间文艺出版社 1987 年版，第 269 页。

② ［法］列维－布留尔：《原始思维》，丁由译，商务印书馆 1985 年版，第 376 页。

③ ［英］爱德华·泰勒：《原始文化：神话、哲学、宗教、语言、艺术和习俗发展之研究》，连树声译，谢继胜、尹虎彬、姜德顺校，广西师范大学出版社 2005 年版，第 388 页。

谷子便会使谷物失去生命；其三，谷魂离开之后很难被追回来；其四，谷魂可以外化为人或神的形态而出现；其五，谷魂可以在不同的躯壳内存在；其六，谷魂可以发生一定形态的变化。这些方面都表现出了谷魂与生命的关系，不过较为特别的是，谷魂在神话中的这种表现状态与泰勒对于灵魂的界定非常切合，泰勒认为灵魂是“赋予个体以生气的生命和思想之源；它独立地支配着肉体所有者过去和现在的个人意识和意志；它能够离开肉体并从一个地方迅速地转移到另一个地方；它继续存在和生活在死后的人的肉体上；它能够进入动物体内甚至物体内，支配它们，影响它们”①，由此界定再结合谷魂在神话中的表现，便会发现它们惊人地相似，这也说明泰勒对于灵魂的界定具有普适意义，它同样适用于对中国谷魂的界定。谷魂突出了生命的价值和意义，展现了特定时期先民对生命与灵魂的思考，具有原始哲学的意味。

第三，谷魂崇拜属于植物灵崇拜的一种，它的出现在特定时期表现了一定的意义，人类对于谷物、动物或者山川河流的崇拜绝不是心血来潮，它们肯定要与人类发生正面的利益冲突关系，与人毫无关系的树木花草、野猫杂物又怎会被人们所在意。谷种作为人类农业时代的重要食物，与人们的生活发生着重要关联。然而，谷魂并不是植物灵崇拜的早期产物，而是在其他植物灵崇拜观念的基础上出现的，并且随着作物的普及出现才逐渐形成的。人类出现后大体经历了采集时代和渔猎时代，之后才进入农业时代，因此对植物灵的崇拜定然是与特定时期人们的经历相关，在采集时代的人们盛行对植物灵的崇拜，在渔猎时代便凸显了动物灵的崇拜观念，直到农业时代中各种崇拜观念逐渐融合并完善。学者林河在《中国巫傩史》里对中国的植物灵崇拜进行了较为细致的归纳，其中涉及的谷物灵魂崇拜观念包括谷魂崇拜、稻灵崇拜、粟灵崇拜和荞灵崇拜②，其实他分出的稻灵、粟灵和荞灵就是谷魂的

① ［英］爱德华·泰勒：《原始文化：神话、哲学、宗教、语言、艺术和习俗发展之研究》，连树声译、谢继胜、尹虎彬、姜德顺校，广西师范大学出版社2005年版，第351页。

② 参见林河：《中国巫傩史》，花城出版社2001年版，第92页。

一种，只是为了区别不同才有了如上的说法。由上可见，谷魂观念的出现表现了特定阶段人们的心理诉求，人们将农业的收成和食物的丰足都寄希望于对谷魂的祈祷，这也使谷魂崇拜在民间信仰中更为流行。

（二）自然神崇拜观念的体现

在上述的谷魂崇拜观念中，谷魂的外化形态也可以是谷神，这便是自然神观念的体现，神灵是在万物有灵观念的基础上而出现，人们相信万物不仅具有灵魂存在，同时还有掌管万物的神灵，随着社会和时代的发展，神灵从最初的自然神逐渐过渡到图腾神、祖先神、宗教神，神灵系统渐渐完善。在原始信仰产生的初期，人们是以自然神灵信仰为主，如将日月星辰、风雨雷电等自然现象和自然界的山水树木、花草谷物等都赋予了神灵化色彩，每一种自然事物都对应着一种神灵，如掌管太阳的日神，管理雷电的雷神，分管谷物的是谷神，在谷种神话中这些自然神灵都有出现，只是在不同的神话中表现出了不同的地位，如景颇族神话中的太阳神给了讨谷子的人们很多稻谷种[①]，珞巴族神话中的阿巴达尼带着妻子基辛亚闷来到天上向太阳和月亮求助，太阳和月亮送给了他们鸡、猪、羊、牛以及玉米、鸡爪谷、旱稻等种子[②]，苗族神话中的种子乘着火烟上天后被太阳打了下来，它顺着大雨又回到人间[③]，白族神话中的狗向天哀嚎感动了太阳、月亮和天神，他们分别丢下谷穗、洋芋、苞谷种子给人间[④]，其中太阳、月亮都是谷种的掌控者和赐予者，他们是原始信仰中早期的自然神形象，人们对太阳的崇拜不仅是神话中的表述，在文化遗址出土器物的图案和古老岩画中都能找到相关的佐证，如陶器上的太阳纹饰图案、太阳鸟图形、沧源岩画中的太阳图形等，都是可以查证

---

① 参见中华民族故事大系编委会:《中华民族故事大系（第十册）》，上海文艺出版社 1995 年版，第 69 页。

② 参见中华民族故事大系编委会:《中华民族故事大系（第十六册）》，上海文艺出版社 1995 年版，第 696—700 页。

③ 参见贵州省民间文学工作组编著:《苗族文学史》，贵州人民出版社 1981 年版，第 53—54 页。

④ 参见施中林主编:《兰坪民间故事集成》，兰坪白族普米族自治县文化局 1994 年版，第 3—4 页。

的遗迹，太阳神成为农业社会崇拜的对象，是因为它对人类农业生产和日常生活都起到了至关重要的作用，离开太阳谷物便不能得到良好的生长，人类也会陷入无尽的黑暗之中，由此民间还形成了很多对太阳崇拜的民风民俗，如天津一带有六月十九日是太阳生辰的说法，这一天要摆上供品向东朝拜来祈求太阳神为人间赐福①，因而谷种神话中出现的太阳赐种的情节便是对太阳崇拜观念的另一种表达。当然，谷种神话中所出现的自然神灵并不仅限于上面所列的太阳、月亮，还有雷公、山神、花神、树神等自然神灵也是谷种神话中常见的自然神灵，它们同样都表现了先民的原始信仰观念和对自然神灵的崇拜之情，正如前文所述，这种崇拜必然建立在一定的需求基础上，通过对神灵的崇拜和祈祷，可以建立一种心理上的期待。

（三）动物神崇拜观念的体现

动物神崇拜与早期采集时代和渔猎时代的社会环境有一定的关联，人们在尚未进入农业时代之时，很多生活上的食物来源要从自然获取，早期人们的力量并不足以与强大的野兽对抗，人们常会希望野兽放过人类，对动物崇拜的朦胧意识已经出现，随着人类社会的发展和狩猎工具的发明，人们能够运用弓箭、绳索、陷阱来进行狩猎，这为人们的生活来源提供了一定的保障，由此人们渐渐将动物视为神灵进行崇拜，有的民族甚至将自己民族的起源与动物相关联，像鄂温克族把熊称为祖父和祖母，海南岛的黎族把猫称为祖父和祖母，这些动物神与特定民族的认识观念有关，他们希望通过动物神的保佑顺利进行狩猎活动或获得生活上的保障。在进入农业社会之后，人们逐渐将一些野生的动物进行驯养变成了家畜，以填补农业生活中的食物不足和保证农业生产的正常进行，其中牛、马、狗都是这个时代最为常见的动物，它们各自都在农业文明中起到了相应的作用，如

① 参见杜青林、孙政才主编，游修龄分册主编：《中国农业通史·原始社会卷》，中国农业出版社 2008 年版，第 346 页。

牛是人类农耕不可或缺的动物，它被驯养后成为人们耕地的得力助手，不过以牛为耕是农业发展到一定阶段才出现的，如土族神话中的三岁娃娃向仙人爵勒丹迭询问如何生活，却被指点分别捉青龙、野牛和黄牛，在捕获黄牛铁犁后获得了仙人所赠的青稞种[①]，这其实反映的便是早期农业生产的一种过渡状态，用牛耕地并不是人们最初发现的，它通常会经过一定的试验过程，像神话中选取了青龙、野牛和金犁、银犁等意象，最后发现适合耕种的是黄牛和铁犁。在谷种神话中，人们便常常表现出了对牛的崇拜之情，有时将牛神性化，如土家族神话中的牛毛大王、侗族神话中的神牛，它们都是天上的神灵或动物神的形象，为了人间能够拥有谷种而被贬下凡，神话突出了神牛的功绩，也表达了人们对牛的崇敬之情。

当然有的动物并非家畜，同样也成了人们所信奉的动物神，如佤族神话中的谷种在海底，老鹰、鹭鸶取种都失败了，只有蛇用尾巴把种子从海水中捞了出来[②]，神话为何会选取蛇作为取种者，其实在早期农业社会中便有蛇崇拜的观念，在长江良渚文化出土的陶器上所绘的龙纹，其形状完全就是蛇的特征，在南方很多稻作文化民族中都存在类似的蛇崇拜，蛇与稻作文化确实有一定的关联，在《山海经》中有的地方见到蛇则天下大旱，有的“则其邑大水”，蛇既然能够操纵云雨，因而能影响农业稻作的收成，毕竟在靠天吃饭的古代社会，雨水对农业生产有决定性的作用，蛇具有了同龙一样的降雨能力，这与龙蛇同源的观念有关，此外还有学者也认为“蛇对农耕社会来说是不可缺少的水的象征，它冬眠于大地，春天出洞，蜕皮后获得新生，春天也意味着大地获得新生，从这个意义上讲，蛇是农耕神”[③]，同时在农业生活中，蛇以老鼠为食的属性又让它成为农家的守护神或家宅神，可见蛇等动物之所

① 参见《中国民间故事集成·青海卷》，中国ISBN中心出版2007年版，第14—17页。

② 参见尚仲豪、郭思九、刘允禔：《佤族民间故事选》，上海文艺出版社1989年版，第9—10页。

③ 张正军：《中日蛇崇拜与稻作文化》，转引自任兆胜、李云峰主编：《稻作与祭仪：第二届中日民俗文化国际学术研讨会论文集》，云南人民出版社2003年版，第108页。

以能够成为神灵，是因为它们能够在某种程度上影响到人们的农业生产和日常生活。

（四）谷种神话中的生殖崇拜

谷种神话对原始信仰的反映还体现在生殖崇拜方面，它是原始社会时期较为突出的崇拜观念，神话中的许多意象都以隐喻的形式表达了先民的思想，不过人们常会忽略对这些意象的关注，其中主要包含女性生殖崇拜和男性生殖崇拜两个方面。

第一，谷种神话中女性生殖崇拜的体现，如回族神话中麻雀将取来的粮种掉进了石缝里，蚂蚁帮助它从石缝中将谷种取出[①]，汉族神话中鹁鸽取回麦种后在岩石上休息，麦种被风吹到了石缝之中，地上长出了麦子[②]，其中石缝的意象较为明显，麦种从石缝中长出显然是对女性生殖崇拜的隐喻，石缝、石洞的观念多出现在神话表述之中，像佤族人诞生于石洞的说法便是一种女性生产的间接隐喻与表达。除了石缝等自然物，有的动物也被视为女阴崇拜的象征物，如布朗族神话中逃到海上的谷子变成了金鱼[③]，傣族神话中的谷神（女性）变成鱼在河中洗澡[④]，鱼在谷种神话中出现的频率并不高，但它的意象却十分特别，有学者认为鱼"与女阴的轮廓相似，从内涵而言，鱼腹多子，繁殖能力非常强"[⑤]，用鱼来隐喻谷子说明人们希望谷种像鱼一样具有较强的生殖和繁衍的能力，谷种的旺盛生长才能保障人的生存，这是人们美好的想象和愿望，有的神话中变为鱼的谷神也确实是以女性的形象示人。

---

① 参见李树江、王正伟：《回族民间传说故事》，宁夏人民出版社 2008 年版，第 25—30 页。

② 参见《中国民间故事集成·甘肃卷》，中国 ISBN 中心出版 2001 年版，第 309—310 页。

③ 参见王国祥，云南省社会科学院民族文学研究所编：《布朗族文学简史》，云南民族出版社 2014 年版，第 75—76 页。

④ 参见岩峰、王松、刀保尧，云南省社会科学院民族文学研究所编：《傣族文学史》，云南民族出版社 2014 年版，第 136—137 页。

⑤ 参见王翼祥：《简论中国稻作文化中的生殖崇拜内涵》，转引自任兆胜，李云峰主编：《稻作与祭仪：第二届中日民俗文化国际学术研讨会论文集》，云南人民出版社 2003 年版，第 233 页。

第二，谷种神话中男性生殖崇拜的体现，如哈尼族神话中的阿托拉扬一箭射穿天上的一只大口袋，口袋张开后口朝大地上撒下谷种、树籽、飞禽走兽[①]，弓箭是狩猎时代常用的工具，它在神话中可能是一种生殖崇拜的隐喻，有学者认为“谷种起源神话中涉及的武器不管是弓箭还是砍刀、腰刀等，都表明谷种是在人显示了男性勇力而不是女性媚力之后才得到的”[②]，弓箭显然突出的是父系社会中男性的权威和地位，但也有可能是对男性生殖崇拜的表现，哈尼族中猎人所射出的箭若是对男性的隐喻，那大口袋便是对女性的隐喻，而从口袋出现了谷种和各种飞禽走兽便是男女生育的间接表达，如果从字面意义理解这则神话，是无法理解神话天马行空的臆想的，可是从生殖崇拜的视角来解读，神话的内涵便迎刃而解。除了弓箭，神话中的有些动物也被认为是男根的象征物，如谷种神话中最为常见的麻雀便被认为是一种男根象征，像浙江地区有男性食麻雀的习俗，麻雀在谷种神话中常以取谷者、送谷者的形象出现，因而也在一些地区被认为是送谷神，它给人间送来的是希望和生命，按照交感巫术的原则，食用麻雀也同样是人们希望把麻雀传递生命的力量转移到自己身上。谷种神话中对生殖崇拜的表达仍是较为含蓄的，若能理解相关意象的象征含义，便能更好地解读其文化内涵。

二、谷种信仰的现代民间表达

谷种神话从民间文学的叙事角度反映了先民的原始信仰情况，其现代民间表达多体现在各民族的节日庆典和祭祀仪式之中。这里仅从各民族中选取几个具有代表性的节日来说明谷种信仰在民间生活中的表现。其一，汉族的打春牛，即在立春之日用鞭子抽打土牛来求得当年五谷丰登，具体

---

① 参见李子贤、李期博:《首届哈尼族文化国际学术讨论会论文集》，云南民族出版社 1996 年版，第 546—547 页。

② 参见谢国先:《论中国少数民族谷种起源神话》，《民族文学研究》2006 年第 4 期。

仪式一般为“预先以黄土塑一牛，腹中填以五谷，立春之日拉出‘土牛’，再由拿着彩杖或鞭子的农夫去‘赶’它”[①]，这样鞭打春牛便被认为能够打出风调雨顺和四季平安，农事活动结束后焚化春牛即可，这种仪式体现出了人们对春耕活动的重视和农业丰收的祈望。其二，锡伯族的抹黑节，是新疆锡伯族在农历正月十六举行的节日，人们相互之间将脸抹黑，象征着得到吉祥，其渊源便与一则神话有关，据说一个妇人不慎将烙煳的面饼喂狗让天神震怒，得到了让麦种结出黑籽的惩罚，人们向天神请求恕罪并答应在脸上抹黑，才得到了天神的宽恕[②]，这主要是祈求天神不要让小麦得黑穗病，以确保小麦能够丰收，当然在广西的彝族和东北地区的达斡尔族、鄂伦春族也有相似的抹黑习俗，也都与祝福和祈愿有关。其三，塔塔尔族的犁铧节，每年五月下旬在耕种土地结束之际，塔塔尔人都要举行此节日，大家穿起盛装来唱歌、跳舞，主要是“庆祝春耕圆满结束，祈望秋季丰产丰收”[③]，这种节日的产生表明了塔塔尔族进入农业文明之后，逐渐产生了对农业耕作的一种崇敬心理，它是游牧民族转入农业社会的典型代表。其四，苗族的跳香节，是湘西苗族瓦乡人在农历九月下旬到十月中旬间举办的一种祭祀仪式，主要通过祭祀诸神来祈祷谷物的丰收，据说这种习俗与盘瓠盗五谷有关，盘瓠为人类过天河盗取谷种，在尾巴上带回了五谷，它与辛女和子女在获得丰收后举行庆贺，由此沿袭而成为跳香祭仪[④]，它也与对谷种的祈祷有关。其五，壮族的莫一大王节，是壮族每隔六年的农历六月初二举行的一次盛大祭祀仪式，莫一大王据说有一把能行云布雨的伞，他常利用宝伞为人引水开渠，使得五谷丰登，因而被尊为五谷神，节庆之日要

---

① 姚周辉：《失衡的精神家园：中国民间灵魂、鬼神、命运信仰的研究与批判》，广西人民出版社2002年版，第121页。

② 参见黄任远：《通古斯：满语族神话研究》，黑龙江人民出版社1999年版，第225—226页。

③ 《中国各民族宗教与神话大词典》，学苑出版社1993年版，第571页。

④ 欧兰春：《湘西瓦乡苗族跳香祭仪的文化解析》，硕士学位论文，吉首大学，2014年，第12—13页。

“宰牛、羊、猪，将肉、肝、肠、骨等按十二个月数分十二味，依次端上神台敬献”[①]，其实对他的祭祀就是对农业生产的祈求和祝福。以上都是各民族较具代表性的节日庆典或祭祀仪式，在其中体现出了一定的谷物崇拜的观念，反映了人们对农业收成五谷丰登的美好期望，是谷种信仰在现代社会中的民间表达。

① 《中国各民族宗教与神话大词典》，学苑出版社 1993 年版，第 776 页。

第三节

谷种神话对民俗活动的影响

谷种神话还原了特定历史时期的文化风貌，表达了原始先民独特的精神信仰，同时也展现了各民族不同的民俗生活。民俗是“人民大众创造、享用和传承的生活文化。民俗虽然是一种历史文化传统，但也是人民现实生活中的一个重要部分”①，神话与民俗有较为密切的联系，神话是先民较为虚幻的想象，其中充满了人们对未知世界的探索和发掘，在此过程中形成了各民族特有的民俗事项，这样神话便可以通过民俗活动被表现出来，民俗又将神话内涵传承下来，让人们得以真正接触虚无缥缈的神话。谷种神话对民俗的关联也恰恰是对文化传统和现实生活的折射，钟敬文先生将民俗划分为物质民俗、社会民俗、精神民俗和语言民俗四个组成部分，前文已经对精神民俗现象做了相关分析，这里仅对社会民俗和物质民俗进行阐释。

一、谷种神话与耕作民俗的关系

神话对现实生活具有一定的指导意义，它常会借助神话的外衣、通过传达神意的形式来规劝世人按照一定的礼仪规则进行生活，因而在各民族中便形成了一套相对独立且完整的社会仪礼，此处便从农耕仪礼、生态仪礼两个方面加以分析。

① 钟敬文主编:《民俗学概论》，上海文艺出版社 2003 年版，第 4 页。

（一）谷种神话与农耕仪礼的关系

在人类进入农业社会之后，经过长期的实践和经验的总结从而形成了特定祈求丰收的农耕仪礼，它贯穿于农业生产和生活之中，主要表达了人们对农业丰收的美好期望，这些仪式祭礼逐渐成为维系氏族内部团结的基础。

第一，农耕生产仪礼。它与农业的生产耕作有一定联系，一般可以分为播种仪式和收割仪式两类。其一，农耕播种仪式，一般发生在农业播种之前，如景颇族在农历二月破土耕种之前要举行祭“能尚”，它是供奉部落鬼之地，人们要在开垦之地请董萨（即巫师）选定日期和所用祭品，在田地中祭祀会说“肚子告诉我们不种粮食是不行的，身体告诉我们不做衣服也是不行的。小伙子听见布谷鸟叫了，小姑娘听见田鸡叫了。请土地鬼不要见怪于我们，并保护全寨砍地顺利”①，从祭词中可见人们一方面掌握了一定的农耕常识，以布谷鸟和田鸡作为耕种的预示；另一方面也表现出了特定的鬼神信仰，像佤族在播撒谷物之前“必用人头对司欧布、木依吉及木鼓进行血祭”②，这样才能保佑粮食丰收，佤族猎人头的习俗由来已久，此处将其用在农业生产的祭祀仪式中并不奇怪，这与古老的神话传说也有关系，佤族神话中认为最初人类是无法种出粮食的，天神木依吉告知用人头祭祀便会生长出粮食，果然应验成真，这种通过砍人头的方式祭神来使谷物茂盛生长的方式是先民古老观念的反映，血祭也确实在特定时代是较为常见和普及的祭祀方式；当然也有民族是在播种的过程中或之后才举行祭祀仪式的，如彝族在播种荞麦时，要敬献酒肉，并在“播种的荞地边上插上红绿纸条，庆贺荞魂已回到地里”③，谷魂崇拜的观念在此已体现得较为明显，人们相信通过祭祀能够让谷魂回到田地中，以此来保障农业的丰产，再如德昂族在播种苞谷结束之后，各家便

① 吕大吉、何耀华总主编，张公瑾等分册主编：《中国各民族原始宗教资料集成：傣族卷、哈尼族卷、景颇族卷、孟－高棉语族群体卷、普米族卷、珞巴族卷、阿昌族卷》，中国社会科学出版社1999年版，第402页。

② 《中国各民族宗教与神话大词典》，学苑出版社1993年版，第592页。

③ 《中国各民族宗教与神话大词典》，学苑出版社1993年版，第659页。

会凑钱买猪和鸡当作祭品，同时备好一筐碎石，再把碎石倒在地边所栽的木桩旁边，杀猪和鸡来祭祀地鬼，以求庄稼生长丰茂[①]，这种木桩的搭建就相当于临时的祭台，是较为小型的祭祀仪式和祈祷过程。其二，农耕收割仪式，在农业获得丰收之后，各民族还会举行各种庆祝仪式，它的作用主要有两个，一是类似于一种还愿仪式，人们认为谷物在耕种之后得到了鬼神的庇佑和帮助，农业收成也因此受到影响，故而收割谷物后的仪式更像是对鬼神的一种奖励；二是为了祈求来年获得更大的丰收和收成不被侵扰而继续寻求神灵的保护，如景颇族在将谷物搬回家之前要举行叫魂仪式，因为打谷会令谷魂逃跑，谷种神话中的飞来型便与此相关，在叫魂的过程中有一定的祈祷语言，“人不能做的，谷物能做，跑到别的地方的谷魂要快回来”[②]，神话叙述中也有对叫谷魂的描述，如基诺族神话中一位阿嫫咒骂谷子而让所有的谷种都离开了，一位老阿普让她杀鸡杀猪叫谷魂，谷子果然又飞回谷仓[③]，人们相信谷魂能够促使谷物得到很好的生长，因此在收割过程中要避免谷魂的离开，因而在农业生产中形成了相对固定的叫魂仪式。

第二，农耕生活仪礼。农业社会也形成了一些农耕生活仪礼，这些仪礼都以节日或祭祀的形式被表现出来，它们多是与农耕生产有直接或间接的关系，如四川梁山地区的彝族人在农闲季节会举行顽童节、辟邪节、反咒节、晒衣节、牧羊节、火把节等节日庆典，其他地区的彝族人还会举办太平盛会、地母会、主师会等祭祀活动，像地母会是云南彝族所举行的一种祭祀活动，在农历十月十八由各村妇女参加祭祀，祭品全为素菜，西波念诵《地母经》等经文，以求“地母保佑土地肥沃，避免地震和水灾”[④]，它其实并不完全是

① 参见《中国各民族宗教与神话大词典》，学苑出版社1993年版，第93页。

② 吕大吉、何耀华总主编，张公瑾等分册主编：《中国各民族原始宗教资料集成：傣族卷、哈尼族卷、景颇族卷、孟-高棉语族群体卷、普米族卷、珞巴族卷、阿昌族卷》，中国社会科学出版社1999年版，第398页。

③ 参见陈建宪选编：《人神共舞：中国各族民间神话精品》，湖北人民出版社1994年版，第165页。

④ 《中国各民族宗教与神话大词典》，学苑出版社1993年版，第664页。

一种农业仪式，却又与农业耕作有所联系，地母作为神话中的神灵具有保佑作物生长的神职，这里祈求地母的行为只由女性参加，女性对地母的祈祷才能得到神灵的回应，这都说明此种行为产生的年代应较为久远，地母崇拜的观念应是母系氏族社会崇拜观念的遗存。再如布依族除了播种和收割的祭祀仪式之外，还会举办诸如牛王节、鬼节、三月三祭山、六月六扫田坝、吃龙蛋等一系列节日及祭祀活动，它们都与农耕生活有关，如农历四月初八各寨为牛王的生日举行庆祝活动，用五色花糯米饭来喂牛，其实这既体现了人们对牛崇拜的观念，也是为了让人不忘耕牛的功绩；还有农历七月十二开始的鬼节中会举行祭天市，主要是请神将天市中的谷魂引到自己家中，其目的还是农业生产的顺利；农历三月初三举行的祭山仪式是在神庙中进行，主要是祈求山上的菩萨和土地公能够保佑人畜平安和五谷丰登，农耕生活中的节日或仪式都在不同程度上反映了人们对农耕生产的祝福和祈望，因而可以认为农耕生活仪礼是对农耕仪礼的补充和完善。

（二）谷种神话与生态仪礼的关系

在早期农业社会中，人们注意到了人与生态之间和谐共生的关系，人相信自然万物都有灵魂，并对其产生了相应的崇拜观念，这种信仰的出现让人越发尊重自然界的事物，人与自然的相处更为和谐，此类信仰又以神谕的形式出现在神话中。早期神话的叙事具有神圣性，出现在神话中的情节也被认为是确有其事，神话便以神的事迹规范了人们的言行，在原始信仰和神话叙事的双重影响之下，文明的生态仪礼观念逐渐出现，它的产生也为农业文明的有序发展奠定了基础。

在谷种神话中出现的惩罚和伤谷母题都表现出了一种生态仪礼观念：首先，惩罚的模式基本是上天赐予人类粮种，但人类不珍惜甚至浪费粮食，这招致了上天神灵的惩罚，人们在失去所有粮食之后才幡然悔悟，悔过之后重新得到了上天的赏赐，如羌族神话中的丹巴协惹上天成功为人盗取了粮种，人类在拥有了粮食之后便不懂得珍惜，妇人用馍馍皮给孩子擦屎，天神看到后便降下大雨淹没大地，使人间再次失去粮种[1]，维吾尔族神话中的上天在看到女人用饼给孩子擦屁股之后便生气地将天赐的面变成了雪[2]，实际上这是以神话叙事的形式告诉人们要懂得珍惜粮食，不然自然会得到上天的惩罚，人类在最初阶段可能真发生过如神话所述的情况，人们认识到这种浪费行为既不利于农业的发展，在当时的条件下也不被允许，同时这也是对上天的不敬。其次，伤谷的模式是懒妇人因为特定缘由而将飞来的稻谷打出或骂走，所有的谷子都离开了人类，如瑶族神话中的谷子姑娘因为打扰了梳头的懒妇人而被用扁担打出，人间失去了谷种，老鼠过海才为人类重新求得了谷种[3]，苗族神话中的神谷来到家中打扰了睡觉的妇人而被用扫帚打出了屋子，离开的神谷再也不会自动飞回家中[4]，两则神话其实都是对女性管理谷种的禁忌设置，神话中犯错误形象都是女性，这是因为神话的叙事者是以男性的立场来打压女性的地位，很多民族中也会出现类似的禁忌规定，像在某些接触谷种的场合中不允许孕妇或妇女出现，如侗族祭祀神灵时便不准孕妇到场[5]，这种禁忌的规定虽然有失偏颇，却也反映出了人们希望人与生态平衡发展的理念，人不能得罪粮食，要对谷种保持虔诚和尊敬的态度。

人们尊重自然的朴素生态观还出现在农耕仪礼之中，先民已经认识到发展生产的关键不在于开发更多的耕地，而是在于对耕地的保护，人们通过各种祭祀仪式和节庆活动表达了对自然的尊重，他们相信自然界中的万事万物都有灵魂存在，并有神灵为之守护，有的民族甚至指定出了特定的地域是神灵的居所，因而出现了所谓的神山或神海等，像布朗族的祭龙仪式是与祭祀

---

① 参见《羌族文学简史》编写组编：《羌族民间文学资料集（一）》，《羌族文学简史》编写组1987年版，第3—5页。

② 参见满都呼主编：《中国阿尔泰语系诸民族神话故事》，民族出版社1997年版，第32—33页。

③ 参见全国人民代表大会民族委员会办公室编：《广西大瑶山：瑶族歌谣故事集》，全国人民代表大会民族委员会办公室1958年版，第47—48页。

④ 参见陶阳、钟秀编：《中国神话（下）》，商务印书馆2008年版，第1150页。

⑤ 参见《中国各民族宗教与神话大词典》，学苑出版社1993年版，第110页。

树林结合在一起，出现了“龙潭四周的森林严禁砍伐”[①]的情况，意即神灵的栖息之地是不容许外人闯入或践踏的，这在某种程度上保护了山林河海等自然资源的过度开发，可见原始信仰的功用之一便是对自然生态的保护。

二、谷种神话与节日民俗的关系

现在所指的节日一般包括传统节日和现代节日。传统节日即岁时节日，它是“与天时、物候的周期性转换相适应，在人们的特定社会生活中约定俗成的、具有某种风俗活动内容的特定节日”[②]，它常与特定的历法相对应，如春节、谷雨节、端午节等，现代节日则是“适应现代生活的需要，或是在某种历史背景下形成的一些纪念日或社会公共活动日”[③]，如劳动节、国庆节、教师节等。神话作为民间口传叙事也表现出了与节日民俗的关系：神话为特定节日的出现提供了民间信仰的依托和独特文化的依据，特定节日的产生又影响了神话的传承、发展和传播。谷种神话作为在农业文明时期所流传下来的民间口传文学，与其相关的节日一般都属于传统的岁时节日，这些节日都能在特定的神话叙事中找到对应的文化内涵，这里便以尝新节为例进行说明。

尝新节是中国很多民族所共有的一种节日，它多发生在农业收割之后，是农耕仪礼的一种，每个民族尝新节的时间都各不相同，要根据收割谷物的具体情况来判定，在谷种神话中关于尝新节的叙述多与狗帮助人类获取谷种的行为有关，如壮族神话的狗在洪水中为人类把谷种藏在了毛发里，人们尝新前要先喂狗以示感谢[④]，侗族神话中的狗过海到东方为人类盗取了谷种，人

① 《中国各民族宗教与神话大词典》，学苑出版社1993年版，第28页。
② 钟敬文主编:《民俗学概论》，上海文艺出版社2003年版，第131页。
③ 钟敬文主编:《民俗学概论》，上海文艺出版社2003年版，第154页。
④ 参见黄忠堂主编:《师宗县民间文学续集·壮族故事歌谣》，云南美术出版社2015年版，第90页。

们尝新时便让狗先吃[①]，景颇族神话中的狗在同人狩猎的过程中无意间带回了谷种，人们在欢庆丰收的尝新节中便先喂狗吃第一个新米团[②]，白族神话中的人类因浪费粮食而被天神惩罚，狗向天哀嚎后从太阳、月亮和天神处求得了谷种，于是白族每逢年节都让狗先吃[③]，这些神话中的狗都充当了取谷者或盗谷者的角色，它为人类取种的功绩得到了人们的认可，由此在尝新节获得了奖赏，当然也有与狗取种无关的情况出现，如阿昌族神话的老姑太最初教会人们种地并让大家都获得丰收，人们要把第一顿新米饭拿来祭献老姑太[④]，这则神话与其他文本的区别就在于人们将收获新米的功劳归因于人类自己。中国很多民族中都有尝新节，不过它们的表现形式就如上述神话文本一样各具特色，不同民族尝新节的具体情况见表 28：

表 28　中国各民族尝新节情况一览

民族	节日时间	节日内容	神话背景
阿昌族	农历八月十五	蒸新米、杀鸡做祭品敬献老姑太	老姑太授种
白族	农历六月二十五 / 农历八月十五	尝新米、吃鲜梨，点火把迎接五谷神王 //[⑤] 尝新先敬狗	跋达取谷种 / 狗取谷种
布朗族	收割后第五	煮新米献给菩萨，再献给祖先和父母	—
布依族	农历七八月间	设宴祭祖，再祭狗，家中长者将新米饭和三块猪肉给狗吃，家人后入席	狗取谷种
德昂族	收割日前	煮新米杀鸡献给谷魂、耕牛和祖先尝新，仪式过后方可收割谷物 // 谷先给水牛吃，然后供佛，再让老人吃，最后大家吃	牛送谷种
侗族	农历六七月间	蒸新米饭祭祖、尝新先喂狗	狗取谷种

① 参见杨权编著:《侗族民间文学史》，中央民族学院出版社 1992 年版，第 65—66 页。

② 参见中华民族故事大系编委会:《中华民族故事大系（第十册）》，上海文艺出版社 1995 年版，第 70—71 页。

③ 参见施中林主编:《兰坪民间故事集成》，兰坪白族普米族自治县文化局 1994 年版，第 3—4 页。

④ 参见中华民族故事大系编委会:《中华民族故事大系（第十三册）》，上海文艺出版社 1995 年版，第 881—882 页。

⑤ “//”的前后分别表示两种不同的情况。

续表

民族	节日时间	节日内容	神话背景
仡佬族	农历七八月间	采摘新谷祭祀开辟荒草的蛮王老祖	—
哈尼族	农历七月属龙日	从田里背回单数稻子，蒸新米、杀公鸡、尝各种蔬菜尤其要吃竹笋	狗取谷种
基诺族	农历九月	收谷前采集成熟旱谷祭祖、谷魂	狗取谷种
景颇族	农历八九月间	煮新米饭、祈祷仪式、老人讲谷种的起源，先让狗吃，再让牛吃，再给老人吃	狗取谷种
拉祜族	农历七八月间	做好新米饭祭天神厄莎和祖先，再给牲畜、生产工具及狗分一份，人最后吃 // 先舀一碗饭，夹上一块肉给狗吃	狗取谷种
傈僳族	农历九十月间	在收获的前一天先摘回饱满的谷穗，搓谷粒，蒸新米与熟肉和肉汤搅拌先喂狗 // 吃新米饭要先盛一碗给狗	狗取谷种
苗族	农历六月初六	采未成熟的谷穗祭祀祖神，请狗先吃	狗取谷种
普米族	收割日，无固定日期	新粮酿酒、煮新米敬灶神、祭祖先 // 每逢收新谷之后，要先喂狗米饭	狗取谷种
佤族	农历八月十四	招谷魂、蒸新米祭祖先，老人先尝新	谷魂崇拜
瑶族	农历八月十五	把三节禾秆与饭同煮，每人吃三碗饭后才能喝水，不然会歉收 // 每年吃新让狗先吃	狗取谷种
彝族	农历八月十五	吃新米先舀一碗给狗吃	狗取谷种
壮族	农历十月初十	庆祝五谷丰收，尝新米先喂狗	九尾狗取种

由表28所列可见，在中国至少有18个民族都有尝新节，它们出现的时间不一，基本上都在农业收割的前后，它的主要目的有四个：其一，召回谷物谷魂，尝新节有时并不是独立存在的，它往往要与叫谷魂的仪式发生结合，谷魂崇拜观念在很多民族中都有体现，人们相信谷魂能够让谷物生长旺盛，收割谷种之时的打谷行为会对谷魂造成一定的伤害，因而要进行叫谷魂的活动；其二，表达感恩之情，尝新节经常会以敬献天神、祖先、文化英雄、谷魂或特定动物为主，感谢他们帮助人类的同时，也希望他们能够继续保佑五谷丰登、六畜兴旺等；其三，传授知识技能，有些民族会选择在农业收割

的季节由老人亲自对年轻人讲述农耕的文化和生产的技能，如景颇族在尝新节这天便是“青年人总是盘腿而坐，全神贯注地倾听老人传授的生产知识”[①]，在这样的时间段进行技能和知识的传授，也较为符合知行合一的理念；其四，表达庆祝之意，尝新节最为表面的意义便是庆祝农业的丰收，人们为农业耕作所付出的辛苦与努力也是值得被鼓励的。上述几乎大部分民族的尝新节都有一定的神话背景作支撑，可见神话与节日之间所具有的紧密关联，当然除了尝新节之外，各民族还有不同的节日文化都与谷种神话有一定的相关性，不过其他的节日并不像尝新节这样具有普遍的说明意义，故而这里仅以尝新节为例进行说明，其价值也在于此。

此外，有关农业耕作的民俗活动不仅表现为节日庆典和祭祀仪式，同时也会出现一定的节日禁忌设定，如瑶族的谷花日是农事禁忌日，瑶族人认为立秋日是谷神的成婚之日，这一天人们要“禁止下田耕作，否则当年谷物歉收”[②]，很多节日也都有类似的规定，在节日当天进行耕作是不被允许的，这样的规定自然也有其合理的一面；布依族三月三祭山节中是“严禁外寨人进入寨内”[③]，否则就被认为会招致灾难，因而当天寨子各路口都会有明显的警示标志，以防外人进入，南方一些民族都会有这样的禁忌规定，认为在节日祭祀当天被外人闯入会影响运势，闯进的人要接受寨内成员的惩罚，这种处罚多以金钱为主；彝族在农历十月十八举行的地母会只能由各村妇女参加祭祀，这便从侧面对男性进行了禁忌设定，在此祈祷节日中男性是禁止出现的，这反映了较为原始的母系崇拜观念。上述几个例子都是节日中所出现的禁忌，这里只展示了一个侧面，这些禁忌是节日中的重要辅助元素，它们的出现在特定的场合具有重要的意义，也使节日的文化内涵变得更为完整，没有一定

① 王尧主编，覃诗翠等撰:《中华文化通志·民族文化典——土家、景颇、羌、普米、独龙、阿昌、珞巴、门巴族文化志》，上海人民出版社 1998 年版，第 131 页。

② 《中国各民族宗教与神话大词典》，学苑出版社 1993 年版，第 648 页。

③ 《中国各民族宗教与神话大词典》，学苑出版社 1993 年版，第 42 页。

之规的节日也会因此失去它的制约力和魅力。

三、谷种神话与饮食民俗的关系

饮食不仅是人们重要的物质层面的需求，也反映出了一定的文化内涵，《舌尖上的中国》之所以能够高居收视榜首，不仅是由于它展示了各种诱人的美味，更因为它将中国独具特色的美食文化展现出来。神话与饮食的关系表现在：神话为饮食民俗提供了丰富的文化内涵，饮食又让神话的叙事变得更为直观和生动。我国是较为古老的农业社会，在较长的耕作岁月中逐渐形成了北方以面食为主、南方以米粮为主的饮食格局，北方的粟作生产和南方的稻作生产分别为这种格局的形成提供了现实基础，此类格局又与谷种神话的描述达成了一致，这样探究饮食民俗可以从谷种神话着手进行分析。钟敬文先生将饮食民俗划分为日常食俗、节日食俗、祭祀食俗、待客食俗和特殊食俗五个类型[①]，这里以日常食俗和祭祀食俗两种类型为例进行简要说明。

（一）谷种神话与日常食俗的关联

食物最初原本并没有太过复杂的分类，随着社会的发展和特定阶层的需要，食物逐渐有了不同的变化，这也为人们单调的生活增加了趣味，不同民族在制作食物的过程中都表现出了特有的智慧，很多食物也都成了庆祝丰收的典型代表，如“满族的面灯、朝鲜族的五谷饭、柯尔克孜族的克缺饭、土族的麦仁饭、土家族的合菜、纳西族的大锅饭、哈尼族的黄饭、藏族的酥油糌粑、仫佬族的五色糯米饭”[②]，这都表明中国先民对饮食创造的关注，而其创造性的标准又有不同，张光直认为可以用定量的、结构的、象征的、心理的标准来衡量“拥有不同文化和文明的民族在食物和吃法方面的相对创造性，

① 参见钟敬文主编：《民俗学概论》，上海文艺出版社 2003 年版，第 74 页。

② 参见瞿明安：《隐藏民族灵魂的符号：中国饮食象征文化论》，云南大学出版社 2001 年版，第 113 页。

以及对食物和吃法的专注程度”[①]，这里可以结合具体谷种神话为例从结构的和心理的角度来分析。第一，按照结构的标准，中国各民族在进入农业文明之前曾对饮食进行过探索，在被称为茹毛饮血的时代，人们从吃生食到熟食，从采集野果到打猎捕鱼，各种可以食用的东西都得到了探索，进入农业文明之后，人类的饮食结构得到了调整，米面成为生活中的主食，家养的牲畜和渔猎的野物都成为生活之外的辅料，人们的生活得到了一定的改善，饮食的结构也逐步得到细化和发展，食物的种类出现了多样化的趋向，这在谷种神话中亦有体现，如苗族神话中神农公在三月三找到了野谷，并将播种收获所得谷子分给苗民，从此人们便在三月三做五色糯米饭祭神农老祖公[②]，乌孜别克族神话中真主让天使把穆圣女儿家中锅里的石块变成了阿里瓦（即甜面食）[③]，藏族神话中人们浪费粮食的表现是用酥油泥牛羊圈[④]和用糌粑当石头来玩耍[⑤]，维吾尔族神话中的老太婆用油饼给孙子擦屁股[⑥]，可见不同民族根据各自的文化特色创造了诸如糯米饭、甜面食、糌粑、油饼一类食物来满足基本的生活需求。第二，按照心理的标准，人们也在设定和计划饮食的分配问题，一餐吃多少、多长时间进行一餐都成为人们所关注的问题，在人类进入农业文明之后，更需按照一定的标准执行，否则在大吃大喝过后，今年的存粮便不足以支撑人的生存，规定用餐的时间也符合人们的心理需求，在谷种神话中出现的误传神谕便与此相关，如侗族神话中神牛将贯公神仙的话传为“一

① 张光直:《中国文化中的饮食——人类学与历史学的透视》，郭于华译，转引自［美］尤金·安德森:《中国食物》，马孆、刘东译，刘东校，江苏人民出版社2002年版，第255页。

② 参见《中国民间故事集成·海南卷》，中国ISBN中心出版2002年版，第315页。

③ 参见《中国各民族宗教与神话大词典》，学苑出版社1993年版，第623页。

④ 参见黄南藏族自治州民间文学集成办公室编:《中国民间文学集成·青海省黄南藏族自治州卷·民间故事资料卷（本一）》，黄南藏族自治州民间文学集成办公室1990年版，第2页。

⑤ 参见中华民族故事大系编委会:《中华民族故事大系（第二册）》，上海文艺出版社1995年版，第18—30页。

⑥ 参见满都呼主编:《中国阿尔泰语系诸民族神话故事》，民族出版社1997年版，第33—34页。

天三顿肚还饿”[①]，仫佬族神话中的磨坊仙子传错话为“一天三餐”[②]，汉族神话中的保民官将玉皇爷的话传错为“每日三吃饭，一打扮”[③]，神话出现如此多的传错话，实则反映了人们对用餐时间的探索，在农业社会中的人们比较注意寻找稳定的规律，一日三餐的说法与平时的劳作强度相关，不能够再像游牧和渔猎时期那样没有一定之规，因而神话的这些表述也是对当时社会真实情况的一种写照。由此可见，谷种神话与中国传统的饮食文化习俗有着十分紧密的关联。

（二）谷种神话与祭祀食俗的关联

食物本身并没有高低贵贱之分，只是人们所处的社会出现了各种阶级分化，故而食物也便有了地位上的差别，用于向天神、祖先祭祀的食物必须是祥瑞的，何种食物才能具有这样的文化象征意味，人们在对食物的反复探究中得出了一定的结论，一般认为在该民族的社会生活之中处于高消费的食物都与祥瑞相关，具有普遍意义的低消费食物则不被认为具有这种意义，像面条、汤圆等意象虽有比较吉祥的含义，但作为祭祀上天的供品便显得不够虔诚，人们不仅要根据地域和生活习惯的不同而选取相应的祭祀食物，同时也对食物的外形、名称、数量甚至文化内涵都提出了较为详尽而复杂的要求。

祭祀的食物应该注意两点：其一，向天神祭祀一定是人们要表达某种诉求，或者祈求神灵保佑粮食丰产，或者祝愿家业兴隆，人便需要确保许诺或供奉要能够满足神灵，并按照特定的规则进行；其二，人们祭祀神灵一定要有针对性，向佛祖请愿和对玉帝祈祷所祭祀的食物不可能相同，各种宗教信仰中都有相应的戒律准则，谷种神话中也出现过类似的表达，如彝族神话中凡人吃牛肉、螺蛳、蛤蟆而被佛祖认为是触犯了天条，才得到了被弥勒佛收

① 《侗族文学史》编写组：《侗族文学史》，贵州民族出版社 1988 年版，第 64 页。

② 包玉堂、吴盛枝、龙殿宝编：《仫佬族民间故事选》，上海文艺出版社 1988 年版，第 5—8 页。

③ 《中国民间故事集成·甘肃卷》，中国 ISBN 中心出版 2001 年版，第 279—280 页。

回谷种的惩罚[①]，这里人类触犯的肯定是佛祖的戒律，而有的民族将牛作为祭祀神灵的供品，因为牛在农业生活中具有较高的地位，它有资格成为敬献神灵的牺牲，不过若将牛敬献佛祖便不妥当，特定的动物不能作为供奉的食物。

在一些民族之中，祭祀天地神灵都有特定的食物，如蒙古族的查干苏鲁克祭中以九十九匹白牝马的鲜乳祭天[②]，鄂伦春族的春祭大典中以狍子、猂、野鸭、天鹅、飞龙等作为供品[③]，四川羌族进行求雨仪式时会杀一只羊以敬龙王[④]，怒族祭祀谷神时要杀鸡向神灵祈求平安[⑤]，这些特定食物既具有民族地域属性，也在特定场合表达了不同的象征含义。此外，祭祀神灵的供品也可以作为占卜的用具，如珞巴族神话中阿巴达尼上天求助时得到了太阳和月亮的帮助，学会了卜鸡肝卦识别乌佑的方法，并得到了神灵所赠的鸡、猪、羊、牛等牲畜[⑥]，珞巴族的巫师确实能够根据猪、牛、鸡的肝脏来对谷物的收成、家庭的情况进行占卜，而这些动物往往又是祭祀的主要供品，如珞巴族阿迪人在“佩当莫蓬”仪式中要以一头大额牛来为持续的干旱天气献祭，在“潘英莫蓬”仪式中以一头猪作为祈求丰收的祭品，人生病时一般会以不同的鸡

① 参见朱元富:《彝族谷种神话与母体崇拜》,《楚雄师专学报》2001 年第 2 期。

② 参见吕大吉、何耀华总主编，满都尔图等分册主编:《中国各民族原始宗教资料集成：鄂伦春族卷、鄂温克族卷、赫哲族卷、达斡尔族卷、锡伯族卷、满族卷、蒙古族卷、藏族卷》，中国社会科学出版社 1999 年版，第 732 页。

③ 参见吕大吉、何耀华总主编，满都尔图等分册主编:《中国各民族原始宗教资料集成：鄂伦春族卷、鄂温克族卷、赫哲族卷、达斡尔族卷、锡伯族卷、满族卷、蒙古族卷、藏族卷》，中国社会科学出版社 1999 年版，第 52 页。

④ 参见吕大吉、何耀华总主编，何志武等分册主编:《中国各民族原始宗教资料集成：纳西族卷・羌族卷・独龙族卷・傈僳族卷・怒族卷》，中国社会科学出版社 2000 年版，第 558 页。

⑤ 参见吕大吉、何耀华总主编，何志武等分册主编:《中国各民族原始宗教资料集成：纳西族卷・羌族卷・独龙族卷・傈僳族卷・怒族卷》，中国社会科学出版社 2000 年版，第 886 页。

⑥ 参见中华民族故事大系编委会:《中华民族故事大系(第十六册)》，上海文艺出版社 1995 年版，第 696—700 页。

作为献祭[①]，祈求事由的不同，祭祀所用的食物也有区别，这也就是前文所讲的贵贱之分。由此表现出了食物在祭祀中的两个方面作用，其一是娱神，让神灵来享受人间的美味佳肴，以此来取悦于神，从而获得神的恩赐和保佑；其二是交流，通过祭品作为中介来达到人与神沟通交流的目的。谷种神话在某种程度上反映了祭祀食俗的一定之规，表现了特定食材的象征意味。

谷种神话产生于农业文明时代，它以人们口耳相传的形式和传达神谕的表现手段展现了农业的起源问题，同时也将其中所形成的各具特色的民间信仰和民俗文化体现出来，在上述介绍中已对此展开分析，从中可见谷种神话在它们之中的重要意义。试想，若没有神话史诗对特洛伊之战的描述，又何谈考古学家对特洛伊城的积极探索和发掘，若没有特定的宗教神话传说作为传教的资源，又何谈能让普通民众理解博大精深的教义思想，若没有颇具内涵的民间神话传说作为节日区分的标志，民间节日的存在又有何意义。因此，谷种神话以其特有的内容和认识，给考古学验证农业起源的真实性以启发和思索，将原始信仰传播开来，让耕作民俗、节日民俗和饮食民俗拥有了文化内涵，从此意义上而言，谷种神话确实有着十分重要的影响和地位。

---

① 参见吕大吉、何耀华总主编，张公瑾等分册主编：《中国各民族原始宗教资料集成：傣族卷、哈尼族卷、景颇族卷、孟－高棉语族群体卷、普米族卷、珞巴族卷、阿昌族卷》，中国社会科学出版社1999年版，第840—842页。

结　语

一、初衷

饮水思源，中国历代先民都身体力行地诠释了这一古训，祖先创业维艰的画面虽已很难想象，但没有经历过千百年岁月的洗礼，又如何会有现今优越的生活环境出现，这里有最为深厚的文化沃土，最具见地的生存智慧，最为坚定的人生信仰，所有的一切都是祖先所传承下来的，我们现在称之为文明。中国的文明最为人所乐道的是四大发明，人们习惯于争论发明者的身份、发明时间的正误，却未曾关注离我们最近的文化，比如火种、谷种、语言、文字、衣食住行等，它们是从古至今人类得以延续的基础和命脉，然而我们却不习惯于探究它们的发生和起源，相比于四大发明的荣耀，我们是否更应关注于光环背后的文化积累，若没有这样的意识，饮水思源便是彻头彻尾的空话，对于文化起源的思考，便是思源的一种重要方式，有人认为火种、谷种的发明者、发明时间已无据可考，的确如此，即便利用再先进的科技手段、再高深的考古方法似乎也无法准确还原几千年前的文化源起，既然先人无从缅怀，那么为何不缅怀先人的光辉业绩和为人类文明所做的贡献呢。忘记先人的文化功业，便意味着对自己文明的遗弃，不尊重过去的民族便无法在未来取得成功，不用先人功绩勉励自己的民族便会失去发展的动力。优越的生活条件让人善于忘记，优厚的物质条件也逐渐侵蚀了人的灵魂，现代文明给人的内心蒙上了厚厚的灰尘，把人们通往外界的门逐一关闭，但神话却为人类的心灵打开了一扇窗，当聆听过一则又一则神话之后，你会被先人创业的艰难所感动，会被祖先拼搏的精神所折服，更会为人类文明事业付出生命的文化英雄而感慨，这就是神话的力量，它再次赋予人类以灵魂。

神话不等同于古史，但每个古史研究者都无法避免地要接触神话，神话为古史的研究提供了重要的线索和可供参考的依据，由神话而进行的探索也确实推进了古史的研究。其实人们在内心中是有着对神话的认可和认同的，认为神话就是对现实的反映和升华，我们无法理解神话天马行空的表述，这并不能代表它存在就没有意义，它一定是以特定的社会环境和文化背景作为创作的基础，本书探究谷种神话的前提也是坚信神话与现实的关联，在全文的分析与研究之中，都透露出了用神话去还原现实的思想。如母系社会与父系社会的大背景影响了神话对谷种起源的描述，神话中的谷种发现者和掌管者逐渐由女性转变成为男性，在有关人类被惩罚的谷种神话之中，女性因为打骂谷子使得人类失去了谷种，她便承担了罪魁祸首的角色，这都与特定时代的文化背景有紧密联系，它所体现的也正是先民想要传达和表述的内容。再如神话中所出现的狗、牛、马、鼠、麻雀等不同动物用求取、盗取等不同的方式来帮助人类获取谷种，这种情节的设定按照现代的理解便是拟人化的表达，用更为专业的说法就是赋予了动物以人的表征，其实它既反映了特定时代中人们与动物相互依存的关系，也表现了各民族特有的图腾文化观念，有些动物充当了氏族的图腾标志，这样其他氏族部落帮助该氏族完成特定任务便在神话中以动物帮助人的表述展现出来，神话用特有的形式对一定时代背景下的内容进行了还原。因而，我们可以怀疑神话的真实性，却不能否认它的存在，否认神话无疑就是对过去生活的否定，是对祖先伟大功业的否定，更是对自己所存在的这片沃土的否定，直面神话，就是直接与祖先进行穿越时空的对话和交流。

二、内涵

谷种神话是有关人类探究谷种源起的现象及与谷种产生有相关联系的一类神话，它与火种起源神话、语言文字起源神话等类型共同构成了文化起源神话，从目前所掌握的文本数量来看，谷种神话确实在文化起源神话中有相当重的分量，从实际的文化内涵来讲，谷种神话的意义和影响也不逊于其他类型的文化起源神话。本书主要采取民间故事类型学和母题学方法来加以研究，根据具体文本内容的不同将谷种神话划分为自然型、赠赐型、取种型和创造型四个类型，在这些类型之中又提炼出洪水、死亡、惩罚、变化和考验等典型母题进行分析，这些类型和母题不仅存在着相互的关联，又在各自的表意过程中表达了不同的文化内涵。

（一）类型划分

面对数量繁多的谷种神话，如何才能厘清此类神话的逻辑关系，最行之有效的方法便是做类型划分，本书正是运用民间故事类型学的方法进行研究，按照文本内容表述和情节结构的不同，可以将谷种神话做出四种类型上的划分，不过此种划分仍具有一定的主观性，毕竟谷种神话之间的各个类型并不是独立存在的，有的神话中会同时拥有两种或者三种类型，虽然表现的类型各有不同，却都围绕着谷种获得这一核心母题展开讲述。各类型之间的联系和区别具体如下：

1. 各神话类型之间的联系

本书在类型的划分中更侧重三个方面的工作：其一，同一文本内的类型划分，从文本分析中可以发现很多谷种神话都是复合型神话，如普米族的《帕米查列》[①]是赠赐型和取种型的复合，阿昌族《谷种的传说》[②]是自然型、取种

① 参见罗杨总主编：《中国民间故事丛书·云南丽江·宁蒗卷》，知识产权出版社2016年版，第14页。

② 参见攸延春，云南省社会科学院民族文学研究所编：《阿昌族文学简史》，云南民族出版社2014年版，第28—29页。

型和赠赐型的复合，佤族的《谷子的来历》[①]是自然型、创造型和取种型的复合，傣族的《巴塔麻嘎捧尚罗》[②]和景颇族的《目瑙斋瓦》[③]都是四大类型的复合，其中两类或三类复合的情况出现得较多，单类型文本次之，四类复合的情况最少出现。其二，很多不同地域和民族文本却出现了较为类似的表达，如果从影响传播的角度分析，它们或许在彼此交往的过程中便产生了文本间的互文关联，但若从原始思维层面分析，它们或者与原始先民共性的思维表达有关，人们最初有着较为相似的生活条件，而谷种神话所产生的时代正是人类步入农耕文明时期，从现今出土的遗迹来看，早期北方的粟作文化和南方的稻作文化是较为重要的农耕文明的代表，因而在如此广泛的地域内，人们对谷种起源的思考会产生一定的相似性，这种情况是较有可能存在的。其三，各类型的内部关联，如自然型中所表达出的谷魂观念对于理解创造型中的孕育生谷有一定的帮助，取种型中的人或动物通过求取的方式取得谷种，就与赠赐型中神对人间的赐予构成了神话叙事的因果关联，文化英雄有时也会在寻取到谷种之后对其进行再创造，这便使取种型和创造型之间形成了先后关联，诸如此种的各类型之间的紧密联系的情况是普遍存在于谷种神话之中的，本书的文本分析中都对此进行了相应的阐释。

2. 各类型间所表现的区别

自然型神话关注于谷种生长的自然属性，认识到了先民在发现谷种过程中的功绩和不同表现，强调了谷穗自然落地生长的事实，同时也突出了谷种的灵魂属性，由此可以划分出自然获取型、自然生成型、穗落型和飞来型四种类型，其中穗落型与自然生成型皆是谷种生长的自然形态，飞来型和自然

① 参见郭思九、尚仲豪，云南省社会科学院民族文学研究所编：《佤族文学简史》，云南民族出版社 2014 年版，第 75—76 页。

② 参见普学旺、左玉堂主编：《云南少数民族古典史诗全集（上卷）》，云南教育出版社 2009 年版，第 810—813 页。

③ 参见普学旺、左玉堂主编：《云南少数民族古典史诗全集（中卷）》，云南教育出版社 2009 年版，第 243、315—316 页。

获取型中则表达出了先民的万物有灵观念，在不同的文化类型之中都同样表达了先民渴望得到谷种满足生存的深切愿望，也体现出了在落后生产条件下人们发现和认识谷种的艰难和不易。

赠赐型神话侧重于谷种的赐予，根据赐予主体的不同便可以分作神赠赐型、神性人物赠赐型、动物赠赐型、人赠赐型四个类型进行解读。它体现了人们已经从谷种源于自然的认识升华到谷种是源于外界的观念，通过文本可见其中的神与神性人物是最为重要的赐予谷种者，众多神灵的出现也反映了先民思维观念中神灵体系的逐渐确立，而谷种源于神灵的说法又表明人们相信谷种所具有的神圣性。

取种型神话是谷种神话最为重要的类型，像其中的寻取型主要是关于神、神性人物、人、动物通过不同的方式为人类寻取到谷种的神话叙事，它侧重于寻找的过程，其中又存在有意向寻取和无意间获得的区别，有的文化英雄是有意为人类寻取谷种而踏上征途，有的英雄并不是以获取谷种为最终目的，却能在完成特定使命过程中帮助人得到谷种，它表明了人对于改造人类生活环境的能力在不断提高，人寻求进步的决心不断坚定，这是对人本思想的肯定，神话从一味屈从于神灵和自然的管束，变成了人类创造条件去打破自然的束缚，改善生存的环境。求取型基本是与其他类型复合出现在文本之中，构成了相对完整的情节，它着重突出的是求取过程的言和行，此处的言主要指向主神请求、央求、建言等，行则主要指求取中的跪拜、哭泣、祷告等，它将希望都寄托在了主神或掌谷者的身上，此类行为都表达了人对特定动物或以此动物为图腾标志的氏族的崇敬之情，表现了先民对于谷种起源方式的另类思考。此外，盗取型侧重将谷种的产生归因于偷盗，偷盗者被视为本族人民的文化英雄，这是因为偷盗的立场、视角和地位各有不同，对于缺少生存资源的氏族或部落而言，此种窃取行为能够保障本族人的生活得以维系，作为盗取谷种的文化英雄，它并不局限于人的身份，有时也以神或动物的形象示人，这类神话实则展示的是在特定时代和环境中的人与人之间对资源争夺的场景，神话中的偷盗者能够善于利用不同环境和独特能力来选择更为适合的盗取方式，充分体现出了先民独有的智慧和为氏族争取资源的决心。取种型神话包含了不同的文化类型，其最为核心的文化内涵就是反映出了人类对于先进文明的不懈追求和美好生活的不断向往。

创造型神话表现出了与其他类型较大的不同，神话中的谷种会通过尸体化生、变化、孕育、排泄、歌唱和种植等不同的方式创造而出，它的特别之处便在于其创造的方式与现代人的理解相去甚远，如果能融入原始先民的思维表达之中就会发现其出现的合理性和自然性，像通过生育的方式创造谷种显然是将谷种人性化的表达，这与人们思维中的谷魂观念有关，自然会把人的诞生方式和谷种的产生联系起来。因而创造型神话所表现的文本内容和意象比其他类型更难于理解。

（二）母题分析

从类型学的角度做文本的划分可以较为宏观地把握谷种神话的叙事逻辑，而要更为深层次地理解谷种神话所反映的内涵便需要借助母题分析的方法做微观解读，若将谷种的获得作为谷种神话的核心母题，那么所有围绕该核心母题产生的相关母题便会打破上述类型划分的界限，不同的类型之中会出现相似的母题，因而在核心母题的基础上提炼出典型母题是较为可取的方法，通过对典型母题的分析，大体能够把握谷种神话基本的内涵。本书中选取了洪水、死亡、惩罚、变化和考验五个母题，其实它们在世界的神话传说中都具有普遍性的意义，在神话学的主要类型之中都有分布，如创世神话、人类起源神话、天体神话等不同的类型都会涉及上述母题，因而可以认为如上所选取的母题具有典型意义，同时它们也是在谷种神话中较为常见的母题，可将其纳入谷种神话研究的范围中做分析。

首先，洪水母题与人类的再生和文化的起源有着紧密联系，而谷种神话中的洪水则侧重于表达谷种产生的重要意义，神话会通过神赠赐、动物赠赐、人寻取等多种方式来使人间获取谷种，按照神话的叙事逻辑，洪水前后的人类所处的社会环境有所不同，洪水的来临使人类重新回到了混沌状态，一切都要从头开始奋斗，因而洪水也成了世界重新创造的起点。在与谷种有关的洪水母题中，还有两个比较重要的母题贯穿着神话的叙事：其一是婚姻母题，洪水让人间只剩一人或只留下了具有亲缘关系的男女两人，随之产生了人神婚、兄妹婚、姐弟婚等现象，无论是哪一种婚姻关系，它们都表达了特定的文化深意，像亲缘婚所反映的是早期氏族内部通婚的现象，人神婚则与族外婚的情况有关，在谷种神话中，它们只是人类重新获得谷种所经历的必要阶段或前提；其二是保护母题，通过在洪水中保护谷种的方式来留存谷种较容易被理解，只是这种保护行为的完成交给了特定的文化英雄和动物，如洪水后的兄妹、狗、飞鸟，他们都是神话中出现较多的意象，本书也着重对这些形象进行了比较分析。通过对谷种神话中洪水母题的分析不难发现，人们在最初阶段的生活中所面临的艰难困境，也反映出了先民在面对各种困难时所表现出的独特智慧和毅力。

其次，死亡母题是神话中较有特色的一类母题，许多民族的神话中都能见到人们对于死亡源起、死亡原因和死亡方式的不同理解，在与谷种神话有关的死亡母题中较具典型意义的被杀的女神母题，它在世界不同地区内也存在，神在被人或其他神杀害后，其身体的全部或不同部位化为特定的谷物，这种被杀的情节可以从两个方面理解：其一，它可能与原始祭祀活动有关，人作为祭品被杀，用其血祭天以求得上天保佑五谷丰登，这种残忍的方式在现今的很多文献中仍能找到记载，也是神话中被湮没的隐喻。其二，在先民的认识观念中，人与谷物之间存在某些相互转化的可能，如眼睛变为稻子，它们之间存在着某种相似的关联，而且人或动物的尸体作为肥料会促进作物的生长。当然被杀的神灵是比较独特的母题，在更多与谷种神话相关的死亡母题中还是表现出了神或神性人物主动化生为谷种的高尚行为。死亡母题虽然在谷种神话中所占比重不高，却以较为独特的表达反映出了原初先民的思维观念和文化信仰。

再次，惩罚母题也是谷种神话中出现最多的母题，可将其划分为惩罚人类行为、惩罚神或动物的行为两类母题进行研究。在惩罚人类的母题中，从惩罚事件发展的过程来看，获悉人类浪费的行为、人类主要的浪费行为、神对人间情况的查访、处置人类行为的主体和处置人类的具体方式五个方面是该母题最为基本的组成部分，通过对它们的分类解析能够发现，在惩罚行为发生之前，人类便存在谷种，这里的惩罚与洪水有着一定的相似之处，它们同样都开启了人类生活的不同面貌，然而不同之处在于，洪水母题更侧重人对谷种的再次获取，而惩罚母题则更关注人类是否对浪费行为有所悔悟，它们所表达的侧重点是有较大差异的。此外，在惩罚神或动物的母题中，主要可以分为违背天意、误传神谕两种情况，相对于前一种惩罚行为，它更多是与庄稼的耕作和吃饭的规定有关。惩罚母题是较为重要的一类母题，它通过不同的惩罚方式，让人们认识到不尊重谷物和违背神意的严重后果，并以神话的形式规定了农业社会中的相关禁忌。

最后，变化、考验母题都与谷种的产生有直接或间接的关系，如在变化母题中的人变化为狗的情节，人在取种的过程中被变化为狗，而在获得爱情后又会重新变化为人，这是在谷种起源过程中出现的变化情节，因而可以认为此类变化母题与谷种产生有间接联系，而像在考验母题中的准岳父对准女婿的考验情节，天神通过砍森林、烧荒地、播撒种子、收割粮食等考验来择婿，这些考验都与农业耕作有关，而且在成为天神的女婿之后，谷种等天界的物资会作为嫁妆赠送给女婿带到人间，因而这又与谷种的产生有了直接的关系。在谷种神话中，这两类母题都是构成神话叙事不可或缺的母题，它们让神话的表述更为完整，而且从这些具体的情节中，也不难发现原始先民在最初进入农业文明之时所经历的艰辛苦难和独特的生活体验。

谷种神话的内涵大体都能够通过四大类型的划分和五个典型母题的分析展现出来，谷种神话不仅在神话中有重要地位，在现实生活中也有重要的意义，并产生了深远的影响，如神话中表现出了先民原始信仰的内容，含有农耕仪礼、节日习俗和饮食习俗的民俗内容，这些信仰或民俗若没有谷种神话作为支撑，便如同失去了骨架，有了谷种神话的存在，所有的文化内涵都变得生动且富有意义。当然对于谷种神话文化内涵的分析不可能仅局限于如上的分析，更为深入的内涵剖析尚须结合更为丰富的文本和更多深入的调查，这样的解读也会变得更有价值。

三、思考

谷种神话虽然只是以冰冷的文本形态展现在大家面前，却可从中读出别样的情绪。首先是感动，阅读如此多的中国谷种神话文本，读后却有一种莫名的感动，如果进入到神话的语境之中，便会发现先民在进入农业文明之前所过的生活并非现代人所能想象的，吃树皮草根维生度日，与凶狠的猛兽为伴，经受严寒酷暑和不同天灾的考验，在这样极其艰难的环境下，我们的先民并未放弃生存的勇气，祖先们不被环境所屈服，迎难而上，毅然决然地踏上了寻找粮食的征程，在这个旅程中他们甚至为此付出了生命，只为本民族换来生存的希望，我们会为先民这种执着的精神所感染，为它们生活的不易所感慨，也为英雄们的不幸遭遇而感叹，众多情感交集在一处便形成了一种油然而生的感动之情，这种感动是建立在对祖先功业敬畏的基础之上，神话虽表现得较为虚幻，但它所反映的客观真实情况是存在的，没有祖先的勤耕细作便不会有现代文明的出现，可以说古代农耕文明是现代社会的深厚根基。其次是继承，先民已逝，其精神却已经通过神话的形式传承下来，祖先依靠执着的信念和改变生存状态的决心来进行创新和探索，这种对未知世界的求索正是当下人们需要传承和延续的精神，缺乏创新和求知的民族便不具有竞争力，在古代社会中人们已经认识了这个道理，现在一味按图索骥的思想确实比较盛行，研究谷种神话的目的也在于提醒自己，不能忘记创新和求知，并以先人的业绩和言行来鼓励自己及同辈中人。

对于谷种神话的研究不应仅停留在精神层面和书面文本的分析，现今对于文本分析和文化内涵的研究是较为普遍的，当然也的确有必要回归资料本身进行研究，脱离资料的研究就是空中楼阁，对于民间文学而言，其资料主要源于人们口耳相传的民间记忆，这样就需要回归到田野本身，利用民间最真实的文化来直接解读文本资料，但这也意味着此项工程量的巨大和任务的繁重，各民族的文本资料若要穷尽分析恐怕也难以做到，因而这样的提法可能不尽客观和实际。不过本书提出这样的想法也确实是希望将资料研究与田野调查相结合，这样的文化内涵分析才更具研究的价值和意义。本书的研究是建立在608篇神话文本资料的基础之上，虽然文本资源较为丰富，但在实际的分析过程中难免有失偏颇，这里仅代表个人的浅薄之见，希望能够对神话学及相关类型的文本研究提供些许参考，如此足矣！

参考文献

一、专著类

（一）国外学者译著

1.［俄］李福清:《神话与鬼话：台湾原住民神话故事比较研究》（增订本），社会科学文献出版社 2001 年版。

2.［俄］李福清编:《中国各民族神话研究外文论著目录（1839—1990）》，北京图书馆出版社 2007 年版。

3.［俄］叶·莫·梅列金斯基:《神话的诗学》，魏庆征译，商务印书馆 2009 年版。

4.［德］艾伯华:《中国民间故事类型》，王燕生、周祖生译，刘魁立校，商务印书馆 1999 年版。

5.［德］布鲁门伯格:《神话研究（下册）》，胡继华译，上海人民出版社 2014 年版。

6.［德］恩斯特·卡西尔:《符号·神话·文化》，李小兵译，东方出版社 1988 年版。

7.［德］恩斯特·卡西尔:《语言与神话》，于晓等译，生活·读书·新知三联书店 1988 年版。

8.［法］克劳德·列维－斯特劳斯:《结构人类学——巫术·宗教·艺术·神话》，陆晓禾、黄锡光等译，文化艺术出版社 1989 年版。

9.［法］列维－布留尔:《原始思维》，丁由译，商务印书馆 1985 年版。

10.［美］戴维·利明、埃德温·贝尔德:《神话学》，李培茱、何其敏、金泽译，上海人民出版社 1990 年版。

11.［美］哈维兰:《文化人类学》（第十版），瞿铁鹏、张钰译，上海社会科学院出版社 2005 年版。

12.［美］斯蒂·汤普森:《世界民间故事分类学》，郑海等译，上海文艺出版社 1991 年版。

13.［日］北山笃监修:《东洋神名事典》，台湾城邦文化事业股份有限公司 2005 年版。

14.［日］大林太良:《神话学入门》，林相泰、贾福水译，中国民间文艺出版社 1989 年版。

15.［日］大林太良、宇野公一郎译著：《无文字民族の神话》，株式会社、白水社 1998 年版。
16.［日］冈部隆志：《神话与自然宗教》，张正军译，上海交通大学出版社 2016 年版。
17.［日］吉田敦彦：《日本神话的考古学》，唐卉、况铭译，陕西师范大学出版总社有限公司 2013 年版。
18.［瑞士］卡尔·古斯塔夫·荣格：《原型与集体无意识》，徐德林译，国际文化出版公司 2011 年版。
19.［英］爱德华·泰勒：《原始文化：神话、哲学、宗教、语言、艺术和习俗发展之研究》，连树声译，谢继胜、尹虎彬、姜德顺校，上海文艺出版社 1992 年版。
20.［美］路威：《文明与野蛮》（第二版），吕叔湘译，生活·读书·新知三联书店 2005 年版。
21.［英］马林诺夫斯基：《巫术科学宗教与神话》，李安宅译，中国民间文艺出版社 1986 年版。
22.［英］詹姆士·弗雷泽：《金枝：巫术与宗教之研究》，徐育新、汪培基、张泽石译，汪培基校，中国民间文艺出版社 1987 年版。

（二）国内研究专著

1. 蔡茂松：《比较神话学》，新疆大学出版社 1993 年版。
2. 陈岗龙：《蟒古思故事论》，北京师范大学出版社 2003 年版。
3. 陈国强主编：《简明文化人类学词典》，浙江人民出版社 1990 年版。
4. 陈华文：《文化学概论》，上海文艺出版社 2001 年版。
5. 陈建宪：《神话解读——母题分析方法探索》，湖北教育出版社 1996 年版。
6. 陈建宪：《神祇与英雄：中国古代神话的母题》，生活·读书·新知三联书店 1995 年版。
7. 程裕祯：《中国文化要略》，外语教学与研究出版社 1998 年版。
8. 戴佩丽：《突厥语民族的原始信仰研究》，中央民族大学出版社 2002 年版。
9. 杜青林、孙政才主编，游修龄分册主编：《中国农业通史·原始社会卷》，中国农业出版社 2008 年版。
10. 高福进：《太阳崇拜与太阳神话：一种原始文化的世界性透视》，上海人民出版社 2002 年版。
11. 过竹：《苗族神话研究》，广西人民出版社 1988 年版。
12. 何星亮：《新疆民族传统社会与文化》，商务印书馆 2003 年版。
13. 何星亮：《中国自然神与自然崇拜》，生活·读书·新知三联书店上海分店 1992 年版。

14. 贺元秀主编:《锡伯族文学简史》，中央民族大学出版社 2010 年版。
15. 黄任远:《赫哲那乃阿伊努原始宗教研究》，黑龙江人民出版社 2003 年版。
16. 黄任远:《通古斯—满语族神话研究》，黑龙江人民出版社 2000 年版。
17. 姜彬:《稻作文化与江南民俗》，上海文艺出版社 1996 年版。
18. 冷德熙:《超越神话——纬书政治神话研究》，东方出版社 1996 年版。
19. 李亦园:《文化与修养》，广西师范大学出版社 2004 年版。
20. 李云峰、李子贤、杨甫旺主编:《“梅葛”的文化学解读》，云南大学出版社 2007 年版。
21. 李子贤:《探寻一个尚未崩溃的神话王国——中国西南少数民族神话研究》，云南人民出版社 1991 年版。
22. 李子贤编:《云南少数民族神话选》，云南人民出版社 1990 年版。
23. 林河:《中国巫傩史》，花城出版社 2001 年版。
24. 林惠祥:《文化人类学》，商务印书馆 1996 年版。
25. 刘城淮:《中国上古神话通论》，云南人民出版社 1992 年版。
26. 刘介民:《从民间文学到比较文学》，暨南大学出版社 1998 年版。
27. 刘锡诚:《象征：对一种民间文化模式的考察》，学苑出版社 2002 年版。
28. 刘亚虎主编:《〈南方史诗〉论》，内蒙古大学出版社 1999 年版。
29. 鲁刚:《文化神话学》，社会科学文献出版社 2009 年版。
30. 吕大吉、何耀华总主编，满都尔图等分册主编:《中国各民族原始宗教资料集成：鄂伦春族卷、鄂温克族卷、赫哲族卷、达斡尔族卷、锡伯族卷、满族卷、蒙古族卷、藏族卷》，中国社会科学出版社 1999 年版。
31. 吕大吉、何耀华总主编，张公瑾等分册主编:《中国各民族原始宗教资料集成：傣族卷·哈尼族卷·孟－高棉语族群体卷·普米族卷·珞巴族卷·阿昌族卷》，中国社会科学出版社 1999 年版。
32. 马学良、梁庭望、张公瑾主编:《中国少数民族文学史》（修订本）（上册、中册），中央民族大学出版社 2001 年版。
33. 满都呼主编:《中国阿尔泰语系民族民间文学概论》，内蒙古教育出版社 2005 年版。
34. 那国学编:《满族民间文学集》，北方文艺出版社 2004 年版。
35. 那木吉拉:《中国阿尔泰语系诸民族神话比较研究》，学习出版社 2010 年版。
36. 那木吉拉主编:《阿尔泰神话研究回眸》，民族出版社 2011 年版。
37. 潜明兹:《中国古代神话与传说》，中国国际广播出版社 2010 年版。
38. 任兆胜、李云峰主编:《稻作与祭仪：第二届中日民俗文化国际学术研讨会论文集》，云南人民出版社 2003 年版。

39. 桑吉扎西:《戌犬通灵》，社会科学文献出版社 1998 年版。
40. 陶阳、牟钟秀:《中国创世神话》，上海人民出版社 2006 年版。
41. 佟锦华:《藏族文学研究》，中国藏学出版社 2002 年版。
42. 汪立珍:《鄂温克族神话研究》，中央民族大学出版社 2006 年版。
43. 王宏刚、富育光:《满族风俗志》，中央民族学院出版社 1991 年版。
44. 王倩:《神话学文明起源路径研究》，中国社会科学出版社 2015 年版。
45. 王宪昭:《中国各民族人类起源神话母题概览》，民族出版社 2009 年版。
46. 王宪昭:《中国少数民族民间口传文化母题研究》，辽宁民族出版社 2008 年版。
47. 王宪昭:《中国神话母题 W 编目》，中国社会科学出版社 2013 年版。
48. 王宪昭、郭翠潇、屈永仙:《中国少数民族神话共性问题探讨》，中央民族大学出版社 2013 年版。
49. 王尧主编，杨权、郑国乔、倪大白等撰:《中华文化通志・民族文化典——侗、水、毛南、仫佬、黎族文化志》，上海人民出版社 1998 年版。
50. 王远新:《语言学教程》，民族出版社 2003 年版。
51. 文日焕、王宪昭:《中国少数民族神话概论》，民族出版社 2011 年版。
52. 乌丙安:《神秘的萨满世界：中国原始文化根基》，三联书店上海分店 1989 年版。
53. 乌丙安:《生灵叹息》，上海文艺出版社 1999 年版。
54. 乌丙安:《中国民间信仰》，上海人民出版社 1998 年版。
55. 吴晓东:《〈山海经〉语境重建与神话解读》，中国社会科学出版社 2013 年版。
56. 吴裕成:《酉鸡有吉》，社会科学文献出版社 1998 年版。
57. 夏征农、陈至立主编:《辞海（4）》，上海辞书出版社 2009 年版。
58. 杨利慧:《神话与神话学》，北京师范大学出版社 2009 年版。
59. 杨利慧、张成福编著:《中国神话母题索引》，陕西师范大学出版总社有限公司 2013 年版。
60. 杨丽娟:《世界神话与原始文化》，上海社会科学院出版社 2004 年版。
61. 姚周辉:《失衡的精神家园：中国民间灵魂、鬼神、命运信仰的研究与批判》，广西人民出版社 2002 年版。
62. 叶舒宪:《宝岛诸神：台湾的神话历史古层》，南方日报出版社 2011 年版。
63. 叶舒宪:《中华文明探源的神话学研究》，社会科学文献出版社 2015 年版。
64. 袁珂:《山海经校注》，上海古籍出版社 1980 年版。
65. 袁珂:《中国古代神话》，华夏出版社 2006 年版。
66. 苑利主编:《二十世纪中国民俗学经典・神话卷》，社会科学文献出版社 2002 年版。

67. 张碧波、董国尧主编:《中国古代北方民族文化史》(修订版),黑龙江人民出版社2001年版。
68. 张岱年、方克立主编:《中国文化概论》,北京师范大学出版社2004年版。
69. 张炯、邓绍基、樊骏主编:《中华文学通史(第一卷~第五卷)》,华艺出版社1997年版。
70. 张玉安、陈岗龙主编:《东方民间文学比较研究》,北京大学出版社2003年版。
71. 钟敬文主编:《民俗学概论》,上海文艺出版社2003年版。
72. 庄锡昌:《多维视野中的文化理论》,浙江人民出版社1987年版。

(三)国内文本资料

1.《中国各民族宗教与神话大词典》编审委员会编:《中国各民族宗教与神话大词典》,学苑出版社1990年版。
2.《中华民族故事大系》编委会编:《中华民族故事大系(第一卷~第十六卷)》,上海文艺出版社1995年版。
3. 包玉堂、吴盛枝、龙殿宝编:《仫佬族民间故事选》,上海文艺出版社1988年版。
4. 陈国强:《高山族神话传说》,福建人民出版社1980年版。
5. 陈建宪选编:《人神共舞:中国各族民间神话精品》,湖北人民出版社1994年版。
6. 陈钧编著:《创世神话》,东方出版社1997年版。
7. 陈庆浩、王秋桂主编:《中国民间故事全集(第一卷~第四十卷)》,台湾远流出版事业股份有限公司1989年版。
8. 陈炜萍、刘清河、汪梅田搜集整理:《台湾高山族传说与风情(上)》,福建人民出版社1983年版。
9. 富育光讲述,荆文礼整理:《苏木妈妈　创世神话与传说》,吉林人民出版社2009年版。
10. 谷德明编:《中国少数民族神话》,中国民间文艺出版社1987年版。
11. 谷德明编:《中国少数民族神话选》,西北民族学院研究所1983年版。
12. 贵州省社会科学院文学研究所、黔南布依族苗族自治州文艺研究室编:《布依族古歌叙事歌选》,贵州人民出版社1982年版。
13. 何慧娟编著:《洛南民间故事集萃》,西安出版社2014年版。
14. 冀文正:《门巴族民间故事》(第二版),四川民族出版社2011年版。
15. 蓝鸿恩:《神弓宝剑》,中国民间文艺出版社1985年版。
16. 李坚尚、刘芳贤编:《珞巴族门巴族民间故事选》,上海文艺出版社1993年版。

17. 李树江、王正伟:《回族民间传说故事》，宁夏人民出版社 2008 年版。
18. 李向前编:《目瑙斋瓦——景颇族创世纪》，德宏民族出版社 1991 年版。
19. 李子贤编:《云南少数民族神话选》，云南人民出版社 1990 年版。
20. 林兰编:《相思树》，北新书局 1934 年版。
21. 陆文祥、黄昌铅等编:《瑶族民间故事选》，广西人民出版社 1984 年版。
22. 满都呼主编:《中国阿尔泰语系诸民族神话故事》，民族出版社 1997 年版。
23. 孟燕、归秀文、林忠亮编:《羌族民间故事选》，上海文艺出版社 1994 年版。
24. 尚仲豪、郭思九、刘允禔:《佤族民间故事选》，上海文艺出版社 1989 年版。
25. 苏胜兴、刘保元、韦文俊等编:《瑶族民间故事选》，上海文艺出版社 1980 年版。
26. 普学旺、左玉堂主编，云南省少数民族古籍整理出版规划办公室编:《云南少数民族古典史诗全集（上卷、中卷）》，云南教育出版社 2009 年版。
27. 陶立璠、赵桂芳等编:《中国少数民族神话汇编：人类起源篇》，中央民族学院科研处 1984 年版。
28. 陶阳、钟秀:《中国神话》(上、中、下册)，商务印书馆 2008 年版。
29. 乌丙安、李文刚、俞智先等编:《满族民间故事选》，上海文艺出版社 1983 年版。
30. 夏秋主编:《满族民间故事・辽东卷（中卷）》，辽宁民族出版社 2010 年版。
31. 杨世光主编:《白族民间故事》，云南人民出版社 1982 年版。
32. 姚宝瑄主编:《中国各民族神话（第一卷~第十五卷）》，书海出版社 2014 年版。
33. 中国民间文学集成全国编辑委员会、中国民间文学集成吉林卷编辑委员会编:《中国民间故事集成・吉林卷》，中国 ISBN 中心出版 1992 年版。
34.《中国民间故事集成》全国编辑委员会、《中国民间故事集成・宁夏卷》编辑委员会编:《中国民间故事集成・宁夏卷》，中国 ISBN 中心出版 1999 年版。
35. 中国民间文学集成全国编辑委员会、中国民间故事集成陕西卷编辑委员会编:《中国民间故事集成・陕西卷》，中国 ISBN 中心出版 1996 年版。
36. 中国民间文学集成全国编辑委员会、中国民间故事集成浙江卷编辑委员会编:《中国民间故事集成・浙江卷》，中国 ISBN 中心出版 1997 年版。
37. 中国民间文学集成全国编辑委员会、《中国民间文学集成・四川卷》编辑委员会编:《中国民间故事集成・四川卷（上、下）》，中国 ISBN 中心出版 1998 年版。
38.《中国民间故事集成》全国编辑委员会、《中国民间故事集成・江苏卷》编辑委员会编:《中国民间故事集成・江苏卷》，中国 ISBN 中心出版 1998 年版。
39. 中国民间文学集成全国编辑委员会、《中国民间故事集成・广西卷》编辑委员会编:《中国民间故事集成・广西卷》，中国 ISBN 中心出版 2001 年版。

40.《中国民间故事集成》全国编辑委员会、《中国民间故事集成·河南卷》编辑委员会编:《中国民间故事集成·河南卷》，中国 ISBN 中心出版 2001 年版。
41. 中国民间故事集成全国编辑委员会、《中国民间故事集成·湖南卷》编辑委员会编:《中国民间故事集成·湖南卷》，中国 ISBN 中心出版 2002 年版。
42. 中国民间文学集成全国编辑委员会、《中国民间文学集成·山西卷》编辑委员会编:《中国民间故事集成·山西卷》，中国 ISBN 中心出版 1999 年版。
43.《中国民间故事集成》全国编辑委员会、《中国民间故事集成·西藏卷》编辑委员会编:《中国民间故事集成·西藏卷》，中国 ISBN 中心出版 2001 年版。
44. 中国民间文学集成全国编辑委员会、《中国民间故事集成·贵州卷》编辑委员会编:《中国民间故事集成·贵州卷》，中国 ISBN 中心出版 2003 年版。
45. 中国民间文学集成全国编辑委员会、《中国民间故事集成·海南卷》编辑委员会编:《中国民间故事集成·海南卷》，中国 ISBN 中心出版 2002 年版。
46. 中国民间文学集成全国编辑委员会、《中国民间故事集成·河北卷》编辑委员会编:《中国民间故事集成·河北卷》，中国 ISBN 中心出版 2003 年版。
47.《中国民间故事集成》全国编辑委员会、《中国民间故事集成·湖北卷》编辑委员会编:《中国民间故事集成·湖北卷》，中国 ISBN 中心出版 1999 年版。
48. 中国民间文学集成全国编辑委员会、《中国民间故事集成·天津卷》编辑委员会编:《中国民间故事集成·天津卷》，中国 ISBN 中心出版 2004 年版。
49. 中国民间文学集成全国编辑委员会、《中国民间故事集成·云南卷》编辑委员会编:《中国民间故事集成·云南卷(上册)》，中国 ISBN 中心 2003 年版。
50.《中国民间故事集成》全国编辑委员会、《中国民间故事集成·黑龙江卷》编辑委员会编:《中国民间故事集成·黑龙江卷》，中国 ISBN 中心出版 2005 年版。
51.《中国民间故事集成》全国编辑委员会、《中国民间故事集成·甘肃卷》编辑委员会编:《中国民间故事集成·甘肃卷》，中国 ISBN 中心出版 2001 年版。
52.《中国民间故事集成》全国编辑委员会、《中国民间故事集成·内蒙古卷》编辑委员会编:《中国民间故事集成·内蒙古卷》，中国 ISBN 中心出版 2007 年版。
53.《中国民间故事集成》全国编辑委员会、《中国民间故事集成·青海卷》编辑委员会编:《中国民间故事集成·青海卷》，中国 ISBN 中心出版 2007 年版。
54.《中国民间故事集成》全国编辑委员会、《中国民间故事集成·山东卷》编辑委员会编:《中国民间故事集成·山东卷》，中国 ISBN 中心出版 2007 年版。
55.《中国民间故事集成》全国编辑委员会、《中国民间故事集成·上海卷》编辑委员会编:《中国民间故事集成·上海卷》，中国 ISBN 中心出版 2007 年版。

56.《中国民间故事集成》全国编辑委员会、《中国民间故事集成·新疆卷》编辑委员会编:《中国民间故事集成·新疆卷（上册)》，中国 ISBN 中心出版 2008 年版。
57. 中国民间文艺家协会主编:《亚鲁王》，中华书局 2011 年版。
58. 周隆渊主编，黔南文学艺术研究室编:《射岩箭——瑶族民间故事选》，贵州人民出版社 1985 年版。
59. 朱刚、席元麟、星成全等编:《土族撒拉族民间故事选》，上海文艺出版社 1992 年版。
60. 朱桂元、吴肃民等编:《中国少数民族神话汇编：开天辟地篇》，中央民族学院科研处 1984 年版。
61. 左玉堂、叶世富、陈荣祥编:《怒族独龙族民间故事选》，上海文艺出版社 1994 年版。

（四）各民族文学史

1.《布朗族简史》编写组:《布朗族简史》，云南人民出版社 1984 年版。
2.《门巴族简史》编写组编:《门巴族简史》，西藏人民出版社 1987 年版。
3. 杜玉亭:《基诺族文学简史》，云南民族出版社 1996 年版。
4. 贵州省民间文学工作组编著:《苗族文学史》，贵州人民出版社 1981 年版。
5. 郭思九、尚仲豪:《佤族文学简史》，云南民族出版社 1999 年版。
6. 何积全等主编:《布依族文学史》，贵州民族出版社 1992 年版。
7. 贺元秀主编:《锡伯族文学简史》，中央民族大学出版社 2010 年版。
8. 雷波、刘辉豪:《拉祜族文学简史》，云南民族出版社 1995 年版。
9. 李力主编:《彝族文学史》，四川民族出版社 1994 年版。
10. 李明主编，林忠亮、王康编著:《羌族文学史》，四川民族出版社 1994 年版。
11. 刘江:《阿昌族文化史》，云南民族出版社 2000 年版。
12. 罗曲、李文华:《彝族民间文艺概论》，巴蜀书社 2001 年版。
13. 史军超:《哈尼族文学史》，云南民族出版社 1998 年版。
14. 田兵、罗汛河、黄世贤等:《布依族文学史》，广西民族出版社 1983 年版。
15. 王清士、韦廉舟等:《布依族文学史》，贵州人民出版社 1983 年版。
16. 熊玉有:《苗族文化史》，云南民族出版社 2003 年版。
17. 徐昌翰、黄任远:《赫哲族文学》，北方文艺出版社 1991 年版。
18. 杨权编著:《侗族民间文学史》，中央民族学院出版社 1992 年版。
19. 攸延春:《怒族文学简史》，云南民族出版社 2003 年版。

20. 于乃昌:《珞巴族文学史》，江苏教育出版社 2001 年版。
21. 张彦平、郎樱:《柯尔克孜族民间文学概览》，克孜勒苏柯尔克孜文出版社 1992 年版。

二、论文类

（一）期刊论文类

1. [德] 汉斯－约尔克·乌特尔:《关于民间故事分类现状方面的几点意见》，张田英译，《民间文化论坛》1994 年第 2 期。
2. [美] 丹·本阿默斯:《民间故事中有母题吗》，王立译，《阜阳师范学院学报》(社会科学版) 2003 年第 1 期。
3. [蒙古] Ц. 阿尤喜:《蒙古人的几种熊崇拜习俗》，依赫译，《蒙古学资料与情报》1990 年第 3 期。
4. [日] 斧原孝守:《云南和日本的谷物起源神话》，郭永斌译，《思想战线》1998 年第 1 期。
5. [日] 君岛久子:《非稻作民的民俗与传承——瑶族的天鹅处女故事及其游耕文化》，陈岗龙、乌日古木勒译，《民间文学论坛》1997 年第 3 期。
6. [日] 欠端实:《圣树、稻魂和祖灵——哈尼文化与日本文化的比较》，《思想战线》1998 年第 12 期。
7. [日] 伊藤清司:《日本及中国的稻作文化与祭祀》，张正军译，《思想战线》2001 年第 2 期。
8. 巴图宝音:《论达斡尔族神话和传说》，《中央民族学院学报》1991 年第 6 期。
9. 毕桪:《哈萨克神话传说里的波斯成分》，《民族文学研究》2002 年第 1 期。
10. 毕桪:《论哈萨克民间文学中的女性形象》，《民族文学研究》1985 年第 4 期。
11. 毕桪:《萨满教信仰与哈萨克民间文学》，《中央民族学院学报》1990 年第 4 期。
12. 朝戈金:《民俗学视角下的口头传统》，《广西民族学院学报》(哲学社会科学版) 2003 年第 3 期。
13. 陈岗龙:《蒙古族潜水神话研究》，《民族艺术》2000 年第 2 期。
14. 陈辉、杨端志:《周人文化英雄的诞生与农耕文化的成熟》，《广西社会科学》2015 年第 11 期。
15. 陈连山:《鲧、禹神话原型研究中的“捞泥造陆说”献疑》，《百色学院学报》2010 年第 1 期。

16. 陈勤建:《日本鸟（日）文化溯源——稻作鸟（日）崇信的发生和流变》,《民间文学论坛》1988 年第 2 期。
17. 陈勤建:《越地鸡形盘古神话与太阳鸟信仰》,《民俗研究》1994 年第 1 期。
18. 高强、田延峰:《姜炎文化与粟作文化》,《宝鸡社会科学》2002 年第 1 期。
19. 谷因:《布依族稻作文化及其起源》,《贵州民族学院学报》（哲学社会科学版）2004 年第 1 期。
20. 谷颖:《满族文化英雄神话述论》,《长春工业大学学报》（社会科学版）2013 年第 6 期。
21. 何斯强:《傣族文化中的稻和竹》,《思想战线》1990 年第 5 期。
22. 胡格吉夫:《论蒙古族的拇指崇拜》,《中央民族大学学报》（哲学社会科学版）2001 年第 6 期。
23. 户晓辉:《跨文化视野下的女性原型母题》,《喀什师范学院学报》1998 年第 2 期。
24. 黄健美:《月圆佳节瓜果“偷盗”民俗的文化意涵及社会功能》,《社会科学》2008 年第 11 期。
25. 黄权生:《西南马桑树传说与楚文化太阳神树（扶桑）关系探讨》,《乐山师范学院学报》2005 年第 2 期。
26. 黄任远:《通古斯 - 满语族英雄神话比较》,《满语研究》2000 年第 1 期。
27. 黄任远:《英雄神话与祖先崇拜——对赫哲族的神话的思考之四》,《佳木斯大学社会科学学报》2001 年第 5 期。
28. 李根蟠:《从景颇族看原始农业的起源与发展》,《农业考古》1982 年第 1 期。
29. 李建国:《苗族神话与巫楚神话之比较》,《贵州文史丛刊》1989 年第 3 期。
30. 李鹏:《神话母题与平行比较研究的范式探索——以中国少数民族射日月神话母题为例》,《广西民族师范学院学报》2015 年第 1 期。
31. 李鹏:《探寻中国民族神话研究之路》,《长江大学学报》（社科版）2015 年第 2 期。
32. 李斯颖:《世界神话体系及其内涵与意义——兼论壮族布洛陀、姆洛甲神话》,《长江大学学报》（社科版）2014 年第 12 期。
33. 李子贤:《百越族系稻作神话初探——以壮族为中心》,《思想战线》2003 年第 1 期。
34. 李子贤、胡立耘:《西南少数民族的稻作文化与稻作神话》,《楚雄师专学报》2000 年第 1 期。
35. 梁启超:《什么是文化》,《晨报副刊》1922 年 12 月 1 日。
36. 刘付靖:《百越民族稻谷起源神话与广州五羊传说新解》,《中南民族大学学报》（人文社会科学版）2003 年第 2 期。
37. 刘魁立:《世界各国民间故事类型索引述评》,《民间文学论坛》1982 年第 1 期。

38. 刘锡诚:《中日金鸡传说象征意义的比较研究》,《文学评论》1991 年第 4 期。
39. 鹿忆鹿:《偷盗谷物型神话——台湾原住民族的粟种起源神话》,《西北民族研究》2014 年第 1 期。
40. 伦珠旺姆:《藏族青稞文化习俗浅述》,《西藏艺术研究》1998 年第 4 期。
41. 马晓根:《浅谈印第安神话中文化英雄性格的两重性》,《安徽文学》(下半月)2009 年第 3 期。
42. 满都呼:《蒙古突厥语族民族族源传说比较凡说》, 陈岗龙译,《民族艺术》1998 年第 2 期。
43. 孟慧英:《布依族的神话与宗教》,《贵州民族研究》(季刊)1987 年第 4 期。
44. 那木吉拉:《"盗食"与"长生"一个东方神话母题的比较研究》,《中央民族大学学报》(哲学社会科学版)2011 年第 4 期。
45. 那木吉拉:《"四十"与柯尔克孜族源传说——兼论古代北方民族数文化》,《民间文学论坛》1997 年第 1 期。
46. 那木吉拉:《阿尔泰语系民族和日本"不死水"神话比较研究》,《内蒙古师范大学学报》(哲学社会科学版)2012 年第 4 期。
47. 那木吉拉:《阿尔泰语系诸民族图腾神话形态追寻》,《百色学院学报》2013 年第 1 期。
48. 那木吉拉:《蒙古神话和英雄史诗中的印度日蚀月蚀神话影响》,《民族文学研究》2001 年第 2 期。
49. 覃乃昌:《〈麽经布洛陀〉与华南珠江流域的稻作农业——〈麽经布洛陀〉与稻作农业史研究之一》,《百色学院学报》2008 年第 4 期。
50. 秦世强:《论蒙古族的山神崇拜》,《民族论坛》2015 年第 7 期。
51. 史军超:《哈尼族文化英雄论》,《民族文学研究》1998 年第 3 期。
52. 宋兆麟:《我国的原始农具》,《农业考古》1986 年第 1 期。
53. 王国祥:《论傣族和布朗族的稻作祭祀及稻谷神话》,《中央民族大学学报》(哲学社会科学版)2000 年第 6 期。
54. 王海:《口传的历史"文本"——黎族民间文学概观》,《广东技术师范学院学报》2005 年第 1 期。
55. 王宪昭:《蚩尤神话的传承与价值取向》,《社会科学家》2015 年第 1 期。
56. 王宪昭:《论母题方法在少数民族神话研究中的应用》,《百色学院学报》2009 年第 2 期。
57. 王宪昭:《论少数民族神话的研究价值》,《理论学刊》2004 年第 9 期。

58. 王宪昭:《民族神话研究中的母题分析法》,《重庆师范大学学报》(哲学社会科学版)2007 年第 3 期。
59. 王宪昭:《中国早期稻作文化与种子神话传说》,《理论学刊》2005 年第 11 期。
60. 吴晓东:《狗取谷种神话起源考》,《楚雄师范学院学报》2014 年第 11 期。
61. 吴晓东:《中原日月神话的语言基因变异》,《民族文学研究》2014 年第 3 期。
62. 萧兵:《婚姻考验和谷种神话——比较神话学笔记》,《思想战线》1984 年第 3 期。
63. 谢国先:《论中国少数民族谷种起源神话》,《民族文学研究》2006 年第 4 期。
64. 徐金龙:《略论崇狗风俗传说的文化意蕴》,《华中师范大学研究生学报》2004 年第 1 期。
65. 岩峰:《论傣族谷物神话与谷物祭祀》,《云南社会科学》2006 年第 3 期。
66. 杨琼华:《西南谷物起源神话的类型及其历史内涵》,《山茶》1986 年第 2 期。
67. 叶培斯:《神话中的偷窃型母题和民间的偷俗》,《重庆科技学院学报》(社会科学版)2011 年第 1 期。
68. 易小松:《月亮神话的文化之谜》,《重庆师院学报》(哲学社会科学版)2003 年第 3 期。
69. 于乃昌:《痴迷的信仰与痴迷的艺术——珞巴族的原始宗教与文化》,《中国藏学》1989 年第 2 期。
70. 袁珂:《古代神话的发展及其流传演变》,《民间文学论坛》1982 年第 1 期。
71. 曾凡:《中国文化英雄与中国文化的价值系统》,《中州学刊》2010 年第 3 期。
72. 曾凡、李玉臣:《中国文化英雄导论》,《河南社会科学》2002 年第 1 期。
73. 张福:《从民族学资料看南方民族的古代文化英雄》,《云南师范大学学报》(哲学社会科学版)2002 年第 6 期。
74. 张洁:《稻作祭祀 - 崇拜心理 - 出生原型——永仁直苴赛装节演变个案》,《楚雄师范学院学报》2002 年第 4 期。
75. 张玉安:《试论印尼死体化生型谷物神话》,《东南亚》1994 年第 2 期。
76. 张振犁:《华夏族系“盗火神话”试探——东方普罗米修斯神话的发掘报告》,《河南大学学报》(哲学社会科学版)1990 年第 5 期。
77. 郑佳、邹惠玲:《北美印第安神话传说中的文化英雄》,《世界民族》2013 年第 5 期。
78. 周北川:《文化英雄与民族精神》,《湖北民族学院学报》(社会科学版)1998 年第 1 期。
79. 周国茂:《论布依族稻作文化》,《贵州民族研究》(季刊)1989 年第 3 期。
80. 朱元富:《彝族谷种神话与母体崇拜》,《楚雄师专学报》2001 年第 2 期。

（二）学位论文类

1. 陈曲:《中国满通古斯语族诸民族动物报恩故事研究》，博士学位论文，中央民族大学，2013年。
2. 金海:《蒙古神话的文化解读》（蒙古文），博士学位论文，内蒙古大学，2005年。
3. 张丽红:《满族说部之女神研究》，博士学位论文，吉林大学，2014年。

| 附录 |

中国谷种神话文本篇目一览

序号	篇号	篇目名称	书名 / 刊名	出版社 / 刊物	年份
1	1.1	**《狗取谷种》**	《探寻一个尚未崩溃的神话王国》	云南人民出版社	1991
2	1.2	《谷种的传说》	《阿昌族文学简史》	云南民族出版社	2014
3	1.3	《尝新节》	《中华民族故事大系（第十三册）》	上海文艺出版社	1995
4	1.4	**《春米》**	《阿昌族文化史》	云南民族出版社	2000
5	1.5	《人们为何要跟着牛脚印插秧》	《阿昌族文化史》	云南民族出版社	2000
6	2.1	《人类和万物的来源》	《云南少数民族古典史诗全集（上卷）》	云南教育出版社	2009
7	2.2	《人类和万物的起源》	《中国各民族宗教与神话大词典》	学苑出版社	1993
8	2.3	《人类和五谷是怎样来的》	《云南少数民族神话选》	云南人民出版社	1990
9	2.4	《人类的起源》	《中国少数民族神话汇编：人类起源篇》	中央民族学院科研处	1984
10	2.5	《开天辟地》	《创世神话》	东方出版社	1997
11	2.6	《稻子树》	《中华民族故事大系（第五册）》	上海文艺出版社	1995
12	2.7	《五谷神王》	《中国各民族宗教与神话大词典》	学苑出版社	1993
13	2.8	《人种与粮种》	《兰坪民间故事集成》	兰坪白族普米族自治县文化局	1994

续表

序号	篇号	篇目名称	书名 / 刊名	出版社 / 刊物	年份
14	2.9	《狗和谷种》	《兰坪民间故事集成》	兰坪白族普米族自治县文化局	1994
15	3.1	《稻谷为什么是细粒》	《布朗族文学简史》	云南民族出版社	2014
16	3.2	《沙卡厄》	《布朗族文学简史》	云南民族出版社	2014
17	3.3	**《细谷》**	《布朗族文学简史》	云南民族出版社	2014
18	3.4	《叫谷魂》	《布朗族文学简史》	云南民族出版社	2014
19	3.5	《沙卡呃》	《布朗族文学简史》	云南民族出版社	2014
20	3.6	《白鼠王子》	《中国各民族神话·布朗族》	书海出版社	2014
21	3.7	《麻补地阳》	《布朗族文学简史》	云南民族出版社	2014
22	3.8	《大白谷》	《布朗族文学简史》	云南民族出版社	2014
23	3.9	《蚂蟥与谷种》	《人神共舞：中国各族民间神话精品》	湖北人民出版社	1994
24	3.10	《创世歌》	《云南少数民族古典史诗全集（中卷）》	云南教育出版社	2009
25	3.11	《谷种与竹鼠的故事》	《中华民族故事大系（第十二册）》	上海文艺出版社	1995
26	4.1	《茫耶寻谷种》	《中国少数民族神话》	中国民间文艺出版社	1987
27	4.2	《古歌》	《中国少数民族神话汇编：开天辟地篇》	中央民族学院科研处	1984
28	4.3	《十二层天，十二层海》	《布依族古歌叙事歌选》	贵州人民出版社	1982
29	4.4	《造万物歌——造粮》	《布依族古歌叙事歌选》	贵州人民出版社	1982
30	4.5	《谷种》	《布依族文学史》	贵州人民出版社	1983
31	4.6	《祭狗》	《中国各民族宗教与神话大词典》	学苑出版社	1993
32	4.7	**《谷子回天上》**	《布依学研究——贵州省布依学会成立大会暨第一次学术讨论会论文集》	贵州省布依学会	1988
33	4.8	《谷魂引花歌》	《布依学研究——贵州省布依学会成立大会暨第一次学术讨论会论文集》	贵州省布依学会	1988

续表

序号	篇号	篇目名称	书名 / 刊名	出版社 / 刊物	年份
34	4.9	《狗为哪样吃屎》	《戍犬通灵》	社会科学文献出版社	1998
35	4.10	《狗为啥吃屎》	《布依学研究——贵州省布依学会成立大会暨第一次学术讨论会论文集》	贵州省布依学会	1988
36	4.11	《狗吃米饭猪吃糠》	《中国民间故事集成·贵州省黔南布依族苗族自治州·惠水县卷》	惠水县民间文学集成办公室	1988
37	4.12	《谷种的来历》	《中国民间故事集成·贵州省黔南布依族苗族自治州·罗甸县卷》	贵州省黔南州罗甸县	1990
38	4.13	《珍珠米与冰雹》	《三都水族自治县卷》	三都水族自治县十大文艺集成志书办公室	1989
39	5.1	《高粱是咋来的》	《开原民间故事选》	辽宁人民出版社	2015
40	5.2	**《朱蒙取麦》**	《婚姻考验和谷种神话——比较神话学笔记》	《思想战线》	1984
41	6.1	《天为什么下雨降雪》	《中国民间故事集成·内蒙古卷》	中国 ISBN 中心出版	2007
42	6.2	《狗的庄稼》	《达斡尔族社会历史调查》	内蒙古人民出版社	1985
43	6.3	《稷子的来历》	《中国神话》	商务印书馆	2008
44	7.1	《雀谷与鼠谷》	《傣族文学史》	云南民族出版社	2014
45	7.2	《人和麻雀》	《傣族文学史》	云南民族出版社	2014
46	7.3	《向鼠王寻找谷种》	《傣族文学史》	云南民族出版社	2014
47	7.4	《谷神》	《傣族文学史》	云南民族出版社	2014
48	7.5	《会飞的谷子》	《中国各民族宗教与神话大词典》	学苑出版社	1993
49	7.6	《祭谷魂》	《傣族文学史》	云南民族出版社	2014
50	7.7	《谷魂奶奶》	《傣族历史文化漫谭》	民族出版社	1992
51	7.8	《巴塔麻嘎捧尚罗》	《云南少数民族古典史诗全集（上卷）》	云南教育出版社	2009
52	7.9	《谷神布岑塔》	《云南少数民族神话选》	云南人民出版社	1990
53	7.10	《九隆王》	《中国少数民族神话》	中国民间文艺出版社	1987

续表

序号	篇号	篇目名称	书名 / 刊名	出版社 / 刊物	年份
54	7.11	《一颗萝卜大的谷子》	《中华民族故事大系（第六册）》	上海文艺出版社	1995
55	7.12	《谷种的来历》	《中国各民族原始宗教资料集成：傣族卷·哈尼族卷·景颇族卷·孟–高棉语族群体卷·普米族卷·珞巴族卷·阿昌族卷》	中国社会科学出版社	1999
56	7.13	**《猎人得稻谷》**	《探寻一个尚未崩溃的神话王国》	云南人民出版社	1991
57	7.14	**《英叭神赐谷种》**	《探寻一个尚未崩溃的神话王国》	云南人民出版社	1991
58	7.15	《布桑盖，雅桑盖》	《探寻一个尚未崩溃的神话王国》	云南人民出版社	1991
59	7.16	《叭桑木底》	《多元文化与民族文学：中国西南少数民族文学的比较研究》	云南教育出版社	2001
60	8.1	《葫芦的故事》	《德昂族文学简史》	云南民族出版社	2014
61	8.2	《谷魂》	《德昂族文学简史》	云南民族出版社	2014
62	8.3	《百片树叶百个人》	《人神共舞：中国各族民间神话精品》	湖北人民出版社	1994
63	8.4	《葫芦的故事》	《中华民族故事大系（第十五册）》	上海文艺出版社	1995
64	8.5	《人类的起源》	《云南少数民族神话选》	云南人民出版社	1990
65	9.1	《侗族祖先哪里来》	《中国少数民族神话汇编：洪水篇》	中央民族学院科研处	1984
66	9.2	《谷种的来源》	《中国少数民族神话传说选》	四川民族出版社	1985
67	9.3	《狗渡海取谷种》	《侗族民间文学史》	中央民族学院出版社	1992
68	9.4	《青蛙南海取稻种》	《侗族民间文学史》	中央民族学院出版社	1992
69	9.5	《神牛下界》	《侗族文学史》	贵州民族出版社	1988
70	9.6	《动物偷种子》	《中国上古神话通论》	云南人民出版社	1992
71	9.7	《五谷到人间》	《中国民间故事集成·贵州黔东南州·锦屏县卷》	中共锦屏县委宣传部、锦屏县文化局、锦屏县民族事务委员会	1989

续表

序号	篇号	篇目名称	书名 / 刊名	出版社 / 刊物	年份
72	9.8	《雁鹅谷》	《洪水神话的文化阐释》	上海人民出版社	2016
73	10.1	《彭根朋上天娶媳妇》	《云南少数民族神话选》	云南人民出版社	1990
74	10.2	《谷种起源》	《中国各民族宗教与神话大词典》	学苑出版社	1993
75	10.3	《巨人朋得共》	《中国各民族宗教与神话大词典》	学苑出版社	1993
76	10.4	《木彭哥》	《中国少数民族神话》	中国民间文艺出版社	1987
77	10.5	《洪水泛滥》	《怒族独龙族民间故事选》	上海文艺出版社	1994
78	10.6	《聪明勇敢的朋更朋》	《中华民族故事大系（第十五册）》	上海文艺出版社	1995
79	10.7	《创世纪》	《探寻一个尚未崩溃的神话王国》	云南人民出版社	1991
80	10.8	**《谷子的由来》**	《洪水神话的文化阐释》	上海人民出版社	2016
81	11.1	《牛的传说》	《中国民间故事集成·内蒙古卷》	中国 ISBN 中心出版	2007
82	12.1	《燕子和鹅卵石》	《台湾高山族传说与风情（上）》	福建人民出版社	1983
83	12.2	《金谷子》	《台湾高山族传说与风情（上）》	福建人民出版社	1983
84	12.3	《老人授谷》	《高山族神话传说》	福建人民出版社	1980
85	12.4	《粟王》	《高山族神话传说》	福建人民出版社	1980
86	12.5	《小鸟为什么啄食稻谷》	《高山族神话传说》	福建人民出版社	1980
87	12.6	**《种植的由来》**	《宝岛诸神：台湾的神话历史古层》	南方日报出版社	2011
88	12.7	**《小米的由来》**	《偷盗谷物型神话——台湾原住民族的粟种起源神话》	《西北民族研究》	2014
89	12.8	**《黍的来历》**	《偷盗谷物型神话——台湾原住民族的粟种起源神话》	《西北民族研究》	2014
90	12.9	**《洞穴取粮种》**	《偷盗谷物型神话——台湾原住民族的粟种起源神话》	《西北民族研究》	2014

续表

序号	篇号	篇目名称	书名 / 刊名	出版社 / 刊物	年份
91	12.10	《五谷的来历》	《中国各民族宗教与神话大词典》	学苑出版社	1993
92	12.11	**《粟的由来》**	《偷盗谷物型神话——台湾原住民族的粟种起源神话》	《西北民族研究》	2014
93	12.12	**《地下取谷种》**	《偷盗谷物型神话——台湾原住民族的粟种起源神话》	《西北民族研究》	2014
94	12.13	**《盗粟》**	《偷盗谷物型神话——台湾原住民族的粟种起源神话》	《西北民族研究》	2014
95	12.14	**《孕妇煮米》**	《宝岛诸神：台湾的神话历史古层》	南方日报出版社	2011
96	12.15	**《灵犬授粟种》**	《偷盗谷物型神话——台湾原住民族的粟种起源神话》	《西北民族研究》	2014
97	12.16	**《歌唱生粮种》**	《偷盗谷物型神话——台湾原住民族的粟种起源神话》	《西北民族研究》	2014
98	12.17	**《祖先取种》**	《偷盗谷物型神话——台湾原住民族的粟种起源神话》	《西北民族研究》	2014
99	12.18	**《地下取粟种》**	《偷盗谷物型神话——台湾原住民族的粟种起源神话》	《西北民族研究》	2014
100	12.19	**《地下盗种》**	《偷盗谷物型神话——台湾原住民族的粟种起源神话》	《西北民族研究》	2014
101	12.20	**《歌唱造粮食》**	《偷盗谷物型神话——台湾原住民族的粟种起源神话》	《西北民族研究》	2014
102	12.21	**《歌唱造粮种》**	《偷盗谷物型神话——台湾原住民族的粟种起源神话》	《西北民族研究》	2014
103	12.22	**《祖神赐种》**	《偷盗谷物型神话——台湾原住民族的粟种起源神话》	《西北民族研究》	2014

续表

序号	篇号	篇目名称	书名 / 刊名	出版社 / 刊物	年份
104	12.23	**《兄妹得粟种》**	《偷盗谷物型神话——台湾原住民族的粟种起源神话》	《西北民族研究》	2014
105	12.24	**《上天盗粮种》**	《偷盗谷物型神话——台湾原住民族的粟种起源神话》	《西北民族研究》	2014
106	12.25	**《盗取粟种》**	《偷盗谷物型神话——台湾原住民族的粟种起源神话》	《西北民族研究》	2014
107	12.26	《农耕的由来》	《中国各民族宗教与神话大词典》	学苑出版社	1993
108	12.27	**《地下人赠种》**	《宝岛诸神：台湾的神话历史古层》	南方日报出版社	2011
109	12.28	**《粟女神》**	《宝岛诸神：台湾的神话历史古层》	南方日报出版社	2011
110	12.29	**《洞穴取种》**	《偷盗谷物型神话——台湾原住民族的粟种起源神话》	《西北民族研究》	2014
111	12.30	**《大力士盗种》**	《偷盗谷物型神话——台湾原住民族的粟种起源神话》	《西北民族研究》	2014
112	12.31	**《粟女神赐种》**	《偷盗谷物型神话——台湾原住民族的粟种起源神话》	《西北民族研究》	2014
113	13.1	《家畜咋个帮人做事的》	《人神共舞：中国各族民间神话精品》	湖北人民出版社	1994
114	13.2	《敬狗》	《中华民族故事大系（第十三册）》	上海文艺出版社	1995
115	13.3	《谷种的来历》	《民间文学资料（第 49 集）》	中国民间文艺研究会贵州分会，贵州民族学院	1982
116	13.4	《狗从西天带来谷种》	《中国民间故事集成·贵州省遵义地区遵义县卷》	遵义县民间文学集成办公室	1988
117	14.1	《窝果策尼果》	《云南少数民族古典史诗全集（上卷）》	云南教育出版社	2009

续表

序号	篇号	篇目名称	书名 / 刊名	出版社 / 刊物	年份
118	14.2	《十二奴局》	《云南少数民族古典史诗全集（上卷）》	云南教育出版社	2009
119	14.3	《奥色密色》	《云南少数民族古典史诗全集（上卷）》	云南教育出版社	2009
120	14.4	《奥颠米颠》	《云南少数民族神话选》	云南人民出版社	1990
121	14.5	《英雄玛麦》	《中华民族故事大系（第六册）》	上海文艺出版社	1995
122	14.6	《天、地、人的形成》	《中国少数民族神话》	中国民间文艺出版社	1987
123	14.7	《它朋然夏阿玛》	《中国少数民族神话》	中国民间文艺出版社	1987
124	14.8	**《狗取稻种》**	《中国创世神话》	上海人民出版社	2006
125	14.9	《天、地、人和万物的起源》	《首届哈尼族文化国际学术讨论会论文集》	云南民族出版社	1996
126	14.10	《尝新先喂狗》	《中华民族故事大系（第六册）》	上海文艺出版社	1995
127	14.11	**《飞来稻》**	《首届哈尼族文化国际学术讨论会论文集》	云南民族出版社	1996
128	14.12	《塔坡取种》	《中华民族故事大系（第六册）》	上海文艺出版社	1995
129	14.13	《谷子为什么这样小》	《中华民族故事大系（第六册）》	上海文艺出版社	1995
130	14.14	《老鼠和麻雀》	《中华民族故事大系（第六册）》	上海文艺出版社	1995
131	14.15	《水牛犁田的传说》	《中华民族故事大系（第六册）》	上海文艺出版社	1995
132	14.16	**《喊谷种》**	《探寻一个尚未崩溃的神话王国》	云南人民出版社	1991
133	14.17	**《鸟落谷种》**	《探寻一个尚未崩溃的神话王国》	云南人民出版社	1991
134	14.18	《哈尼阿培聪坡坡》	《多元文化与民族文学：中国西南少数民族文学的比较研究》	云南教育出版社	2001
135	14.19	《雅尼雅嘎赞嘎》	《云南少数民族古典史诗全集（下卷）》	云南教育出版社	2009
136	15.1	《伏羲斗冀龙》	《耿村民间故事（上）》	河北美术出版社	2014

续表

序号	篇号	篇目名称	书名 / 刊名	出版社 / 刊物	年份
137	15.2	《谷穗与狗叫的传说》	《界首民间故事集》	合肥工业大学出版社	2015
138	15.3	《苞谷只背一包》	《中国民间故事丛书・云南玉溪・红塔卷》	知识产权出版社	2015
139	15.4	《天下白面的传说》	《洛南民间故事集萃》	西安出版社	2014
140	15.5	《人吃狗粮的传说》	《洛南民间故事集萃》	西安出版社	2014
141	15.6	《谷雨节的传说》	《洛南民间故事集萃》	西安出版社	2014
142	15.7	《狗传谷种》	《景东民间故事》	德宏民族出版社	2014
143	15.8	《人吃的是狗带来的》	《中国民间故事丛书・云南玉溪・江川卷》	知识产权出版社	2015
144	15.9	《留一穗》	《中国民间故事丛书・河南三门峡・灵宝卷》	知识产权出版社	2016
145	15.10	《高粱为什么是红色的》	《中国民间故事丛书・河南三门峡・灵宝卷》	知识产权出版社	2016
146	15.11	《五谷的传说》	《盐池县民间故事精选》	宁夏人民出版社	2014
147	15.12	《麻雀吃谷》	《中国民间故事丛书・浙江宁波・象山卷》	知识产权出版社	2015
148	15.13	《牛大王下凡》	《中国民间故事丛书・浙江宁波・慈溪卷》	知识产权出版社	2015
149	15.14	《牛为什么没有上牙》	《中国民间故事丛书・浙江宁波・余姚卷》	知识产权出版社	2015
150	15.15	《五谷的传说》	《中国民间故事丛书・江苏徐州・沛县卷》	知识产权出版社	2016
151	15.16	《稻种是怎么来的》	《中国民间故事丛书・江苏南通・通州卷》	知识产权出版社	2016
152	15.17	《下雪不下面》	《中国民间故事丛书・江苏徐州・睢宁卷》	知识产权出版社	2016
153	15.18	《神农稼穑》	《炎帝传说》	三晋出版社	2015
154	15.19	《雨和雪的传说》	《麻城民间故事》	中国文史出版社	2015
155	15.20	《一粒谷籽》	《黄帝传说》	光明日报出版社	2015
156	15.21	《人吃狗的粮食》	《北辰民间传说故事集》	吉林人民出版社	2015
157	15.22	《白雪的传说》	《费县民间故事》	人民日报出版社	2014
158	15.23	《尝新先喂狗》	《中国民间故事丛书・浙江温州・泰顺卷》	知识产权出版社	2016

续表

序号	篇号	篇目名称	书名 / 刊名	出版社 / 刊物	年份
159	15.24	《天牛吃麦》	《中国民间故事丛书·河北保定·顺平卷》	知识产权出版社	2016
160	15.25	《麦子为什么一个穗》	《中国民间故事丛书·河北保定·顺平卷》	知识产权出版社	2016
161	15.26	《雪和糈》	《中国民间故事丛书·江苏南通·如东卷》	知识产权出版社	2016
162	15.27	《当壬子》	《中国民间故事丛书·江苏南通·如东卷》	知识产权出版社	2016
163	15.28	《五谷树》	《中国民间故事丛书·江苏南通·如东卷》	知识产权出版社	2016
164	15.29	《布谷鸟的传说》	《中国民间故事丛书·河北廊坊·广阳卷》	知识产权出版社	2016
165	15.30	《小麦为啥一秆结一穗》	《中国民间故事丛书·河北保定·高碑店卷》	知识产权出版社	2016
166	15.31	《小麦为何结一个穗》	《中国民间故事丛书·河北保定·高碑店卷》	知识产权出版社	2016
167	15.32	《为什么一日三餐》	《中国民间故事丛书·河北保定·高碑店卷》	知识产权出版社	2016
168	15.33	《荞麦的来历》	《中国民间故事丛书·河北保定·博野卷》	知识产权出版社	2016
169	15.34	《五谷为什么只秀一个穗》	《中国民间故事丛书·河北廊坊·香河卷》	知识产权出版社	2016
170	15.35	《狗求麦》	《中国民间故事丛书·河北保定·蠡县卷》	知识产权出版社	2016
171	15.36	《小麦为啥长一穗》	《中国民间故事丛书·河南三门峡·渑池卷》	知识产权出版社	2016
172	15.37	《麦穗的传说》	《中国民间故事丛书·河南三门峡·义马卷》	知识产权出版社	2016
173	15.38	《天上下白面》	《中国民间故事丛书·河南三门峡·卢氏卷》	知识产权出版社	2016
174	15.39	《留一穗》	《中国民间故事丛书·河南三门峡·卢氏卷》	知识产权出版社	2016
175	15.40	《稻谷的来历》	《中国民间故事集成·浙江卷》	中国 ISBN 中心出版	1997
176	15.41	《草死苗活地发暄》	《中国民间文学集成辽宁分卷·大洼资料本》	大洼县民间文学三套集成领导小组	1987

续表

序号	篇号	篇目名称	书名 / 刊名	出版社 / 刊物	年份
177	15.42	《白狗讨饭的故事》	《中国民间文学集成辽宁卷·本溪市补遗资料本》	本溪市民间文学三套集成编辑委员会	1987
178	15.43	《神农皇帝制五谷》	《中国民间故事集成·四川卷（上卷）》	中国 ISBN 中心出版	1998
179	15.44	《女娲挤奶成米》	《中国民间故事集成·四川卷（上卷）》	中国 ISBN 中心出版	1998
180	15.45	《种子的来历》	《中国民间故事集成·四川卷（上卷）》	中国 ISBN 中心出版	1998
181	15.46	《种子的来历》	《中国民间故事集成·四川卷（上卷）》	中国 ISBN 中心出版	1998
182	15.47	《稻谷的由来》	《凉山民间故事精粹》	四川人民出版社	2014
183	15.48	《神农找谷子》	《中国民间故事集成·四川卷（上卷）》	中国 ISBN 中心出版	1998
184	15.49	《吃新先喂狗》	《中国民间故事集成·四川卷（上卷）》	中国 ISBN 中心出版	1998
185	15.50	《女娲做笙簧》	《人神共舞：中国各族民间神话精品》	湖北人民出版社	1994
186	15.51	《女娲造人》	《人神共舞：中国各族民间神话精品》	湖北人民出版社	1994
187	15.52	《伏羲女娲和他们的五谷孩儿》	《中国民间故事集成·安徽卷》	中国 ISBN 中心出版	2008
188	15.53	《王母捋庄稼》	《中国民间故事集成·安徽卷》	中国 ISBN 中心出版	2008
189	15.54	《露水挂万物》	《中国民间故事集成·安徽卷》	中国 ISBN 中心出版	2008
190	15.55	《兄妹创世》	《中国民间故事集成·北京卷》	中国 ISBN 中心出版	1998
191	15.56	《老鼠、猫、狗和五谷》	《中国民间故事集成·福建卷》	中国 ISBN 中心出版	1998
192	15.57	《庄稼穗穗为啥这么短》	《中国民间故事集成·甘肃卷》	中国 ISBN 中心出版	2001
193	15.58	《庄稼穗穗为啥这么短》（异文）	《中国民间故事集成·甘肃卷》	中国 ISBN 中心出版	2001
194	15.59	《麦子的来历》	《中国民间故事集成·甘肃卷》	中国 ISBN 中心出版	2001

续表

序号	篇号	篇目名称	书名 / 刊名	出版社 / 刊物	年份
195	15.60	《牛为啥没有上牙》	《中国民间故事集成·甘肃卷》	中国 ISBN 中心出版	2001
196	15.61	《牛为什么吃草耕田》	《中国民间故事集成·海南卷》	中国 ISBN 中心出版	2002
197	15.62	《懒妇与稻谷》	《中国民间故事集成·海南卷》	中国 ISBN 中心出版	2002
198	15.63	《懒妇与稻谷》（异文）	《中国民间故事集成·海南卷》	中国 ISBN 中心出版	2002
199	15.64	《人皇和五谷的战争》	《中国民间故事集成·河北卷》	中国 ISBN 中心出版	2003
200	15.65	《五谷杂粮是咋来的》	《中国民间故事集成·河北卷》	中国 ISBN 中心出版	2003
201	15.66	《小麦为啥只秀一穗》	《中国民间故事集成·河北卷》	中国 ISBN 中心出版	2003
202	15.67	《神农上天讨粮》	《中国民间故事集成·河南卷》	中国 ISBN 中心出版	2001
203	15.68	《神农种五谷》	《中国民间故事集成·河南卷》	中国 ISBN 中心出版	2001
204	15.69	《五谷的来历》	《中国民间故事集成·湖北卷》	中国 ISBN 中心出版	1999
205	15.70	《黄豆》	《中国民间故事集成·湖北卷》	中国 ISBN 中心出版	1999
206	15.71	《烈山神农》	《中国民间故事集成·湖北卷》	中国 ISBN 中心出版	1999
207	15.72	《天降嘉禾》	《中国民间故事集成·湖南卷》	中国 ISBN 中心出版	2002
208	15.73	《五谷的来历》	《中国民间故事集成·湖南卷》	中国 ISBN 中心出版	2002
209	15.74	《神农与谷种》	《中国民间故事集成·湖南卷》	中国 ISBN 中心出版	2002
210	15.75	《冬天为什么下雪》	《中国民间故事集成·江苏卷》	中国 ISBN 中心出版	1998
211	15.76	《稻和麦》	《中国民间故事集成·江苏卷》	中国 ISBN 中心出版	1998
212	15.77	《八仙造米》	《中国民间故事集成·江苏卷》	中国 ISBN 中心出版	1998

续表

序号	篇号	篇目名称	书名 / 刊名	出版社 / 刊物	年份
213	15.78	《五谷杂粮的传说》	《中国民间故事集成·江苏卷》	中国 ISBN 中心出版	1998
214	15.79	《大麦、小麦、元麦和荞麦》	《中国民间故事集成·江苏卷》	中国 ISBN 中心出版	1998
215	15.80	《金毛狗下凡》	《中国民间故事集成·江西卷》	中国 ISBN 中心出版	2002
216	15.81	《老鼠为什么偷吃谷米》	《中国民间故事集成·江西卷》	中国 ISBN 中心出版	2002
217	15.82	《白狗讨饭》	《中国民间故事集成·辽宁卷》	中国 ISBN 中心出版	1994
218	15.83	《荞麦救灾》	《中国民间故事集成·辽宁卷》	中国 ISBN 中心出版	1994
219	15.84	《荞麦的来历》	《中国民间故事集成·辽宁卷》	中国 ISBN 中心出版	1994
220	15.85	《牛为什么没有上牙》	《中国民间故事集成·内蒙古卷》	中国 ISBN 中心出版	2007
221	15.86	《老牛的传说》	《中国民间故事集成·宁夏卷》	中国 ISBN 中心出版	1999
222	15.87	《神羊送五谷种》	《中国民间故事集成·宁夏卷》	中国 ISBN 中心出版	1999
223	15.88	《狗见到猫为啥咬》	《中国民间故事集成·宁夏卷》	中国 ISBN 中心出版	1999
224	15.89	《盗谷》	《中国民间故事集成·宁夏卷》	中国 ISBN 中心出版	1999
225	15.90	《五谷的故事》	《中国民间故事集成·宁夏卷》	中国 ISBN 中心出版	1999
226	15.91	《打五谷》	《中国民间故事集成·青海卷》	中国 ISBN 中心出版	2007
227	15.92	《神农种五谷》	《中国民间故事集成·山西卷》	中国 ISBN 中心出版	1999
228	15.93	《神农种五谷》（异文）	《中国民间故事集成·山西卷》	中国 ISBN 中心出版	1999
229	15.94	《五谷之根》	《中国民间故事集成·山西卷》	中国 ISBN 中心出版	1999
230	15.95	《五谷之根》（异文）	《中国民间故事集成·山西卷》	中国 ISBN 中心出版	1999

续表

序号	篇号	篇目名称	书名 / 刊名	出版社 / 刊物	年份
231	15.96	《雪》	《中国民间故事集成·陕西卷》	中国 ISBN 中心出版	1996
232	15.97	《麦子的由来》	《中国民间故事集成·陕西卷》	中国 ISBN 中心出版	1996
233	15.98	《为啥麦子只有一个穗头》	《中国民间故事集成·新疆卷》(上册)	中国 ISBN 中心出版	2003
234	15.99	《神农置五谷》	《中国民间故事集成·浙江卷》	中国 ISBN 中心出版	1997
235	15.100	《虞舜开田》	《中国民间故事集成·浙江卷》	中国 ISBN 中心出版	1997
236	15.101	《大禹育稻》	《中国民间故事集成·浙江卷》	中国 ISBN 中心出版	1997
237	15.102	《牛大王下凡传谷种》	《中国民间故事集成·浙江卷》	中国 ISBN 中心出版	1997
238	15.103	《天牛下凡》	《中国民间故事集成·浙江卷》	中国 ISBN 中心出版	1997
239	15.104	《麻鸟盗谷种》	《中国民间故事集成·浙江卷》	中国 ISBN 中心出版	1997
240	15.105	《老鼠偷谷种》	《中国民间故事集成·浙江卷》	中国 ISBN 中心出版	1997
241	15.106	《五谷种》	《中国民间故事集成·浙江卷》	中国 ISBN 中心出版	1997
242	15.107	《蚂蟥沾仙谷》	《中国民间故事集成·浙江卷》	中国 ISBN 中心出版	1997
243	15.108	《谷种》	《湘西土家族苗族自治州分卷(上卷)》	湘西土家族苗族自治州民间文学集成编委会	1989
244	15.109	《炎帝》	《古神话选释》	人民文学出版社	1979
245	15.110	《野草的来历》	《创世神话》	东方出版社	1997
246	15.111	《神农氏尝百草》	《中国民间故事集成·黑龙江卷》	中国 ISBN 中心出版	2005
247	15.112	《女娲播五谷》	姚宝瑄主编:《中国各民族神话·汉族》	书海出版社	2014
248	15.113	**《上天盗谷种》**	《中泰两国稻谷神话比较研究》	华东师范大学硕士学位论文	2012

续表

序号	篇号	篇目名称	书名 / 刊名	出版社 / 刊物	年份
249	15.114	《五羊送稻种》	《百越民族稻谷起源神话与广州五羊传说新解》	《中南民族大学学报》（人文社会科学版）	2003
250	15.115	《大鸟与稻谷》	《中国民间故事集成・上海卷》	中国 ISBN 中心出版	2007
251	15.116	《神农尝百草》	《中国民间故事集成・上海卷》	中国 ISBN 中心出版	2007
252	15.117	《麻雀为啥勿会走只会跳》	《中国民间故事集成・上海卷》	中国 ISBN 中心出版	2007
253	15.118	《珍珠玉》	《中国民间故事集成・上海卷》	中国 ISBN 中心出版	2007
254	15.119	《黄狗替人求粮》	《中国民间故事集成・天津卷》	中国 ISBN 中心出版	2004
255	15.120	**《神仙的惩罚》**	《中国民间故事集成・天津卷》	中国 ISBN 中心出版	2004
256	15.121	《稻子》	《相思树》	北新书局	1934
257	15.122	《稻子（一）》	《相思树》	北新书局	1934
258	15.123	《稻子（三）》	《相思树》	北新书局	1934
259	15.124	《萝卜》	《相思树》	北新书局	1934
260	15.125	《老鼠的故事（一）》	《相思树》	北新书局	1934
261	15.126	《水稻与细腰蜂》	《广西民间文学作品精选・钟山卷》	广西民族出版社	1991
262	15.127	《稻谷的传说》	《广西民间文学作品精选・桂林市卷》	广西民族出版社	1997
263	15.128	《黄谷是那门来的》	《中国民间文学集成・北川县资料集》	北川县民间文学三套集成编委会	1987
264	15.129	《粮食的来历》	《中国民间文学集成・辽宁卷・桓仁资料本》	桓仁县民间文学三套集成领导小组	1986
265	15.130	《荞麦的来历》	《中国民间文学集成・辽宁卷・桓仁资料本》	桓仁县民间文学三套集成领导小组	1986
266	15.131	《麦、谷子、玉米为啥只有一个穗》	《中国民间文学集成・河南杞县故事卷》	中原农民出版社	1990
267	15.132	《原来下面不下雪》	《中国民间文学集成・河南汝南县卷》	汝南县民间文学集成编委会	1991
268	15.133	《神牛下凡》	《中国民间文学集成・河南汝南县卷》	汝南县民间文学集成编委会	1991

续表

序号	篇号	篇目名称	书名 / 刊名	出版社 / 刊物	年份
269	15.134	《盗五谷》	《中国民间文学集成·河南汝南县卷》	汝南县民间文学集成编委会	1991
270	15.135	《雪花的由来》	《中国民间文学集成·河南郸城县卷》	郸城县民间文学集成编委会	1989
271	15.136	《狗尾巴大谷穗的传说》	《中国民间文学集成·河南郸城县卷》	郸城县民间文学集成编委会	1989
272	15.137	《小麦为啥只长一穗》	《中国民间文学集成·河南卷·渑池县卷》	渑池县文化馆	1988
273	15.138	《牛传话》	《中国民间文学集成·河南桐柏县卷(第一分册)》	桐柏县民间文学集成编委会	1987
274	15.139	《小麦和稻谷为啥只有一个头》	《中国民间文学集成·河南桐柏县卷(第一分册)》	桐柏县民间文学集成编委会	1987
275	15.140	《通条麦和小麦》	《中国民间文学集成·河南桐柏县卷(第一分册)》	桐柏县民间文学集成编委会	1987
276	15.141	《五颗麦籽》	《中国民间文学集成·河南桐柏县卷(第一分册)》	桐柏县民间文学集成编委会	1987
277	15.142	《谷子打下来为什么先让狗吃》	《中国民间文学集成·河南项城县卷》	项城县民间文学集成编委会	1987
278	15.143	《下雪的故事》	《中国民间文学集成·河南新乡县卷》	新乡县民间文学集成领导小组	1989
279	15.144	《植物浑身长穗的传说》	《中国民间文学集成·河南新乡县卷》	新乡县民间文学集成领导小组	1989
280	15.145	《谷穗为什么低着头》	《中国民间文学集成·抚宁民间故事卷》	秦皇岛市抚宁县三套集成办公室	1987
281	15.146	《荞麦的来历》	《中国民间文学集成·抚宁民间故事卷》	秦皇岛市抚宁县三套集成办公室	1987
282	15.147	《狗吃屎的传说》	《赵县民间文学集成(第二集)》	河北省赵县三套集成办公室	1987
283	15.148	《荞麦的传说》	《中国民间文学集成·辽宁分卷·细河区资料本》	细河区民间文学三套集成领导小组	1986
284	15.149	《苞谷为何少背包》	《中国民间故事集成·贵州省遵义地区遵义县卷》	遵义县民间文学集成办公室	1988
285	15.150	《猫和麦穗》	《中国民间故事集成·广东卷·阳江市资料本》	阳江市民间文学三套集成编委会	1989

续表

序号	篇号	篇目名称	书名 / 刊名	出版社 / 刊物	年份
286	15.151	《庄稼的传说》	《中国民间文学集成·梁山民间故事集（第2卷）》	山东省梁山县三套集成办公室	1989
287	15.152	《牛为啥没长上牙》	《中国民间文学集成·青海卷·乐都分卷》	乐都文化馆	1989
288	15.153	《荞子和麦子》	《中国民间故事集成·贵州省道真仡佬族苗族自治县卷》	道真仡佬族苗族自治县事务委员会、文化局	1993
289	15.154	《懒婆娘收庄稼》	《中国民间故事集成·贵州六盘水市水城县卷》	水城县民间文学三套集成办公室	1990
290	15.155	《小麦的来历》	《中国民间故事集成·新疆卷·新疆生产建设兵团农八师石河子市分卷（上）》	农八师石河子市编委会	1993
291	15.156	《猫狗求粮》	《中国民间故事集成·新疆卷·新疆生产建设兵团农八师石河子市分卷（上）》	农八师石河子市编委会	1993
292	15.157	《老牛下凡》	《十堰市民间故事集》	十堰市民间文学三套集成编辑委员会	1987
293	15.158	《兔子为啥怕狗》	《中国民间故事集成·河南扶沟县卷》	扶沟县民间文学集成编纂委员会	1989
294	15.159	《麦子为啥只有一个穗》	《中国民间故事集成·河南扶沟县卷》	扶沟县民间文学集成编纂委员会	1989
295	15.160	《狗咬兔子的传说》	《中国民间故事集成·河南确山县卷》	中国民间文学集成确山县编辑委员会	1990
296	15.161	《麦与豆子、荞麦的故事》	《中国民间故事集成·河南确山县卷》	中国民间文学集成确山县编辑委员会	1990
297	15.162	《麦子减穗》	《中国民间故事集成·河南鄢陵县卷》	鄢陵县民间文学集成编委会	1990
298	15.163	《洛玉取黍》	《中国民间故事集成·河南汤阴卷》	汤阴县民间文学集成编委会	1987
299	15.164	《一麦九穗的传说》	《中国民间故事集成·河南汤阴卷》	汤阴县民间文学集成编委会	1987
300	15.165	《玉米的来历》	《中国民间故事·河南内黄县卷》	内黄县民间文学集成编委会	1990

续表

序号	篇号	篇目名称	书名 / 刊名	出版社 / 刊物	年份
301	15.166	《小麦为啥只长一个头》	《中国民间故事集成・河南淅川卷・丹江的传说》	淅川县民间文学集成编委会	1989
302	15.167	《苞谷的传说》	《中国民间故事集成・河南淅川卷・丹江的传说》	淅川县民间文学集成编委会	1989
303	15.168	《小麦的来历》	《中国民间故事集成・河南新蔡县卷》	河南省新蔡县民间文学集成编辑委员会	1988
304	15.169	《红薯的来历》	《中国民间故事集成・河南新蔡县卷》	河南省新蔡县民间文学集成编辑委员会	1988
305	15.170	《麦子为啥单穗头》	《中国民间故事集成・河南淮滨县卷》	河南省淮滨县民间文学三套集成编委会	1990
306	15.171	《麦、谷、高粱一个穗的由来》	《中国民间故事集成・河南清丰县卷（上）》	清丰县民间文学集成编辑委员会	1989
307	15.172	《五谷杂粮的来历》	《中国民间故事集成・河南清丰县卷（上）》	清丰县民间文学集成编辑委员会	1989
308	15.173	《麦子为啥只长一个穗》	《中国民间故事集成・河南淇县卷（上）》	淇县民间文学集成编委会	1987
309	15.174	《一根麦秆为啥只结一个穗》	《中国民间故事集成・河南浚县卷》	浚县民间文学集成编委会	1989
310	15.175	《南方水稻的来历》	《中国民间故事集成・河南正阳县志（第 1 册）》	河南省正阳县民间文学集成编写组	1988
311	15.176	《狗求玉皇留五谷》	《中国民间故事集成・河南南召县卷（上）》	南召县民间文学集成编委会	1987
312	15.177	《天上下雪的来历》	《中国民间故事集成・河南南召县卷（上）》	南召县民间文学集成编委会	1987
313	15.178	《麦穗传说》	《中国民间故事集成・河南新安县卷》	新安县民间文学集成编委会	1989
314	15.179	《神农氏尝百草》	《中国民间故事集成・河南三门峡卷》	三门峡市民间文学集成编委会	1989
315	15.180	《黄牛下凡》	《中国民间故事集成・河南三门峡卷》	三门峡市民间文学集成编委会	1989
316	15.181	《燕子和佳鸡为啥不吃粮食》	《中国民间故事集成・河南三门峡卷》	三门峡市民间文学集成编委会	1989
317	15.182	《今天的小麦为啥只有一个头》	《中国民间故事集成・河南平舆县卷》	平舆县民间文学三套集成编委会	1989

续表

序号	篇号	篇目名称	书名 / 刊名	出版社 / 刊物	年份
318	15.183	《麦穗的来历》	《中国民间故事集成·河南滑县卷·河南滑县民间故事集成》	中国民间文学集成河南滑县卷编委会	1990
319	15.184	《狗喝米汤人吃饭》	《中国民间文学集成·辽宁分卷·黑山资料本（二）》	黑山县民间文学三套集成领导小组	1987
320	15.185	《荞麦的来历》	《中国民间文学集成·梁山民间故事集（第 3 卷）》	山东省梁山县三套集成办公室	1990
321	15.186	《雪和白面的故事》	《牡丹江民间故事集成（第 2 辑）》	牡丹江市民间文学集成编委会	1993
322	15.187	《谷种的来历》	《中国民间故事集成·花溪区卷》	花溪区民间文学三套集成办公室编	1990
323	15.188	《香稻丸（一）》	《中国民间故事集成·河南省息县卷》	河南省息县民间文学三套集成编委会	1990
324	15.189	《香稻丸（二）》	《中国民间故事集成·河南省息县卷》	河南省息县民间文学三套集成编委会	1990
325	15.190	《小麦为啥一个穗》	《中国民间故事集成·河南省息县卷》	河南省息县民间文学三套集成编委会	1990
326	15.191	《大米的传说》	《中国民间故事集成·贵州省贵阳市卷》	贵阳市十大文艺集成编写小组编印	1998
327	16.1	《种子》	《通古斯：满语族神话研究》	黑龙江人民出版社	1999
328	17.1	《西夏粮国的种子》	《回族民间传说故事》	宁夏人民出版社	2008
329	17.2	《顿亚上的粮食》	《中国回族文学通史·民间文学卷》	阳光出版社	2014
330	17.3	《牛、狗、鸡和粮食》	《中国回族文学通史·民间文学卷》	阳光出版社	2014
331	17.4	《五谷的故事》	《中国回族文学通史·民间文学卷》	阳光出版社	2014
332	17.5	《老牛的传说》	《中国民间故事集成·宁夏卷》	中国 ISBN 中心出版	1999
333	17.6	《牛、狗、鸡和粮食》	《中国民间故事集成·宁夏卷》	中国 ISBN 中心出版	1999
334	17.7	《谷穗和狗》	《中国民间故事集成·宁夏卷》	中国 ISBN 中心出版	1999
335	17.8	《顿亚的粮食》	《回族民间传说故事》	宁夏人民出版社	2008

续表

序号	篇号	篇目名称	书名 / 刊名	出版社 / 刊物	年份
336	18.1	《会飞的谷子》	《人神共舞：中国各族民间神话精品》	湖北人民出版社	1994
337	18.2	《谷种的来历》	《中华民族故事大系（第十六册）》	上海文艺出版社	1995
338	18.3	《吃新米的故事》	《中华民族故事大系（第十六册）》	上海文艺出版社	1995
339	19.1	《三岛的来历（三）》	《中华民族故事大系（第十五册）》	上海文艺出版社	1995
340	19.2	《天神赎罪》	《中华民族故事大系（第十五册）》	上海文艺出版社	1995
341	20.1	《目瑙斋瓦》	《云南少数民族古典史诗全集（中卷）》	云南教育出版社	2009
342	20.2	《新米节的来历》	《云南少数民族神话选》	云南人民出版社	1990
343	20.3	《人类始祖的传说》	《中国少数民族神话汇编：人类起源篇》	中央民族学院科研处	1984
344	20.4	《太阳神的谷子》	《中华民族故事大系（第十册）》	上海文艺出版社	1995
345	20.5	《稻谷的故事》	《中华民族故事大系（第十册）》	上海文艺出版社	1995
346	20.6	**《谷子回天上》**	《探寻一个尚未崩溃的神话王国》	云南人民出版社	1991
347	20.7	《那泼节的来历》	《中国神话》	商务印书馆	2008
348	20.8	《宁贯娃》	《云南少数民族古典史诗全集（下卷）》	云南教育出版社	2009
349	21.1	《牡帕密帕的故事》	《人神共舞：中国各族民间神话精品》	湖北人民出版社	1994
350	21.2	《牡帕密帕》	《云南少数民族古典史诗全集（中卷）》	云南教育出版社	2009
351	21.3	《牡帕密帕》（异文）	《云南少数民族古典史诗全集（中卷）》	云南教育出版社	2009
352	21.4	《盘古盘根》	《云南少数民族古典史诗全集（中卷）》	云南教育出版社	2009
353	21.5	《苦聪创世歌》	《云南少数民族古典史诗全集（中卷）》	云南教育出版社	2009
354	21.6	《谷子的来历》	《中华民族故事大系（第八册）》	上海文艺出版社	1995

续表

序号	篇号	篇目名称	书名 / 刊名	出版社 / 刊物	年份
355	21.7	《新米节的传说》	《中华民族故事大系（第八册）》	上海文艺出版社	1995
356	21.8	《根古》	《云南少数民族古典史诗全集（下卷）》	云南教育出版社	2009
357	22.1	《黎母的神话》	《中国民间故事集成·海南卷》	中国 ISBN 中心出版	2002
358	22.2	《布谷鸟》	《五指山民间故事荟萃》	南方出版社	2016
359	22.3	《山兰稻种》	《中华民族故事大系（第七册）》	上海文艺出版社	1995
360	23.1	《喜鹊和布谷鸟》	《中华民族故事大系（第七册）》	上海文艺出版社	1995
361	23.2	《粮食种子的由来》	《傈僳族文学简史》	云南民族出版社	2014
362	23.3	《天管师传苞谷种》	《傈僳族文学简史》	云南民族出版社	2014
363	23.4	《冰天鹅、冰蚂蚁造天地》	《中国民间故事集成·四川卷（下卷）》	中国 ISBN 中心出版	1998
364	23.5	《一日三餐的来历》	《中国民间故事集成·四川卷（下卷）》	中国 ISBN 中心出版	1998
365	23.6	《创世神话》	《云南少数民族神话选》	云南人民出版社	1990
366	23.7	《杂息杂》	《中国各民族宗教与神话大词典》	学苑出版社	1993
367	23.8	**《粮食树》**	《探寻一个尚未崩溃的神话王国》	云南人民出版社	1991
368	23.9	《傈僳的来源》	《中国民间文学集成·攀枝花市故事卷》	四川民族出版社	1990
369	24.1	《斯金金巴巴娜达明和金尼麦包》	《珞巴族文学史》	江苏教育出版社	2001
370	24.2	《母猪、种子和人的祖先》	《珞巴族文学史》	江苏教育出版社	2001
371	24.3	《种子的来历》	《探寻一个尚未崩溃的神话王国》	云南人民出版社	1991
372	24.4	**《阿巴达尼种地》**	《珞巴族文学史》	江苏教育出版社	2001
373	24.5	《布翁多吉》	《珞巴族社会历史调查（二）》	西藏人民出版社	1989
374	24.6	《阿巴达尼学种地》	《珞巴族社会历史调查（二）》	西藏人民出版社	1989

续表

序号	篇号	篇目名称	书名 / 刊名	出版社 / 刊物	年份
375	24.7	《种子的来历》	《珞巴族社会历史调查（二）》	西藏人民出版社	1989
376	24.8	《阿巴达尼南迁》	《中华民族故事大系（第十六册）》	上海文艺出版社	1995
377	24.9	《阿巴达尼和他的妻子》	《中华民族故事大系（第十六册）》	上海文艺出版社	1995
378	24.10	《天为什么下雪》	《中华民族故事大系（第十六册）》	上海文艺出版社	1995
379	24.11	《东英波特》	《中华民族故事大系（第十六册）》	上海文艺出版社	1995
380	24.12	《达尼和尼都》	《中华民族故事大系（第十六册）》	上海文艺出版社	1995
381	24.13	《阿布尼波和阿布洛波分家》	《中华民族故事大系（第十六册）》	上海文艺出版社	1995
382	24.14	《麻雀和稻谷》	《中华民族故事大系（第十六册）》	上海文艺出版社	1995
383	24.15	《珞巴五兄弟》	《中国民间故事集成·西藏卷》	中国 ISBN 中心出版	2001
384	25.1	《荞麦的来历》	《满族民间故事·辽东卷（中卷）》	辽宁民族出版社	2010
385	25.2	《神农婆与百谷仙姑》	《中国神话》	商务印书馆	2008
386	25.3	《水仙格格》	《苏木妈妈创世神话与传说》	吉林人民出版社	2009
387	25.4	《天为啥下雨雪》	《中国民间文学集成·辽宁卷·本溪县资料本（上）》	本溪县民间文学三套集成领导小组	1987
388	25.5	《白狗讨饭》	《中国民间文学集成·辽宁卷·新宾资料本（二）》	新宾民间文学三套集成领导小组	1987
389	25.6	《白狗讨食》	《中国民间文学集成·辽宁卷·丹东市卷（上）》	中国民间文学集成辽宁卷丹东市卷编委会编	1987
390	26.1	《汉王种稻谷》	《回、彝、水、仡佬、毛南、京族民间故事选》	广西人民出版社	1988
391	26.2	《老鼠为什么偷吃》	《毛南族民间故事精选》	广西民族出版社	2015

续表

序号	篇号	篇目名称	书名 / 刊名	出版社 / 刊物	年份
392	26.3	《天地歌》	《毛南族神话研究》	广西民族出版社	1994
393	27.1	《猴子变人》	《中国各民族宗教与神话大词典》	学苑出版社	1993
394	28.1	《鲁俄俄》	《中国民间故事集成·四川卷（下卷）》	中国 ISBN 中心出版	1998
395	28.2	《种五谷和养狗》	《中国民间故事集成·青海卷》	中国 ISBN 中心出版	2007
396	28.3	《雪》	《喀左·东蒙民间故事（1）》	辽宁民族出版社	2008
397	28.4	《狗取五谷》	《喀左·东蒙民间故事（5）》	辽宁民族出版社	2008
398	28.5	《狗传圣旨》	《喀左·东蒙民间故事（5）》	辽宁民族出版社	2008
399	28.6	《冬天下雪》	《喀左·东蒙民间故事（6）》	辽宁民族出版社	2008
400	28.7	《谷子一个穗》	《喀左·东蒙民间故事（6）》	辽宁民族出版社	2008
401	28.8	《谷子的来历》	《中国阿尔泰语系诸民族神话比较研究》	学习出版社	2010
402	28.9	《黑狗的故事》	《中国阿尔泰语系诸民族神话比较研究》	学习出版社	2010
403	28.10	《五谷的来历》	《中国阿尔泰语系诸民族神话比较研究》	学习出版社	2010
404	28.11	**《洪水中取种》**	《中国阿尔泰语系诸民族神话比较研究》	学习出版社	2010
405	28.12	《雪、狗和庄稼的传说》	《新疆民间文学（第7集）》	新疆人民出版社	1984
406	28.13	《白面变白雪》	《中国各民族宗教与神话大词典》	学苑出版社	1993
407	28.14	《五谷的起源》	《蒙古神话的文化解读》（蒙古文）	内蒙古大学博士论文	2005
408	28.15	《九兄弟》	《中国民间故事集成·四川卷（下卷）》	中国 ISBN 中心出版	1998
409	28.16	《狗取五谷》	《中国民间文学集成·辽宁卷·准喀喇沁资料本（四）》	准喀喇沁民间文学“三项”集成领导小组	1986

续表

序号	篇号	篇目名称	书名 / 刊名	出版社 / 刊物	年份
410	28.17	《狗传圣旨》	《中国民间文学集成·辽宁卷·准喀喇沁资料本（四）》	准喀喇沁民间文学“三项”集成领导小组	1986
411	28.18	《雪是咋来的》	《中国民间文学集成·辽宁卷·准喀喇沁资料本（五）》	准喀喇沁民间文学“三项”集成领导小组	1986
412	28.19	《谷子为什么只有一个穗》	《中国民间文学集成·辽宁卷·准喀喇沁资料本（五）》	准喀喇沁民间文学“三项”集成领导小组	1986
413	28.20	《荞麦的传说》	《中国民间文学集成·辽宁分卷·阜新蒙古族自治县资料本（一）》	阜新蒙古族自治县三套集成领导小组	1986
414	28.21	《谷子的传说》	《中国民间文学集成·辽宁分卷·阜新蒙古族自治县资料本（一）》	阜新蒙古族自治县三套集成领导小组	1986
415	29.1	《狗取粮种》	《黔南苗族民间传说故事》	重庆出版社	2015
416	29.2	《神农公与三月三节》	《中国民间故事集成·海南卷》	中国 ISBN 中心出版	2002
417	29.3	《狗带来五谷》	《中国民间故事集成·四川卷（下卷）》	中国 ISBN 中心出版	1998
418	29.4	《红苕、苞谷和谷子的传说》	《中国民间故事集成·四川卷（下卷）》	中国 ISBN 中心出版	1998
419	29.5	《造人烟的传说》	《人神共舞：中国各族民间神话精品》	湖北人民出版社	1994
420	29.6	《苗族古歌》	《云南少数民族古典史诗全集（中卷）》	云南教育出版社	2009
421	29.7	《竺妞造田地》	《中国各民族神话·苗族》	书海出版社	2014
422	29.8	《谷种是怎样来的》	《中国民间故事集成·贵州卷》	中国 ISBN 中心出版	2003
423	29.9	《苗家吃新节》	《中国民间故事集成·海南卷》	中国 ISBN 中心出版	2002
424	29.10	《牛王节》	《中国民间故事集成·湖北卷》	中国 ISBN 中心出版	1999
425	29.11	《马嫲取谷种》	《中国民间故事集成·湖南卷》	中国 ISBN 中心出版	2002

续表

序号	篇号	篇目名称	书名 / 刊名	出版社 / 刊物	年份
426	29.12	《蝴蝶、蚂蚁取谷种》	《中国民间故事集成·湖南卷》	中国 ISBN 中心出版	2002
427	29.13	《神母》	《中国少数民族神话》	中国民间文艺出版社	1987
428	29.14	《枫木歌》	《苗族文学史》	贵州人民出版社	1981
429	29.15	《狗取粮种》	《苗族文学史》	贵州人民出版社	1981
430	29.16	《找粮种》	《苗族文化史》	云南民族出版社	2003
431	29.17	《沙地古咪找粮种》	《中华民族故事大系（第二册）》	上海文艺出版社	1995
432	29.18	《神农》	《中国各民族宗教与神话大词典》	学苑出版社	1993
433	29.19	《牛星》	《中国各民族宗教与神话大词典》	学苑出版社	1993
434	29.20	《稻谷的来历》	《戌犬通灵》	社会科学文献出版社	1998
435	29.21	《稻谷的来历》	《中国神话》	商务印书馆	2008
436	29.22	《亚鲁王》	《亚鲁王》	中华书局	2011
437	29.23	《带回谷子的狗》	《中国民间文学集成·攀枝花市故事卷》	四川民族出版社	1990
438	29.24	《敬谷神、牛神》	《中国民间故事集成·贵州黔东南州·黄平县卷》	黄平县三套集成办	1989
439	29.25	《狗背饭团和谷穗》	《中国民间故事集成·贵州黔东南州·黄平县卷》	黄平县三套集成办	1989
440	29.26	《苞谷》	《中国民间故事集成·贵州黔东南州·黄平县卷》	黄平县三套集成办	1989
441	29.27	《不用高粱帚把扫谷子的由来》	《中国民间故事集成·贵州黔东南州·锦屏县卷》	中共锦屏县委宣传部、锦屏县文化局、锦屏县民族事务委员会	1989
442	29.28	《狗偷小米种下界》	《中国民间故事集成·湖南卷·吉首市资料本》	吉首市民间文学集成办公室	1987
443	30.1	《天是怎样升高的》	《创世神话》	东方出版社	1997
444	30.2	《谷雨节和牛》	《中华民族故事大系（第十一册）》	上海文艺出版社	1995
445	31.1	《谷种来历的传说》	《纳西族民间故事集》	云南人民出版社	2007
446	31.2	《人祖利恩》	《中国少数民族神话》	中国民间文艺出版社	1987
447	31.3	《锉治路一苴》	《中国少数民族神话》	中国民间文艺出版社	1987

续表

序号	篇号	篇目名称	书名 / 刊名	出版社 / 刊物	年份
448	31.4	《宋则利力》	《中国少数民族神话汇编：洪水篇》	中央民族学院科研处	1984
449	31.5	《人类迁徙记》	《中国少数民族神话传说选》	四川民族出版社	1985
450	31.6	《蒙增・查班绍》	《祭天古歌》	中国民间文艺出版社	1988
451	31.7	《昂姑咪》	《中国各民族神话・纳西族》	书海出版	2014
452	32.1	**《猎人得稻谷》**	《怒族社会历史调查》	云南民族出版社	1981
453	32.2	《种庄稼为什么要锄草》	《怒族独龙族民间故事选》	上海文艺出版社	1994
454	32.3	**《谷种的发现》**	《怒族文学简史》	云南民族出版社	2003
455	32.4	**《稻谷的由来》**	《神话与自然宗教》	上海交通大学出版社	2016
456	32.5	《谷种的来历》	《中国民间故事集成・云南卷（上册）》	中国 ISBN 中心出版	2003
457	33.1	《帕米查列》	《中国民间故事丛书・云南丽江・宁蒗卷》	知识产权出版社	2016
458	33.2	《帕米查哩》	《云南少数民族古典史诗全集（中卷）》	云南教育出版社	2009
459	33.3	《洪水滔天》	《中国少数民族神话》	中国民间文艺出版社	1987
460	33.4	《开天辟地》	《中华民族故事大系（第十四册）》	上海文艺出版社	1995
461	33.5	《为人盗五谷种的神牛》	《中国各民族神话・普米族》	书海出版社	2014
462	33.6	《直呆南木》	《中国各民族宗教与神话大词典》	学苑出版社	1993
463	34.1	《丹巴协惹上天要粮种》	《中国民间故事集成・四川卷（下卷）》	中国 ISBN 中心出版	1998
464	34.2	《五谷粮食的来历》	《中国各民族神话・羌族》	书海出版社	2014
465	34.3	《木姐珠与热比娃》	《羌族民间文学资料集（一）》	《羌族文学简史》编写组	1987
466	34.4	《狗和粮食的故事》	《理县羌族藏族民间故事集》	理县文化馆	1983
467	34.5	《阿巴补摩》	《中国民间故事集成・四川卷（下卷）》	中国 ISBN 中心出版	1998

续表

序号	篇号	篇目名称	书名／刊名	出版社／刊物	年份
468	34.6	《木姐珠和斗安珠》	《中国民间文学集成·北川县资料集》	北川县民间文学三套集成编委会	1987
469	35.1	《洪水破天》	《中华民族故事大系（第十二册）》	上海文艺出版社	1995
470	36.1	《高辛与龙王》	《创世神话》	东方出版社	1997
471	36.2	《五谷神》	《中国各民族宗教与神话大词典》	学苑出版社	1993
472	36.3	《老鼠和谷种》	《中国民间故事集成·福建卷闽东畲族故事》	宁德地区民间文学集成编委会	1990
473	36.4	**《老鼠盗谷种》**	《中国民间故事集成·福建卷闽东畲族故事》	宁德地区民间文学集成编委会	1990
474	36.5	《老鼠偷谷种》	《中国民间故事集成·福建卷闽东畲族故事》	宁德地区民间文学集成编委会	1990
475	37.1	《谷神》	《中国少数民族神话》	中国民间文艺出版社	1987
476	37.2	《月亮山》	《中国少数民族神话》	中国民间文艺出版社	1987
477	37.3	《开天辟地造人烟》	《中国少数民族神话汇编：人类起源篇》	中央民族学院科研处	1984
478	37.4	《阿婥教人种五谷》	《中华民族故事大系（第九册）》	上海文艺出版社	1995
479	37.5	《狗为何翘尾巴》	《戌犬通灵》	社会科学文献出版社	1998
480	37.6	《苞谷的来历》	《中国民间故事集成·贵州黔南州独山县卷》	贵州黔南州独山县	1990
481	38.1	《麦子秆长穗短的原委》	《中国民间故事集成·新疆卷（上册）》	中国 ISBN 中心出版	2008
482	38.2	《麦子秆长穗短的原委》（异文）	《中国民间故事集成·新疆卷（上册）》	中国 ISBN 中心出版	2008
483	39.1	《粮食是怎么来的》	《中国民间故事集成·青海卷》	中国 ISBN 中心出版	2007
484	39.2	《学种庄稼》	《中国民间故事集成·青海卷》	中国 ISBN 中心出版	2007
485	39.3	《为什么用黄牛耕地》	《中国少数民族神话》	中国民间文艺出版社	1987
486	39.4	《黄牛大力士下凡》	《中华民族故事大系（第十册）》	上海文艺出版社	1995

续表

序号	篇号	篇目名称	书名 / 刊名	出版社 / 刊物	年份
487	39.5	《锅灶的起源》	《土族神话研究》	《中国土族》	2012
488	39.6	《狗和猴是人的祖先》	《中国民间文学集成·青海省黄南藏族自治州卷·民间故事资料卷（本一）》	黄南藏族自治州民间文学集成办公室	1990
489	39.7	《麦子为什么要逃跑》	《中国民间文学集成·青海省黄南藏族自治州卷·民间故事资料卷（本一）》	黄南藏族自治州民间文学集成办公室	1990
490	40.1	《土家人为什么爱狗》	《中国民间故事集成·四川卷（下卷）》	中国 ISBN 中心出版	1998
491	40.2	《狗带谷种》	《中国民间故事集成·贵州卷》	中国 ISBN 中心出版	2003
492	40.3	《五谷杂粮是哪里来的》	《中华民族故事大系（第五册）》	上海文艺出版社	1995
493	40.4	《牛毛大王被贬》	《中华民族故事大系（第五册）》	上海文艺出版社	1995
494	40.5	《鸡公大仙下凡》	《中华民族故事大系（第五册）》	上海文艺出版社	1995
495	40.6	《五谷神》	《湘西土家族苗族自治州分卷（上卷）》	湘西土家族苗族自治州民间文学集成编委会	1989
496	40.7	《五谷娘娘》	《湘西土家族苗族自治州分卷（上卷）》	湘西土家族苗族自治州民间文学集成编委会	1989
497	40.8	《话说“人之初”》	《湘西土家族苗族自治州分卷（上卷）》	湘西土家族苗族自治州民间文学集成编委会	1989
498	40.9	《神农老娘挤奶浆》	《中华民族故事大系（第五册）》	上海文艺出版社	1995
499	40.10	《五谷神吓跑了》	《中华民族故事大系（第五册）》	上海文艺出版社	1995
500	40.11	《收粮食为什么要人背》	《中华民族故事大系（第五册）》	上海文艺出版社	1995
501	40.12	《火畲神婆》	《中国各民族宗教与神话大词典》	学苑出版社	1993
502	40.13	《狗带谷种》	《中国民间文学三套集成·贵州省黔东南苗族侗族自治州·岑巩县卷》	岑巩县民间文学三套集成办公室	1990

续表

序号	篇号	篇目名称	书名 / 刊名	出版社 / 刊物	年份
503	41.1	《司岗里》	《佤族民间故事选》	上海文艺出版社	1989
504	41.2	《司岗里》	《佤族文学简史》	云南民族出版社	2014
505	41.3	《谷子的来历》	《佤族文学简史》	云南民族出版社	2014
506	41.4	《葫芦的传说》	《云南少数民族古典史诗全集（中卷）》	云南教育出版社	2009
507	41.5	《我们是怎样生存到现在的》	《佤族民间故事选》	上海文艺出版社	1989
508	41.6	《兄妹神》	《佤族民间故事选》	上海文艺出版社	1989
509	41.7	《只留一穗》	《佤族民间故事选》	上海文艺出版社	1989
510	41.8	《金子、银子和旱谷、小红米》	《佤族民间故事》	云南人民出版社	1990
511	41.9	《烟斯》	《中国各民族宗教与神话大词典》	学苑出版社	1993
512	41.10	《司岗里》	《神话与自然宗教》	上海交通大学出版社	2016
513	42.1	《人是怎样开始种庄稼的》	《中国阿尔泰语系诸民族神话故事》	民族出版社	1997
514	42.2	《麦穗是真主留给狗的》	《中国阿尔泰语系诸民族神话故事》	民族出版社	1997
515	43.1	《苏曼莱克》	《中国各民族宗教与神话大词典》	学苑出版社	1993
516	44.1	**《燕子报恩》**	《通古斯：满语族神话研究》	黑龙江人民出版社	1999
517	44.2	《天神造大地》	《创世神话》	东方出版社	1997
518	44.3	《仁兄难弟》	《中华民族故事大系（第十三册）》	上海文艺出版社	1995
519	45.1	《盘谷稻的来历》	《中国民间故事集成·贵州卷》	中国 ISBN 中心出版	2003
520	45.2	《龙犬盗谷种》	《中国民间故事集成·湖南卷》	中国 ISBN 中心出版	2002
521	45.3	《洪水淹天的故事》	《甘基王》	花城出版社	1984
522	45.4	《开天辟地的传说》	《瑶族民间故事选》	上海文艺出版社	1980
523	45.5	《谷子的传说》	《云南少数民族神话选》	云南人民出版社	1990
524	45.6	《谷子的来历之二》	《广西大瑶山：瑶族歌谣故事集》	全国人民代表大会民族委员会办公室	1958

续表

序号	篇号	篇目名称	书名 / 刊名	出版社 / 刊物	年份
525	45.7	《大谷壳》	《广西大瑶山：瑶族歌谣故事集》	全国人民代表大会民族委员会办公室	1958
526	45.8	《伏羲兄妹》	《中国少数民族神话》	中国民间文艺出版社	1987
527	45.9	《密洛陀》	《中国少数民族神话汇编：开天辟地篇》	中央民族学院科研处	1984
528	45.10	《猎狗犁田争功》	《瑶族文化史》	云南民族出版社	2001
529	45.11	《密洛陀》	《瑶族民间故事选》	广西人民出版社	1984
530	45.12	《水淹天下的故事》	《射岩箭》	贵州人民出版社	1987
531	45.13	《谷种、棉种、树种》	《射岩箭》	贵州人民出版社	1987
532	45.14	《盘王献祭》	《盘王大歌》	岳麓书社	1987
533	45.15	《达努节》	《中华民族故事大系（第五册）》	上海文艺出版社	1995
534	45.16	《勒则勒郎》	《中国各民族宗教与神话大词典》	学苑出版社	1993
535	45.17	《五婆圣帝》	《中国各民族宗教与神话大词典》	学苑出版社	1993
536	45.18	《禾公禾母》	《中国各民族宗教与神话大词典》	学苑出版社	1993
537	45.19	《谢古婆与格怀》	《中国各民族神话·瑶族》	书海出版社	2014
538	45.20	《五彩带》	《婚姻考验和谷种神话——比较神话学笔记》	《思想战线》	1984
539	46.1	《牛为何给人耕地与狗为何吃屎》	《景东民间故事》	德宏民族出版社	2014
540	46.2	《为什么要敬狗》	《景东民间故事》	德宏民族出版社	2014
541	46.3	《葫芦里出来的人》	《人神共舞：中国各族民间神话精品》	湖北人民出版社	1994
542	46.4	《查姆》	《云南少数民族古典史诗全集（上卷）》	云南教育出版社	2009
543	46.5	《阿黑西尼摩》	《云南少数民族古典史诗全集（上卷）》	云南教育出版社	2009
544	46.6	《梅葛》	《云南少数民族古典史诗全集（上卷）》	云南教育出版社	2009

续表

序号	篇号	篇目名称	书名 / 刊名	出版社 / 刊物	年份
545	46.7	《阿细的先基》	《云南少数民族古典史诗全集（上卷）》	云南教育出版社	2009
546	46.8	《尼迷诗》	《云南少数民族古典史诗全集（上卷）》	云南教育出版社	2009
547	46.9	《五谷根源》	《中国民间故事集成·贵州卷》	中国 ISBN 中心出版	2003
548	46.10	《开天辟地史》	《云南少数民族神话选》	云南人民出版社	1990
549	46.11	《阿霹刹、洪水和人的祖先》	《云南少数民族神话选》	云南人民出版社	1990
550	46.12	《稻谷的来历》	《云南少数民族神话选》	云南人民出版社	1990
551	46.13	《举木惹牛》	《中国少数民族神话》	中国民间文艺出版社	1987
552	46.14	《门米间扎节》	《中国少数民族神话汇编：人类起源篇》	中央民族学院科研处	1984
553	46.15	《野牛引路》	《彝族民间文艺概论》	巴蜀书社	2001
554	46.16	《英雄支格阿龙的传说》	《中华民族故事大系（第三册）》	上海文艺出版社	1995
555	46.17	《谷子的故事》	《中国各民族宗教与神话大词典》	学苑出版社	1993
556	46.18	《荞种的由来》	《中国各民族宗教与神话大词典》	学苑出版社	1993
557	46.19	《荞种的由来》	《中国各民族宗教与神话大词典》	学苑出版社	1993
558	46.20	《开山种地的古根》	《彝族文学史》	四川民族出版社	1994
559	46.21	《创世纪》	《中国各民族神话·彝族》	书海出版社	2014
560	46.22	《尝新先敬狗》	《戌犬通灵》	社会科学文献出版社	1998
561	46.23	**《天女盗谷种》**	《神话与自然宗教》	上海交通大学出版社	2016
562	46.24	《勒俄特依》	《神话与自然宗教》	上海交通大学出版社	2016
563	46.25	**《狗得谷种》**	《探寻一个尚未崩溃的神话王国》	云南人民出版社	1991
564	46.26	《阿普独莫石》	《探寻一个尚未崩溃的神话王国》	云南人民出版社	1991
565	46.27	**《神人种粮》**	《探寻一个尚未崩溃的神话王国》	云南人民出版社	1991

续表

序号	篇号	篇目名称	书名 / 刊名	出版社 / 刊物	年份
566	46.28	《黑埃波罗赛》	《彝族谷种神话与母体崇拜》	《楚雄师专学报》	2001
567	46.29	《阿黑西尼摩》	《彝族谷种神话与母体崇拜》	《楚雄师专学报》	2001
568	46.30	**《猎人得谷子》**	《彝族谷种神话与母体崇拜》	《楚雄师专学报》	2001
569	46.31	**《盗谷》**	《彝族谷种神话与母体崇拜》	《楚雄师专学报》	2001
570	46.32	**《燕子取种》**	《彝族谷种神话与母体崇拜》	《楚雄师专学报》	2001
571	46.33	**《狗取谷种》**	《彝族谷种神话与母体崇拜》	《楚雄师专学报》	2001
572	46.34	《阿文荀兹图》	《彝族谷种神话与母体崇拜》	《楚雄师专学报》	2001
573	46.35	《神仙造人间》	《广西民间文学作品精选·隆林卷》	广西民族出版社	1992
574	46.36	《玉米株为什么只结苞谷》	《广西民间文学作品精选·隆林卷》	广西民族出版社	1992
575	46.37	《阿那依挺得》	《中国民间文学集成·攀枝花市故事卷》	四川民族出版社	1990
576	46.38	《吹笛少年与龙女》	《洪水神话的文化阐释》	上海人民出版社	2016
577	47.1	**《天可汗赐种》**	《中华文化通志·民族文化典——维吾尔、柯尔克孜、哈萨克、乌孜别克、塔吉克、塔塔尔、俄罗斯、裕固、撒拉族文化志》	上海人民出版社	1998
578	47.2	《人不戏狗》	《戌犬通灵》	社会科学文献出版社	1998
579	48.1	《大地和庄稼的产生》	《中国民间故事集成·四川卷（下卷）》	中国 ISBN 中心出版	1998
580	48.2	《青稞种子的来历》	《中国民间故事集成·四川卷（下卷）》	中国 ISBN 中心出版	1998
581	48.3	《五谷为什么只在顶上长穗穗》	《中国民间故事集成·四川卷（下卷）》	中国 ISBN 中心出版	1998
582	48.4	《青稞的来历》	《中国民间故事集成·西藏卷》	中国 ISBN 中心出版	2001

续表

序号	篇号	篇目名称	书名 / 刊名	出版社 / 刊物	年份
583	48.5	《大地和人类的由来》	《云南少数民族神话选》	云南人民出版社	1990
584	48.6	**《猕猴取种》**	《藏族原始宗教》	四川人民出版社	1999
585	48.7	《种籽的起源》	《中国少数民族神话》	中国民间文艺出版社	1987
586	48.8	《创业传说（四）》	《中国少数民族神话汇编：开天辟地篇》	中央民族学院科研处	1984
587	48.9	**《祖先教种庄稼》**	《尔苏藏族研究》	民族出版社	2007
588	48.10	**《天女盗五谷》**	《藏族文学研究》	中国藏学出版社	2002
589	48.11	**《鸠送粮种》**	《藏族文学研究》	中国藏学出版社	2002
590	48.12	**《狗取粮种》**	《藏族文学研究》	中国藏学出版社	2002
591	48.13	《藏族的起源》	《中国民间故事集成・西藏卷》	中国 ISBN 中心出版	2001
592	48.14	《洪水滔天》	《中国各民族宗教与神话大词典》	学苑出版社	1993
593	48.15	**《神鸟送谷种》**	《探寻一个尚未崩溃的神话王国》	云南人民出版社	1991
594	48.16	《望果节》	《林志民间故事・风俗篇》	西藏人民出版社	2012
595	48.17	《古代天空无太阳》	《中国民间文学集成・青海省黄南藏族自治州卷・民间故事资料卷（本一）》	黄南藏族自治州民间文学集成办公室	1990
596	48.18	《春夏的来历》	《中国民间文学集成・青海省黄南藏族自治州卷・民间故事资料卷（本一）》	黄南藏族自治州民间文学集成办公室	1990
597	48.19	《人类种粮的来历》	《中国民间文学集成・青海省黄南藏族自治州卷・民间故事资料卷（本一）》	黄南藏族自治州民间文学集成办公室	1990
598	49.1	《尝新节》	《师宗县民间文学续集・壮族故事歌谣》	云南美术出版社	2015
599	49.2	《谷种和狗尾巴》	《人神共舞：中国各族民间神话精品》	湖北人民出版社	1994
600	49.3	《五谷的来历》	《人神共舞：中国各族民间神话精品》	湖北人民出版社	1994

续表

序号	篇号	篇目名称	书名 / 刊名	出版社 / 刊物	年份
601	49.4	《德傣掸登俄》	《云南少数民族古典史诗全集（上卷）》	云南教育出版社	2009
602	49.5	《从宗爷爷造人烟》	《云南少数民族神话选》	云南人民出版社	1990
603	49.6	《布碌陀》	《中国少数民族神话》	中国民间文艺出版社	1987
604	49.7	《德生造世》	《中国少数民族神话汇编：开天辟地篇》	中央民族学院科研处	1984
605	49.8	《找谷种》	《神弓宝剑》	中国民间文艺出版社	1985
606	49.9	《九尾狗和猪的故事》	《神弓宝剑》	中国民间文艺出版社	1985
607	49.10	《古事歌》	《广西民间文学作品精选·钟山卷》	广西民族出版社	1991
608	49.11	《世间万物哪里来》	《广西民间文学作品精选·柳州市卷》	广西民族出版社	1991

注：在以上608篇文本中有19个民族的61篇文本并无标题，为了明确该则神话的主旨，本书自拟题目，上述表格中字体加粗的文本名为自拟的题目。